ノラ・ゴーンの
ケーブル編みソースブック

Norah Gaughan's Knitted C

写真 ジャレッド・フラッド／翻
Photographs by Jared Fl
Translation by Tomoko Nishimura

小学館

Contents
もくじ

Introduction
はじめに

私が初めて編み物を習ったのは、14歳になりたての夏のこと。ニュージャージー州のプリンストンへ、1週間ほど家族ぐるみでお付き合いのある友人を訪ねたときでした。外は耐えがたい暑さで、友達のグレースと冷房の効いたリビングで涼みながら、彼女から手ほどきを受けました。

私はすぐに教わった内容をのみ込み、その週の間に初めてのプロジェクトとなる帽子——2色使いでサイズ4の針で編んだ輪編みの帽子でした——を完成させました。もっと編みたい気持ちを抑えながら帰宅して、すぐに立体感のある模様やケーブル模様を試しに編んだり、自分の洋服をデザインしたりし始めました。

ケーブル模様に初めて本格的に取り組んだのは、アラン模様のサンプラーを編み、それをまるで芸術作品であるかのように額装して、学校の自由研究としたときでした。

このときから虜になりました。今日でもケーブル模様を編むこと、ケーブルを使ってデザインすること、そして何より新しいケーブル模様を創作するのが大好きです。ケーブル模様のウエアを着ることも好き。私のワードローブはモノトーンベースですが、ケーブル模様やテクスチャーのある編み地のおかげで地味にはなりません。

私の祖先がアイルランドから大海を渡って以来数世代を経た今でもなお、ケーブル模様のフィッシャーマンズセーターの魅力は廃れることがありません。私はそんなアイルランドの伝統を誇りに思っています。

私の場合、完成形を見たいがために編みますが、何よりも編む過程を楽しむ「プロセスニッター」です。つまり、作品を仕上げる楽しみやそれを誇りに思うことと同じくらい、編む過程のチャレンジや喜びを楽しみながら編みます。メリヤス編みやガーター編みは瞑想しているかのような幸福感を味わえますが、時には失速することも。でも「次のケーブル」が待ってくれていると思うと気持ちが満たされ、モチベーションが途切れ

ることはありません。つねに次の段を編むと模様がどう展開するかしらとワクワクします。そして自分に言い聞かせるのです、「交差をあと1回編んでから今夜は寝ましょうね」と。

ケーブル模様は論理的なので、覚えやすいのも特徴のひとつ。編み目の軌道が見えてきて、チャート（編み図）や「編み手順」にしばられなくなったときの解放感がたまりません。そこからはスイスイと編み進め、自分の手元で編み地がどんどんできあがるのを眺めます。

何年もケーブル模様を編み続けているため、私にしてみれば朝飯前のように感じても、経験の浅いニッターにはまだまだハードルが高いかもしれません。この本の狙いは、私のケーブル模様、そして編みもの全般に対する熱意をみなさんと共有すること、そしてここに至るまでに私が学んだことをお伝えすることです。それによりみなさんがケーブル模様のロジックをひも解いたり、作品にケーブル模様を自由自在に取り入れたり、さらにはオリジナルのケーブル模様をデザインしたりすることにもつながるでしょう。やる気に満ちた初心者からベテランのデザイナーまで、スキルレベルに関係なく、多くのニッターの参考になり、刺激になるように執筆しました。

本書を手短に表現すると、152のケーブル模様を収録した模様集と作品を15点掲載したスタイルブックです。しかしそれだけではありません。あるケーブル模様のデザインが別のデザインにどう展開していくかを、言葉で解説すると同時に写真を用いてできる限りわかりやすく伝えるように努力しました。たとえば、Incline Fave がどうやって Weeping Blossom（右上図と Chapter 5 参照）に展開していくのか。それを写真と解説から知ることが、さまざまなケーブル模様を試すきっかけとなったり、新たな模様を生み出す自信につながればと思っています。

作品についても同じです。そのまま編むこともできますが、各自でさまざまなケーブル模様を組み合わせるテンプレート（ひな型）としても使っていただけます。使いやすくするために、ひとつひとつのケーブル模様に「SSE = Stockinette Stitch

Incline Fave (#111)

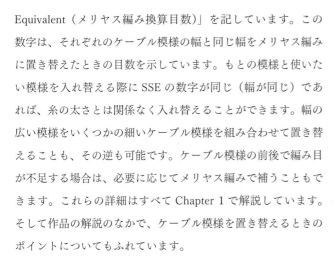

Weeping Blossom (#114)

Equivalent（メリヤス編み換算目数）」を記しています。この数字は、それぞれのケーブル模様の幅と同じ幅をメリヤス編みに置き替えたときの目数を示しています。もとの模様と使いたい模様を入れ替える際にSSEの数字が同じ（幅が同じ）であれば、糸の太さとは関係なく入れ替えることができます。幅の広い模様をいくつかの細いケーブル模様を組み合わせて置き替えることも、その逆も可能です。ケーブル模様の前後で編み目が不足する場合は、必要に応じてメリヤス編みで補うこともできます。これらの詳細はすべてChapter 1で解説しています。そして作品の解説のなかで、ケーブル模様を置き替えるときのポイントについてもふれています。

　本書中のケーブル模様は、ほとんどが私のデザインによるもの、そして今回初披露するものです。Chapter 1では基本的なケーブル編みのテクニックについてお伝えします。Chapter 2では基本をもとにした細いケーブル模様やその応用、そして終盤へ進むにつれて幅の太いもの、複雑なものが加わります。Chapter 3では新しい交差をご紹介し、Chapter 4では模様を部分的にくり返すことで幅を無限に広げ、模様同士をつなげる方法について述べています。Chapter 5ではモチーフや模様中

の要素の使い方を工夫し、ひとつのアイデアを次々と展開させています。そして最終章のChapter 6ではケーブルで「描く」ことに挑戦しています。つまりケーブル模様で線を描き、質感や透かしを用いることで「色を添えて」います。

　各章では、模様をデザインしたときのタイプごとに模様をグループ分けしました。同グループの模様はベースの考え方が共通で、まとめて見ると基本的な模様がどう展開したのかがわかります。それがみなさんの理解や刺激につながれば幸いです。「ケーブル模様の包括的な百科事典」などというものはあり得ないと考えています（ただ本書の出版社はこの本を「百科事典」と呼びたかったことでしょう）。というのも、1冊に現在使用されているケーブル模様はもとより、私たちの想像のなかに存在している、また今後その姿を現すであろう模様をすべて網羅することは不可能だからです。本書が現在存在するケーブル模様のリソースであると同時に、新たな模様を発見するための出発点となることを願っています。

　じつは40年以上ケーブル模様とつき合い続けて、今やっとその可能性を見出したように感じているところです。このワクワクするような冒険に、みなさんもご一緒しませんか？

Introduction

Chapter **1**

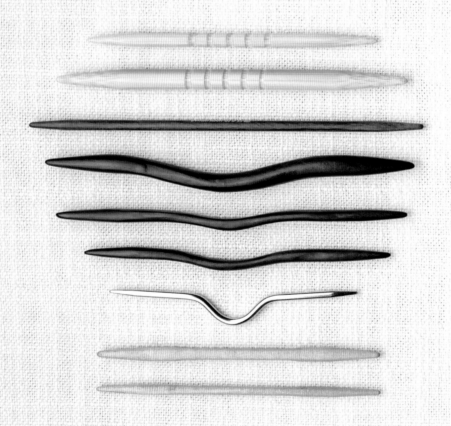

Essentials

ケーブル編みの基本

ケーブルは、いくつかの目を別のいくつかの目と入れ替えることで形成されます。そう、単純なことなのです。何目かを横に休めておき、その間に次の何目かを編み、そして休めておいた目を編みます。その結果として編み地に美しい交差ができます。

最も基本的なケーブルは表編みで、休めておく目数と先に編む目数が同じものです。そこからケーブル模様中の編み目や交差の目数を変えるだけで、その可能性は無限に広がります。

Basics
基本

糸選び

　ケーブル編みに私が最も気に入って使うのは、マルチプライウール［multi-ply wools ／複数本撚りのウール糸］。撚りによって表面が丸みを帯びてすべらかになり、編んだケーブルも丸みを帯びてなめらかになるため、交差や曲線がくっきりと浮き上がります。ウールの伸縮性に長けた性質もあらゆる側面で力を発揮します。伸びることで、交差しやすくなるのです。ウールはとても寛容です。編み目は美しくその形を保ち、手加減が多少変わったとしてもそれをうまく補ってくれます。このタイプの美しい糸は、多くのメーカーから提供されています。本書中で私が使用した糸は以下のものです。

Chapter 2　Imperial Yarn の Erin
Chapter 3　Blue Sky Fibers の Extra
Chapter 4　Quince ＆ Co. の Lark
Chapter 5　Jaggerspun の Super Lamb
Chapter 6　Quince & Co. の Chickadee

　言うまでもなく、ケーブルを美しく編める糸はマルチプライウールに限らず数多くあります。そこで本書中の作品には、あえて違うタイプの糸を使用しています。

なわ編み針の選び方

　ケーブルを編むとき、編み目を休ませるために別の針に編み目を移し、その針を編み地の手前または後ろにおいてその先の目を編むのが一般的です。この操作をするための専用の短い針（一般的になわ編み針［cable needles］と呼ばれます）も製造されていますが、両先がとがった針であれば目的は果たせます。本書に登場する「なわ編み針」（編み方説明中では略語の「CN」と記載します）は通常みなさんが使われているもの、それがどのようなものであろうと、「それ」をさします。

　なわ編み針には木製、金属製、プラスチック製、竹製などがあり、一般的には長さ 5 〜 10cm です。まっすぐなものもあれば、編み目が抜けないよう中央にくぼみや凸凹の溝の入ったものもあります。

休ませておく編み目を編み地の手前から後ろに移しやすく、編み目が落ちにくい U 字型のなわ編み針もあります。どれを使うにしろ、なわ編み針は本体の編み針より少し細く、しかも編み目から勝手にすべり落ちてしまわない程度の太さのものが最適です。どのなわ編み針がベストかという点においては、ニッターそれぞれの好みによります。

両先針をなわ編み針として使う場合

　私がケーブルを編むときには、編み針より 1 〜 2 号細い両先針をなわ編み針代わりに使います。10cm の両先針は便利ですが、18cm のものをたくさん持っているので、たいていそれを使用します。長いと使いにくいと思いがちですが、逆に使いやすい使い方を発見しました。

　まずケーブルを編む際、編み目を後ろに休める場合はあらかじめ編み地の後ろで両先針に編み目を移します。それだけで、両先針を手前から後ろへ移す手順がなくなり、長い針でも支障がなくなるのです。

　次に、両先針に編み目を移したら、長さを活かして左側の針先を編み地に刺して固定します。こうすると両先針を浮かせた状態にしておくよりも安定し、両先針が編み目から抜け落ちることもありません。なわ編み針を使い始めたばかりの初心者さんは、編み目を休めている間になわ編み針が 180 度回転して編み順が逆になる（左端の目が右端になってしまう）トラブルに見舞われがちですが、両先針を使って編み地に固定しておけば、そんなトラブルも起こりません。もしもこのトラブルが起きてしまうと、編み目が乱れた状態で寄ってしまい、編むことも、編み目を左針に移すことも難しくなります。

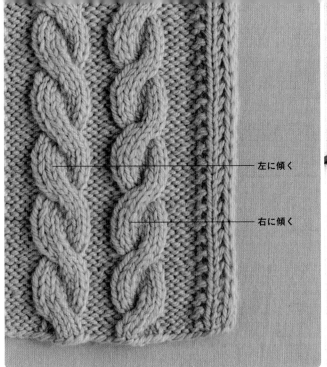
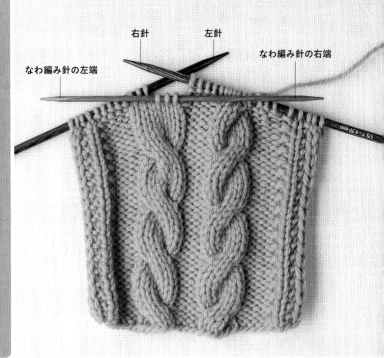

なわ編み針をおく位置、つまり編み地の手前か後ろかによってケーブルが左に傾く（手前の場合）か、右に傾く（後ろの場合）かが決まります。

右に傾く（左上交差）か、左に傾く（右上交差）か

　ケーブルの傾き（交差の上になる編み目の傾き）は、休ませた編み目を編み地の手前におくか、後ろにおくかによって決まります。手前におくと左に傾き、後ろにおくと右に傾きます。この点に関してはチャートや編み手順に必要な手順が書かれているので、暗記する必要はありません（くり返し編むことで自然と覚えます）。

　編み地の手前または後ろに編み目をおくには、休ませる編み目をなわ編み針に移します。編み地の手前（つまり編み地と自分との間）におく場合は、まずなわ編み針を手前で持ちます。編み地の後ろにおく場合には、編み目を移す前になわ編み針を後ろで持ちます。もし、これまでなわ編み針が編み地の手前にある状態で編み目を移してから後ろに移していたら、ぜひとも私の方法を試してみてください。随分と扱いやすくなるはずです。

なわ編み針への編み目の移し方について

　編み目は左針の目をなわ編み針の左端に移します。なわ編み針から直接編む（表目や裏目を編む）ときには、右針を使ってなわ編み針の右端の目を編みます。

　編み目をなわ編み針に移すには、指定された目数を一度に移す方法と1目ずつ移す方法がありますが、どちらの方法であろうと編み目の向きを変えないことが最も重要です。

　このことを「（編み目に）裏目を編むように（右針先を入れて）移す」と言います。なぜなら右針は裏目を編むときのように編み目の右側から入れ、左側から出すからです。ただ、この点についてはあまり深く考えすぎないほうがよいでしょう。2目以上を一度に移す場合には、自ずとこうなります。

　本書では何らかの理由で「（編み目に）表目を編むように（右針先を入れて）移す」ことが求められない限り、編み目の移し方については指定していません。つまり「裏目を編むように移す」ことを前提としています。

休めておいた編み目を編む

　休めた編み目の編み方は、多くの場合、なわ編み針から直接編むように書かれています。たとえば、本書では「CNから表4」（なわ編み針から表目を4目編む）といった書き方をしています。この指示通りになわ編み針から直接編んでも、もちろん問題ありません。しかし、個人的にこの方法は少し編みにくいと感じているので、私はなわ編み針の編み目をいったん左針に戻してから編んでいます。こうすると、左端の目が若干伸び気味になることがあります。しかし多少目が伸びたとしても、編み針に戻して編む快適さにはかなわないと感じています。

Cable Terminology

ケーブル編みの用語

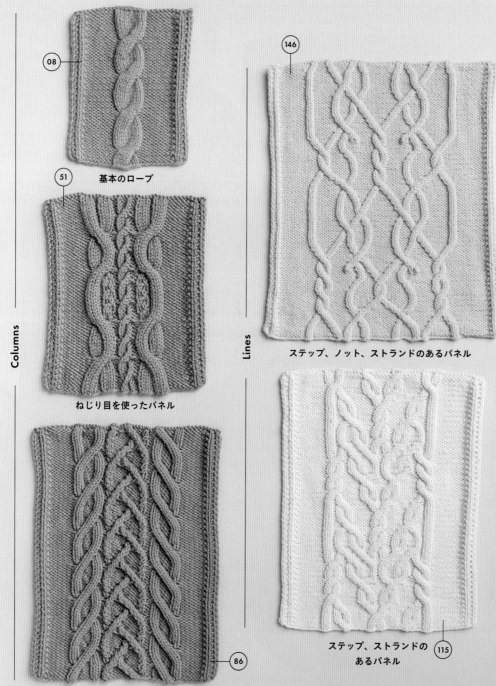

08

基本のロープ

51

ねじり目を使ったパネル

Columns

86

1目交差、ストランド、ステップのあるパネル

146

Lines

ステップ、ノット、ストランドのあるパネル

115

ステップ、ストランドの
あるパネル

私はケーブルをふたつのカテゴリーに
分類できると考えています。

COLUMNS ／コラム

「コラム」はケーブルを縦に積み重ね
た形状のものをさします。交差の仕方
によってロープ（縄状）、ブレード（帯
状）、X 型、O 型などを形成し、その
組み合わせは無限に広がります。
Chapter 2 と Chapter 3 のケーブルは
すべてこのカテゴリーに該当します。

LINES ／ライン

「ライン」はひとつの交差の端がその
上に位置する交差の始まりとなり、つ
ながる編み目が斜めに移動する形状に
なります。
このような「ライン」からはジグザグ
模様やダイヤ型などの形ができます。
移動する目数が変わるとラインの傾斜
が変わり、何通りかの傾斜を使い分け
て曲線を描くことができます。そう、
私は「ケーブルで絵を描いている」と
思っています。本書中のすべての章に
ラインを使ったケーブルを載せていま
すが、その特徴が最も伝わるのは
Chapter 5 と Chapter 6 でしょう。

コラムとライン、どちらも反復させ、
からみ合わせることで幅の広いパネル
や総柄を作ることができます。たとえ
ば、コラムのなかにラインがあったり、
コラムとラインを組み合わせたケーブ
ルで大きなパネルになっていることも
あります。その可能性は無限大に広が
ります。

ケーブル編みには「正式な」用語が定義づけられているわけではなく、同じ言葉でも人によって異なる動作や結果を指すことがあります。それゆえケーブル編みについて書くことは何かと難しいことも多いのです。ここではわかりやすく整理し、私がよく使う用語と、それらの定義をまとめてみました。

BASIC ／ベーシック

すでに多くのニッターになじみのあるケーブルをさします。本書ではオリジナル模様のベースになるときだけ、ベーシックを紹介しています。
ベーシックなケーブルの基本はメリヤス編みで、（なわ編み針を使って編み地の手前または後ろに）休ませておく目数は、休ませている間に編む目数と同目数です。Basic 3/3 Rope（#1）〔3目と3目の交差〕がその一例です。

CABLE OR CABLE STITCH ／ケーブル、ケーブル編み

編み目同士を交差させて模様を形成したもの。ひとつの模様全体をさすこともあれば、模様中の交差を個別にさすこともあります。また「ケーブル」という言葉を「交差させる」という意味の動詞として用いることもあります。たとえば、「2目の上に2目を交差させる」〔cross 2 stitches over 2 stitches.〕を「2目の上に2目をケーブルする」〔cable 2 stitches over 2 stitches〕と言うこともあります。

COLUMNS ／コラム

ケーブルのカテゴリーのひとつ（左ページ参照）。

CROSS(ING) OR CABLE CROSS(ING) ／クロス（する）、ケーブルをクロス（する）

何目かを編み地の手前または後ろに休ませている間に、次の何目かを編むことで2グループの編み目の順序を入れ替える位置をさします。私は編み目の移動自体を「クロス（交差）」と表現することがあります。たとえば、「3目を3目の上に左方向へクロス（交差）する」（右上3目交差）、「6目のケーブルをクロス（交差）する」という具合です。

KNOT ／ノット

編み地を返さずに編む小さなボッブルをさします。
例：Paisley Shadow（#146）。

LINES ／ライン

ケーブルのカテゴリーのひとつです（左ページ参照）。

PANEL ／パネル

幅の広いコラムまたはケーブルの集合体を指します。

ROPE ／ロープ

3/3（3目と3目の交差）や4/4（4目と4目の交差）のようなベーシックな交差を「コラム」になるように積み重ね、見た目がロープ（縄）状のものを指します。
例：Basic 3/3 Rope（#1）やBasic 4/4 Rope（#8）。

STEP ／ステップ

いくつかの目がまとまってラインを作り移動するときには、表面の段を数回経て一連の動きが完成します（ラインの始点から終点まで）。この一連のアクションを完成させるまでに必要な個々の交差をステップと呼んでいます。右方向に移動するラインでは、表面の段で何度か続けて左上交差を続けることで、上になる（浮き上がる）目を右方向に移動させます。表面で行う交差のひとつひとつがこのラインでの「ステップ」です。Purl Center 2-Step（#6）または4-Step Swing（#30）がこの例です。

STRAND ／ストランド

ケーブル模様中の1区画もしくは全体を通して、まとまって移動する同じグループの編み目の単位として用います。通常は模様のなかから容易に選別することができ、コラム／ラインの始点から終点までそのストランドをたどることができます。たとえば、3色の糸を三つ編みにし、1本／1色を最初から最後まで、ほかの色の糸の上や下を通りながらたどるイメージです。ストランドは表目または裏目だけから成る場合もあれば、表目と裏目が混在していることも、さらにはかけ目と減目の組み合わせの場合もあります。ストランドは分岐し、新しいストランドとして別方向へ伸びることも、また分岐したあとで一時的に別のストランドの一部と合流したり、そのまま編み地の最後までその状態が続くとこともあります。

TWISTED STITCH ／ツイステッド・ステッチ（ねじり目）

表面と裏面のいずれの場合も編み目のループの向こう側に針先を入れて編んだ1目をさします。複数形（twisted stitches）の場合は下記の通り、1目と1目の交差をさします。

TWISTED STITCHES ／1目と1目の交差編み

なわ編み針を使うことなく、隣合う2目が交差しているように見せる技法を指します。RT（＝right twists ／変わり左上交差）とLT（＝left twists ／右上交差）があり、手順は該当するパターンの凡例に記載しています。

Written Instructions and Charts

文章の手順説明とチャート

あなたがいわゆる「スプレッドシート脳」の持ち主であれば、理想的なパターンは1段ごとの編み方が文章で書かれているものでしょう。そして1段編み終えるごとに印をつけ、手順がわかりにくいときには1段ずつスプレッドシートまたは手書きで書き出して整理するタイプなのではないでしょうか。

もし「チャート脳」の持ち主であれば、作品を視覚的に表現したチャート（編み図）を好むでしょう。編もうとしているケーブルの手順をひとつひとつ書き記した文章を読むより、そのケーブルに似た記号を見ながら編むほうが、自分にとっては編みやすいと感じるでしょう。

私の経験上、ほとんどのニッターはこのどちらかに該当します。そのため本書中ではできる限り、編み方を文章とチャートの両方で書き記しています。ただ例外的に、模様の幅が広くて長い（目数、段数ともに多い）ものについては、文章にしてしまうと扱いにくくなるためチャートのみとしています。

個人的には1段1段、文章で手順を読むよりもチャートを使って編むほうが好きです。ケーブル編みとなればなおのこと。チャートで編んでいると、仮に中断して席をはずしたとしても、文章で確認するよりも手元の編み地とチャートを見くらべるだけで、再開する場所がひと目でわかります。文章を読みながら編んでいる場合は、文中に印をつけておく方法があるものの、実際のところつねに印をつけることは難しく、編んでいる場所を特定するのに苦労することが多いようです。

その点、チャートは比較的編み間違いも発見しやすく、何段ほどく必要があるのか、もしくは今編んでいる目から何段下までほどいて修正すればよいかもわかりやすいです。手元の編み地とチャートを見くらべるだけでわかります。さらにケーブル編みのチャートでは記号からケーブルが連想できるよう記号が作られているので、慣れると一目瞭然です。

どれだけ注意してもデザイナーも間違うことがあり、厳しい目によるテクニカル編集や校閲を終えたあとでさえも、出版物に誤りがまぎれ込むことがあります。しかし一度編み始めて編み地に誤りを発見しても、チャートを見ることで本来あるべき姿がわかり、修正方法も導き出せるようになります。

ケーブル模様中の増し目や減目も、文章を読んで編むよりもチャートのほうがわかりやすいです。文章では単に「パターン通りに編み続ける」と書いて、読み手の判断にゆだねることもありますが、チャートでは前後関係も見えるので視覚的に手がかりがつかめます。

チャートの基本

チャートの読み方の基本がわかれば、あとは自然と読めるようになります。一般的なガイドラインを以下にまとめてみました。

・チャートは編み地の表面、つまり外側から見える様子を表しています。記号はすべて表面から見た状態のものです。

・チャートの1マスは1目をさします。

・表面を見て編む段はチャートの右から左へ、裏面を見て編む段はチャートの左から右へと編み進めます。

・段数表示は段を編み始める位置、つまり表面の段ではチャートの右端に、裏面の段では左端に記しています。

・編み地の表側（外側）から見た状態ですべての要素をラベルに書き記していると思ってください。そのラベルを編み地にピンで留めているかのように。表面の段が編めたら、次は裏面を編むために編み地を返します。糸の位置は編み地の左端から右端に変わります。このままいつものように右から左へと編み進めますが、編み地の裏側を編んでいるため、その段は表面から見たときの「左側」から「右側」に向かって編み進めます。チャートも「ラベル」を裏から見るように左から右に読み進めます。頭のなかで整理できなくても、心配することはありません。しばらく編んでみて、あとになってからしっくりと理解できるようになることもあります。

・チャートの凡例で表面と裏面の段それぞれの編み方を記載している場合もあります。チャートの記号は編み地の表面での

チャートの「段」の読み方

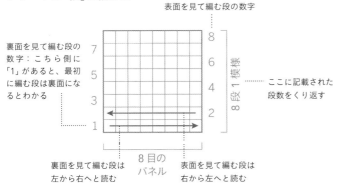

表面を見て編む段の数字

裏面を見て編む段の数字：こちら側に「1」があると、最初に編む段は裏面になるとわかる

ここに記載された段数をくり返す

8段1模様

裏面を見て編む段は左から右へと読む

8目のパネル

表面を見て編む段は右から左へと読む

チャートの「くり返し範囲」の読み方

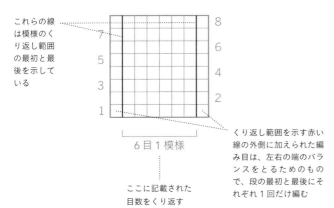

これらの線は模様のくり返し範囲の最初と最後を示している

6目1模様

ここに記載された目数をくり返す

くり返し範囲を示す赤い線の外側に加えられた編み目は、左右の端のバランスをとるためのもので、段の最初と最後にそれぞれ1回だけ編む

「見た目」を表しているため、裏面の段ではその逆になるように編みます。つまり、表目は表面では白いマスで示されますが、裏面の段でこの白いマスを編む場合は裏目を編みます。裏面で裏目を編むと、表面ではその目が表目になるからです。この点については凡例で「表面で表目」〔knit on RS〕、「裏面で裏目」〔purl on WS〕と明記しています。

・1模様（くり返す模様の1単位）がケーブルの途中から始まっていることがあります。このような場合は模様（くり返し部分）の終わりにも、同じようにケーブルが部分的に書かれています。ケーブルの開始前また終了後に残された目をそれぞれ合わせるとケーブルが完結します。このような場合、文章パターンとチャートでは1模様の表し方が異なることがあるので注意が必要です。最終的な編み上がりは変わりません。

・輪に編むときには、段の始まりはつねに右端になります。本書中のチャートはどれも輪に編むこともでき、凡例はそれを前提として記載しています（手順が文章で書かれている場合は輪編みではなく往復編みを前提にして記述しています。輪

に編む場合はチャートを見て編むようにしてください）。本書には登場しませんが、往復編み用に表面と裏面の編み方をそれぞれの実際の編み方に応じた記号で表現しているチャートもあります。そのチャートを見て輪に編む場合は、裏面の段の記号は表面から編む場合の記号に置き替えて編む必要があります。

Symbol Anatomy

記号のしくみ

本書中に使用している編み目記号は、ケーブルの交差についてできるだけわかりやすく伝えるべく設計しています。記号はニット業界で一般的に使用されている標準的な記号をもとに、本書で私がお伝えしたいユニークな操作にも対応するように微調整を加えています。チャートと実際の編み目をできるだけ近づけるように工夫して、それぞれのケーブルを識別しやすいようにしました。記号を見るだけで、交差する方向、ケーブルまでの目数、交差の仕方などが読み取れます。それぞれのチャートに使用している編み目記号は凡例として同じページに掲載することで参照しやすくしているので、細かく覚えておかなくても大丈夫です。

下記のチャートで示すように、ケーブルの編み目記号は基本的に3つの要素で構成されています。

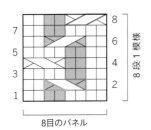

8目のパネル

8段1模様

□ 表面で表目、裏面で裏目。　■ 表面で裏目、裏面で表目。

2/2 RC（左上2目交差）：CNに2目移して編み地の後ろにおき、左針から表2。CNから表2。

2/2 LC（右上2目交差）：CNに2目を移して編み地の手前におき、左針から表2。CNから表2。

2/2 RPC（左上2目交差（下側が裏目））：CNに2目移して編み地の後ろにおき、左針から表2。CNから裏2。

2/2 LPC（右上2目交差（下側が裏目））：CNに2目移して編み地の手前におき、左針から裏2。CNから表2。

赤線で囲った部分（以下A）は、ケーブルの見える部分（交差の上になる部分）がどんな形になるか、どう交差するかを示す一番大切な部分です。ここではなわ編み針を後ろにおいて編む、右方向にクロスする（right-cross = RC〔左上交差の〕）ケーブルで、編み目は表目です。

その次に重要なのは青線で囲った部分（以下B）で、交差の下になる編み目の編み方と交差の方向を示しています。この例の場合、なわ編み針を手前におき、交差の下になる2目はその後ろで編みます。左方向に交差する（left-cross = LC〔右上交差の〕）ケーブルの場合、Bの部分は必ずAの斜線の右上にあり、右方向に交差するケーブルでは左上にあります。この例の場合、Bは裏目に編みますが、AのケーブルのBにあたる部分は表目に編みます。

緑の線で囲った部分（以下C）は、編んでいる段のケーブルの編み方というより、ケーブルの一部となる編み目を前段でどう編んだかを示しています。Cの部分はつねにAの右下か左下にあります。この例では左下にあり、前段で裏目に編んだことがわかります。この例のように、交差の前段で裏目に編んだ目を交差のあとも裏目に編む（もしくはAのケーブルのC部分のように表目を表目に編む）場合には、この部分の記号にはそれほど注意を払わなくても大丈夫です。

しかし、前段がすべて表目（または裏目、表目と裏目の混在）で、交差のあとですべてまたは一部の目を異なる編み目に編むことがあります。このような状況もあり得ることを念頭に入れておくと、前段の編み目とCの編み目を照合してケーブルの位置が正しいかを確認し、同時にケーブルそのものが正しく編めているかを確認できます。つまり、前段まで表目だった目を交差のあとは裏目に、また裏目を表目に編んでよいかどうかを確認できるわけです。またCの部分は無視して、実際の操作と関係するAとBだけに注意してもかまいません。Cの部分はよりわかりやすくするために用いています。AはCとは違って前段の編み目についてではなく、今編んでいる段の編み方を教えてくれます。

チャートのなかには、同じケーブル模様中に複数の記号を使用したものもあります。このタイプのケーブルはChapter 4から少しずつ登場しますが、大多数はChapter 5とChapter 6に掲載しています。

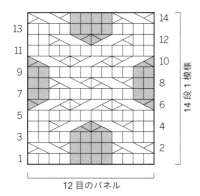

12目のパネル

14段1模様

□ 表面で表目、裏面で裏目。　■ 表面で裏目、裏面で表目。

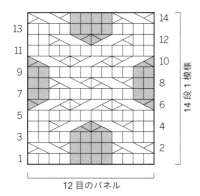 OR 2/2 RC（左上2目交差）：CN に 2 目移して編み地の後ろにおき、左針から表2。CN から表2。

OR 2/2 LC（右上2目交差）：CN に 2 目を移して編み地の手前におき、左針から表2。CN から表2。

OR 2/2 RPC（左上2目交差（下側が裏目））：CN に 2 目移して編み地の後ろにおき、左針から表2。CN から裏2。

OR 2/2 LPC（右上2目交差（下側が裏目））：CN に 2 目移して編み地の手前におき、左針から裏2。CN から表2。

　上の例では、各ケーブルに 2 通りの記号があります。2/2 RC〔左上2目交差〕なら、右側の記号の C 部分は前段の編み目が表目ですが、左側の記号の C 部分は裏目なので、左側の記号の場合は裏目 2 目を編み地の後ろにおいて表目を編みます。これ以外の記号も 2 通り記載していますので、C 部分を見くらべてみてください。

　このように「表目を裏目に」または「裏目を表目に」編む交差は、縦に伸びるコラムケーブル（P.12 参照）より、編み地全体に広がるラインケーブルに使われます。

　次に、上記以外の記号について記しておきます。これを見ると本書に登場するリブ編み（ゴム編み）のケーブルについて理解が深まります。リブ編みを上にして交差するものやリブ編みを下にするもの、またリブ編みの上に別のリブ編みを交差させるものや、リブ編みが表目や裏目の上を交差するものなどがあります。ここでも A と B の部分で現在の段の編み方を、C で前段の編み方を確認できます。

OR CN に 3 目移して編み地の後ろにおき、左針から裏1、表1、裏1。CN から裏3。

OR CN に 3 目移して編み地の後ろにおき、左針から表3。CN から裏1、表1、裏1。

OR CN に 3 目移して編み地の後ろにおき、左針から裏1、表1、裏1。CN から表3。

OR CN に 3 目移して編み地の後ろにおき、左針から裏1、表1、裏1。CN から表1、裏1、表1。

OR CN に 3 目移して編み地の後ろにおき、左針から裏1、表1、裏1。CN から裏1、表1、裏1。

　ケーブル模様にはよく似た記号を用いたものもあり、Chapter 5 と Chapter 6 に多く登場します。これらの記号は色分けして判別しやすくしています。ただ、裏目のグレーはそのままにしておく必要があるため、ケーブルの A 部分とそのセクションの表目だけに色づけしています。前述の例のように、前段の C 部分の編み目によって同じケーブルに違う記号を用いることもあります。記号は交差の編み目構成ごとに色分けしているため、色だけを意識してもかまいません。ただし、同じ色でも「右方向への交差（左上交差）」と「左方向への交差（右上交差）」が存在することはお忘れなく。たとえば凡例の緑色のケーブル（表目 2 目同士の交差）のうち、上段は「2/2 LC〔右上2目交差〕」、下段は「2/2 RC〔左上2目交差〕」です。

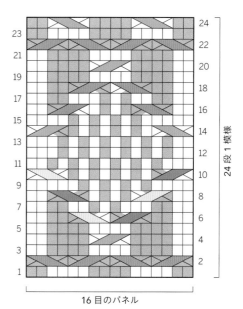

16目のパネル

24段1模様

□ 表面で表目、裏面で裏目。　■ 表面で裏目、裏面で表目。

OR 2/2 RC（左上2目交差）：CN に 2 目移して編み地の後ろにおき、左針から表2。CN から表2。

OR 2/2 LC（右上2目交差）：CN に 2 目移して編み地の手前におき、左針から表2。CN から表2。

OR OR 2/2 RPC（左上2目交差（下側が裏目））：CN に 2 目移して編み地の後ろにおき、左針から表2。CN から裏2。

OR OR 2/2 LPC（右上2目交差（下側が裏目））：CN に 2 目移して編み地の手前におき、左針から裏2。CN から表2。

OR CN に 2 目移して編み地の後ろにおき、左針から表2。CN から表1、裏1。

CN に 2 目移して編み地の手前におき、左針から裏1、表1。CN から表2。

OR CN に 2 目移して編み地の後ろにおき、左針から表2。CN から裏1、表1。

OR CN に 2 目移して編み地の手前におき、左針から表1、裏1。CN から表2。

Stockinette Stitch Equivalent System (SSE)

メリヤス編み換算システム

　本書には、編み地のほかにセーターや小物など15作品を収録しました。もちろん指定のケーブルで編んでもいいのですが、好みのケーブルに置き替えて編むこともできます。置き替える場合、パターン中のケーブルと置き替えたいケーブルの幅と目数が同等であれば、何の問題もありません。もし幅が異なるときには、状況に応じて背景の編み地の目数を増減して調整します。選んだケーブルによって作品全体の目数が変わるようであれば（同じ幅のケーブルでも目数が異なることがあります）、必要に応じて目数を調整します。調整方法については作品の編み方とあわせて紹介しています。

　ケーブルを置き替えたり、組み合わせたりしやすくするために「メリヤス編み換算システム」（= Stockinette Stitch Equivalent System ／以下「SSE」）を考案しました。ケーブルのSSE（「編み方」に記載）は、糸の太さに関係なく、ケーブルと同じ幅の編み地をメリヤス編みで編んだときの目数を示しています。たとえば、P.263のスカートを編むときにMacramé（#145）をO Knot Singles（#94）に置き替えるとします。どちらもSSEが「32」なので、そのまま置き替えられます。もし、SSEが「18」のElaborate Rib & Rope（#82）を使いたいときはどうでしょう？　たとえSSEが同じでなくても、背景の編み地にメリヤス編み目を14目（ケーブルの左右に7目ずつ）追加すれば対応できます。

SSEの活用例をさらにご紹介します。

- SSEが「9」のケーブルを使用したパターンの場合、SSEが同じ「9」のケーブルに置き替えるほかに、SSEが「7」のケーブルに置き替え、背景の編み地に2目足すこともできます。さらにSSEが「13」のケーブルを使って背景の目数を4目減らす方法もあります。

私のデザインするウエアの多くでは、ケーブル模様をあしらった幅の広いパネルをメリヤス編みではさんでいます。自分の使いたいケーブルのSSEが、オリジナルのものより小さければ、パネルの左右にあるメリヤス編み部分の目数を均等に増やして対応できます。逆にオリジナルより幅の広いケーブル（SSEが大きいもの）を選んだときには、左右のメリヤス編みの目数を減らします。選んだケーブルの幅がどの程度の広さまで許容できるかは、それぞれの作品や、場合によってはサイズによっても異なります。この点については作品の編み方とあわせて個別に説明を加えています。

- パターン中のケーブルのSSEが「42」なら、SSEが「14」のケーブルを中央にしてその左右にSSEが「8」のケーブルを配置し、背景の編み目を12目追加して置き替えることができます（14 + 8 + 8 + 12 = 42）。背景分の12目は、ケーブルとケーブルの間に裏メリヤス編みを4目ずつ、そして左右の端に2目ずつ配置します。あるいは、ケーブルの間に2目ゴム編みをはさむことで12目を補う方法もあります。「ケーブル（小）、裏2、表2、裏2、ケーブル（大）、裏2、表2、裏2、ケーブル（小）」という具合です。2目ゴム編みとメリヤス編みのゲージが少し異なるかもしれませんが、ゴム編みは伸びるのでせまい面積なら問題ないでしょう。

- SSEには半目（0.5目）まで数えるものもありますが、これに惑わされないでください。端数を使用したのはSSEの精度をできるだけ高めたいと思ってのことなのですが、ニットは本来伸縮性があるので、半目もしくは1目程度の誤差があっても大きな問題ではありません。ケーブルを1種類しか使用

していない場合、一番近い整数に切り上げ（切り捨て）、たとえ1目加減して調整する必要があってもあせらないことです（たとえば、偶数目必要なのに目数が奇数目の場合やその逆の場合など）。ケーブルを何種類か組み合わせる場合は、SSEを合算してから切り上げ（切り捨て）ましょう。

本書中のデザインではなく、独自のデザインに本書中のケーブル模様を用いるときには、以下のガイドラインを参考にしてください。

・ 使いたい模様のSSEと自分のメリヤス編みゲージを使って、ケーブルの幅を確認しましょう。まず使用糸でメリヤス編みのスワッチを編んでゲージを取り、SSEを1cm当たりのゲージで割ります。たとえば、Cruller Chevron（#115）のSSEは「27.5」。メリヤス編みゲージが10cmあたり18目（1cm=1.8目）だとすると、27.5 ÷ 1.8 = 15.28。小数点以下を切り捨てると15となり、使用糸で編んだケーブルの幅が15cmになるとわかります。

独自の作品をデザインするとき、SSEの計算は出発点にすぎません。ほかにも考慮すべき点があるかもしれません。たとえば、数種類のケーブルの間に裏メリヤス編みを使用すると、ゴム編みのように編み地が寄ることがあります。このように、それぞれの状況に合わせてゲージをできるだけ多く取ることが必要となります。

ほかのデザイナーの作品に本書中のケーブル模様を使いたい場合は、以下の点を参考にしてください。

・ パターン中にメリヤス編みゲージとケーブル模様の幅が明記されていれば、SSEを計算できます。たとえば、メリヤス編みゲージが1cm = 2目で、ケーブル模様の幅が9cmなら、このケーブルのSSEは18（2 × 9 = 18）です。本書中のSSE = 17 〜 18のケーブルであれば、どのケーブルにでも置き替えられます。
パターンに記載されたゲージがケーブルのもののみで、メリヤス編みゲージが定かではないときには、まずパターン通りのケーブルを編んでみてゲージが合う針の号数を確認しましょう。その号数でメリヤス編みのスワッチを編み、メリヤス編みのゲージを測ってSSEを計算します。たとえば、パ

ターンにあるケーブルは幅が12.5 cmと指定されていて、10号針でこのケーブルを編んだときにゲージが合ったとします。続けて10号針でメリヤス編みゲージを取ります。メリヤス編みゲージが1cm = 1.8目だったとすると、ケーブルの幅（12.5 cm）に相当するメリヤス編みの目数は1.8目× 12.5 cm = 22.5目となり、SSEは22.5となります。

Troubleshooting

トラブルシューティング

スワッチを編む

　新しいケーブルや初めて使用する糸でケーブル模様を編むときには、試し編みが重要です。そして作品を編み始める前にゲージを取る（10cmあたりの目数と段数を確認する）ことが不可欠です。

　本書中の作品で、ケーブル模様を部分的に使用している作品の編み方には、ケーブルだけでなく背景の編み目のゲージも記載しています。どちらのスワッチも編んでおくことが大切です。そして手を抜かないこと。メリヤス編みや裏メリヤス編みなど、背景の編み目のスワッチは、少なくとも12.5cm角のものを編みましょう。スワッチは大きければ大きいほど、ゲージの精度が上がります。ケーブルの場合は横方向に1模様分、または大きい模様であれば適正ゲージとして記載されている目数でゲージを取ります。そして模様ごとにスワッチを編み、水通しして平干しします（編み上がった作品と同様に仕上げの処理をします）。毛糸のなかには洗うとふくらんで目が詰まるものもあれば、（スーパーウォッシュウールのように）伸びやすいものもあります。そのためスワッチの水通しを怠ると、完成した作品を洗ったときに予想外の残念な結果を招くこともあります。

　どのような糸であっても、またどのようなケーブル模様であっても、そのポテンシャルを最大限に引き出すには、それらの可能性をできるだけ試す必要があります。私の経験上、自分が可能だと考えていることの限界を試しているときにこそ、思わぬサプライズに遭遇します。スワッチを編むことを「作業」としてとらえるのではなく、自分自身で新たな発見に臨む「冒険」だと思ってください。

交差方向の間違いを修正する

　交差方向の間違いは、どうしても起きてしまうものです。左右どちらかに交差させるつもりが、無意識に反対方向に交差してしまうことがあります。同じ段を編んでいる間に気づけば、間違いの箇所まで戻って修正できますが、しばらくしてから気づいた場合の修正は少し複雑になります。とはいえ、修正は可能です。

　私が使う方法をご紹介します。

・　間違いの箇所までほどき、編み直します。再開する場所がわかるように、ほどいた段数を覚えておくか、手元の編み地とチャートを見くらべて判断します。大幅な編み直しをせずにすませるには、部分的に編み間違えた編み目まで目をほどいて修正する方法があります。やや高度なテクニックが求められますが、セーターの前身頃の半分を編み直したりせずにすむ上、学べることは驚くほど多くあります。ここで上手くできなければほどくことに変わりはないので、試してみても損はありません。手順としては、まず間違えた箇所につながる編み目を針からはずし、編み目を指で軽くほどきながら間違った箇所まで目を落とします。予備の両先針を使って落とした目を1段ずつ丁寧に編み直します。私はどの段も表面を見ながら編みます。というのは、短く渡った糸は裏編みするより表編みするほうが扱いやすく、わざわざ編み地を返す手間も省けるからです。今まで落とした目を拾ったことがない方の場合は、お気に入りの基礎本または動画を参照することをおすすめします。

※注意：部分的に編み直すテクニックが使えるのは、修正するケーブルのあとに編んだ編み目が、単純な2目同士の交差のように簡単にほどける場合に限ります。修正対象の交差のあとにも別のケーブルがあり、しかもほどきたい目の一部しか別のケーブル模様に含まれていない場合には、別のケーブルまでしかほどけません。「コラム」より「ライン」のケーブル模様がこれに該当します（P.12参照）。途中に別のケーブルがある場合、間違ったケーブルより広範囲に渡って（別のケーブル分も含めて）ほどく必要があるため、修正が必要な箇所まで全部ほどいたほうがわかりやすいこともあります。

　前述のように、修正箇所まで部分的にほどけない場合やほどくことなんて考えられない、考えたくない場合には3つの選択肢があります。ひとつは高度なもの、ふたつめは簡単なもの、3つめはより一層簡単な方法です。

交差の方向を間違った箇所を、メリヤス刺繍で覆い隠して修正した例。
わかりやすくするため白い糸で修正しました。

指先を使って交差の左側の編み目を押し広げると、段数が数えやすくなります。

・より高度な方法とは、修正が必要なケーブルの上の段の編み目をハサミで切るというもの。ケーブルの中央で編み目を切り、その段のケーブルを左右それぞれケーブルの端までほどきます。そして、ほどいた糸でケーブルを正しく編み直します。編み直したら、修正した段を上の段とメリヤスはぎします。私も何度かこの方法で修正をしたことがありますが、正直なところかなり神経を使います。まずは、どの段の目にハサミを入れるかをしっかり見定める必要があります。さらに、ほどく目数はあとでしっかりと糸始末ができるだけの糸端を残せる程度の目数である必要があります。

・ふたつめの簡単な方法は私のお気に入りの方法で、修正が必要な箇所の上からメリヤス刺繍を刺すというもの（上記参照）。間違った交差を覆い隠すようにメリヤス刺繍をすると、正しい交差に見えるのです。

・そして最後のより一層簡単な方法は、間違いを気にせずそのままにしておくというものです。

交差の間の段数の数え方

私のように交差から次の交差まで、編んだ段数を覚えていら

れないという方は、うまく数えられる方法を知っておくと便利でしょう。

交差をした段では、交差の左右に必ず小さな隙間ができます。ほとんどの場合、この隙間はケーブルの左側のほうが少し大きくなる傾向にあるため、私はこれを使って数えます。編み地の裏面から隙間に指先を少し通し、同時に隙間の上の段の目を広げて横に渡っている糸の数を数えます。最初の渡り糸は交差の段となり、その上が交差のあとに編んだ段になります。つまり、穴の上に7本の渡り糸があったとしたら、交差の段＋6段編んだということになります。

Chapter **2**

Basics
Ropes, Braids, and Horseshoes

ベーシックなケーブル／ロープ、ブレード、ホースシュー

本章では、数段ごとに同方向の交差をくり返す基本的なロープ、交差方向の異なるケーブルを交互に用いて三つ編み状にするブレード、交差模様のコラムを左右対称に並べて作るホースシュー（蹄鉄型）など、おなじみの幅のせまいコラムを取り上げます。

これらの交差に1目の交差をさらに加える、編み目の配置を入れ替える、透かし模様を加える、左右対称の形に手を加える、異なるケーブルを組み合わせる、などの方法を駆使して変化を加えています。

Basic 3/3 Rope　GROUP 1

ベーシック 3/3 ロープ

このスワッチの 2 本のケーブルは、どちらも基本的な 3 目と 3 目の交差です。左のケーブルは左方向に、右のケーブルは右方向に傾きます。左右対称のケーブルは幅の広いパネル状の模様の左右に配置することが多いです。表目だけの合計 6 目のケーブルは単独でも使いやすく、複雑なコラム模様のセパレーターとしても（模様中に仕切りを作るにも）便利です。この模様は 8 段ごとに交差するクラシカルなケーブルですが、6 段ごと、10 段ごと、12 段ごとなど、交差の間隔を変えてもよいでしょう。段数のルールなどはありません。使用糸やケーブルの左右に使用する編み目との組み合わせで自由に選べます。

右上交差
（1 模様＝ 6 目× 8 段）
SSE：5.5 目

左上交差
（1 模様＝ 6 目× 8 段）
SSE：5.5 目

1 段めと以降の奇数段（裏面）：裏編み。
2 段め：すべて表編み。
4 段め：3/3 LC。
6・8 段め：表編み。
1 ～ 8 段めをくり返す。

1 段めと以降の奇数段（裏面）：裏編み。
2 段め：表編み。
4 段め：3/3 RC。
6・8 段め：表編み。
1 ～ 8 段めをくり返す。

右上交差　　　　　　　　　　左上交差

6 目のパネル　　　　　　　　6 目のパネル

　□　表面で表目、裏面で裏目。

　　　3/3 RC（左上 3 目交差）：CN に 3 目移して編み地の後ろにおき、左針から表 3。CN から表 3。

　　　3/3 LC（右上 3 目交差）：CN に 3 目移して編み地の手前におき、左針から表 3。CN から表 3。

Cable Center 3/3　GROUP 1

ケーブルセンター 3/3

このケーブルは、左の Basic 3/3 Rope（#1）の交差と交差の間に 2 目と 2 目の交差を加えてひとひねりしたものです。

右上交差
（1 模様＝ 6 目× 8 段）
SSE：5 目

左上交差
（1 模様＝ 6 目× 8 段）
SSE：5 目

1 段めと以降の奇数段（裏面）：裏編み。
2 段め：表編み。
4 段め：3/3 LC。
6 段め：表編み。
8 段め：表 1、2/2 LC、表 1。
1 ～ 8 段めをくり返す。

1 段めと以降の奇数段（裏面）：裏編み。
2 段め：表編み。
4 段め：3/3 RC。
6 段め：表編み。
8 段め：表 1、2/2 RC、表 1。
1 ～ 8 段めをくり返す。

右上交差　　　　　　　　　　左上交差

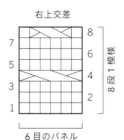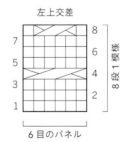

6 目のパネル　　　　　　　　6 目のパネル

　□　表面で表目、裏面で裏目。

　　　2/2 RC（左上 2 目交差）：CN に 2 目移して編み地の後ろにおき、左針から表 2。CN から表 2。

　　　2/2 LC（右上 2 目交差）：CN に 2 目移して編み地の手前におき、左針から表 2。CN から表 2。

　　　3/3 RC（左上 3 目交差）：CN に 3 目移して編み地の後ろにおき、左針から表 3。CN から表 3。

　　　3/3 LC（右上 3 目交差）：CN に 3 目移して編み地の手前におき、左針から表 3。CN から表 3。

Rib Twist 3/3　GROUP 1

リブツイスト 3/3

ケーブルを探求するなかで、メリヤス編みをゴム編みに置き替えることがよくあります。この模様では、Basic 3/3 Rope (#1) の左右の表目 3目をそれぞれ裏目・ねじり目・裏目に置き替えています。ゴム編みを交差させると、いつもに魅力的に変身します。ふくらみのある糸や嵩高な糸を使用する場合はねじらないことをおすすめしますが、それ以外ではねじらないと編み目が広がり見た目がよくありません。

右上交差
(1 模様 = 6 目× 8 段)
SSE：5 目

1 段めと以降の奇数段(裏面)：表 1、裏目のねじり目 1、表 2、裏目のねじり目 1、表 1。
2 段め：裏 1、表目のねじり目 1、裏2、表目のねじり目 1、裏 1。
4 段め：リブの右上 3 目交差。
6・8 段め：2 段めをくり返す。
1 〜 8 段めをくり返す。

左上交差
(1 模様 = 6 目× 8 段)
SSE：5 目

1 段めと以降の奇数段(裏面)：表 1、裏目のねじり目 1、表 2、裏目のねじり目 1、表 1。
2 段め：裏 1、表目のねじり目 1、裏2、表目のねじり目 1、裏 1。
4 段め：リブの左上 3 目交差。
6・8 段め：2 段めをくり返す。
1 〜 8 段めをくり返す。

右上交差　　　　　　左上交差

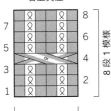

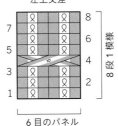

6 目のパネル　　　　6 目のパネル

□　表面で表目、裏面で裏目。　▨　表面で裏目、裏面で表目。

Ⓧ　表面で表目のねじり目 1、裏面で裏目のねじり目 1。

▱　**リブの左上 3 目交差：**CN に 3 目移して編み地の後ろにおき、左針から裏 1、表目のねじり目 1、裏 1。CN から裏 1、表目のねじり目 1、裏 1。

▱　**リブの右上 3 目交差：**CN に 3 目移して編み地の手前におき、左針から裏 1、表目のねじり目 1、裏 1。CN から裏 1、表目のねじり目 1、裏 1。

Mini Twist 3/3　GROUP 1

ミニツイスト 3/3

この模様は Basic 3/3 Rope (#1) を 2 段階に進化させたものです。まず表目 3 目を「表 1、裏 1、表 1」に変え、中央に 1 目の交差を加えて交差の内側の模様が鮮明に浮き出るようにしています。

右上交差
(1 模様 = 6 目× 8 段)
SSE：5 目

1 段め(裏面)：裏 1、表 1、裏 2、表1、裏 1。
2・3 段め：表目は表目に、裏目は裏目に編む。
4 段め：リブの右上 3 目交差。
5 〜 7 段め：2 段めと同様に編む。
8 段め：表 1、裏 1、LT、裏 1、表 1。
1 〜 8 段めをくり返す。

左上交差
(1 模様 = 6 目× 8 段)
SSE：5 目

1 段め(裏面)：裏 1、表 1、裏 2、表1、裏 1。
2・3 段め：表目は表目に、裏目は裏目に編む。
4 段め：リブの左上 3 目交差。
5 〜 7 段め：2 段めと同様に編む。
8 段め：表 1、裏 1、RT、裏 1、表 1。
1 〜 8 段めをくり返す。

右上交差　　　　　　左上交差

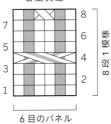

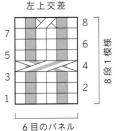

6 目のパネル　　　　6 目のパネル

□　表面で表目、裏面で裏目。　▨　裏面で裏目、表面で表目。

▨　**RT（変わり左上交差）：**左上 2 目一度を編むが左針は抜かず、右針を 1 目めに手前から入れて表目を編み、左針から編み目をはずす。

▨　**LT（右上交差）：**左針の 2 目めに編み地の後ろから右針を入れて表目を編み、続けて 1 目めを表目に編む。2 目を左針からはずす。

▱　**リブの右上 3 目交差：**CN に 3 目移して編み地の手前におき、左針から表 1、裏 1、表 1。CN から表 1、裏 1、表 1。

▱　**リブの右上 3 目交差：**CN に 3 目移して編み地の向こう側におき、左針から表 1、裏 1、表 1。CN から表 1、裏 1、表 1。

Broken Mini Twist 3/3 GROUP 1

ブロークンミニツイスト 3/3

Mini Twist 3/3（#4）の外側のゴム編みを途切れさせることで、面白い X 模様ができます。X 同士の間隔を保つために目数の多い交差を 1 回おきになくし、代わりに目数の少ない交差にしています。

右上交差
（1 模様＝ 6 目× 16 段）
SSE：5 目

左上交差
（1 模様＝ 6 目× 16 段）
SSE：5 目

1 段め（裏面）：表 2、裏 2、表 2。
2 段め：表目は表目に、裏目は裏目に編む。
3 段め：裏 1、表 1、裏 2、表 1、裏 1。
4 段め：表 1、裏 1、LT、裏 1、表 1。
5 〜 7 段め：2 段めと同様に編む。
8 段め：リブの右上 3 目交差。
9 〜 11 段め：2 段めと同様に編む。
12 段め：4 段めをくり返す。
13 段め：2 段めと同様に編む。
14 段め：裏 2、表 2、裏 2。
15 段め：2 段めと同様に編む。
16 段め：裏 2、LT、裏 2。
1 〜 16 段めをくり返す。

1 段め（裏面）：表 2、裏 2、表 2。
2 段め：表目は表目に、裏目は裏目に編む。
3 段め：裏 1、表 1、裏 2、表 1、裏 1。
4 段め：表 1、裏 1、RT、裏 1、表 1。
5 〜 7 段め：2 段めと同様に編む。
8 段め：リブの左上 3 目交差。
9 〜 11 段め：2 段めと同様に編む。
12 段め：4 段めをくり返す。
13 段め：2 段めと同様に編む。
14 段め：裏 2、表 2、裏 2。
15 段め：2 段めと同様に編む。
16 段め：裏 2、RT、裏 2。
1 〜 16 段めをくり返す。

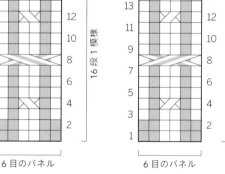

右上交差　　　　　　　左上交差

6 目のパネル　　　　　6 目のパネル

☐ 表面で表目、裏面で裏目。　■ 表面で裏目、裏面で表目。

⬚ **RT（変わり左上交差）**：左上 2 目一度を編むが左針は抜かず、右針を 1 目めに手前から入れて表目を編み、左針から編み目をはずす。

⬚ **LT（右上交差）**：左針の 2 目めに編み地の後ろから右針を入れて表目を編み、続けて 1 目めを表目に編む。2 目を左針からはずす。

⬚ **リブの左上 3 目交差**：CN に 3 目移して編み地の後ろにおき、左針から表 1、裏 1、表 1。CN から表 1、裏 1、表 1。

⬚ **リブの右上 3 目交差**：CN に 3 目移して編み地の手前におき、左針から表 1、裏 1、表 1。CN から表 1、裏 1、表 1。

Purl Center 2-Step GROUP 2

パールセンター 2 ステップ

#5 までは 3 目ずつを交差させる 6 目のケーブル模様でした。6 目のケーブルには 2 目ずつの交差を 2 回（表面の段で 2 回に渡って）行う方法があります。このような場合は 2 目ゴム編から交差に移ります。編み始めをゴム編みにすると、メリヤス編みより奥行きが生まれます。

右上交差
（1 模様＝ 6 目× 6 段）
SSE：5 目

1 段め（裏面）：裏 2、表 2、裏 2。
2・3 段め：表面は表目に、裏面は裏目に編む。
4 段め：2/2 LC、表 2。
5 段め：裏編み。
6 段め：表 2、2/2 LPC。
1 〜 6 段めをくり返す。

左上交差
（1 模様＝ 6 目× 6 段）
SSE：5 目

1 段め（裏面）：裏 2、表 2、裏 2。
2・3 段め：表面は表目に、裏面は裏目に編む。
4 段め：表 2、2/2 RC。
5 段め：裏編み。
6 段め：2/2 RPC、表 2。
1 〜 6 段めをくり返す。

右上交差

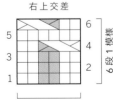

左上交差

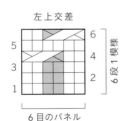

6 段 1 模様
6 目のパネル

□ 表面で表目、裏面で裏目。　▨ 表面で裏目、裏面で表目。

2/2 RC（左上 2 目交差）：CN に 2 目移して編み地の後ろにおき、左針から表 2。CN から表 2。

2/2 LC（右上 2 目交差）：CN に 2 目移して編み地の手前におき、左針から表 2。CN から表 2。

2/2 RPC（左上 2 目交差（下側が裏目））：CN に 2 目移して編み地の後ろにおき、左針から表 2。CN から裏 2。

2/2 LPC（右上 2 目交差（下側が裏目））：CN に 2 目移して編み地の手前におき、左針から裏 2。CN から表 2。

Eyelet 2-Step GROUP 2

アイレット 2 ステップ

この模様は、Purl Center 2-Step（#6）のバリエーションとして裏目を大きな透かしに置き替えています。透かし部分を構成する 2 目のかけ目とそれを相殺する減目は、裏面で操作することでケーブルの交差を妨げることなく縦方向の中心にそろいます。

右上交差
（1 模様＝ 6 目× 6 段）
SSE：5 目

1 段め（裏面）：裏編み。
2 段め：2/2 LC、表 2
3 段め：裏編み。
4 段め：表 2、2/2 LC。
5 段め：裏 1、裏目の左上 2 目一度、かけ目 2、裏目の右上 2 目一度、裏 1。
6 段め：表 2、前段のかけ目 2 目に「表 1、裏 1」、表 2。
1 〜 6 段めをくり返す。

左上交差
（1 模様＝ 6 目× 6 段）
SSE：5 目

1 段め（裏面）：裏編み。
2 段め：表 2、2/2 RC。
3 段め：裏編み。
4 段め：2/2 RC、表 2。
5 段め：裏 1、裏目の左上 2 目一度、かけ目 2、裏目の右上 2 目一度、裏 1。
6 段め：表 2、前段のかけ目 2 目に「表 1、裏 1」、表 2。
1 〜 6 段めをくり返す。

右上交差

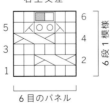

左上交差

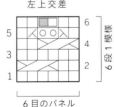

6 段 1 模様
6 目のパネル

□ 表面で表目、裏面で裏目。

○○ かけ目 2 回。

▨ 表面で左上 2 目一度、裏面で裏目の左上 2 目一度。

▨ 表面で右上 2 目一度、裏面で裏目の右上 2 目一度。

▨ 前段のかけ目に「表 1、裏 1」。

2/2 RC（左上 2 目交差）：CN に 2 目移して編み地の後ろにおき、左針から表 2。CN から表 2。

2/2 LC（右上 2 目交差）：CN に 2 目移して編み地の手前におき、左針から表 2。CN から表 2。

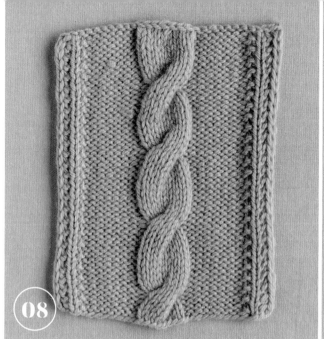

Basic 4/4 Rope GROUP 3

ベーシック 4/4 ロープ

12 段ごとに交差する、大胆なバランスが気に入っています。交差を 14 段ごと、16 段ごとなどと間隔を広げることもできます。異なるケーブル模様でも 1 模様の段数が公倍数なら、組み合わせてウエアに取り入れるデザイナーは多くいます。たとえば、交差が 6 段ごと、8 段ごと、12 段ごとの 3 種類の模様の段数の公倍数は 24 段なので、24 段のなかで、6 段ごとの模様は 4 回、8 段ごとの模様は 3 回、12 段ごとの模様は 2 回くり返すことになります。編むときにはこれらの組み合わせを 24 段 1 模様として扱うことができます。ここからの 4 模様は、ケーブル模様中の表目をほかの編み目に置き替えて生まれる新たな可能性をお伝えするものです。編み目の置き替えについては P.40 をご覧ください。

(1 模様＝ 8 目× 12 段)
SSE：7 目

1 段めと以降の奇数段 (裏面)：裏編み。
2・4 段め：表編み。
6 段め：4/4 RC。
8・10・12 段め：表編み。
1 ～ 12 段めをくり返す。

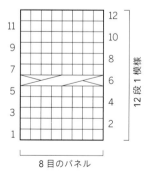

☐ 表面で表目、裏面で裏目。

⨯ **4/4 RC（左上 4 目交差）**：CN に 4 目移して編み地の後ろにおき、左針から表 4。CN から表 4。

Rib 4/4 GROUP 3

リブ 4/4 ロープ

この模様は Basic 4/4 Rope (#8) と同じく 4 目と 4 目の交差ですが、表目 2 目の左右に裏目を配置することで自然と真ん中を削り取ったような表情になり、交差に立体感が生まれます。

右上交差
(1 模様＝ 8 目× 12 段)
SSE：7 目

1 段め (裏面)：表 1、裏 2、表 2、裏 2、表 1。
2 ～ 5 段め：表目は表目に、裏目は裏目に編む。
6 段め：リブの右上 4 目交差。
7 ～ 12 段め：2 段めと同様に編む。
1 ～ 12 段めをくり返す。

左上交差
(1 模様＝ 8 目× 12 段)
SSE：7 目

1 段め (裏面)：表 1、裏 2、表 2、裏 2、表 1。
2 ～ 5 段め：表目は表目に、裏目は裏目に編む。
6 段め：リブの左上 4 目交差。
7 ～ 12 段め：2 段めと同様に編む。
1 ～ 12 段めをくり返す。

右上交差

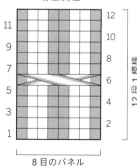

左上交差

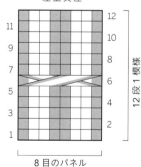

☐ 表面で表目、裏面で裏目。

▨ 表面で裏目、裏面で表目。

⨯ **リブの左上 4 目交差**：CN に 4 目移して編み地の後ろにおき、左針から裏 1、表 2、裏 1。CN から裏 1、表 2、裏 1。

⨯ **リブの右上 4 目交差**：CN に 4 目移して編み地の手前におき、左針から裏 1、表 2、裏 1。CN から裏 1、表 2、裏 1。

Reverse Rib 4/4　GROUP 3

リバースリブ 4/4

この模様は Rib 4/4（#9）の裏面の状態です。模様部分は 8 目、同じ「表1、裏 2、表 1」の 4 目の構成をふたつ合わせています。模様の左右が12 段ごとに交差します。表目 1 目が模様の輪郭を描き、中央では表目2 目が合流して中心部分に芯が通った表情になります。この 2 目を再び交差させることも容易に想像できるでしょう。そのひとつの例を Twist 1/1 Travel Share（#77）でご覧いただけます。

右上交差
（1 模様＝ 8 目× 12 段）
SSE：7 目

1 段め（裏面）：裏 1、表 2、裏 2、表2、裏 1。
2 ～ 5 段め：表目は表目に、裏目は裏目に編む。
6 段め：リブの右上 4 目交差。
7 ～ 12 段め：2 段めと同様に編む。
1 ～ 12 段めをくり返す。

左上交差
（1 模様＝ 8 目× 12 段）
SSE：7 目

1 段め（裏面）：裏 1、表 2、裏 2、表2、裏 1。
2 ～ 5 段め：表目は表目に、裏目は裏目に編む。
6 段め：リブの左上 4 目交差。
7 ～ 12 段め：2 段めと同様に編む。
1 ～ 12 段めをくり返す。

右上交差

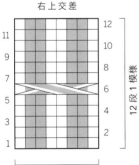

左上交差

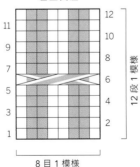

□ 表面で表目、裏面で裏目。

▨ 表面で裏目、裏面で表目。

▧▧▧ **リブの左上 4 目交差**：CN に 4 目移して編み地の後ろにおき、左針から表 1、裏 2、表 1。CN から表 1、裏 2、表 1。

▧▧▧ **リブの右上 4 目交差**：CN に 4 目移して編み地の手前におき、左針から表 1、裏 2、表 1。CN から表 1、裏 2、表 1。

Lace 4/4　GROUP 3

レース 4/4

Basic 4/4 Rope（#8）のバリエーションで、表目部分をシンプルな透かし模様に置き替えています。レース模様は編みやすいように表面で操作する模様にし、透かしが目立つように交差の間の段数を増やしています。

（1 模様＝ 8 目× 16 段）
SSE：8 目

1 段めと以降の奇数段（裏面）：裏編み。
2 段め：表 1、左上 2 目一度、かけ目、表 2、左上 2 目一度、かけ目、表 1。

4 段め：表 1、かけ目、右上 2 目一度、表 2、かけ目、右上 2 目一度、表 1。
6 段め：2 段めをくり返す。
8 段め：レースの左上 4 目交差。
9 ～ 16 段め：1 ～ 4 段めを 2 回くり返す。
1 ～ 16 段めをくり返す。

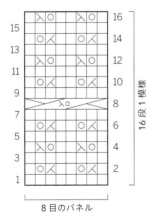

8 目のパネル

□ 表面で表目、裏面で裏目。

◯ かけ目。

⧄ 表面で左上 2 目一度。

⧅ 表面で右上 2 目一度。

▭ **レースの左上 4 目交差**：CN に 4 目移して編み地の後ろにおき、左針から表 1、かけ目、右上 2 目一度、表 1。CN から表 1、かけ目、右上 2 目一度、表 1。

Basic Flat Braid   GROUP 4

ベーシックフラットブレード

ひかえめでありながら模様が鮮明なブレードは、2目と2目の交差を組み合わせています。模様の交差は表面で2段ごとに2回続けて交差することで完成します。つまり、2目は4目分移動することになります。このあとの模様のように中央の編み目に変化を加えると、リブ編みや穴をあけたような表情が生まれます。

（1模様＝8目×8段）
SSE：7目

1 段めと以降の奇数段（裏面）：裏編み。
2 段め：表 2、2/2 LC、表 2。
4 段め：表 4、2/2 LC。
6 段め：表 2、2/2 RC、表 2。
8 段め：2/2 RC、表 4。
1 〜 8 段めをくり返す。

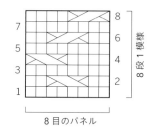

8 目のパネル

□　表面で表目、裏面で裏目。

▱　**2/2 RC（左上 2 目交差）**：CN に 2 目移して編み地の後ろにおき、左針から表 2。CN から表 2。

▱　**2/2 LC（右上 2 目交差）**：CN に 2 目移して編み地の手前におき、左針から表 2。CN から表 2。

Knitted Cable Sourcebook

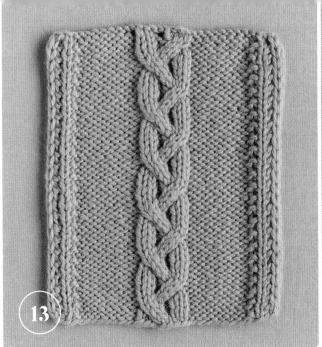

Purl Center Flat Braid　GROUP 4

パールセンターフラットブレード

Purl Center 2-Step（#6）のように、編み目をなわ編み針に移して次に
その目を編むときに、裏目を表目または表目を裏目に編むことがありま
す。編み方を変えた目は交差部分で隠れます。裏目は後退するためブレー
ドの編み目がまるで彫刻のように背景から浮き出て見えます。このケー
ブル模様は裏面から見ても素敵です。（P.49 参照）。

（1 模様＝ 8 目× 8 段）
SSE：7 目

1 段め（裏面）：裏 2、表 2、裏 4。
2 段め：表 2、2/2 LPC、表 2。
3 段めと以降の奇数段（裏面）：表目
は表目に、裏目は裏目に編む。

4 段め：表 2、裏 2、2/2 LC。
6 段め：表 2、2/2 RPC、表 2。
8 段め：2/2 RC、裏 2、表 2。
1 〜 8 段めをくり返す。

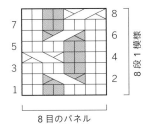

7	8
5	6
3	4
1	2

8 段 1 模様

8 目のパネル

□ 表面で表目、裏面で裏目。　▨ 表面で裏目、裏面で表目。

⬚⬚ **2/2 RC（左上 2 目交差）**：CN に 2 目移して編み地の後ろにお
き、左針から表 2。CN から表 2。

⬚⬚ **2/2 LC（右上 2 目交差）**：CN に 2 目移して編み地の手前にお
き、左針から表 2。CN から表 2。

⬚⬚ **2/2 RPC（左上 2 目交差（下側が裏目））**：CN に 2 目移して編み
地の後ろにおき、左針から表 2。CN から裏 2。

⬚⬚ **2/2 LPC（右上 2 目交差（下側が裏目））**：CN に 2 目移して編み
地の手前におき、左針から表 2。CN から裏 2。

Open Flat Braid　GROUP 4

オープンフラットブレード

Basic Flat Braid（#12）にかけ目を 2 回加えることで、中央に透かしが
入ります。かけ目は減目と組み合わせて裏面で操作します。減目が少し
操作しにくいかもしれませんが、交差と減目を両方表面で行わないです
むと思えば、少しの編みづらさに耐える甲斐はあるはず。

（1 模様＝ 8 目× 8 段）
SSE：7 目

1 段め（裏面）：裏編み。
2 段め：表 2、2/2 LC、表 2。
3 段め：裏 3、裏目の右上 2 目一度、
かけ目 2、裏目の左上 2 目一度、裏 1。
4 段め：表 2、前段のかけ目に「表 1、
裏 1」、2/2 LC。

5 段め：裏編み。
6 段め：表 2、2/2 RC、表 2。
7 段め：裏 1、裏目の右上 2 目一度、
かけ目 2、裏目の左上 2 目一度、裏 3。
8 段め：2/2 RC、前段のかけ目に
「表 1、裏 1」、表 2。
1 〜 8 段めをくり返す。

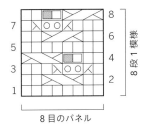

7	8
5	6
3	4
1	2

8 段 1 模様

8 目のパネル

□ 表面で表目、裏面で裏目。

○○ かけ目 2 回。

⊠ 表面で左上 2 目一度、裏面で裏目の左上 2 目一度。

⊠ 表面で右上 2 目一度、裏面で裏目の右上 2 目一度。

⬚ 前段のかけ目に表 1、裏 1。

⬚⬚ **2/2 RC（左上 2 目交差）**：CN に 2 目移して編み地の後ろにお
き、左針から表 2。CN から表 2。

⬚⬚ **2/2 LC（右上 2 目交差）**：CN に 2 目移して編み地の手前にお
き、左針から表 2。CN から表 2。

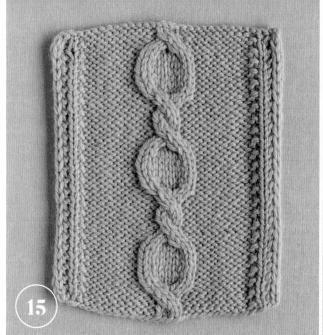

Basic Globe GROUP 5

ベーシックグローブ

この模様からは、2 目と 2 目の交差の用途がいかに広いかを見て取れます。ロープやラインだけでなく、丸い形を描くこともできるのです。

（1 模様＝ 8 目× 16 段）
SSE：7 目

1 段め（裏面）：表 2、裏 4、表 2。
2 段め：裏 2、表 4、裏 2。
3 段めと以降の奇数段（裏面）：表目は表目に、裏目は裏目に編む。

4 段め：裏 2、2/2 LC、裏 2。
6 段め：2/2 RC、2/2 LC。
8・10・12 段め：表編み。
14 段め：2/2 LPC、2/2 RPC。
16 段め：4 段めをくり返す。
1 ～ 16 段めをくり返す。

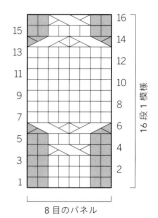

8 目のパネル

16 段 1 模様

□ 表面で表目、裏面で裏目。

▨ 表面で裏目、裏面で表目。

▱ 2/2 RC（左上 2 目交差）：CN に 2 目移して編み地の後ろdeduにおき、左針から表 2。CN から表 2。

▱ OR ▱ 2/2 LC（右上 2 目交差）：CN に 2 目移して編み地の手前におき、左針から表 2。CN から表 2。

▱ 2/2 RPC（左上 2 目交差（下側が裏目））：CN に 2 目移して編み地の後ろにおき、左針から表 2。CN から裏 2。

▱ 2/2 LPC（右上 2 目交差（下側が裏目））：CN に 2 目移して編み地の手前におき、左針から表 2。CN から表 2。

Lace Globe GROUP 5

レースグローブ

Basic Globe (#15) に少し透かし模様を加えるだけで、極細糸や夏用の糸と相性のよい模様ができます。糸の素材を変えて透かしを取り入れたケーブル模様は、P.93 にも掲載しています。

（1 模様＝ 8 目× 18 段）
SSE：7 目

1 段めと以降の奇数段（裏面）：裏編み。
2 段め：表 1、右上 2 目一度、かけ目、表 2、かけ目、左上 2 目一度、表 1。
4 段め：2/2 LC、2/2 RC。
6 段め：右上 2 目一度、かけ目、2/2

LC、かけ目、左上 2 目一度。
8 段め：右上 2 目一度、かけ目、表 4、かけ目、左上 2 目一度。
10 段め：6 段めをくり返す。
12 段め：2/2 RC、2/2 LC。
14・16・18 段め：2 段めをくり返す。
1 ～ 18 段めをくり返す。

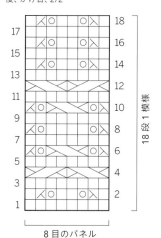

8 目のパネル

18 段 1 模様

□ 表面で表目、裏面で裏目。　　◎ かけ目。

▨ 表面で左上 2 目一度、裏面で裏目の左上 2 目一度。

▨ 表面で右上 2 目一度、裏面で裏目の右上 2 目一度。

▱ 2/2 RC（左上 2 目交差）：CN に 2 目移して編み地の後ろにおき、左針から表 2。CN から表 2。

▱ 2/2 LC（右上 2 目交差）：CN に 2 目移して編み地の手前におき、左針から表 2。CN から表 2。

(17)

Globe Braid   GROUP 5

グローブブレード

本書の出版に向けた作業を始めたとき、さまざまなケーブル模様のス
ワッチを（模様ごとに伏せ止めをして新たに作り目をする代わりに）続
けて編んでいました。意図せず Basic Globe (#15) を細かくクロスす
るブレードの上に編んだところ、この組み合わせがとても気に入りまし
た。密に編んだブレードは単独では取り上げていませんが、チャートの
12 〜 15 段めを抜き出せば、単独で編むこともできます。

―――――――――――――――――――――――――――

（1 模様＝ 8 目× 28 段）
SSE：7 目

1 段め（裏面）：表 2、裏 4、表 2。
2 段め：裏 2、表 4、裏 2。
3 段めと以降の奇数段（裏面）：表目は表目
に、裏目は裏目に編む。
4 段め：裏 2、2/2 LC、裏 2。
6 段め：2/2 RC、2/2 LC。
8・10 段め：表編み。
12 段め：表 2、2/2 LC、表 2。
14 段め：2/2 RC を 2 回。
16 〜 19 段め：12 〜 15 段めをくり返す。
20 段め：12 段めをくり返す。
22・24 段め：表編み。
26 段め：2/2 LPC、2/2 RPC。
28 段め：裏 2、2/2 LC、裏 2。
1 〜 28 段めをくり返す。

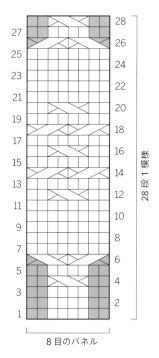

28 段 1 模様

8 目のパネル

□ 表面で表目、裏面で裏目。

▨ 表面で裏目、裏面で表目。

◿◹ OR ◺◸ **2/2 RC（左上 2 目交差）**：CN に 2 目移して編み地の後
ろにおき、左針から表 2。CN から表 2。

◸◺ OR ◹◿ **2/2 LC（右上 2 目交差）**：CN に 2 目移して編み地の手
前におき、左針から表 2。CN から表 2。

◿◹ **2/2 RPC（左上 2 目交差（下側が裏目））**：CN に 2 目移
して編み地の後ろにおき、左針から表 2。CN から裏 2。

◸◺ **2/2 LPC（右上 2 目交差（下側が裏目））**：CN に 2 目移
して編み地の手前におき、左針から裏 2。CN から表 2。

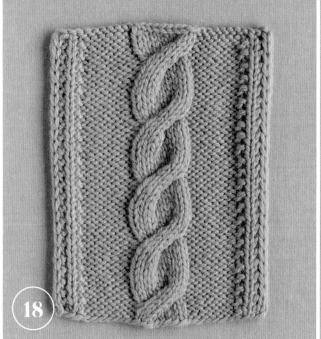

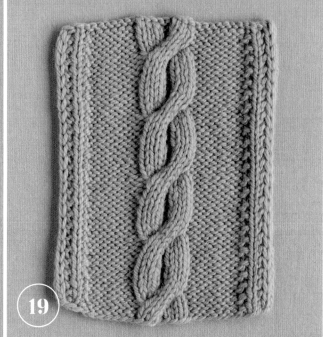

Large 2-Step GROUP 6

ラージ 2 ステップ

このケーブルの優雅で大らかな曲線は、3 目と 3 目の交差を同じ斜線上で 2 回くり返すことでできます。交差する目数が多くなると、ケーブルの奥行きが増し、より深い凹凸のある表情に仕上がります。

（1 模様＝ 9 目× 10 段）
SSE：8 目

1 段めと以降の奇数段（裏面）：裏編み。
2 段め：表編み。
4 段め：表 3、3/3 RC。
6 段め：3/3 RC、表 3。
8・10 段め：表編み。
1 〜 10 段めをくり返す。

Large Purl Center 2-Step GROUP 6

ラージパールセンター 2 ステップ

ここでは Large 2-Step (#18) の中央に裏目を加えることで、さらに奥行きを出しています。この模様は、交差をする前は 3 目のゴム編みの状態です。このため 3 目のゴム編みから生まれた模様としてとらえてもかまいません。P.49 ではこの編み地の裏面もご覧いただけます。

（1 模様＝ 9 目× 10 段）
SSE：7 目

1 段め（裏面）：裏 3、表 3、裏 3。
2 段め：表 3、裏 3、表 3。
3 段めと以降の奇数段（裏面）：表目は表目に、裏目は裏目に編む。
4 段め：表 3、3/3 RC。
6 段め：3/3 RPC、表 3。
8・10 段め：2 段めをくり返す。
1 〜 10 段めをくり返す。

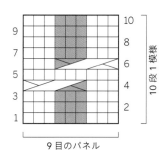

9 目のパネル

□ 表面で表目、裏面で裏目。

▨ 裏面で表目、表面で裏目。

 3/3 RC（左上 3 目交差）：CN に 3 目移して編み地の後ろにおき、左針から表 3。CN から表 3。

◤◥ **3/3 RPC（左上 3 目交差（下側が裏目））**：CN に 3 目移して編み地の後ろにおき、左針から表 3。CN から裏 3。

10 段 1 模様

9 目のパネル

□ 表面で表目、裏面で裏目。

◤◥ **3/3 RC（左上 3 目交差）**：CN に 3 目移して編み地の後ろにおき、左針から表 3。CN から表 3。

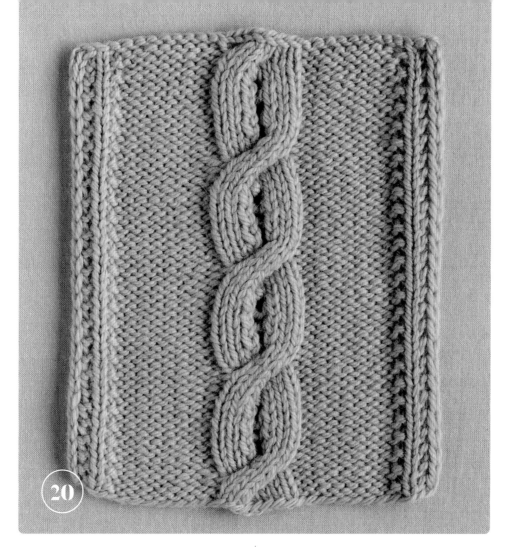

Ladder 2-Step GROUP 6

ラダー 2 ステップ

Large 2-Step（#18）に透け感を加えた模様は、2 目のかけ目とそれを相殺する減目の組み合わせで構成しています。交差の操作に支障をきたさないよう、透かし編みの操作は裏面で行います。記号に注意しましょう。左右で目数が異なる交差が登場するのは、この模様が初めてです。ここでは 6 段めで 2 目の上に 3 目を交差させます。

（1 模様＝ 8 目× 12 段）
SSE：7 目

1 段め（裏面）：裏編み。
2 段め：表編み。
3 段め：裏編み。
4 段め：表 2、3/3 RC。
5 段め：裏編み。
6 段め：3/2 RC、表 3。
7 段め：裏 2、裏目の右上 2 目一度、かけ目 2、裏目の左上 2 目一度、裏 2。
8 段め：表 3、前段のかけ目に「表 1、裏 1」、表 3。
9 〜 12 段め：7 段めと 8 段めをくり返す。
1 〜 12 段めをくり返す。

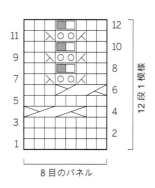

12 段 1 模様

8 目のパネル

□　表面で表目、裏面で裏目。

○○　かけ目 2 回。

▨　前段のかけ目に「表 1、裏 1」。

⟋　表面では左上 2 目一度、裏面では裏目の左上 2 目一度。

⟍　表面では右上 2 目一度、裏面では裏目の右上 2 目一度。

3/2 RC（左上 3 目と 2 目の交差）：CN に 2 目移して編み地の後ろにおき、左針から表 3。CN から表 2。

3/3 RC（左上 3 目交差）：CN に 3 目移して編み地の後ろにおき、左針から表 3。CN から表 3。

Garter Fill 3-Step GROUP 7

ガーターフィル 3 ステップ

この模様は形、大きさともに Large 2-Step（#18）に似て見えますが、こちらは 3 ステップの交差で完成します。ガーター編み 2 目は両脇に表目を立たせた構成の 4 目の状態で移動します。交差に支障をきたさないよう、ガーター編みは表面、裏面とも表目を編む方法です。

（1 模様＝ 10 目× 12 段）
SSE：8.5 目

1 段め（裏面）：[裏 1、表 2] を 3 回、裏 1。
2 段め：表 4、裏 2、表 4。
3・4 段め：1 段めと 2 段めをくり返す。
5 段め：1 段めをくり返す。
6 段め：表 4、4/2 RC。

7 段め：裏 1、表 1、裏 1、表 2、裏 2、表 2、裏 1。
8 段め：表 2、4/2 RC、表 2。
9 段め：裏 1、表 2、裏 2、表 2、裏 1、表 1、裏 1。
10 段め：4/2 RPC、表 4。
11・12 段め：1 段めと 2 段めをくり返す。
1 〜 12 段めをくり返す。

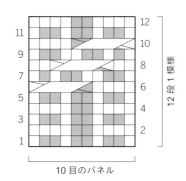

10 目のパネル

□ 表面で表目、裏面で裏目。

▨ 表面で表目、裏面で表目。

 OR ▨ **4/2 RC（左上 4 目と 2 目の交差）**：CN に 2 目移して編み地の後ろにおき、左針から表 4。CN から表 2。

▨ **4/2 RPC（左上 4 目と 2 目の交差（下側が裏目））**：CN に 2 目移して編み地の後ろにおき、左針から表 4。CN から裏 2。

Twist 3-Step GROUP 7

ツイスト3ステップ

ミニケーブルを用いる、そしてミニケーブルの左右に裏目を加えた4目をなわ編み針に移して交差する、というのは私のお気に入りパターンのひとつ。このケーブルはその入門編です。メリヤス編みとミニケーブルを交互に交差させることでケーブルの幅の大小や、奥行きの有無の対比が生まれ、細い交差が際立ちます。

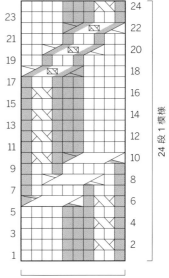

24 段 1 模様

10 目のパネル

（1模様＝10目×24段）
SSE：7目

1 段め（裏面）：裏4、表3、裏2、表1。
2 段め：裏1、LT、裏3、表4。
3 段めと以降の奇数段（裏面）：表目は表目に、裏目は裏目に編む。
4 段め：2段めをくり返す。
6 段め：裏1、LT、裏1、左上4目と2目の交差（下側がリブ）①。
8 段め：裏1、表1、左上4目の交差（下側がリブ）②、表1、裏1。
10 段め：4/2 RPC、裏1、LT、裏1。

12・14・16 段め：表4、裏3、LT、裏1。
18 段め：表4、変わり左上4目と2目の交差（下側が表目）。
20 段め：表2、変わり左上4目と2目の交差（下側が表目）、表2。
22 段め：変わり左上4目と2目の交差（下側が裏目）、表4。
24 段め：裏1、LT、裏3、表4。
1 ～ 24 段めをくり返す。

□　表面で表目、裏面で裏目。

▨　表面で裏目、裏面で表目。

LT（右上交差）：左針の2目めに編み地の後ろから右針を入れて表目を編み、続けて1目めを表目に編む。2目を左針からはずす。

左上4目と2目の交差（下側がリブ）①：CNに2目移して編み地の後ろにおき、左針から表4。CNから表1、裏1。

左上4目と2目の交差（下側がリブ）②：CNに2目移して編み地の後ろにおき、左針から表4。CNから裏1、表1。

4/2 RPC（左上4目と2目の交差（下側が裏目））：CNに2目移して編み地の後ろにおき、左針から表4。CNから裏2。

OR　変わり左上4目と2目の交差（下側が表目）：CNに2目移して編み地の後ろにおき、左針から裏1、LT、裏1。CNから裏2。

変わり左上4目と2目の交差（下側が裏目）：CNに2目移して編み地の後ろにおき、左針から裏1、LT、裏1。CNから裏2。

Basic 3/3/3 Braid GROUP 8

ベーシック 3/3/3 ブレード

この基本的なケーブルは 3 つに分けた編み目を、髪を三つ編みにする
ように編むだけです。広くなじみのある模様なので、#24 ～ 26 の模様
のように一部の編み目をアレンジするベースになります。さらにバリ
エーションを広げるには、交差する編み目の単位を 2 目や 4 目、また
はそれ以上の目数にして、交差と交差の間隔を自由自在に操って楽しん
でみましょう。

(1 模様＝ 9 目× 8 段)
SSE：7 目

1 段めと以降の奇数段(裏面)：裏編み。
2 段め：表編み。
4 段め：表 3、3/3 LC。
6 段め：表編み。
8 段め：3/3 RC、表 3。
1 ～ 8 段めをくり返す。

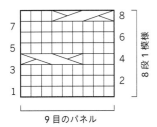

□ 表面で表目、裏面で裏目。

3/3 RC (左上 3 目交差)：CN に 3 目移して編み地の後ろにお
き、左針から表 3。CN から表 3。

3/3 LC (右上 3 目交差)：CN に 3 目移して編み地の手前にお
き、左針から表 3。CN から表 3。

Rib 3/3/3 GROUP 8

リブ 3/3/3

この模様は Basic 3/3/3 Braid (#23) とほぼ同じですが、表目 3 の部分
を単純なリブ編み「裏 1、表 1、裏 1」に置き替えています。表目の左右
に裏目を配置すると表目が浮き立ちます。49 ページではこの編み地の
裏面の様子も紹介しています。

(1 模様＝ 9 目× 8 段)
SSE：7 目

1 段め (裏面)：表 1、[裏 1、表 2]
を 2 回、裏 1、表 1。
2・3 段め：表目は表目に、裏目は裏
目に編む。
4 段め：裏 1、表 1、裏 1、リブの右
上 3 目交差。
5 ～ 7 段め：2 段めと同様に編む。
8 段め：リブの左上 3 目交差、裏 1、
表 1、裏 1。
1 ～ 8 段めをくり返す。

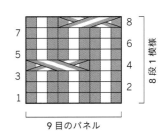

□ 表面で表目、裏面で裏目。

■ 表面で表目、裏面で表目。

リブの左上 3 目交差：CN に 3 目移して編み地の後ろにおき、
左針から裏 1、表 1、裏 1。CN から裏 1、表 1、裏 1。

リブの右上 3 目交差：CN に 3 目移して編み地の手前におき、
左針から裏 1、表 1、裏 1。CN から裏 1、表 1、裏 1。

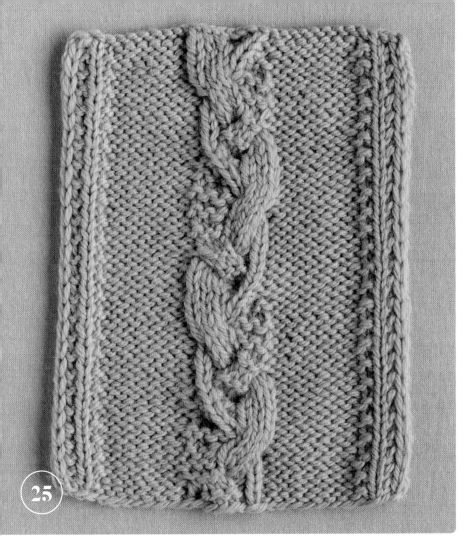

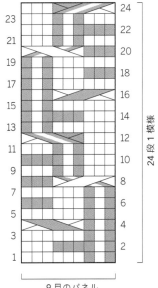

3/3/3 Mix　GROUP 8

3/3/3 ミックス

数種の編み目が混在した複雑な模様に見えますが、実際は Basic 3/3/3 Braid (#23) のシンプルなバリエーションです。ブレードを構成する 3 つの「表目 3 目」を、ひとつめは表目、ふたつめはリブ編み、3 つめはガーター編みに置き替えています。交差をしても 3 つのパートはそのまま同じ編み方を続けるため、編み始めてみるととてもラクに編めます。

(1 模様＝9 目×24 段)
SSE：7 目

1 段め(裏面)：裏 6、表 1、裏 1、表 1。
2 段め：裏 1、表 1、裏 4、表 3。
3 段め：1 段めをくり返す。
4 段め：裏 1、表 1、裏 1、右上 3 目交差(上側が裏目)。
5 段め：1 段めをくり返す。
6 段め：裏 1、表 1、裏 1、表 3、裏 3。
7 段め：1 段めをくり返す。
8 段め：リブの左上 3 目交差(上側が表目)、裏 3。
9 段め：裏 3、表 1、裏 1、裏 1、表 3。
10 段め：表 3、裏 1、表 1、裏 4。
11 段め：9 段めをくり返す。
12 段め：表 3、リブの右上 3 目交差(下側が裏目)。
13 段め：表 1、裏 1、表 1、裏 6。
14 段め：表 3、裏 4、表 1、裏 1。
15 段め：13 段めをくり返す。
16 段め：左上 3 目交差(上側が裏目)、裏 1、表 1、裏 1。
17 段め：13 段めをくり返す。
18 段め：裏 3、表 3、裏 1、表 1。
19 段め：13 段めをくり返す。
20 段め：裏 3、リブの右上 3 目交差(上側が表目)。
21 段め：9 段めをくり返す。
22 段め：裏 4、表 1、裏 1、表 3。
23 段め：9 段めをくり返す。
24 段め：リブの左上 3 目交差(下側が裏目)、表 3。
1 〜 24 段めをくり返す。

9 目のパネル

24 段 1 模様

□ 表面で表目、裏面で裏目。

▨ 表面で裏目、裏面で表目。

⬚ **左上 3 目交差(上側が裏目)**：CN に 3 目移して編み地の後ろにおき、左針から裏 3。CN から表 3。

⬚ **右上 3 目交差(上側が裏目)**：CN に 3 目移して編み地の手前におき、左針から裏 3。CN から表 3。

⬚ **リブの左上 3 目交差(上側が表目)**：CN に 3 目移して編み地の後ろにおき、左針から表 3。CN から裏 1、表 1、裏 1。

⬚ **リブの右上 3 目交差(上側が表目)**：CN に 3 目移して編み地の手前におき、左針から裏 1、表 1、裏 1。CN から表 3。

⬚ **リブの左上 3 目交差(下側が裏目)**：CN に 3 目移して編み地の後ろにおき、左針から裏 1、表 1、裏 1。CN から裏 3。

⬚ **リブの右上 3 目交差(下側が裏目)**：CN に 3 目移して編み地の手前におき、左針から裏 3。CN から裏 1、表 1、裏 1。

Substitution
編み目の置き替え

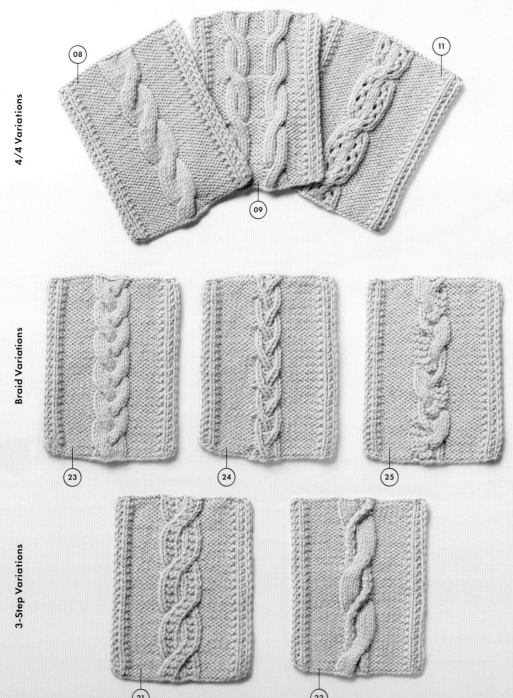

ケーブルのメリヤス編み部分をリブ編みや地模様、ねじり目、さらには透かし模様などに置き替えることで驚きの結果が得られることがあります。

4/4 VARIATIONS ／
4 目と 4 目の交差のバリエーション
上段の 3 つの模様は 4 目と 4 目の交差模様です。左端が一般的な BASIC 4/4 ROPE（#8）、表編みの基本的な編み地です。4 目を簡単なリブ編みに置き替えたのが RIB 4/4（#9）、簡単な透かし模様に置き替えたのが LACE 4/4（#11）で、新しい模様に生まれ変わります。4 目の模様なら何でも試す価値はあると思います。私は 4 目の模様を左右対称にしていますが、左右非対称でも面白いかもしれません。

BRAID VARIATIONS ／
ブレードのバリエーション
BASIC 3/3/3 BRAID（#23）の表目 3 目を「裏 1、表 1、裏 1」に置き替えたのが RIB 3/3/3（#24）です。もとの表目をすべて別の編み目に置き替える必要はなく、1 グループだけでもかまいません。3/3/3 MIX（#25）では、ガーター編み、リブ編み、メリヤス編みを三つ編み状にしています。

3-STEP VARIATIONS ／
3 ステップ交差のバリエーション
下段左の GARTER FILL 3-STEP（#21）と右の TWIST 3-STEP（#22）は、互いに関連し合っています。というのは、どちらも 4 目と 2 目の交差を 3 段階に分けて行うと交差が完成するから。ふたつある 4 目のグループを置き替えることで変化が生まれます。

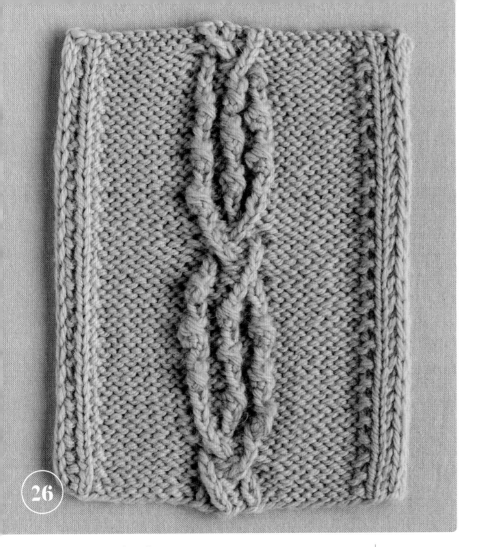

26

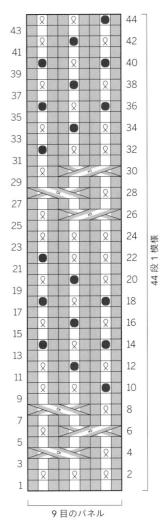

43 | | | ● | | 44
41 | | Q | | Q | | 42
39 | | ● | | | | 40
37 | | ● | | ● | | 38
35 | | Q | | Q | | 36
33 | | ● | | | | 34
31 | | | | | | 30
29 | | | | | | 28
27 | | | | | | 26
25 | | Q | | Q | | 24
23 | | | | | | 22
21 | | ● | | | | 20
19 | | Q | | Q | | 18
17 | | ● | | ● | | 16
15 | | Q | | Q | | 14
13 | | ● | | ● | | 12
11 | | | | ● | | 10
9 | | | | | | 8
7 | | | | | | 6
5 | | | | | | 4
3 | | Q | | Q | | 2
1 | | | | | |

44 段 1 模様

9 目のパネル

Knot 3/3/3 GROUP 8

ノット 3/3/3

この模様は Rib 3/3/3（#24）のバリエーションで、小さなノットを加えることで糸に通したビーズを彷彿させます。トリプレット（5 段で 3 段階に分けて完成する交差）の間隔を 17 段に増やしてノット編みを入れています。基本の Basic 3/3/3 Braid（#23）では、交差の間隔は 3 段しかありません。ノット編みは、段の途中で編み地を返さずにすむように編み目を左針に戻す手順で編んでいます。

（1 模様＝ 9 目× 44 段）
SSE：7 目

1 段めと以降の奇数段（裏面）：表 1、[裏 1、表 2] を 2 回、裏 1、表 1。
2 段め：裏 1、[ねじり目 1、裏 2] を 2 回、ねじり目 1、裏 1。
4 段め：裏 1、ねじり目 1、裏 1、リブの右上 3 目交差。
6 段め：リブの左上 3 目交差、裏 1、ねじり目 1、裏 1。
8 段め：4 段めをくり返す。
10 段め：裏 1、MK、[裏 2、ねじり目 1] を 2 回、裏 1。
12 段め：裏 1、ねじり目 1、裏 2、MK、裏 2、ねじり目 1、裏 1。

14 段め：裏 1、MK、裏 2、ねじり目 1、裏 2、MK、裏 1。
16 ～ 19 段め：12 ～ 15 段めをくり返す。
20 段め：12 段めをくり返す。
22 段め：裏 1、[ねじり目 1、裏 2] を 2 回、MK、裏 1。
24 段め：2 段めをくり返す。
26 ～ 29 段め：6 ～ 9 段めをくり返す。
30 段め：6 段めをくり返す。
32 段め：22 段めをくり返す。
34 ～ 42 段め：12 ～ 20 段めをくり返す。
44 段め：10 段めをくり返す。
1 ～ 44 段めをくり返す。

□　表面で表目、裏面で裏目。

▨　表面で裏目、裏面で表目。

Ⓠ　表面で表目のねじり目、裏面で裏目のねじり目。

●　**MK（ノットを作る）**：1 目に「表目、表目のねじり目、表目」を編んで 3 目編み出し、この 3 目を左針に戻し、表 3、右針にできた 3 目の右側 2 目を左端の目にかぶせて 1 目に戻す。

▨▨　**リブの左上 3 目交差**：CN に 3 目移して編み地の後ろにおき、左針から裏 1、表目のねじり目 1、裏 1。CN から裏 1、表目のねじり目 1、裏 1。

▨▨　**リブの右上 3 目交差**：CN に 3 目移して編み地の手前におき、左針から裏 1、表目のねじり目 1、裏 1。CN から裏 1、表目のねじり目 1、裏 1。

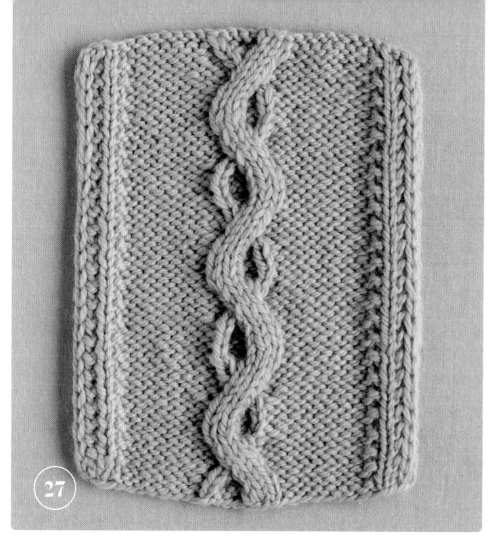

(27)

Double Zigzag GROUP 9

ダブルジグザグ

繊細なリブ編みのジグザグ模様の上に、大胆なジグザグ模様を重ねています。表目3目を上にして2目と3回交差させて、たっぷりとしたゆるやかな曲線を描きます。交差の回数は同じでも、目数が少ないと傾斜が急になり、折り返すとゆるやかなカーブに、目数が多いと傾斜がなだらかになり、折り返すと急カーブになります。交差する左右の目数が違う段もあるので、記号に注意してください。たとえば、4段めでは最初の交差は2目と3目、2回めの交差では2目と2目の交差です。

(1模様＝9目×16段)
SSE：6目

1段め(裏面)：裏1、表5、裏3。
2段め：表3、裏5、表1。
3段めと以降の奇数段(裏面)：表目は表目に、裏目は裏目に編む。
4段め：3/2 LPC、リブの左上2目交差(下側が裏目)。
6段め：裏2、右上3目と2目の交差(下側がリブ)、裏2。

8段め：リブの左上2目交差(下側が裏目)、3/2 LPC。
10段め：裏1、表1、裏4、表3。
12段め：リブの右上2目交差(下側が裏目)、3/2 RPC。
14段め：裏2、左上3目と2目の交差(下側がリブ)、裏2。
16段め：3/2 RPC、リブの右上2目交差(下側が裏目)。
1～16段めをくり返す。

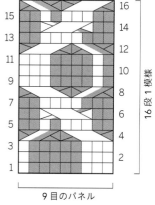

16段1模様

9目のパネル

□ 表面で表目、裏面で裏目。　■ 表面で裏目、裏面で表目。

リブの左上2目交差(下側が裏目)：CN に2目移して編み地の後ろにおき、左針から裏1、表1。CN から裏2。

リブの右上2目交差(下側が裏目)：CN に2目移して編み地の手前におき、左針から裏2。CN から裏1、表1。

左上3目と2目の交差(下側がリブ)：CN に2目移して編み地の後ろにおき、左針から表3。CN から裏1、表1。

右上3目と2目の交差(下側がリブ)：CN に3目移して編み地の手前におき、左針から裏1、表1。CN から表3。

3/2 RPC(左上3目と2目の交差(下側が裏目))：CN に2目移して編み地の後ろにおき、左針から表3。CN から裏2。

3/2 LPC(右上3目と2目の交差(下側が裏目))：CN に3目移して編み地の手前におき、左針から裏2。CN から表3。

Knitted Cable Sourcebook

42

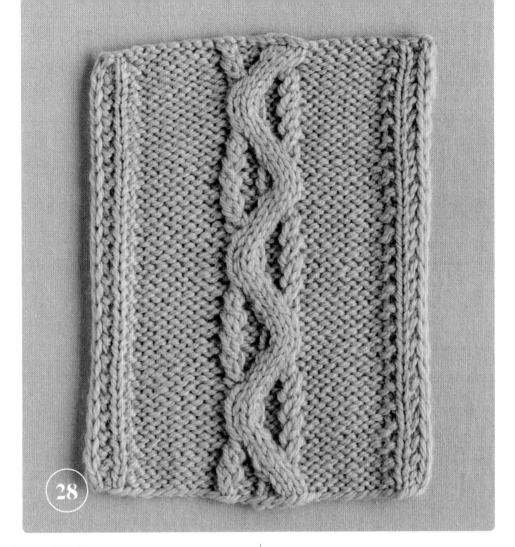

Zigzag Atop Twists   GROUP 9

ジグザグアトップツイスト

Double Zigzag (#27) のように太いメリヤス編みのケーブルでスタートし、ジグザグの角部分の表目は多く残して、外側の端を細い1目の左上交差で区切っています。幅広のケーブルはつねに5目でできていますが、なわ編み針に移す目数がつねに同じとは限らないので記号に注意してください。

(1模様＝9目×16段)
SSE：6目

1 段め (裏面)：裏2、表2、裏5。
2 段め：表5、裏2、LT。
3 段めと以降の奇数段 (裏面)：表目は表目に、裏目は裏目に編む。
4 段め：3/2 LC、裏2、LT。
6 段め：RT、3/2 LPC、LT。
8 段め：RT、裏2、3/2 LC。
10 段め：RT、裏2、表5。
12 段め：RT、裏2、3/2 RC。
14 段め：RT、3/2 RPC、LT。
16 段め：3/2 RC、裏2、LT。
1〜16段めをくり返す。

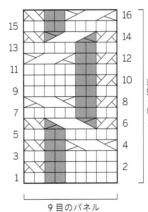

9目のパネル

16段1模様

□ 表面で表目、裏面で裏目。

▨ 表面で裏目、裏面で表目。

▧ **RT (変わり左上交差)**：左上2目一度を編むが左針は抜かず、右針を1目めに手前から入れて表目を編み、左針から編み目をはずす。

▧ **LT (右上交差)**：左針の2目めに編み地の後ろから右針を入れて表目を編み、続けて1目めを表目に編む。2目を左針からはずす。

▱ **3/2 RC (左上3目と2目の交差)**：CN に2目移して編み地の後ろにおき、左針から表3。CN から表2。

▱ **3/2 LC (右上3目と2目の交差)**：CN に3目移して編み地の手前におき、左針から表2。CN から表3。

▱ **3/2 RPC (左上3目と2目の交差 (下側が裏目))**：CN に2目移して編み地の後ろにおき、左針から表3。CN から裏2。

▱ **3/2 LPC (右上3目と2目の交差 (下側が裏目))**：CN に3目移して編み地の手前におき、左針から裏2。CN から表3。

Basic 4-Step　GROUP 10

ベーシック 4 ステップ

表目 2 目がコラムの端から反対側の端へ連続して駆け上がっているように見えますが、実際は交差を 4 段階に分けて移動しています。ケーブルが左端で始まると同時に、その前の模様は右端で終わっています。

（1 模様＝ 10 目× 6 段）
SSE：8 目

1 段めと以降の奇数段（裏面）：裏編み。
2 段め：2/2 RC、表 2、2/2 RC。
4 段め：表 4、2/2 RC、表 2。
6 段め：表 2、2/2 RC、表 4。
1 〜 6 段めをくり返す。

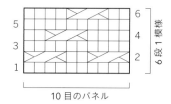

10 目のパネル

□　表面で表目、裏面で裏目。

◻◻　**2/2 RC（左上 2 目交差）**：CN に 2 目移して編み地の後ろにおき、左針から表 2。CN から表 2。

㉚

4-Step Swing GROUP 10

4 ステップスウィング

この模様は Basic 4-Step (#29) のバリエーションで、駆け上がるように見える模様を 3 本作るところまではほとんど同じですが、途中から模様を反転させています。方向転換が発生する位置には、シンプルな 2 目と 2 目の交差を配置しています。

（1 模様＝ 10 目× 44 段）

SSE：7 目

1 段め（裏面）：裏 2、表 2、裏 4、表 2。

2 段め：裏 2、2/2 LC、裏 2、表 2。

3 段めと以降の奇数段（裏面）：表目は表目に、裏目は裏目に編む。

4 段め：裏 2、表 4、2/2 RC。

6 段め：裏 2、表 2、2/2 RC、表 2。

8 段め：裏 2、2/2 RC、表 4。

10 段め：2/2 RC、表 2、2/2 RC。

12 段め：表 4、2/2 RC、表 2。

14 段め：表 2、2/2 RC、表 4。

16 段め：2/2 RC、表 2、2/2 RPC。

18 段め：表 4、2/2 RC、裏 2。

20 段め：表 2、2/2 RC、表 2、裏 2。

22 段め：2/2 RPC、表 4、裏 2。

24 段め：表 2、裏 2、2/2 RC、裏 2。

26 段め：2/2 LC、表 4、裏 2。

28 段め：表 2、2/2 LC、表 2、裏 2。

30 段め：表 4、2/2 LC、裏 2。

32 段め：2/2 LC、表 2、2/2 LC。

34 段め：表 2、2/2 LC、表 4。

36 段め：表 4、2/2 LC、表 2。

38 段め：2/2 LPC、表 2、2/2 LC。

40 段め：裏 2、2/2 LC、表 4。

42 段め：裏 2、表 2、2/2 LC、表 2。

44 段め：裏 2、表 4、2/2 LPC。

1 ～ 44 段めをくり返す。

44 段 1 模様

10 目のパネル

□ 表面で表目、裏面で裏目。

▦ 表面で裏目、裏面で表目。

2/2 RC（左上 2 目交差）：CN に 2 目移して編み地の後ろにおき、左針から表 2。CN から表 2。

2/2 LC（右上 2 目交差）：CN に 2 目移して編み地の手前におき、左針から表 2。CN から表 2。

2/2 RPC（左上 2 目交差（下側が裏目））：CN に 2 目移して編み地の後ろにおき、左針から表 2。CN から裏 2。

2/2 LPC（右上 2 目交差（下側が裏目））：CN に 2 目移して編み地の手前におき、左針から裏 2。CN から表 2。

Double O GROUP 11
ダブルオー

こぶりなケーブルをふたつ左右対称に並べた模様です。2目を上にして1目と交差させることで、中心に空間を作っています。表面では裏目による奥行きが生まれますが、裏面にもリブ編みによるやさしいハニカム模様ができあがります。裏面の面白さについては、P.49参照。

（1模様＝12目×8段）
SSE：9目

1段め（裏面）：裏2、表2、裏4、表2、裏2。
2段め：表2、裏2、表4、裏2、表2。
3段めと以降の奇数段（裏面）：表目は表目に、裏目は裏目に編む。

4段め：[2/1 LPC、2/1 RPC] を2回。
6段め：裏1、2/2 RC、裏2、2/2LC、裏1。
8段め：[2/1 RPC、2/1 LPC] を2回。
1～8段めをくり返す。

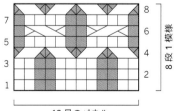

12目のパネル

8段1模様

□ 表面で表目、裏面で裏目。　■ 表面で裏目、裏面で表目。

▨ **2/1 RPC（左上2目と1目の交差（下側が裏目））**：CN に1目移して編み地の後ろにおき、左針から表2。CN から裏1。

▨ **2/1 LPC（右上2目と1目の交差（下側が裏目））**：CN に2目移して編み地の手前におき、左針から裏1。CN から表2。

▨ **2/2 RC（左上2目交差）**：CN に2目移して編み地の後ろにおき、左針から表2。CN から表2。

▨ **2/2 LC（右上2目交差）**：CN に2目移して編み地の手前におき、左針から表2。CN から表2。

Open Double O GROUP 11
オープンダブルオー

Double O（#31）の中心部分をかけ目2目の透かし模様にすると縁取りにぴったり。かけ目で増えた分の減目は裏面で、交差は表面で行います。

（1模様＝12目×8段）
SSE：9.5目

1段め（裏面）：裏1、裏目の右上2目一度、かけ目2、裏目の左上2目一度、裏2、裏目の右上2目一度、かけ目2、裏目の左上2目一度、裏1。
2段め：表2、前段のかけ目2目に「表1、裏1」、表4、前段のかけ目2目に「表1、裏1」、表2。
3段め：裏編み。

4段め：2/1 LPC、2/1 RC、2/1 LC、2/1 RPC。
5段め：表1、裏3、裏目の右上2目一度、かけ目2、裏目の左上2目一度、裏3、表1。
6段め：裏1、2/2 RC、前段のかけ目2目に「表1、裏1」、2/2 LC、裏1。
7段め：表1、裏10、表1。
8段め：[2/1 RC、2/1 LC] を2回。
1～8段めをくり返す。

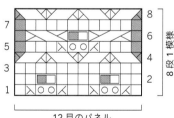

12目のパネル

8段1模様

□ 表面で表目、裏面で裏目。

■ 表面で裏目、裏面で表目。

◯◯ かけ目2回。

▨ 表面で左上2目一度、裏面で裏目の左上2目一度。

▨ 表面で右上2目一度、裏面で裏目の右上2目一度。

▭ 前段のかけ目2目に表1、裏1。

▨ OR ▨ **2/1 RC（左上2目と1目の交差）**：CN に1目移して編み地の後ろにおき、左針から表2。CN から表1。

▨ OR ▨ **2/1 LC（右上2目と1目の交差）**：CN に2目移して編み地の手前におき、左針から表1。CN から表2。

▨ OR ▨ **2/1 RPC（左上2目と1目の交差（下側が裏目））**：CN に1目移して編み地の後ろにおき、左針から表2。CN から裏1。

▨ OR ▨ **2/1 LPC（右上2目と1目の交差（下側が裏目））**：CN に2目移して編み地の手前におき、左針から裏1。CN から表2。

▨ **2/2 RC（左上2目交差）**：CN に2目移して編み地の後ろにおき、左針から表2。CN から表2。

▨ **2/2 LC（右上2目交差）**：CN に2目移して編み地の手前におき、左針から表2。CN から表2。

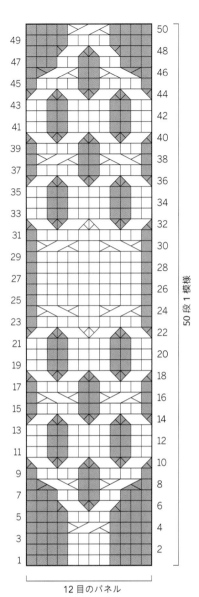

12 目のパネル

Fancy Double O GROUP 11

ファンシーダブルオー

Double O (#31) の模様をくり返し編んでいる間に、上下に反転させる
ことを思いつきました。できた円の中心はメリヤス編みで埋めてシンプ
ルに仕上げています。さらに模様の最初と最後を細くすることで、模様
が連続するコラムではなく、周囲から切り離された形状にしています。

（1 模様＝ 12 目× 50 段）
SSE：9 目

1 段め（裏面）：表 4、裏 4、表 4。
2 段め：裏 4、表 4、裏 4。
3 段めと以降の奇数段（裏面）：表目
は表目に、裏目は裏目に編む。
4 段め：裏 4、2/2 RC、裏 4。
6 段め：裏 3、2/1 RPC、2/1 LPC、
裏 3。
8 段め：裏 1、2/2 RC、表 2、2/2
LC、裏 1。
10 段め：[2/1 RPC、2/1 LPC] を 2
回。
12 段め：3 段めと同様に編む。
14 段め：[2/1 LPC、2/1 RPC] を 2
回。
16 〜 21 段め：8 〜 13 段めをくり
返す。

22 段め：2/1 LPC、2/1 RC、2/1
LC、2/1 RPC。
24 段め：裏 1、2/2 RC、表 2、2/2
LC、裏 1。
26・28 段め：3 段めと同様に編む。
30 段め：裏 1、2/2 LC、表 2、2/2
RC、裏 1。
32 〜 37 段め：10 〜 15 段めをくり
返す。
38 段め：裏 1、2/2 LC、表 2、2/2
RC、裏 1。
40 〜 45 段め：1 0 〜 15 段めをく
り返す。
46 段め：裏 1、2/2 LPC、裏 2、2/2
RPC、裏 1。
48 段め：裏 3、2/1 LPC、2/1 RPC、
裏 3。
50 段め：裏 4、2/2 RC、裏 4。
1 〜 50 段めをくり返す。

□ 表面で表目、裏面で裏目。　■ 表面で裏目、裏面で表目。

2/1 RC（左上 2 目と 1 目の交差）：CN に 1 目移して編み
地の後ろにおき、左針から表 2。CN から表 1。

2/1 LC（右上 2 目と 1 目の交差）：CN に 2 目移して編み
地の手前におき、左針から表 1。CN から表 2。

2/1 RPC（左上 2 目と 1 目の交差（下側が裏目））：CN に
1 目移して編み地の後ろにおき、左針から表 2。CN から
裏 1。

2/1 LPC（右上 2 目と 1 目の交差（下側が裏目））：CN に
2 目移して編み地の手前におき、左針から裏 1。CN から
表 2。

OR 2/2 RC（左上 2 目交差）：CN に 2 目移して編み地の後ろ
におき、左針から表 2。CN から表 2。

OR 2/2 LC（右上 2 目交差）：CN に 2 目移して編み地の手前
におき、左針から表 2。CN から表 2。

2/2 RPC（左上 2 目交差（下側が裏目））：CN に 2 目移し
て編み地の後ろにおき、左針から表 2。CN から裏 2。

2/2 LPC（右上 2 目交差（下側が裏目））：CN に 2 目移し
て編み地の手前におき、左針から裏 2。CN から表 2。

2/2 Over 2/2 GROUP 12

2/2 オーバー 2/2

この大胆で立体的なケーブルは、2目のリブ編み（2目ゴム編み）からなる6目同士を交差させています。こうしたリブ編みのケーブルは、裏面がとくに格好よく、両面が見える作品に絶好の模様です（P.49参照）。

（1模様＝12目×16段）
SSE：9目

1段め（裏面）：裏2、表2、裏4、表2、裏2。
2〜9段め：表目は表目に、裏目は裏目に編む。
10段め：リブの右上6目交差。
11〜16段め：2段めと同様に編む。
1〜16段めをくり返す。

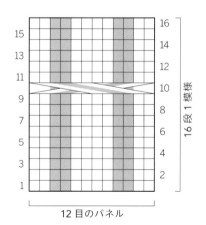

12目のパネル

16段1模様

□ 表面で表目、裏面で裏目。
▨ 表面で裏目、裏面で表目。

⧄ **リブの右上6目交差**：CNに6目移して編み地の手前におき、左針から表2、裏2、表2。CNから表2、裏2、表2。

Broken X 2/2 GROUP 12

ブロークンエックス 2/2

2/2 Over 2/2（#34）に少し手を加えるとこの模様に変身します。中央の4目は交差の間隔を狭めてロープ状に。外側のリブ編みは裏目で中断させて大きなXに（模様の中心で交差しています）。裏面はP.49参照。

（1模様＝12目×24段）
SSE：9目

1段め（裏面）：表4、裏4、表4。
2・3段め：表目は表目に、裏目は裏目に編む。
4段め：表2、裏2、表4、裏2、表2。
5段め：2段めと同様に編む。
6段め：表2、裏2、2/2 RC、裏2、表2。
7〜11段め：2段めと同様に編む。
12段め：リブの左上6目交差。
13〜17段め：2段めと同様に編む。
18段め：6段めをくり返す。
19段め：2段めと同様に編む。
20段め：裏4、表4、裏4。
21〜23段め：2段めと同様に編む。
24段め：裏4、2/2 RC、裏4。
1〜24段めをくり返す。

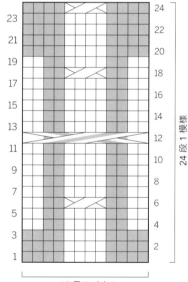

12目のパネル

24段1模様

□ 表面で表目、裏面で裏目。
▨ 表面で裏目、裏面で表目。

⧄ **2/2 RC（左上2目交差）**：CNに2目移して編み地の後ろにおき、左針から表2。CNから表2。

⧄ **リブの左上6目交差**：CNに6目移して編み地の後ろにおき、左針から表2、裏2、表2。CNから表2、裏2、表2。

Reversibility

裏面も面白い

Reverse-Stockinette Stitch Centers

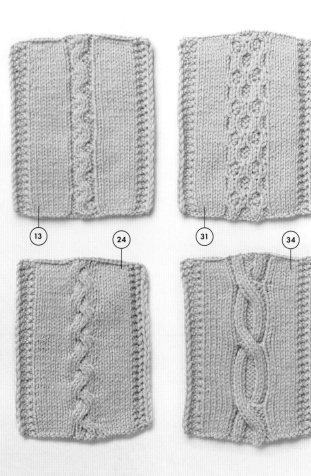

13　24　31　34　19　35　39　42

Rib-Based

Two-Sided Stitches

スワッチの裏面が視覚的に魅力的な
もの（そして表裏が見える作品に使
えそうなもの）を選り分けてみると、
3つのカテゴリーに分類できること
に気づきました。①中心に裏メリヤ
ス編みがある模様、②リブ編みベー
スの模様、③かのこ編みや透かし模
様のように両面使いできる編み目の
模様、です。

**REVERSE-STOCKINETTE
STITCH CENTERS ／
中心に裏メリヤス編みがある模様**
PURL CENTER FLAT BRAID (#13)、
DOUBLE O (#31)、LARGE PURL
CENTER 2-STEP (#19) は、どれも
表面から見た中心部分に裏メリヤス
編みを配しているため、裏面には見
た目にも楽しいメリヤス編みの筋が
できます。

**RIB BASED ／
リブ編みベースの模様**
リブ編みベースのケーブル模様は、

両面の様子がまったく同じにはなり
ませんが、たいてい見栄えよく仕上
がります。それは上の RIB 3/3/3
(#24) や 2/2 OVER 2/2 (#34) を
見るとよくわかります。BROKEN
X 2/2 (#35) も、左右の端のリブ編
みは表目によって途絶えているも
の、裏面にもこぶりなXが美しく
浮き出ています。

**TWO-SIDED STITCHES ／
両面使いできる編み目の模様**
シンプルな透かし模様のように、「か
け目と裏目の左上（または右上）2目

一度」の組み合わせは、表面、裏面、
どちらから見ても魅力的です。
LACE MEGA (#39) は、表面でメ
リヤス編みの編み地に施した透かし
が、裏面でも裏メリヤス編みの編み
地にしっくりと納まっています。
ガーター編みのように、どちらの面
でもテクスチャーが楽しめる編み目
を使った編み地の裏面も、GARTER
FILL BIG BRAID (#42) のように魅
力的な編み地になります。

Rib Mega GROUP 13

リブメガ

この模様以降の 4 模様は、9 目と 9 目の交差を試みた大きな模様です。目数をさらに増やすと扱いにくく、編み目もきつくなるため、一度に交差させる目数としてはこれが最多だと感じています。目数を奇数にすることでリブ編みを左右対称に保てます。各 9 目の両端を裏目にしているため、交差する箇所は削り出したような表情になります。

（1 模様＝ 18 目× 24 段）
SSE：12.5 目

1 段め（裏面）：［表 1、裏 1］を 4 回、表 2、［裏 1、表 1］を 4 回。

2 〜 13 段め：表目は表目に、裏目は裏目に編む。

14 段め：リブの右上 9 目交差。

15 〜 24 段め：2 段めと同様に編む。

1 〜 24 段めをくり返す。

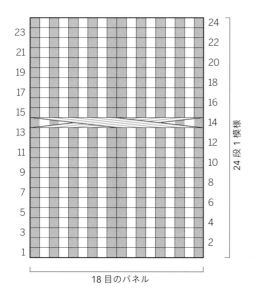

□ 表面で表目、裏面で裏目。 ▨ 表面で裏目、裏面で表目。

リブの右上 9 目交差：CN に 9 目移して手前におき、左針から［裏 1、表 1］を 4 回、裏 1。CN から［裏 1、表 1］を 4 回、裏 1。

Slip Mega GROUP 13

スリップメガ

左右のグループそれぞれの中心にすべり目を置くと、左右の編み目から浮き出し、視覚的に面白みが生まれます。Rib Mega (#36) と同様、中心では裏目が 2 目合わさり、編み地に細長いくぼみを作ります。

（1 模様＝ 18 目× 24 段）
SSE：12.5 目

1 段めと以降の奇数段（裏面）：表 1、裏 1、表 1、裏 3、表 1、裏 1、表 2、裏 1、表 1、裏 3、表 1、裏 1、表 1。

2・4・6・8・10・12 段め：［裏 1、表 1］を 2 回、すべり目 1、表 1、裏 1、表 1、裏 2、表 1、裏 1、表 1、すべり目 1、［表 1、裏 1］を 2 回。

14 段め：リブの左上 9 目交差。

16・18・20・22・24 段め：2 段めをくり返す。

1 〜 24 段めをくり返す。

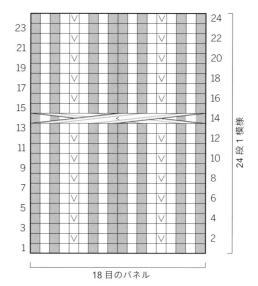

□ 表面で表目、裏面で裏目。 ▨ 表面で裏目、裏面で表目。
☑ 表面ですべり目（糸を編み地の後ろにおいて目を移す）。

リブの左上 9 目交差：CN に 9 目移して編み地の後ろにおき、［裏 1、表 1］を 2 回、すべり目 1、［裏 1、表 1］を 2 回。CN から［裏 1、表 1］を 2 回、すべり目 1、［表 1、裏 1］を 2 回。

Seed Mega GROUP 13

シードメガ

9目同士の交差の試み第3弾です。交差する9目の両端はガーター編み2目ずつ、中心はかのこ編みにしています。質感が特徴的な編み地を加えることで背景とのなじみがよく、中心部分の空間が広がるものの、9目交差のほかの模様ほど凹凸が目立ちません。ガーター編みとかのこ編みの部分は裏面で表目を編んで作り、交差の操作は表面で行います。

(1模様＝18目×24段)
SSE：12.5目

1段めと以降の奇数段（裏面）：表2、裏2、表1、裏2、表4、裏2、表1、裏2、表2。
2・4・6・8・10・12段め：表編み。
14段め：9/9 RC。
16・18・20・22・24段め：2段めをくり返す。
1～24段めをくり返す。

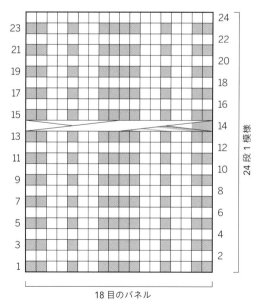

□ 表面で表目、裏面で裏目。

▨ 表面で裏目、裏面で表目。

9/9 RC（左上9目交差）：CNに9目移して編み地の後ろにおき、左針から表9。CNから表9。

Lace Mega　GROUP 13

レースメガ

両端をメリヤス編みにしているため、メガケーブルシリーズのなかでも
とくに大きく見えます。交差の左右の中心に透かしと裏目を配すること
でどちらの面にも面白みが生まれます（裏面は P.49 参照）。ほかのバー
ジョンのメガケーブルでは中央部分にくぼみができますが、この模様で
はメリヤス編みによって中央部分がふくらみます。

（1 模様＝ 18 目× 24 段）
SSE：12.5 目

1 段めと以降の奇数段（裏面）：裏 4、
かけ目、裏目の左上 2 目一度、裏 7、
かけ目、裏目の左上 2 目一度、裏 3。
2・4・6・8・10・12 段め：表 2、
裏 1、表 1、かけ目、右上 2 目一度、
裏 1、表 4、表 1、表 1、かけ目、右
上 2 目一度、裏 1、表 2。
14 段め：変わり右上 9 目交差。
16・18・20・22・24：2 段めをく
り返す。
1 〜 24 段めをくり返す。

□ 表面で表目、裏面で裏目。

▨ 表面で裏目、裏面で表目。

◎ かけ目。

⟋ 表面で左上 2 目一度、裏面で裏目の左
上 2 目一度。

⟍ 表面で右上 2 目一度、裏面で裏目の右
上 2 目一度。

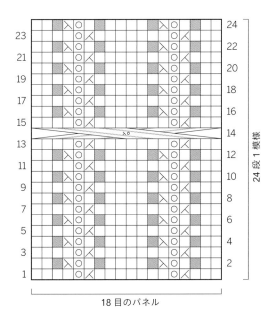

変わり右上 9 目交差：CN に 9 目移し
て編み地の手前におき、表 2、裏 1、
表 1、かけ目、右上 2 目一度、裏 1、
表 2。CN から表 2、裏 1、表 1、かけ
目、右上 2 目一度、裏 1、表 2。

24 段 1 模様

18 目のパネル

Knitted Cable Sourcebook

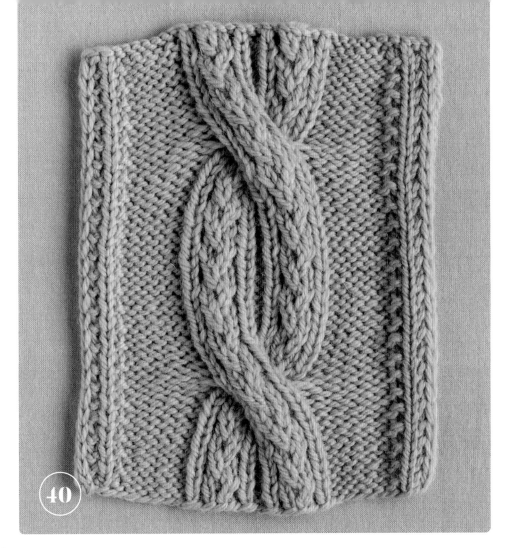

Braid Mega GROUP 13

ブレードメガ

メガケーブルシリーズのなかで最も複雑な模様です。表面の段では毎回
1目と1目の交差を編み、ストランドの中にもブレードを通します。ブ
レードを編みながら交差を行うので、注意が必要です。一般的なケーブ
ルでは珍しい操作かもしれませんが、本書ではたびたび登場します。

（1 模様＝ 18 目× 24 段）
SSE：12.5 目

1 段め（裏面）：表 1、裏 1、表 1、裏
3、表 1、裏 1、表 2、裏 1、表 1、
裏 3、表 1、裏 1、表 1。
2 段め：裏 1、表 1、表 1、RT、表
1、裏 1、表 1、表 2、表 1、裏 1、
RT、［表 1、裏 1］を 2 回。
3 段めと以降の奇数段（裏面）：表目
は表目に、裏目は裏目に編む。
4 段め：［裏 1、表 1］を 2 回、LT、
裏 1、表 1、裏 2、表 1、表 1、
LT、裏 1、表 1、裏 1。
6 ～ 13 段め：2 ～ 5 段めを 2 回く
り返す。
14 段め：変わり右上 9 目交差。
16 ～ 23 段め：4 ～ 7 段を 2 回くり
返す。
24 段め：4 段めをくり返す。
1 ～ 24 段めをくり返す。

□ 表面で表目、裏面で裏目。

▨ 表面で裏目、裏面で表目。

▧ **RT（変わり左上交差）**：左上 2 目一度を編むが
左針は抜かず、右針を 1 目めに手前から入れて
表目を編み、左針から編み目をはずす。

▨ **LT（右上交差）**：左針の 2 目めに編み地の後ろ
から右針を入れて表目を編み、続けて 1 目めを
表目に編む。2 目を左針からはずす。

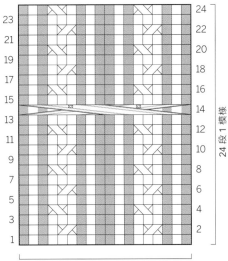

変わり右上 9 目交差：CN に 9 目移して編み地
の手前におき、左針から裏 1、表 1、裏 1、RT、
［表 1、裏 1］を 2 回。CN から裏 1、表 1、裏
1、RT、［表 1、裏 1］を 2 回。

18 目のパネル

24 段 1 模様

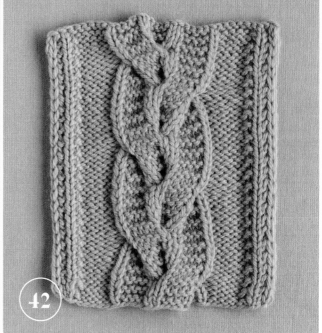

Big Braid GROUP 14

ビッグブレード

この幅広のブレードは、メリヤス編みを 6 目ずつ交差させて作ります。8 段ごとに交差させることで、適度に編み目が密集し丸みを帯びたブレードになります。ゆるめの「おさげ」がお好みなら、交差の間の段数を増やして間隔をあけましょう。

（1 模様＝ 18 目× 16 段）
SSE：13.5 目

1 段めと以降の奇数段（裏面）：裏編み。

2・4 段め：表編み。

6 段め：6/6 RC、表 6。
8・10・12 段め：表編み。
14 段め：表 6、6/6 LC。
16 段め：表編み。
1 ～ 16 段めをくり返す。

Garter Fill Big Braid GROUP 14

ガーターフィルビッグブレード

Big Braid (#41) のバリエーションで、3 分割した編み目の内側をガーター編みにしています。ガーター編みはつねに表目を編んで作るため、交差部分は表面で表目を編んで操作できます（裏面は P.49 参照）。

（1 模様＝ 18 目× 16 段）
SSE：12.5 目

1 段めと以降の奇数段（裏面）：裏 1、[表 4、裏 2] を 2 回、表 4、裏 1。

2・4 段め：表編み。

6 段め：6/6 RC、表 6。
8・10・12 段め：表編み。
14 段め：表 6、6/6 LC。
16 段め：表編み。
1 ～ 16 段めをくり返す。

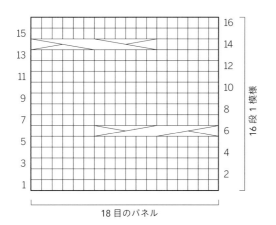

18 目のパネル

□ 表面で表目、裏面で裏目。

〈 〉 6/6 RC（左上 6 目交差）：CN に 6 目移して編み地の後ろにおき、左針から表 6。CN から表 6。

〈 〉 6/6 LC（右上 6 目交差）：CN に 6 目移して編み地の手前におき、左針から表 6。CN から表 6。

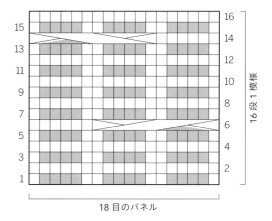

18 目のパネル

□ 表面で表目、裏面で裏目。
▨ 表面で裏目、裏面で表目。

〈 〉 6/6 RC（左上 6 目交差）：CN に 6 目移して編み地の後ろにおき、左針から表 6。CN から表 6。

〈 〉 6/6 LC（右上 6 目交差）：CN に 6 目移して編み地の手前におき、左針から表 6。CN から表 6。

Horseshoe Combo　GROUP 15

ホースシューコンボ

Basic 3/3 Ropes（#1）を左右に配置し、中心ではすべり目を立たせて
安定感を出しています。3つの別々のパーツが合わさって視覚的に一体
感を出しているところが気に入っています。

（1 模様＝ 17 目 × 8 段）
SSE：13.5 目

1 段めと以降の奇数段（裏面）：裏 6、
表 1、裏 3、表 1、裏 6。
2 段め：表 6、裏 1、表 1、すべり目
1、表 1、裏 1、表 6。
4 段め：3/3 RC、裏 1、表 1、すべ
り目 1、表 1、裏 1、3/3 LC。
6・8 段め：2 段めをくり返す。
1 〜 8 段めをくり返す。

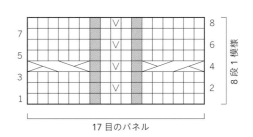

17 目のパネル

8 段 1 模様

□　表面で表目、裏面で裏目。

▨　表面で裏目、裏面で表目。

☑　表面ですべり目（糸を編み地の後ろにおいて目を移す）。

3/3 RC（左上 3 目交差）：CN に 3 目移して編み地の後ろにおき、
左針から表 3。CN から表 3。

3/3 LC（右上 3 目交差）：CN に 3 目移して編み地の手前におき、
左針から表 3。CN から表 3。

Contrast Horseshoe　GROUP 15

コントラストホースシュー

3目と3目のケーブルでもリブ編みとメリヤス編みのケーブルを並べると、互いが違いを引き立て合い、面白みのある非対称のホースシュー（蹄鉄）型ができます。どちらも同じ目数・段数ですが、リブ編みはスレンダーで繊細、メリヤス編みは目が詰まり丸みを帯びた印象です。間に裏目を1目はさんで逆方向へ引き合う交差のテンションをやわらげています。

（1模様＝13目×8段）
SSE：10目

1段めと以降の奇数段（裏面）：表1、[裏1、表2]を2回、裏6。
2段め：表6、[裏2、表1]を2回、裏1。
4段め：3/3 RC、裏1、リブの右上3目交差。
6・8段め：2段めをくり返す。
1～8段めをくり返す。

Horseshoe Mix　GROUP 15

ホースシューミックス

この模様では、裏目1目を中心に、左右でガーター編み3目とメリヤス編み3目が8段ごとに交差しています。ガーター編みとメリヤス編みの表情の対比が、シンプルな模様を複雑に見せてくれます。

（1模様＝13目×16段）
SSE：10目

1段め（裏面）：裏3、表7、裏3。
2段め：表6、裏1、表6。
3段め：1段めをくり返す。
4段め：3/3 RC、裏1、3/3 LC。
5段め：表3、裏3、表1、裏3、表3。
6段め：2段めをくり返す。
7～10段め：5段めと6段めをくり返す。
11段め：5段めをくり返す。
12段め：4段めをくり返す。
13～16段め：1段めと2段めをくり返す。
1～16段めをくり返す。

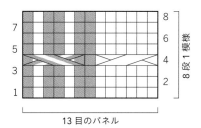

13目のパネル

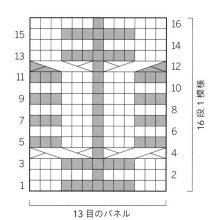

13目のパネル

□　表面で表目、裏面で裏目。

■　表面で裏目、裏面で表目。

3/3 RC（左上3目交差）：CNに3目移して編み地の後ろにおき、左針から表3。CNから表3。

リブの右上3目交差：CNに3目移して編み地の手前におき、左針から裏1、表1、裏1。CNから裏1、表1、裏1。

□　表面で表目、裏面で裏目。

■　表面で裏目、裏面で表目。

OR　3/3 RC（左上3目交差）：CNに3目移して編み地の後ろにおき、左針から表3。CNから表3。

OR　3/3 LC（右上3目交差）：CNに3目移して編み地の手前におき、左針から表3。CNから表3。

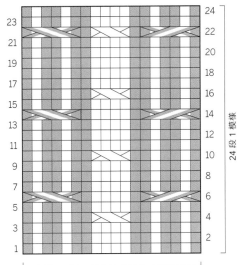

Rib Triplet Horseshoe GROUP 15

リブトリプレットホースシュー

異なる編み目の組み合わせをもう一段階展開させて、左右対称のケーブルで同じサイズのメリヤス編みのケーブルをはさみました。各ケーブルの間には裏目を1目はさんで、それぞれを際立てています。

（1模様＝18目×24段）

SSE：13.5目

1 段め（裏面）：表1、[裏1、表2]を2回、裏4、[表2、裏1]を2回、表1。

2・3 段めと以降の奇数段（裏面）：表目は表目に、裏目は裏目に編む。

4 段め：裏1、[表1、裏2]を2回、2/2 LC、[裏2、表1]を2回、裏1。

6 段め：リブの左上3目交差、裏1、表4、裏1、リブの右上3目交差。

8 段め：2段めと同様に編む。

10 段め：4段めをくり返す。

12 段め：2段めと同様に編む。

14 段め：6段めをくり返す。

16 段め：4段めをくり返す。

18・20 段め：2段めと同様に編む。

22 段め：リブの左上3目交差、裏1、2/2 LC、裏1、リブの右上3目交差。

24 段め：2段めと同様に編む。

1～24段めをくり返す。

□ 表面で表目、裏面で裏目。　　■ 表面で裏目、裏面で表目。

2/2 LC（右上2目交差）：CN に2目移して編み地の手前におき、左針から表2。CN から表2。

リブの左上3目交差：CN に3目移して編み地の後ろにおき、左針から裏1、表1、裏1。CN から裏1、表1、裏1。

リブの右上3目交差：CN に3目移して編み地の手前におき、左針から裏1、表1、裏1。CN から裏1、表1、裏1。

Vest
ベスト

SIZES ／サイズ
XS (S、M、L、LL、3L、4L)
※サイズ表記順にバスト寸法
76 (86.5、96.5、106.5、117、
127、137) cm 向き

FINISHED MEASUREMENT ／仕上がり寸法
81.5 (91.5、103、112、122、
132、143.5) cm
※前立てを重ねて着用した場合の胸まわり寸法

YARN ／糸
Berroco の Maya (綿 85%・
アルパカ 15%、125 m/50 g)
#5651 Lavanda ／ 10 (11、
12、13、14、16、17) カセ

NEEDLE ／針
・8 号 [US 7 (4.5 mm)] の
80cm 以上の輪針
・5 号または 6 号 [US 5 (3.75
mm)] の 80cm 以上の輪針
※ゲージが合わない場合は必要に応じて針の号数を変えて調整しましょう。

NOTIONS ／その他の道具
ステッチマーカー、ステッチ
ホルダー、なわ編み針

GAUGE ／ゲージ
① 21 目 × 30 段 (10cm 角、
メリヤス編み・8 号針)
②ケーブル模様の 9 目のパネル＝幅 4.5 cm (8 号針)
※ゲージを測る前にスチームまたは水通しをしてブロッキングをしましょう。

STITCH PATTERNS ／模様編み

**2 目ゴム編み (4 目の倍数＋2
目；1 段 1 模様)**
1 段め (裏面)：裏 2、＊表 2、
裏 2；、＊〜；を最後までくり返す。
2 段め：表目は表目、裏目は
裏目に目なりに編む。
2 段をくり返す。

ケーブル模様
Knot 3/3/3 (#26)

PATTERN NOTES ／メモ
このベストはトップダウンで
シームレスに編みます。最初
に襟の右側を編み、その作り
目から拾い目をして左側を編
みます。左側を編み終えたら、
左右の襟の端から拾い目をし
てヨークを編みます。ヨーク
はラグラン線に沿って増し目
をしながら袖ぐりまで編みま
す。袖ぐりで前後身頃に分け、
3 つのパーツを脇まで同時に
編み進めます。次に各パーツ
を合わせて身頃をひと続きに
裾まで編みます。

⑧ ケーブル模様を変更する
場合は P.61 参照。

◎パターン中の略語
PM：Place Marker
→マーカーを入れる
SM：Slip Marker
→マーカーを移す
CN：Cable Needle
→なわ編み針

Collar ／襟

右襟
8 号針で 16 目作る。
1 段め (裏面)：浮き目 2、表 1、ケーブル模様 (9 目)、表 1、裏 3。
2 段め：表 3、裏 1、ケーブル模様、裏 1、表 2。
1 〜 2 段めをくり返して増減なく編み、長いほうの端 (浮き目を編んでいないほう) が作り目から 11 (11、12、12、12.5、12.5、12.5) cm になったら最後に裏面を編み、糸を切り、編み目をホルダーに移す。

左襟
右襟の表面を見て、8 号針で作り目から 16 目拾う。
1 段め (裏面)：裏 3、表 1、ケーブル模様 (9 目)、表 1、裏 2。
2 段め：すべり目 2、裏 1、ケーブル模様、裏 1、表 3。
1 〜 2 段めをくり返し、長いほうの端が拾い目から 11 (11、12、12、12.5、12.5、12.5) cm になったら最後は裏面の段を編む。糸は切らずに続けてヨークを編む。

Yoke ／ヨーク

次段 (表面)：左襟 2 段めと同様に編む。続けて襟の端のメリヤス編みに沿って 58 (58、62、62、66、66、66) 目拾い、右襟を右襟 2 段めと同様に編む。90 (90、94、94、98、98、98) 目になる。
準備段 (裏面)：右襟 1 段めと同様に 15 目まで編み、表 1、[裏 1、表 1] を 2 回、PM、裏 2、PM (右前身頃とラグラン線の区切り)、表 1、裏 1、表 1、裏 4、表 1、裏 1、表 1、PM (ラグラン線と後ろ身頃の区切り)、裏 26 (26、30、30、34、34、34)、PM (後ろ身頃とラグラン線の区切り)、表 1、裏 1、表 1、裏 4、表 1、裏 1、表 1、PM (ラグラン線と左前身頃の区切り)、裏 2、PM、表 1、[裏 1、表 1] を 2 回、次の 15 目は左襟 1 段めの最初を「裏 2」に変えて編む。

ラグラン線と前襟のシェーピング
メモ：ラグラン線と前襟のシェーピングは同時に進めます。前襟のシェーピングは、ラグラン線側で 3 回めの増し目を行う段で始まり、ヒップまで続きます。このセクションをひと通り読んでから編み始めてください。全サイズとも、最初にまず次の「ラグラン線に沿って 1 目増やす段」(2 段) と「ラグラン線に沿って 2 目増やす段」(2 段) を編みます。

〈ラグラン線に沿って 1 目増やす段〉
表面の段：前段までと同様に 15 目編む、裏 1、[ねじり目 1、裏 1] を 2 回、SM、[次のマーカーまで表編み、右にねじるねじり増し目、SM、裏 1、ねじり目 1、裏 1、表 4、裏 1、ねじり目 1、裏 1、SM、左にねじるねじり増し目] を 2 回、次のマーカーまで表編み、SM、裏 1、[ねじり目 1、裏 1] を 2 回、前段までと同様に最後まで編む。〈4 目増〉
次段 (裏面)：増減なく目なりに (表目は表目、裏目は裏目に) 1 段編む。

〈ラグラン線に沿って2目増やす段〉
表面の段：最初のマーカーまでは前段までと同様に編む、SM、［次のマーカーとの間に2目残るまで表編み、右にねじるねじり増し目、表2、右にねじるねじり増し目、SM、裏1、ねじり目1、裏1、表4、裏1、ねじり目1、裏1、SM、左にねじるねじり増し目、表2、左にねじるねじり増し目］を2回、次のマーカーまで表編み、SM、前段までと同様に最後まで編む。〈8目増〉
次段（裏面）：増減なく目なりに1段編む。

L／LL／3L／4Lのみ
「ラグラン線に沿って2目増やす段」の2段を－（－、－、1、6、13、22）回くり返す。

すべてのサイズ
次の2段：「ラグラン線に沿って1目増やす段」を1回。
次の2段：「ラグラン線に沿って2目増やす段」を1回。
この4段をさらに2（6、10、13、11、8、4）回くり返す。

XS／S／Mのみ
次の2段：「ラグラン線に沿って1目増やす段」を1回。
この2段をさらに19（12、5、－、－、－、－）回くり返す。

すべてのサイズ
上記と並行して、ラグランのシェーピングの3回めの表面の段から、次のように前襟のシェーピングを行う。
前襟の増し目段（表面）：ラグランのシェーピングをしながら次のように編む。最初のマーカーまで編む、SM、表1、左にねじるねじり増し目、最後のマーカーとの間に1目残るまで編む、右にねじるねじり増し目、表1、SM、最後まで編む。〈2目増〉
以後もラグランのシェーピングをしながら「前襟の増し目段」を6段ごとに16（16、18、22、24、26、26）回、8段ごとに7（7、6、3、2、1、1）回編む。
ラグランのシェーピングが終わったら、裏面の段を編む。左右の前身頃は各63（68、74、79、83、89、95）目、左右のラグラン線各10目、後ろ身頃90（100、114、124、136、146、158）目になっている。
※全体の目数は236（256、282、302、322、344、368）目。

Body／身頃

袖を分ける
メモ：袖ぐりのシェーピングをしながら、これまでの通りに前襟ぐりのシェーピングを続けます。
次段（表面）：ふたつめのマーカーまで編む、SM、裏1、ねじり目1、裏1、2目をCNに移して編み地の後ろにおき、左針から表2。ふたつめの糸玉から糸をつけ、CNから表2。裏1、ねじり目1、裏1、SM、次のマーカーまで編む、SM、裏1、ねじり目1、裏1、2目をCNに移して編み地の手前におき、左針から表2、3つめの糸玉から糸をつけ、CNから表2。裏1、ねじり目1、裏1、SM、最後まで編む。
次段：別々の糸玉を使って3つのパーツを同時に編み進める。〈右前身頃〉ふたつめのマーカーまで編む、SM、表1、裏1、表1、裏2。〈後ろ身頃〉裏2、表1、裏1、表1、SM、次のマーカーまで裏編み、SM、表1、裏1、表1、裏2。〈左前身頃〉裏2、表1、裏1、表1、SM、最後まで編む。
次段：〈左前身頃〉ふたつめのマーカーまで編む、SM、裏1、ねじり目1、裏1、表2。〈後ろ身頃〉表2、裏1、ねじり目1、裏1、SM、次のマーカーまで表編み、SM、裏1、ねじり目1、裏1、表2。〈右前身頃〉表2、裏1、ねじり目1、裏1、SM、最後まで編む。
次の3段：増減なく目なりに編む。

袖ぐりの減目段（表面）：〈左前身頃〉ふたつめのマーカーとの間に2目残るまで編む、右上2目一度、SM、裏1、ねじり目1、裏1、表2。〈後ろ身頃〉表2、裏1、ねじり目1、裏1、SM、左上2目一度、次のマーカーとの間に2目残るまで表編む、右上2目一度、SM、裏1、ねじり目1、裏1、表2。〈右前身頃〉表2、裏1、ねじり目1、裏1、SM、左上2目一度、次のマーカーまで表編む、SM、最後まで編む。〈袖ぐりの左右で1目ずつ減目＝4目減〉
次段：増減なく編む。
袖ぐりの減目段を6段ごとに5（4、7、6、9、9、8）回、そして8段ごとに2（3、1、2、0、0、1）回編む。後ろ身頃の目数は84（94、106、116、126、136、148）目、左右前身頃は各69（74、79、85、89、94、101）目になる。

前後身頃をつなげる
メモ：これまでと同様に前襟のシェーピングを続けながら、再び1本の糸で前後身頃を続けて編みます。続けて編むと袖ぐりが完成します。
次段（表面）：同じ糸玉で全体を続けて編む（ふたつめ、3つめの糸玉の糸は切る）。ふたつめのマーカーまで編む、マーカーをはずす、左前身頃の端まで表編み、PM（脇）、［マーカーまで表編み、マーカーをはずす］を2回、後ろ身頃の端まで表編み、PM（脇）、マーカーまで表編み、マーカーをはずす、最後のマーカーまで表編み、SM、最後まで編む。222（242、264、286、304、324、350）目になる。
次段：マーカーまで編む、SM、最後のマーカーまで裏編み、SM、最後まで編む。
以降はこれまでのように編みながら、袖ぐりの終点から5cmのところまで編み、裏面の段を編んで終わる。

ヒップのシェーピングと襟の裾側端の仕上げ
メモ：これまでのように前襟のシェーピングを続けながらヒップのシェーピングをします。襟ぐりのシェーピングが終わったら襟の編み目は伏せます。ヒップのシェーピングは襟を編み終わったあとに終わります。
ヒップの増し目段（表面）：ふたつめのマーカーとの間に2目残るまで編む、右にねじるねじり増し目、表2、SM、表2、左にねじるねじり増し目、次のマーカーとの間に2目残るまで編む、右にねじるねじり増し目、表2、SM、表2、左にねじるねじり増し目、最後まで編む。〈4目増〉
「ヒップの増し目段」を6（6、6、8、8、8、8）段ごとに4（2、2、11、11、11、11）回、さらに8（8、8、0、0、0、0）段ごとに7（9、9、0、0、0、0）回くり返す。増し目段以外は増減なくこれまで通りに編む。
同時に、前襟のシェーピングが終わったら裏面の段を編み、次のようにして襟を編み終える。
次段（表面）：ヒップのシェーピングを続けながら、右上3目一度、左針の最初のマーカーの手前に7目残るまで伏せる。2目を右針に移し、その右側の目を移した2目にかぶせる。続けてマーカーまで編む、マーカーをはずす、最後まで編む。〈13目減〉
次段：右上3目一度、左針の最初のマーカーの手前に7目残るまで伏せる。2目を右針に移し、その右側の目を移した2目にかぶせる。続けてマーカーまで編む、マーカーをはずす、最後まで編む。〈13目減〉
以降は毎段最初の2目をすべらせながら（表面の段はすべり目、裏面の段は浮き目で編む）、ヒップのシェーピングを編み終える。シェーピングが完了すると目数は256（276 298 320 338 360 384）目になる。後ろ身頃は108（118 130 140 150 160 172）目、左右前身頃は各74（79、84、90、94、100、106）目。脇丈が35.5（37、37、38、38、39.5、39.5）cmになるまで増減なく編み、裏面の段を編んで終わる。5号針（または6号針）に持ち替える。
次段（表面）：7目を前段までのように編む、表2、左にねじるねじり増し目、［表8（9、9、8、7、7、9）、左にねじるねじり増し目］を2（5、8、6、4、1、11）回、［表9（8、8、9、8、8、8）目、左にねじるねじり増し目］

を 22 (21、17、22、33、41、21) 回、[表 8 (9、9、8、7、7、9)、左に
ねじるねじり増し目] を 3 (5、8、7、4、1、11) 回、表 2、あとは最後ま
で前段までと同様に編む。284 (308、332、356、380、404、428) 目に
なる。
次段：7 目を前段までと同様に編む、残り 7 目まで 2 目ゴム編み、前段ま
でと同様に最後まで編む。
次段以降：増減なく 7.5 cm 編む。
目なりにすべての目を止めて、好みの方法でブロッキングする。

✂ Cable Substitution ／ケーブル模様の置き替え

あらかじめ P.18 の「メリヤス編み換算システム」を読んでおきましょう。

ケーブル模様の選び方

襟幅はデザイン上ほかの部分に影響しないため、幅の違う模様も使えます。
Chapter 2 〜 3 収録の SSE が 14 以下のケーブルがおすすめです。SSE 7
の襟の場合は襟幅は約 4.5 cm です。SSE14 なら 7.5 cm 程度になります。

目数が変わる場合

選んだケーブルの目数は、右襟の作り目数と、左襟を編み始める際の拾い
目数に影響します。選んだケーブルと、元のパターンで使用しているケー
ブルの目数の差を控えておき、その差は襟全体におよぶことを忘れないよ
うにしましょう。

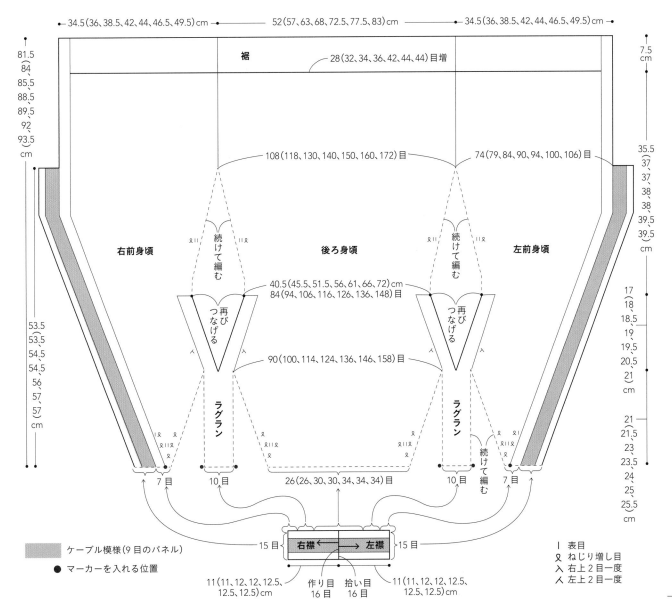

53.5
53.5
54.5
54.5
56
57
57
cm

右前身頃　　後ろ身頃　　左前身頃

34.5 (36、38.5、42、44、46.5、49.5) cm　　52 (57、63、68、72.5、77.5、83) cm　　34.5 (36、38.5、42、44、46.5、49.5) cm

81.5
(84)
85.5
88.5
89.5
92
93.5
cm

7.5
cm

裾　　28 (32、34、36、42、44、44) 目増

108 (118、130、140、150、160、172) 目　　74 (79、84、90、94、100、106) 目

35.5
37
37
38
38
39.5
39.5
cm

続けて編む　　続けて編む

再びつなげる

40.5 (45.5、51.5、56、61、66、72) cm
84 (94、106、116、126、136、148) 目

90 (100、114、124、136、146、158) 目

ラグラン　　ラグラン

17
(18)
18.5
19
19.5
20.5
21
cm

26 (26、30、30、34、34、34) 目

7 目　　10 目　　10 目　　7 目

21
21.5
23
23.5
24
25
25.5
cm

続けて編む

15 目　　右襟 ← → 左襟　　15 目

ケーブル模様 (9 目のパネル)
● マーカーを入れる位置

11 (11、12、12、12.5、12.5、12.5) cm　　作り目 16 目　　拾い目 16 目　　11 (11、12、12、12.5、12.5、12.5) cm

Ⅰ 表目
Ω ねじり増し目
入 右上 2 目一度
人 左上 2 目一度

Hat

帽子

FINISHED MEASUREMENT ／仕上がり寸法

ブリム周り：43 cm
頭周り：53.5 cm
深さ：25.5 cm
※ブリムは頭周りの実寸より5〜10 cm小さく仕上げます。

YARN ／糸

Yarn Stories の Fine Merino DK（ファインメリノ 100%、120 m/50 g）Taupe ／ 2 玉

NEEDLE ／針

・小さな輪が編める 5 号 [US 4（3.5mm）] の好みの針
・小さな輪が編める 2 号 [US 2（2.75 mm）] の好みの針
・5 号 [US 4（3.5mm）] 5 本針
※ゲージが合わない場合は必要に応じて針の号数を変えて調整しましょう。

NOTIONS ／その他の道具

なわ編み針、ステッチマーカー

GAUGE ／ゲージ

①26 目 × 36 段（10cm 角、地模様・5 号針）
②ケーブル A の 8 目のパネル ＝幅 3cm（5 号針）
③ケーブル B の 9 目のパネル ＝幅 2.5cm（5 号針）
※ゲージを測る前にスチームまたは水通しをしてブロッキングをしましょう。

ABBREVIATION ／特別な技法と略語

中上 5 目一度：左針の 3 目に一度に表目を編むように右針を入れて移し、次の 2 目を左上 2 目一度に編み、右針に移した 3 目を編んだ目にかぶせる。

STITCH PATTERNS ／模様編み

※すべて輪編みの場合
1 目ゴム編み（偶数目；1 段 1 模様）
全段：* 表 1、裏 1；、* 〜；を最後までくり返す。

地模様（奇数目；4 段 1 模様）
1 段め：裏編み。
2・3 段め：表 1、* 裏 1、表 1；、* 〜；を最後までくり返す。
4 段め：表編み。
1 〜 4 段めをくり返す。

ケーブル模様
A：Basic Gloce (#15)
B：Zigzag Atop Twists (#28)

PATTERN NOTES ／メモ

この帽子は輪に編みます。

🎱 ケーブル模様を変更する場合は P.64 参照。

◎パターン中の略語
PM：Place Marker
→マーカーを入れる
CN：Cable Needle
→なわ編み針

Hat ／帽子

ブリム

2 号針で 150 目作り、輪にする。このとき編み目がねじれないように注意し、編み始める前に段の始めに PM。1 目ゴム編みで 4 cm 編み、5 号針に替え、均等に 3 目増やしながら 1 段表編み。（153 目になる）

本体

次段：* 地模様で 13 目編む、裏 2、8 目のケーブル A、裏 2、地模様で 13 目編む、裏 2、9 目のケーブル B、裏 2；、* 〜；を最後までくり返す。
作り目から 19cm になるまで増減なく編み、最後は地模様の 2 段めを編む。

クラウンのシェーピング

1 段め（減目段①）：* 左上 3 目一度、地模様 7 目、右上 3 目一度、裏 2、ケーブル A、裏 2、左上 3 目一度、地模様 7 目、右上 3 目一度、裏 2、ケーブル B、裏 2；、* 〜；を最後までくり返す。（129 目になる）
2 〜 8 段め：増減なく続けて編む。
9 段め（減目段②）：前段までのように編みながら、* 左上 3 目一度、3 目編む、右上 3 目一度、12 目編む、左上 3 目一度、3 目編む、右上 3 目一度、13 目編む；、* 〜；を最後までくり返す（105 目になる）。
10 〜 16 段め：増減なく続けて編む。
17 段め（減目段③）：* 中上 5 目一度、12 目編む、中上 5 目一度、13 目編む；、* 〜；を最後までくり返す（81 目になる）。
18 〜 20 段め：増減なく続けて編む。
21 段め（減目段④）：*1 目編む、裏目の 2 目一度、8 目編む、裏目の 2 目一度、1 目編む、裏目の 2 目一度、9 目編む、裏目の 2 目一度；、* 〜；を最後までくり返す（69 目になる）。
22 段め：残り 1 目まで編み、PM（ここが段の始まりになる）。
23 段め（減目段⑤）：* 中上 3 目一度（マーカーをはずし、前段の最後の目と今編んでいる段の最初の 2 目を一度に編む）、8 目編む、中上 3 目一度、9 目編む；、* 〜；を最後までくり返す（57 目になる）。
24 段め：増減なく続けて編む。
25 段め：裏編みで 1 段編む。
26 段め（減目段⑥）：* 表 1、左上 2 目一度；、* 〜；を最後までくり返す（38 目になる）。
27 段め：裏編みで 1 段編む。
28 段め（減目段⑦）：* 左上 2 目一度を最後までくり返す（19 目になる）。
29 段め：裏編みで 1 段編む。
30 段め（減目段⑧）：* 左上 2 目一度を最後に 1 目残るまでくり返し、最後は表 1（10 目になる）。
糸端を長めに残して糸を切る。残った目に糸端を通してしっかりと引きしめて止める。

Finishing ／仕上げ

スチームまたは水通しをし、仕上がり寸法に合わせてブロッキングする。

∞ Cable Substitution ／ケーブル模様の置き替え

あらかじめ P.18 の「メリヤス編み換算システム」を読んでおきましょう。

ケーブル模様の選び方

クラウン部分のシェーピングをパターン通りの形にするには、パターンの
ケーブルと幅が同じ、または近い幅のケーブルを使用します。ケーブル A
に置き替えるケーブルは SSE 6.5 〜 7.5 のもの、ケーブル B には SSE 5.5
〜 6.5 のものを選びます。裏メリヤスと地模様の目数は変えません。さら
に大胆な変更に挑むなら、ケーブル A に SSE 8.5 〜 9.5、ケーブル B に
SSE 7.5 〜 8.5 のものを選び、ケーブルの横の裏メリヤス部分から 1 目ず
つ減らす方法もあります。

目数が変わる場合

ケーブル部分の目数が変わる場合も、ブリムのリブ編みは目数を変えずに
編みます。目数の調整は、ブリムの最後に表目を編む段で行います。何目
増減したかを控えておき、その分減らす段で減らす目数を調整することもお
忘れなく。減目段⑥〜⑧ではなるべくパターン通りに編むのが望ましいで
すが、多少目数が増減しても問題ありません。

クラウンのトップ部分

ブリムからクラウン 25 段めまで

□	表目
—	裏目
Ϙ	ねじり増し目
⟋	左上 3 目一度
⟍	右上 3 目一度
⟑	中上 5 目一度
⟑	中上 3 目一度
⟋	裏目の左上 2 目一度
▨	ケーブル A
▩	ケーブル B

クラウン

本体
15cm 編む

ブリム

←2
←1(作り目)

30
26
25
20
15
10
5
←1

←1

50　　40　　30　　20　　10　　1

3 回編む

Sideways Pullover
横編みプルオーバー

SIZES ／サイズ
XS (S、M、L、LL、3L、4L)
※サイズ表記順にバスト寸法
76 (86.5、96.5、106.5、117、
127、137) cm 向き

FINISHED MEASUREMENT
／仕上がり寸法
バスト：94 (104、112、124、
135、145、155) cm

YARN ／糸
Valley Yarns の Northfield
(メリノウール 70%・ベビー
アルパカ 20%・シルク 10%、
113m/50g) #10 Seaspray ／
11 (12、14、15、16、17、18)
玉

NEEDLE ／針
・6 号 [US 6 (4mm)] 80cm
輪針
・5 号 [US 4 (3.5 mm)] 棒針
・5 号 [US 4 (3.5mm)] 40cm
輪針 (タートルネック用)
※ゲージが合わない場合は必
要に応じて針の号数を変えて
調整しましょう。

NOTIONS ／その他の道具
ステッチマーカー、なわ編み
針、ステッチホルダーまたは
別糸

GAUGE ／ゲージ
①22 目 × 32 段 (10cm 角、
裏メリヤス編み・6 号針)
②ケーブル A の 12 目のパネ
ル＝幅 4.5 cm (6 号針)
③ケーブル B の 8 目のパネル
＝幅 4cm (6 号針)
④ケーブル C の 18 目のパネ
ル＝幅 7cm (6 号針)
※ゲージを測る前にスチーム
または水通しをしてブロッキ
ングをしましょう。

STITCH PATTERNS ／
模様編み
2 目ゴム編み (4 目の倍数＋ 2
目；1 段 1 模様)
1 段め (裏面)：裏 2、＊表 2、
裏 2；、＊〜；を最後までく
り返す。
2 段め：表目は表目、裏目は
裏目に目なりに編む。
2 段めをくり返す。

2 目と 1 目のゴム編み (3 目の
倍数；1 段 1 模様)
※輪編みの場合
全段：＊表 2、裏 1；、＊〜；
をくり返す。

ケーブル模様
A：Double O (#31)
B：Basic Globe (#15)
C：Braid Mega (#40)

PATTERN NOTES ／メモ
このプルオーバーは、左袖先
から右袖先まで続けて編みま
す。目数が多くなるため輪針
で編みます。横方向に編むた
め、段数ゲージがバスト寸法
に、目数ゲージが着丈に影響
します。ゲージを測る前に必
ず仕上げの処理をしておくこ
とが大切です。

🎗 ケーブル模様を変更する
場合は P.68 参照。

◎パターン中の略語
PM：Place Marker
→マーカーを入れる
SM：Slip Marker
→マーカーを移す
CN：Cable Needle
→なわ編み針

LEFT SLEEVE ／左袖
5 号針を使って 74 (78、82、90、94、98、106) 目作る。2 目ゴム編みで 12.5 cm 編み、最後は裏面の段を編む。6 号針に持ち替える。
次段 (表面)：表 12 (14、16、12、14、16、12) 目、[表 2、左上 2 目一度] を 12 (12、12、16、16、16、20) 回、最後まで表編み。62 (66、70、74、78、82、86) 目になる。

マチのシェーピング
次段 (裏面)：ケーブルキャストオン (★) の技法で 16 目作る。最後の作り目から表 2、8 目のケーブル B、表 3、裏 2、表 3、12 目のケーブル A、表 3、裏 2、表 24 (28、32、36、40、44、48)、裏 2、表 3、12 目のケーブル A、表 2。78 (82、86、90、94、98、102) 目になる。
次段 (表面)：裏 2、ケーブル A、裏 2、表 4、裏 22 (26、30、34、38、42、46)、表 4、裏 2、ケーブル A、裏 2、表 4、裏 2、ケーブル B、裏 2。マチの長さが 7.5 cm になるまで編み、最後は裏面の段を編む。
★ケーブルキャストオン [Cable Cast On]：左針の右端にある 2 目の間に手前から右針を入れて表目を編むように糸をかけて引き出す。引き出してできたループを右側が手前になるように左針に移す。これで 1 目できる。同様にして必要な数の目を作る。

Body ／身頃
次段 (表面)：81 目作り、作った目を表編み、あとは前段のパターンの通りに編む。159 (163、167、171、175、179、183) 目になる。
メモ：次段では、ここまでのケーブル模様は続きを編み、新しいケーブルは模様 1 段めから編み始めます。
次段 (裏面)：65 目作り、作った目から編んでいく。表 1、裏 1、表 3、12 目のケーブル A、表 3、裏 2、表 3、8 目のケーブル B、表 3、裏 2、表 3、18 目のケーブル C、表 3、裏 2、表 3、8 目のケーブル B、表 3、裏 2、表 3、12 目のケーブル A、表 3、裏 2、表 24 (28、32、36、40、44、48)、裏 2、表 3、12 目のケーブル A、表 3、裏 2、表 3、8 目のケーブル B、表 3、裏 2、表 3、18 目のケーブル C、表 3、裏 2、表 3、8 目のケーブル B、表 3、裏 2、表 3、12 目のケーブル A、表 3、裏 1、表 1。224 (228、232、236、240、244、248) 目になる。
身頃の編み始めから 14.5 (17、18.5、20.5、22、25、27.5) cm になるまで増減なく編み、最後は裏面の段を編む。真ん中の 30 (34、38、42、46、50、54) 目めの左右に PM。右肩を編むときのために、マチのあとに何段編んだかを控えておく。

襟ぐりのシェーピング
次段 (表面)：マーカーまで編む、SM、表 4、裏 11 (13、15、17、19、21、23)、ここまでに編んだ後ろ身頃の 112 (114、116、118、120、122、124) 目をホルダーまたは別糸に移す、3 (4、4、4、4、4、4) 目伏せ、最後まで編む。

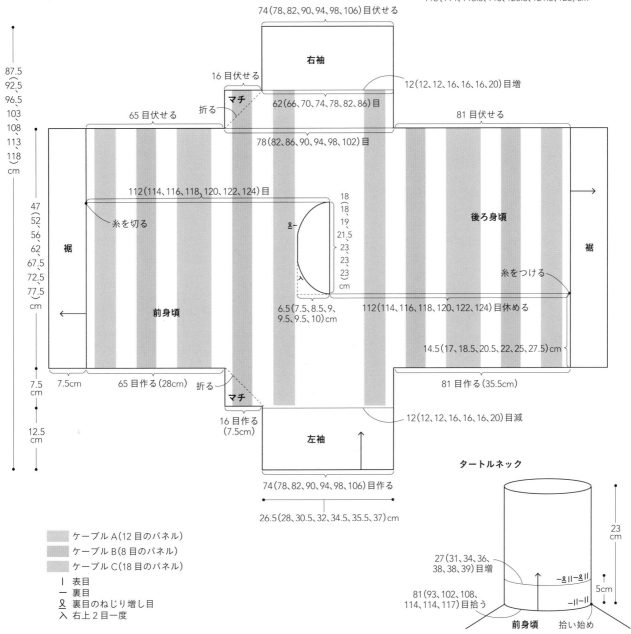

113(114、116.5、118、120.5、121.5、123)cm

74(78、82、90、94、98、106)目伏せる

右袖

87.5
92.5
96.5
103
108
113
118
cm

16 目伏せる

マチ

折る

12(12、12、16、16、16、20)目増

62(66、70、74、78、82、86)目

65 目伏せる

78(82、86、90、94、98、102)目

81 目伏せる

47
52
56
62
67.5
72.5
77.5
cm

112(114、116、118、120、122、124)目

糸を切る

後ろ身頃

裾

裾

18
18
19
21.5
23
23
23
cm

糸をつける

前身頃

6.5(7.5、8.5、9、9.5、9.5、10)cm

112(114、116、118、120、122、124)目休める

14.5(17、18.5、20.5、22、25、27.5)cm

7.5
cm

7.5cm

65 目作る(28cm)

折る

81 目作る(35.5cm)

12.5
cm

マチ

16 目作る
(7.5cm)

12(12、12、16、16、16、20)目減

左袖

74(78、82、90、94、98、106)目作る

26.5(28、30.5、32、34.5、35.5、37)cm

タートルネック

27(31、34、36、38、38、39)目増

23
cm

81(93、102、108、114、114、117)目拾う

5cm

前身頃   拾い始め

▨ ケーブル A(12 目のパネル)
▨ ケーブル B(8 目のパネル)
▨ ケーブル C(18 目のパネル)
Ｉ 表目
一 裏目
⦵ 裏目のねじり増し目
入 右上 2 目一度

次段以降：前身頃の編み目だけを編み、表面を編む段で襟ぐりの目を次のように伏せる。襟端で 2(3、3、3、3、3、3)目の伏せ目を 2(1、2、1、1、2、2)回、次に 0(2、2、2、2、2、2)目を 0(1、1、2、2、2、3)回、さらに表面の段を編むたびに(2 段ごと)に 1 目の減目を 7(7、6、8、9、7、6)回。98(98、98、99、100、101、102)目になる。

次段以降：増減なく 5.5(5.5、7、7、7、8.5、8.5)cm 編み、最後は裏面の段を編む。

次段(表面)：この段の襟ぐり側で 1 目増し目、以降表面の段を編むたび(2 段ごと)に同様の増し目を 6(6、5、7、8、6、5)回、次に「表面の段の編み始めで 2 目作り目」を 2(1、1、2、2、2、3)回、続けて「表面の段の編み始めで 3 目作り目」を 1(1、2、1、1、2、2)回、さらに「表面の段の編み始めで 4 目作り目」を 0(1、1、1、1、1、1)回。新たに増やした目は裏

メリヤス編みにする。112(114、116、118、120、122、124)目になる。

次段(裏面)：増減なく編む。

糸を切り、編み目をホルダーまたは別糸に移す。

表面を見ながら、後ろ身頃の編み目を編み針に戻し、糸をつけ直す。それまでのパターン通りに 18(18、19、21.5、23、23、23)cm 編み、最後は裏面の段を編む。前身頃の編み目を編み針に戻す。

前後身頃を合わせる

次段(表面)：後ろ身頃を最後まで編み(途中のマーカーははずす)、同じ糸で前身頃を編む、マーカーまで裏編み、マーカーをはずし、最後までパターン通りに編む。224(228、232、236、240、244、248)目になる。

襟ぐりの終点から 13.5(16、17.5、19.5、21、24、26.5)cm 増減なく編

み、最後は裏面の段を編む。左肩より2段少なく編む。

次段の編み始めで81目伏せ、その次の段の編み始め側では65目伏せる。

78（82、86、90、94、98、102）目になる。

Right Sleeve ／右袖

増減なく 7.5 cm 編み、最後は表面の段を編む。

次段（裏面）：16目伏せ、最後まで編む。62（66、70、74、78、82、86）目になる。5号針に持ち替える。

次段：表12（14、16、12、14、16、12）、［表2、ねじり増し目1］を12（12、12、16、16、16、20）回、最後まで表編み。74（78、82、90、94、98、106）目になる。

2目ゴム編みを12.5 cm 編み、最後は表面の段を編む。

すべての目をパターン通りに編みながら伏せる。

Finishing ／仕上げ

好みの方法でブロッキングする。

裾のリブ編み

5号針で前身頃の下端から114（126、138、150、162、178、190）目拾う。

2目ゴム編みを7.5cm 編み、パターン通りに編みながら伏せる。後ろ身頃も同様に編む。

裾のゴム編みからマチの手前までをはぐ。マチを対角線で三角に折り、後ろ身頃にまつりつけ、袖下をとじ合わせる。袖先約7.5cm はカフを折り返すため、表面からはぎ合わせる。

タートルネック

表面を見ながら5号針で左肩から襟ぐりに沿って81（93、102、108、114、114、117）目拾い、輪にして編み始めにマーカーを入れ、2目と1目のゴム編みを5cm 編む。

次段：＊表2、裏目のねじり増し目1、裏1；、＊〜；を最後までくり返す。108（124、136、144、152、152、156）目になる。

次段：＊表2、裏2；、＊〜；を最後までくり返す。

拾い目から23 cm になるまで増減なく編む。

伏せ止めの段：表2、＊左針先を右針先の2目に通し、ねじり目を編むように2目を一度に編む、表1；、＊〜；を残り1目になるまでくり返し、最後は「表1」を編まずに目を止める。

8 Cable Substitution ／ケーブル模様の置き替え

あらかじめ P.18 の「メリヤス編み換算システム」を読んでおきましょう。

ケーブル模様の選び方

ケーブル A は SSE 9、ケーブル B は SSE 7 です。ケーブル A と B については両方の SSE の合計が 16 前後であれば幅が変わっても問題ありません。ケーブル C は SSE 12.5 なので、1 種類のケーブルに替えるなら SSE 11 〜 14 のもの、複数のケーブルに替えるならそれぞれの SSE の合計が 11 〜 14 に納まるようなものにします。置き替えの前提として、この作品は横方向に編むため、ケーブルの幅が変わることで着丈に影響することを忘れないようにしてください。

目数が変わる場合

ケーブルを変更して目数が変わるときには、変更後の作り目数と元の作り目数の差を書き留めておき、全体を通してパターン内の目数から足し引きするのを忘れないようにしましょう。ケーブル A と B のどちらも、身頃の編み始めの作り目の目数、そしてそれ以降の全体の目数に影響します。

ケーブル A と B の両方を合わせた目数が変わった場合は、右袖の前の伏せ目の数、そして右袖の交差部分が編み終わり、ゴム編みに移る際の目数に影響します。ゴム編みに移る際は、目数を 4 目の倍数 + 2 目に調整する必要があります。

CABLE A ／ケーブル A
（1 模様＝ 12 目× 8 段）
SSE：9 目

1 段め（裏面）：裏 2、表 2、裏 4、表 2、裏 2。
2 段め：表 2、裏 2、表 4、裏 2、表 2。
3 段めと以降の奇数段（裏面）：表目は表目に、裏目は裏目に編む。
4 段め：[2/1 LPC、2/1 RPC] を 2 回。
6 段め：裏 1、2/2 RC、裏 2、2/2 LC、裏 1。
8 段め：[2/1 RPC、2/1 LPC] を 2 回。
1 〜 8 段めをくり返す。

CABLE B ／ケーブル B
（1 模様＝ 8 目× 16 段）
SSE：7 目

1 段め（裏面）：表 2、裏 4、表 2。
2 段め：裏 2、表 4、裏 2。
3 段めと以降の奇数段（裏面）：表目は表目に、裏目は裏目に編む。
4 段め：裏 2、2/2 LC、裏 2。
6 段め：2/2 RC、2/2 LC。
8、10、12 段め：表編み。
14 段め：2/2 LPC、2/2 RPC。
16 段め：4 段めをくり返す。
1 〜 16 段めをくり返す。

CABLE C ／ケーブル C
（1 模様＝ 18 目× 24 段）
SSE：12.5 目

1 段め（裏面）：表 1、裏 1、表 1、裏 3、表 1、裏 1、表 2、裏 1、表 1、裏 3、表 1、裏 1、表 1。
2 段め：裏 1、表 1、裏 1、RT、表 1、裏 1、表 1、裏 2、表 1、表 1、RT、[表 1、裏 1] を 2 回。
3 段めと以降の奇数段（裏面）：表目は表目に、裏目は裏目に編む。
4 段め：[裏 1、表 1] を 2 回、LT、裏 1、表 1、裏 2、表 1、裏 1、表 1、LT、裏 1、表 1、裏 1。
6 〜 13 段め：2 〜 5 段めを 2 回。
14 段め：変わり右上 9 目交差。
16 〜 23 段め：4 〜 7 段めを 2 回。
24 段め：4 段めをくり返す。
1 〜 24 段めをくり返す。

ケーブル A (DOUBLE O)

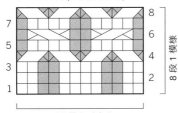

12 目のパネル

ケーブル B
(BASIC GLOBE)

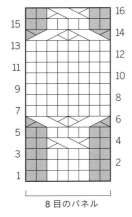

8 目のパネル

ケーブル C (BRAID MEGA)

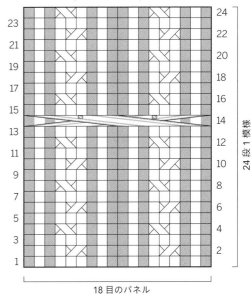

18 目のパネル

□ 表面で表目、裏面で裏目。 ■ 表面で裏目、裏面で表目。

RT（変わり左上交差）：左上 2 目一度を編むなら左針は抜かず、右針を 1 目めに手前から入れて表目を編み、左針から編み目をはずす。

LT（右上交差）：左針の 2 目めに編み地の後ろから右針を入れて表目を編み、続けて 1 目めを表目に編む。2 目を左針からはずす。

2/1 RPC（左上 2 目と 1 目の交差（下側が裏目））：CN に 1 目移して編み地の後ろにおき、左針から表 2。CN から裏 1。

2/1 LPC（右上 2 目と 1 目の交差（下側が裏目））：CN に 2 目移して編み地の手前におき、左針から裏 1。CN から表 2。

2/2 RPC（左上 2 目交差（下側が裏目））：CN に 2 目移して編み地の後ろにおき、左針から表 2。CN から裏 2。

2/2 LPC（右上 2 目交差（下側が裏目））：CN に 2 目移して編み地の手前におき、左針から裏 2。CN から表 2。

OR **2/2 RC（左上 2 目交差）**：CN に 2 目移して編み地の後ろにおき、左針から表 2。CN から表 2。

OR **2/2 LC（右上 2 目交差）**：CN に 2 目移して編み地の手前におき、左針から表 2。CN から表 2。

変わり右上 9 目交差：CN に 9 目移して編み地の手前におき、左針から裏 1、表 1、RT、[表 1、裏 1] を 2 回。CN から裏 1、表 1、RT、[表 1、裏 1] を 2 回。

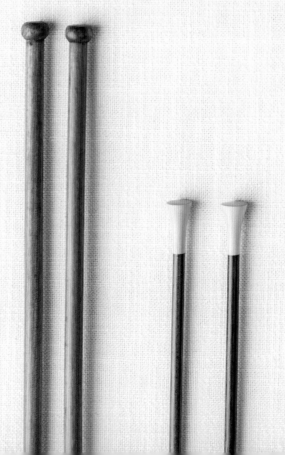

Chapter

3

Adding

もっとワイドに

Breadth

本章では、模様に広がりを出
して複雑なケーブルにつなげ
るふたつのコンセプト、「編
み目をはさむ交差」（center
stable cross）と「編み目のシェ
ア」（stitch sharing）を紹介し
ます。
「編み目をはさむ交差」タイ
プのケーブルは、編み目を右
側、中央、左側の3つのセク

ションに分けます。交差部分
では右側と左側の編み目の位
置は入れ替わりますが、中央
の編み目はそのまま変わりま
せん。
「編み目のシェア」タイプの
ケーブルは、Chapter 2（P.22
参照）でご紹介したリブ編み
を用いたケーブルのように始
まりますが、編み進むに従っ

て編み目が分岐したり合流し
たりして、少ない目数で目数
の多いケーブルのような表情
を生み出します。
「編み目のシェア」タイプは入
り組んで難しく見えますが、
交差と交差の間に「休憩」が
何段もあるため、見かけによ
らず簡単に編めます。

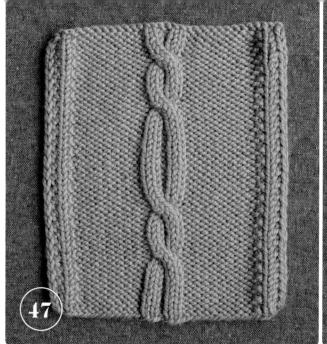
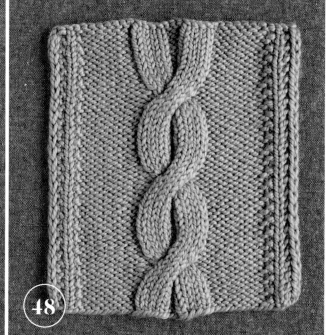

Small Center Stable   GROUP 1

スモールセンターステーブル

このケーブルの主役となる交差は、右側と左側の表目 2 目ずつが入れ替わり、中央の 2 目は変わりません。

（1 模様＝ 6 目× 26 段）
SSE：5.5 目

1 段め（裏面）：裏 2、表 2、裏 2。
2 ～ 11 段め：表目は表目に、裏目は裏目に編む。
12 段め：2/2/2 LPC。
13 ～ 19 段め：2 段めと同様に編む。
20 段め：12 段めをくり返す。
21 ～ 26 段め：2 段めと同様に編む。
1 ～ 26 段めをくり返す。

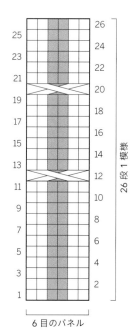

26 段 1 模様

6 目のパネル

☐ 表面で表目、裏面で裏目。

▦ 表面で裏目、裏面で表目。

2/2/2 LPC（右上 2 目交差（間に裏目 2 目））：CN に 4 目移して編み地の手前におき、左針から表 2。CN の左端の 2 目を左針に戻して裏 2、最後に CN から表 2。

Expanded 4/4   GROUP 1

エキスパンデッド 4/4

Small Center Stable (#47) を拡大したもので、ここでは右側と左側の表目 4 目ずつが入れ替わります。中央に裏目 1 目がそのまま残るところが、Basic 4/4 Rope (#8) と異なります。

（1 模様＝ 11 目× 14 段）
SSE：8.5 目

1 段め（裏面）：裏 4、表 3、裏 4。
2 ～ 7 段め：表目は表目に、裏目は裏目に目に編む。
8 段め：4/1 LPC、裏 1、4/1 RPC。

9 段め：2 段めと同様に編む。
10 段め：裏 1、4/1/4 RPC、裏 1。
11 段め：2 段めと同様に編む。
12 段め：4/1 RPC、裏 1、4/1 LPC。
13・14 段め：2 段めと同様に編む。
1 ～ 14 段めをくり返す。

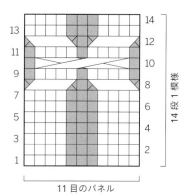

14 段 1 模様

11 目のパネル

☐ 表面で表目、裏面で裏目。

▦ 表面で裏目、裏面で表目。

4/1 RPC（右上 4 目と 1 目の交差（下側が裏目））：CN に 1 目移して編み地の後ろにおき、左針から表 4。CN から裏 1。

4/1 LPC（右上 4 目と 1 目の交差（下側が裏目））：CN に 4 目移して編み地の手前におき、左針から裏 1。CN から表 4。

4/1/4 RPC（右上 4 目交差（間に裏目 1 目））：CN に 5 目移して編み地の後ろにおき、左針から表 4。CN の左端の 1 目を左針に戻して裏 1。CN から表 4。

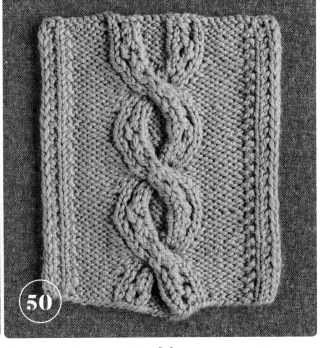

Garter Center Stable GROUP 1

ガーターセンターステーブル

Expanded 4/4 (#48) の親戚のような模様で、右側と左側の表目4目の中心の2目をガーター編みに置き替えています。そして全体を通して左右の2本の間に裏目を2目はさんでおり、交差の段でもこの2目の位置は変わりません。この模様の裏面はP.81参照。

（1模様＝10目×16段）
SSE：8.5目

1段めと以降の奇数段（裏面）：［裏1、表2］を3回、裏1。
2・4・6段め：表4、裏2、表4。
8段め：4/2/4 LPC。
10・12・14・16段め：2段めをくり返す。
1〜16段めをくり返す。

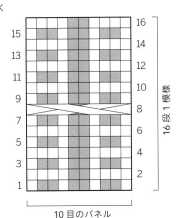

□ 表面で表目、裏面で裏目。

▨ 表面で裏目、裏面で表目。

⧖ **4/2/4 LPC（右上4目交差（間に裏目2目））**：CNに6目移して編み地の手前におき、左針から表4。CNの左端の2目を左針に戻して裏2。CNから表4。

Lace Center Stable GROUP 1

レースセンターステーブル

この模様は、Expanded 4/4 (#48) の表目4目のストランドを細かい透かし模様に置き替えました。中心の裏目2目の位置は変わりません。

（1模様＝16目×14段）
SSE：8.5目

1段め（裏面）：表1、裏4、表6、裏4、表1。
2段め：裏1、表1、左上2目一度、かけ目、表1、裏6、表1、かけ目、右上2目一度、表1、裏1。
3段め：1段めをくり返す。
4段め：裏1、表1、かけ目、右上2目一度、表1、裏6、表1、左上2目一度、かけ目、表1、裏1。
5段め：1段めをくり返す。
6段め：裏1、裏目のねじり増し目、表1、かけ目、右上2目一度、表1、裏目の左上2目一度、裏2、裏目の左上2目一度、表1、左上2目一度、かけ目、表1、裏目のねじり増し目、裏1。
7段め：表2、裏4、表4、裏4、表2。
8段め：表2、裏目のねじり増し目、表1、左上2目一度、かけ目、表1、裏目の左上2目一度を2回、表1、かけ目、右上2目一度、表1、裏目のねじり増し目、裏2。
9段め：表3、裏4、表2、裏4、表3。
10段め：裏3、変わり右上4目交差（間に裏目2目）、裏3。
11段め：9段めをくり返す。
12段め：裏1、裏目の左上2目一度、表1、左上2目一度、かけ目、表1、裏目のねじり増し目、裏2、裏目のねじり増し目、表1、かけ目、右上2目一度、表1、裏目の左上2目一度、裏1。
13段め：7段めをくり返す。
14段め：裏目の左上2目一度、表1、かけ目、右上2目一度、表1、裏目のねじり増し目、裏4、裏目のねじり増し目、表1、左上2目一度、かけ目、表1、裏目の左上2目一度。
1〜14段めをくり返す。

□ 表面で表目、裏面で裏目。

▨ 表面で裏目、裏面で表目。

⌀ 裏目のねじり増し目。

○ かけ目。

⟋ 表面で左上2目一度、裏面で右上2目一度。

⟍ 表面で右上2目一度、裏面で裏目の右上2目一度。

⟋⟍ 表面で裏目の左上2目一度、裏面で左上2目一度。

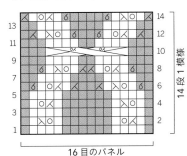

⧖ **変わり右上4目交差（間に裏目2目）**：CNに6目移して編み地の手前におき、左針から表1、左上2目一度、かけ目、表1。CNの左端の2目を左針に戻して裏2。CNから表1、左上2目一度、かけ目、表1。

Big O Sampler　GROUP 1

ビッグオーサンプラー

3つのコラムが並んでいると考えるとわかりやすい模様です。左右のコラムは左右対称で、どちらも「編み目をはさむ交差」タイプのケーブルです。これらは右上と左上の交差を交互に行うため蛇行した表情になり、1か所だけ下を通るほうのストランドを1目交差のブレードに置き換え、目を引く大きなO字型を作ります。Chapter 2でご紹介したシンプルなRib Twist 3/3 (#3) を真ん中に配置して左右を分けています。

（1模様＝24目×54段）
SSE：18目

1段めと以降の奇数段（裏面）：[裏3、表2]を2回、[裏目のねじり目1、表2]を2回、裏3、表2、裏3。
2段め：[表3、裏2]を2回、[表目のねじり目1、裏2]を2回、表3、裏2、表3。
4段め：2段めをくり返す。
6段め：表3、裏2、表3、裏1、リブの左上3目交差、裏1、表3、裏2、表3。
8・10段め：2段めをくり返す。
12段め：3/2/3 LPC、裏1、リブの左上3目交差、裏1、3/2/3 RPC。
14・16段め：2段めをくり返す。
18段め：6段めをくり返す。
20・22段め：2段めをくり返す。
24段め：3/2/3 RPC、裏1、リブの左上3目交差、裏1、3/2/3 LPC。

26段め：表3、裏2、表1、RT、[裏2、表目のねじり目1]を2回、裏2、LT、表1、裏2、表3。
28段め：表3、裏2、LT、表1、[裏2、表目のねじり目1]を2回、裏2、表1、RT、裏2、表3。
30段め：表3、裏2、表1、RT、裏1、リブの左上3目交差、裏1、LT、表1、裏2、表3。
32段め：28段めをくり返す。
34段め：26段めをくり返す。
36段め：表3、裏2、LT、表1、リブの左上3目交差、裏1、表1、RT、裏2、表3。
38・40段め：26・28段めをくり返す。
42～54段め：12～24段めをくり返す。
1～54段めをくり返す。

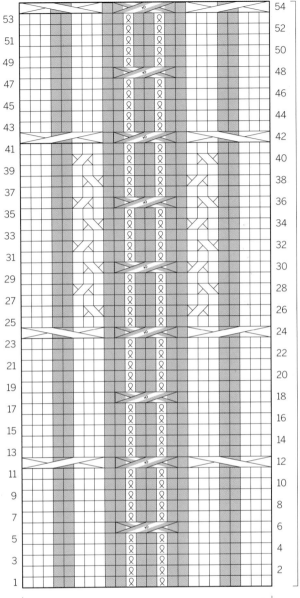

24目のパネル

□ 表面で表目、裏面で裏目。　▨ 表面で裏目、裏面で表目。

▨ 表面で表目のねじり目、裏面で裏目のねじり目。

RT（変わり左上交差）：左上2目一度を編むが左針は抜かず、右針を1目めに手前から入れて表目を編み、左針から編み目をはずす。

LT（右上交差）：左針の2目めに編み地の後ろから右針を入れて表目を編み、続けて1目めを表目に編む。2目を左針からはずす。

リブの左上3目交差：CNに3目移して編み地の後ろにおき、左針から裏1、表目のねじり目1、裏1。CNから裏1、表目のねじり目1、裏1。

3/2/3 RPC（左上3目交差（間に裏目2目））：CNに5目移して編み地の後ろにおき、左針から表3。CNの左端の2目を左針に戻して裏2。CNから表3。

3/2/3 LPC（右上3目交差（間に裏目2目））：CNに5目移して編み地の手前におき、左針から表3。CNの左端の2目を左針に戻して裏2。CNから表3。

Seed Ridge Horseshoe GROUP 2

シードリッジホースシュー

このホースシュー（蹄鉄）型のケーブルは、「編み目をはさむ交差」2本
を左右対称に配置しています。どちらのコラムも中心の裏目1目は動
かさず、外へ向けて交差しています。交差するそれぞれのストランドは
「かのこ編み、メリヤス編み、かのこ編み」の3目で構成しています。
かのこ編みが面白い表情を生み出し、メリヤス編みが山脈のように浮き
立ちます。もし中心の裏目で左右のコラムを分けていなければ、双方の
かのこ編みがつながって、ガーター編みになります（こちらもぜひお試
しを）。

（1模様＝15目×8段）
SSE：10目

1段めと以降の奇数段（裏面）：表1、[裏
1、表3]を3回、裏1、表1。
2・4段め：[表3、裏1]を3回、表3。
6段め：3/1/3 RPC、裏1、3/1/3 LPC。
8段め：2段めをくり返す。
1〜8段めをくり返す。

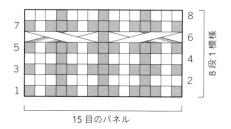

15目のパネル

□　表面で表目、裏面で裏目。

▨　表面で裏目、裏面で表目。

 3/1/3 RPC（左上3目交差（間に裏目1目））：CN に4目移して
編み地の後ろにおき、左針から表3。CN の左端の1目を左針
に戻して裏1。CN から表3。

 3/1/3 LPC（右上3目交差（間に裏目1目））：CN に4目移して
編み地の手前におき、左針から表3。CN の左端の1目を左針
に戻して裏1。CN から表3。

53

Seed Ridge Expansion　GROUP 2

シードリッジエクスパンション

この模様は Seed Ridge Horseshoe (#52) の拡大版で、左右対称な 2
本のコラムを 1 本のコラムに変えているのが特徴です。左右をかのこ
編みとメリヤス編みで構成したケーブルは、外へ内へと動いて丸みを帯
びた空間を作ります。空間の内側には裏編みの畝を配しています（裏面
は P.81 参照）。

（1 模様＝ 15 目× 32 段）
SSE：12 目

1 段め（裏面）：表 5、裏 1、表 3、裏
1、表 5。
2 段め：裏 4、表 3、裏 1、表 3、裏
4。
3・4 段め：1 段めと 2 段めをくり返
す。
5 段め：1 段めをくり返す。
6 段め：裏 4、3/1/3 RPC、裏 4。
7 段め：表 3、[裏 1、表 1] を 2 回、
裏 1、表 5。
8 段め：裏 2、3/2 RC、表 1、3/2 LC、
裏 2。
9 段め：表 3、裏 1、表 1、裏 5、表
1、裏 1、表 3。
10 段め：3/2 RC、表 5、3/2 LC。
11 段め：表 1、裏 1、表 11、裏 1、

表 1。
12 段め：表 3、裏 1、表 7、裏 1、
表 3。
13 段め：表 1、裏 1、表 2、裏 7、
表 2、裏 1、表 1。
14 段め：12 段めをくり返す。
15 〜 22 段め：11 〜 14 段めを 2 回
くり返す。
23 〜 25 段め：11 〜 13 段めをくり
返す。
26 段め：3/2 LPC、表 5、3/2 RPC。
27 段め：表 3、裏 1、表 1、裏 5、
表 1、裏 1、表 3。
28 段め：裏 2、3/2 LPC、表 1、3/2
RPC、裏 2。
29 段め：7 段めをくり返す。
30 段め：6 段めをくり返す。
31・32 段め：1・2 段めをくり返す。
1 〜 32 段めをくり返す。

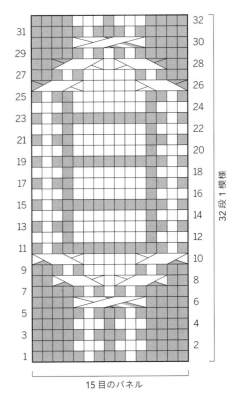

32 段 1 模様

15 目のパネル

- ☐ 表面で表目、裏面で裏目。
- ▨ 表面で裏目、裏面で表目。
- ⤬ **3/2 RC（左上 3 目と 2 目の交差）**：CN に 2 目移して編み地
  の後ろにおき、左針から表 3。CN から表 2。
- ⤬ **3/2 LC（右上 3 目と 2 目の交差）**：CN に 3 目移して編み地
  の手前におき、左針から表 2。CN から表 3。
- ⤬ **3/2 RPC（左上 3 目と 2 目の交差（下側が裏目））**：CN に 2
  目移して編み地の後ろにおき、左針から表 3。CN から裏 2。
- ⤬ **3/2 LPC（右上 3 目と 2 目の交差（下側が裏目））**：CN に 3
  目移して編み地の手前におき、左針から裏 2。CN から表 3。
- ⤬ **3/1/3 RPC（左上 3 目交差（間に裏目 1 目））**：CN に 4 目移
  して編み地の後ろにおき、左針から表 3。CN の左端の 1 目
  を左針に戻して裏 1。CN から表 3。

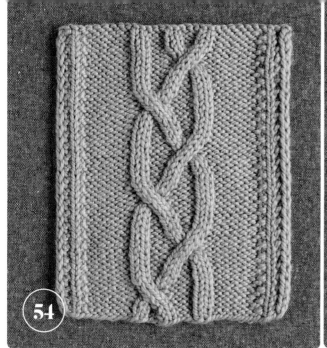

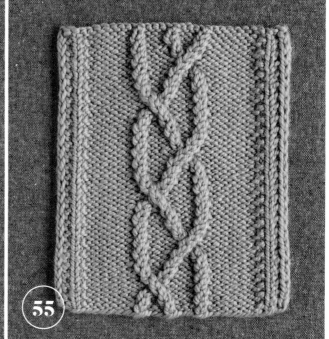

Stable Braid GROUP 3
ステーブルブレード

ゆるく編んだように見えるブレードは、表目2目からなる3本のストランドが互いにからみ合っています。各ストランドは裏目で分断されているため、Chapter 2の3目ずつのブレードのシリーズ（#23～26）とは異なります。交差ではつねに間に裏目を1目はさんでいます。

（1模様＝12目×16段）
SSE：9.5目

1段め（裏面）：［裏2、表3］を2回、裏2。
2段め：［表2、裏3］を2回、表2。
3段めと以降の奇数段（裏面）：表目は表目に、裏目は裏目に編む。
4段め：表2、裏3、2/1 LPC、裏1、2/1 RPC。
6段め：表2、裏4、2/1/2 LPC、裏1。
8段め：表2、裏3、2/1 RPC、裏1、2/1 LPC。
10段め：2段めをくり返す。
12段め：2/1 LPC、裏1、2/1 RPC、裏3、表2。
14段め：裏1、2/1/2 RPC、裏4、表2。
16段め：2/1 RPC、裏1、2/1 LPC、裏3、表2。
1～16段めをくり返す。

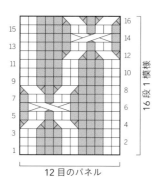

12目のパネル

16段1模様

□ 表面で表目、裏面で裏目。 ▨ 表面で裏目、裏面で表目。

▨ **2/1 RPC（左上2目と1目の交差（下側が裏目））**：1目をCNに移して編み地の後ろにおき、左針から表2。CNで裏1。

▨ **2/1 LPC（右上2目と1目の交差（下側が裏目））**：2目をCNに移して編み地の手前におき、左針から裏1。CNから表2。

▨ **2/1/2 RPC（左上2目交差（間に裏目1目））**：3目をCNに移して編み地の後ろにおき、左針から表2。CNの左端の1目を左針に戻して裏1。CNから表2。

▨ **2/1/2 LPC（右上2目交差（間に裏目1目））**：3目をCNに移して編み地の手前におき、左針から表2。CNの左端の1目を左針に戻して裏1。CNから表2。

Twist Stable Braid GROUP 3
ツイストステーブルブレード

Stable Braid (#54) の表目2目を変わり左上1目交差に置き替え、3本の細いロープでゆるくブレードを編んだように見える模様にしました。

（1模様＝12目×16段）
SSE：9目

1段め（裏面）：［裏2、表3］を2回、裏2。
2段め：［RT、裏3］を2回、RT。
3段めと以降の奇数段（裏面）：表目は表目に、裏目は裏目に編む。
4段め：RT、裏3、変わり右上2目と1目の交差、裏1、変わり左上2目と1目の交差。
6段め：RT、裏4、変わり左上2目交差（間に裏目1目）、裏1。
8段め：RT、裏3、変わり左上2目と1目の交差、裏1、変わり右上2目と1目の交差。
10段め：2段めをくり返す。
12段め：変わり右上2目と1目の交差、裏1、変わり左上2目と1目の交差、裏3、RT。
14段め：裏1、変わり左上2目交差（間に裏目1目）、裏4、RT。
16段め：変わり左上2目と1目の交差、裏1、変わり右上2目と1目の交差、裏3、RT。
1～16段めをくり返す。

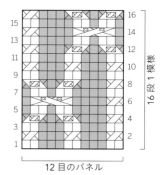

12目のパネル

16段1模様

□ 表面で表目、裏面で裏目。 ▨ 表面で裏目、裏面で表目。

▧ **RT（変わり左上交差）**：左上2目一度を編むが左針は抜かず、右針を1目めに手前から入れて表目を編み、左針から編み目をはずす。

▧ **変わり左上2目と1目の交差**：CNに1目移して編み地の後ろにおき、左針からRT。CNから裏1。

▧ **変わり右上2目と1目の交差**：CNに2目移して編み地の手前におき、左針から裏1。CNからRT。

▧ **変わり左上2目交差（間に裏目1目）**：CNに3目移して編み地の後ろにおき、左針からRT。CNの左端の1目を左針に戻し、裏1。CNからRT。

▧ **変わり右上2目交差（間に裏目1目）**：CNに3目移して編み地の手前におき、左針からRT。CNの左端の1目を左針に戻し、裏1。CNからRT。

(56)

Rib Braid   GROUP 3

リブブレード

このブレードは、表目1目と裏目2目のシンプルなブレードで始まります。8段ごとにリブ編みの4目ずつが別の4目と交差しながらも、その間の裏目2目は動きません。この裏メリヤス状態の2目がリブ編みを仕切り、一層際立たせます。

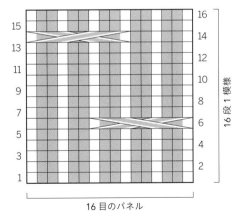

16目1模様

16目のパネル

(1模様＝16目×16段)
SSE：11目

1段め(裏面)：[裏1、表2]を5回、裏1。
2〜5段め：表目は表目に、裏目は裏目に編む。
6段め：リブの右上4目交差(間に裏目2目)、[裏2、表1]を2回。
7〜13段め：2段めと同様に編む。
14段め：[表1、裏2]を2回、リブの左上4目交差(間に裏目2目)。
15・16段め：2段めと同様に編む。
1〜16段めをくり返す。

☐ 表面で表目、裏面で裏目。
▨ 表面で裏目、裏面で表目。

〜〜〜 **リブの左上4目交差(間に裏目2目)**：CNに6目移して編み地の後ろにおき、左針から表1、裏2、表1。CNの左端の2目を左針に戻し、裏2。CNから表1、裏2、表1。

〜〜〜 **リブの右上4目交差(間に裏目2目)**：CNに6目移して編み地の手前におき、左針から表1、裏2、表1。CNの左端の2目を左針に戻し、裏2。CNから表1、裏2、表1。

Mega Rib Braid　　GROUP 3

メガリブブレード

Rib Braid (#56) の表目部分の目数をそれぞれ倍にする（「表1、裏2」を
「表2、裏2」にする）と、Mega Rib Braid になります。どちらの模様
も交差は8段ごと。Mega Rib Braid は交差する目数が多いため、きつ
く編んだブレードのように見えます。交差を10段ごと、または12段
ごとにするとゆるやかな表情になります。

（1 模様＝22目×16段）
SSE：14.5目

1 段め（裏面）：[裏2、表2]を5回、
裏2。
2 ～ 5 段め：表目は表目に、裏目は
裏目に編む。
6 段め：リブの左上6目交差（間に
裏目2目）、[裏2、表2]を2回。
7 ～ 13 段め：2段めと同様に編む。
14 段め：[表2、裏2]を2回。リブ
の右上6目交差（間に裏目2目）。
15・16 段め：2段めと同様に編む。
1 ～ 16 段めをくり返す。

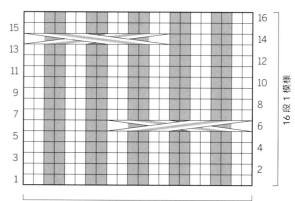

16 段 1 模様

22 目のパネル

□　表面で表目、裏面で裏目。

▨　表面で表目、裏面で表目。

リブの左上6目交差（間に裏目2目）：CN に 8
目移して編み地の後ろにおき、左針から表2、裏
2、表2。CN の左端の2目を左針に戻し、裏2。
CN から表2、裏2、表2。

リブの右上6目交差（間に裏目2目）：CN に 8
目移して編み地の手前におき、左針から表2、裏
2、表2。CN の左端の2目を左針に戻し、裏2。
CN から表2、裏2、表2。

Reversibility

裏面も面白い

(53)

(66)

(72)

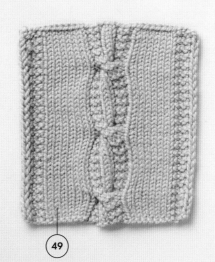

(49)

表裏どちらの面も見栄えする模様を
さらにご紹介します。このページで
紹介する模様も、カテゴリーは P.49
の分類と同じです。

裏面の奇抜なテクスチャーや形状を
気に入っているのが、**SEED RIDGE
EXPANSION (#53)** です。

CHEVRON SHARE TIGHT (#72)
は「リブ編みベースの模様」の原則
に当てはまります。このケーブルは
どちらが表面なのか見分けにくいく
らいです。

EYELET 2/2 SHARE (#66) の表面
での裏メリヤス編みと透かし模様の
組み合わせは、裏面から見てもまっ
たく見劣りしません。

両面使いできるガーター編みの特性
のおかげで、**GARTER CENTER
STABLE (#49)** は表も裏もさまにな
ります。「編み目をはさむ交差」に
より、中心に残る編み目がガーター
編みのケーブルの下をくぐっている
かのような効果を生んでいます。

58

Double Twist Braid GROUP 3

ダブルツイストブレード

このケーブルは実際のところ1本のブレードで、Mega Rib Braid (#57)
と密接な関係にあると気づくまでにしばらくかかりました。ここではリ
ブ編みのベースが表目3目と裏目2目です。右上交差を2回したあと
に左上交差を2回行い、交差と交差の間には7段間隔をあけるため、
なかなかブレードとは認識できません。さらにブレードは (#54〜57
のように) 右上と左上の交差を1回ずつ交互に行うのが一般的なので、
より気づきにくいのです。

(1模様＝13目×32段)
SSE：10目

1 段め (裏面)：[裏3、表2] を2回、
裏3。
2・3 段め：表目は表目に、裏目は裏
目に編む。
4 段め：表3、裏2、3/2/3 LPC。
5〜11 段め：2段めと同様に編む。

12 段め：4段めをくり返す。
13〜19 段め：2段めと同様に編む。
20 段め：3/2/3 RPC、裏2、表3。
21〜27 段め：2段めと同様に編む。
28 段め：20段めをくり返す。
29〜32 段め：2段めと同様に編む。
1〜32段めをくり返す。

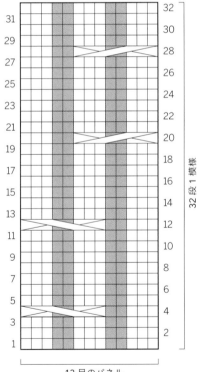

13目のパネル

□ 表面で表目、裏面で裏目。

▨ 表面で裏目、裏面で表目。

▱ **3/2/3 RPC (左上3目交差 (間に裏目2目))**：CN に5目移
して編み地の後ろにおき、左針から表3。CN の左端の2目
を左針に戻して裏2。CN から表3。

▱ **3/2/3 LPC (右上3目交差 (間に裏目2目))**：CN に5目移
して編み地の手前におき、左針から表3。CN の左端の2目
を左針に戻して裏2。CN から表3。

59

Rope Braid GROUP 3

ロープブレード

前の 3 つのブレードと同様に、このブレードもリブ編みで始めます。
ここでは表目 4 目、裏目 2 目のリブです。2 目の交差を加えることで
表目 4 目のストランドがロープに変身します。中央で「編み目をはさむ
交差」を編むと左右のロープは位置が入れ替わりますが、真ん中の裏目
2 目は動きません。いつもならそれまでの模様編みを続けつつ交差を編
むのが好きなのですが、あえて 2 目と 2 目の交差部分をメリヤス編み
にしました。フラットなメリヤス編みの表情が気に入ったこと、そして
何より交差をしながら交差をするのは至難の業だと思ったからです。

(1 模様＝ 22 目× 24 段)
SSE： 16 目

1 段め (裏面)：[裏 4、表 2] を 3 回、
裏 4。
2・3 段め：表目は表目に、裏目は裏
目に編む。
4 段め：2/2 LC、裏 2、2/2 RC、[裏
2、2/2 LC] を 2 回。
5～8 段め：1～4 段めをくり返す。
9～11 段め：2 段めと同様に編む。
12 段め：4/2/4 LPC、裏 2、4/2/4
LPC。

13～15 段め：2 段めと同様に編む。
16 段め：[2/2 LC、裏 2] を 2 回、
2/2 RC、裏 2、2/2 LC。
17～20 段め：13～16 段めをくり
返す。
21～23 段め：2 段めと同様に編む。
24 段め：2/2 LC、裏 2、4/2/4 RPC、
裏 2、2/2 LC。
1 ～ 24 段めをくり返す。

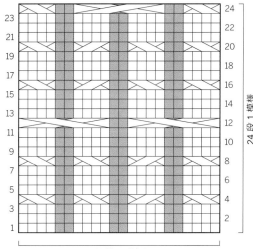

22 目のパネル

24 段 1 模様

□ 表面で表目、裏面で裏目。 ▨ 表面で裏目、裏面で表目。

◢◣ **2/2 RC (左上 2 目交差)：**CN に 2 目移して編み地の後ろに
おき、左針から表 2。CN から表 2。

◢◣ **2/2 LC (右上 2 目交差)：**CN に 2 目移して編み地の手前に
おき、左針から表 2。CN から表 2。

4/2/4 RPC (左上 4 目交差 (間に裏目 2 目))：CN に 6 目
移して編み地の後ろにおき、左針から表 4。CN の左端の
2 目を左針に戻して裏 2。CN から表 4。

4/2/4 LPC (右上 4 目交差 (間に裏目 2 目))：CN に 6 目
移して編み地の手前におき、左針から表 4。CN の左端の
2 目を左針に戻して裏 2。CN から表 4。

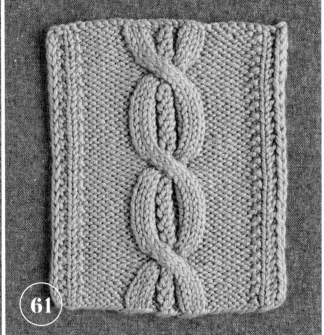

Stable Lace GROUP 4

ステーブルレース

中央で 2 目の透かし模様が垂直方向への動きを強く印象づけている模様。左右のケーブルは裏目 2 目と表目 2 目のリブ編みです。2 目の透かし編みをはさんで両端のリブ編みの位置を入れ替えて編みます。

(1 模様＝ 14 目× 16 段)
SSE：9 目

1 段めと以降の奇数段(裏面)：表 2、裏 2、表 2、右上 2 目一度、かけ目、表 2、裏 2、表 2。
2・4・6・8 段め：裏 2、表 2、裏

2、裏目の左上 2 目一度、かけ目、裏 2、表 2、裏 2。
10 段め：リブの左上 6 目交差(間に裏目 2 目)。
12・14・16 段め：2 段めをくり返す。
1 〜 16 段めをくり返す。

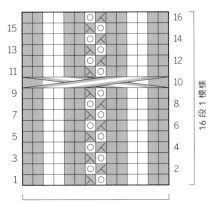

14 目のパネル

□ 表面で表目、裏面で裏目。

▨ 表面で裏目、裏面で表目。

Ｏ かけ目。

⧅ 表面で裏目の左上 2 目一度、裏面で左上 2 目一度。

⧄ 表面で裏目の右上 2 目一度、裏面で右上 2 目一度。

▱ **リブの左上 6 目交差(間に裏目 2 目)**：CN に 8 目移して編み地の後ろにおき、左針から裏 2、表 2、裏 2。CN の左端の 2 目を左針に戻し、裏 2。CN から裏 2、表 2、裏 2。

Stable Twist GROUP 4

ステーブルツイスト

中央の変わり左上 1 目交差が際立つ模様で、2 本のストランドは表目 3 目でできています。幅広の「編み目をはさむ交差」のあと 3 目のストランドは外側へ移動し、中央の左上 1 目交差の両側には裏目が加わります。

(1 模様＝ 12 目× 16 段)
SSE：9 目

1 段め(裏面)：裏 3、表 2、裏 2、表 2、裏 3。
2 段め：表 3、裏 2、RT、裏 2、表 3。
3 段めと以降の奇数段(裏面)：表目

は表目に、裏目は裏目に編む。
4・6 段め：2 段めをくり返す。
8 段め：3/2 LPC、RT、3/2 RPC。
10 段め：裏 2、3/2/3 LC、裏 2。
12 段め：3/2 RPC、RT、3/2 LPC。
14・16 段め：2 段めをくり返す。
1 〜 16 段めをくり返す。

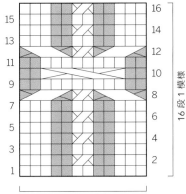

12 目のパネル

□ 表面で表目、裏面で裏目。 ▨ 表面で裏目、裏面で表目。

⧓ **RT(変わり左上交差)**：左上 2 目一度を編むが左針は抜かず、右針を 1 目めに手前から入れて表目を編み、左針から編み目をはずす。

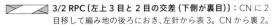

▱ **3/2 RPC(左上 3 目と 2 目の交差(下側が裏目))**：CN に 2 目移して編み地の後ろにおき、左針から表 3。CN から裏 2。

▱ **3/2 LPC(右上 3 目と 2 目の交差(下側が裏目))**：CN に 3 目移して編み地の手前におき、左針から裏 2。CN から表 3。

▱ **3/2/3 LC(右上 3 目交差(間に表目 2 目))**：CN に 5 目移して編み地の手前におき、左針から表 3。CN の左端の 2 目を左針に戻して表 2。CN から表 3。

Twist Center Lattice　GROUP 4

ツイストセンターラティス

この格子模様は Stable Twist (#61) の拡大版です。まず Stable Twist を 2 模様横に並べて、その間に変わり左上 1 目交差を 1 本通します。そして「表 3、変わり左上 1 目交差、表 3」が合流するところ（つまり 6 段ごと）に「編み目をはさむ交差」を加えています。

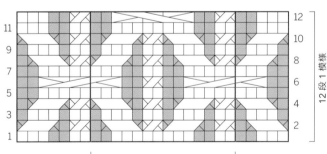

（1 模様＝［14 の倍数 +12 目］× 12 段）

合計 SSE：17 目
くり返し範囲の SSE：9 目

1 段め（裏面）：裏 3、表 2、裏 2、*表 2、裏 8、表 2、裏 2；、*〜；を最後に 5 目残るまでくり返し、表 2、裏 3。
2 段め：3/1 LPC、裏 1、*RT、裏 1、3/1 RPC、RT、3/1 LPC、裏 1；、*〜；を最後に 7 目残るまでくり返し、RT、裏 1、3/1 RPC。
3 段めと以降の奇数段（裏面）：表目は表目に、裏目は裏目に編む。
4 段め：裏 1、3/1 LPC、*RT、3/1 RPC、裏 1、RT、裏 1、3/1 LPC；、*〜；を最後に 7 目残るまでくり返し、RT、3/1 RPC、裏 1。

6 段め：裏 2、3/2/3 RC、*裏 2、RT、裏 2、3/2/3 RC；、*〜；を最後に 2 目残るまでくり返し、裏 2。
8 段め：裏 1、3/1 RPC、*RT、3/1 LPC、裏 1、RT、裏 1、3/1 RPC；、*〜；を最後に 7 目残るまでくり返し、RT、3/1 LPC、裏 1。
10 段め：3/1 RPC、裏 1、*RT、裏 1、3/1 LPC、RT、3/1 RPC、裏 1；、*〜；を最後に 7 目残るまでくり返し、RT、裏 1、3/1 LPC。
12 段め：表 3、裏 2、*RT、裏 2、3/2/3 LC、裏 2；、*〜；を最後に 7 目残るまでくり返し、RT、裏 2、表 3。

1 〜 12 段めをくり返す。

14 目 1 模様

□ 表面で表目、裏面で裏目。　■ 表面で裏目、裏面で表目。

┃ くり返し範囲。

RT（変わり左上交差）：左上 2 目一度を編むが左針は抜かず、右針を 1 目めに手前から入れて表目を編み、左針から編み目をはずす。

3/1 RPC（左上 3 目と 1 目の交差（下側が裏目））：CN に 1 目移して編み地の後ろにおき、左針から表 3。CN から裏 1。

3/1 LPC（右上 3 目と 1 目の交差（下側が裏目））：CN に 3 目移して編み地の手前におき、左針から裏 1。CN から表 3。

3/2/3 RC（左上 3 目交差（間に表目 2 目））：CN に 5 目移して編み地の後ろにおき、左針から表 3。CN の左端の 2 目を左針に戻して表 2。CN から表 3。

3/2/3 LC（右上 3 目交差（間に表目 2 目））：CN に 5 目移して編み地の手前におき、左針から表 3。CN の左端の 2 目を左針に戻して表 2。CN から表 3。

Adding Breadth

85

(63)

Stretch Twist Lattice　GROUP 4

ストレッチツイストラティス

Twist Center Lattice (#62) のバリエーション。格子模様を縦横に広げています。交差の追加で表目の移動が2目増え、縦には4段増えます。

(1模様＝[18の倍数+16目]×24段)
合計SSE：25目
くり返し範囲のSSE：12.5目

1段め（裏面）： *表2、裏3、表2、裏2；、*〜；を残り7目までくり返し、表2、裏3、表2。
2段め： 裏2、表3、裏2、*RT、裏2、表3、裏2；、*〜；を最後までくり返す。
3段めと以降の奇数段（裏面）： 表目は表目に、裏目は裏目に編む。
4段め： 裏2、3/1 LPC、裏1、*RT、裏1、3/1 RPC、裏2、RT、裏2、3/1 LPC、裏1；、*〜；を残り9目までくり返し、RT、裏1、3/1 RPC、裏2。
6段め： 裏3、3/1 LPC、*RT、3/1 RPC、裏3、RT、裏3、3/1 LPC；、*〜；を残り9目までくり返し、RT、3/1 RPC、裏3。
8段め： 裏4、3/2/3 RC、*裏4、RT、裏4、3/2/3 RC；、*〜；を残り4目までくり返し、裏4。
10段め： 裏3、3/1 RPC、*RT、3/1 LPC、裏3、RT、裏3、3/1 RPC；、*〜；を残り9目までくり返し、RT、3/1 LPC、裏3。

12段め： 裏2、3/1 RPC、裏1、*RT、裏1、3/1 LPC、裏2、RT、裏2、3/1 RPC、裏1；、*〜；を残り9目までくり返し、RT、裏1、3/1 LPC、裏2。
14段め： 2段めをくり返す。
16段め： 裏1、3/1 RPC、裏2、*RT、裏2、3/1 LPC、裏1、RT、裏1、3/1 RPC、裏2；、*〜；を残り9目までくり返し、RT、裏2、3/1 LPC、裏1。
18段め： 3/1 RPC、裏3、*RT、裏3、3/1 LPC、RT、3/1 RPC、裏3；、*〜；を残り9目までくり返し、RT、裏3、3/1 LPC。
20段め： 表3、裏4、*RT、裏4、3/2/3 LC、裏4；、*〜；を残り9目までくり返し、RT、裏4、表3。
22段め： 3/1 LPC、裏3、*RT、裏3、3/1 RPC、RT、3/1 LPC、裏3；、*〜；を残り9目までくり返し、RT、裏3、3/1 RPC。
24段め： 裏1、3/1 LPC、裏2、*RT、裏2、3/1 RPC、裏1、RT、裏1、3/1 LPC、裏2；、*〜；を残り9目までくり返し、RT、裏2、3/1 RPC、裏1。

1〜24段めをくり返す。

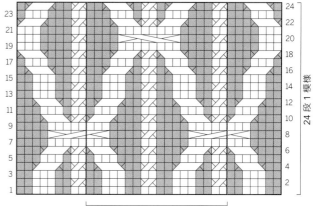

□　表面で表目、裏面で裏目。　■　表面で裏目、裏面で表目。

▏　くり返し範囲。

▨　**RT（変わり左上交差）：** 左上2目一度を編むが左針は抜かず、右針を1目めに手前から入れて表目を編み、左針から編み目をはずす。

◩　**3/1 RPC（左上3目と1目の交差（下側が裏目））：** CNに1目移して編み地の後ろにおき、左針から表3。CNから裏1。

◪　**3/1 LPC（右上3目と1目の交差（下側が裏目））：** CNに3目移して編み地の手前におき、左針から裏1。CNから表3。

▥　**3/2/3 RC（左上3目交差（間に表目2目））：** CNに5目移して編み地の後ろにおき、左針から表3。CNの左端の2目を左針に戻して表2。CNから表3。

▥　**3/2/3 LC（右上3目交差（間に表目2目））：** CNに5目移して編み地の手前におき、左針から表3。CNの左端の2目を左針に戻して表2。CNから表3。

Snug Lattice GROUP 4

スナッグラティス

Twist Center Lattice (#62) のバリエーションで、こちらの格子模様は3目ではなく2目でひし形を形成しています。センターの目は1目に減らし、ねじり目にしています。

(1模様＝［10の倍数+19目］×8段)

合計SSE：19目

くり返し範囲のSSE：6目

1段め（裏面）：＊表2、裏2、裏目のねじり目1、裏2、表2、裏目のねじり目1；、＊〜；を残り9目までくり返し、表2、裏2、裏目のねじり目1、裏2、表2。

2段め：＊裏2、2/1/2 RC、裏2、表目のねじり目1；、＊〜；を残り9目までくり返し、裏2、2/1/2 RC、裏2。

3段め：1段めをくり返す。

4段め：＊2/2 RPC、表目のねじり目1、2/2 LPC、表目のねじり目1；、＊〜；を残り9目までくり返し、2/2 RPC、表目のねじり目1、2/2 LPC。

5段め：＊裏2、表2、裏目のねじり目1、表2、裏2、裏目のねじり目1；、＊〜；を残り9目までくり返し、表2、裏2、裏目のねじり目1、表2、裏2。

6段め：表2、＊表2、表目のねじり目1、裏2、2/1/2 LC；、＊〜；を残り7目までくり返し、裏2、表目のねじり目1、裏2、表2。

7段め：5段めをくり返す。

8段め：＊2/2 LPC、表目のねじり目1、2/2 RPC、表目のねじり目1；、＊〜；を残り9目までくり返し、2/2 LPC、表目のねじり目1、2/2 RPC。1〜8段めをくり返す。

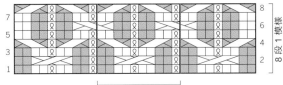

10目1模様

□ 表面で表目、裏面で裏目。

▨ 表面で裏目、裏面で表目。

☒ 表面で表目のねじり目、裏面で裏目のねじり目。

| くり返し範囲。

2/2 RPC（左上2目交差（下側が裏目））：CNに2目移して編み地の後ろにおき、左針から表2。CNから裏2。

2/2 LPC（右上2目交差（下側が裏目））：CNに2目移して編み地の手前におき、左針から裏2。CNから表2。

2/1/2 RC（左上2目交差（間に表目1目））：3目をCNに移して編み地の後ろにおき、左針から表2。CNの左端の1目を左針に戻して表1。CNから表2。

2/1/2 LC（右上2目交差（間に表目1目））：3目をCNに移して編み地の手前におき、左針から表2。CNの左端の1目を左針に戻して表1。CNから表2。

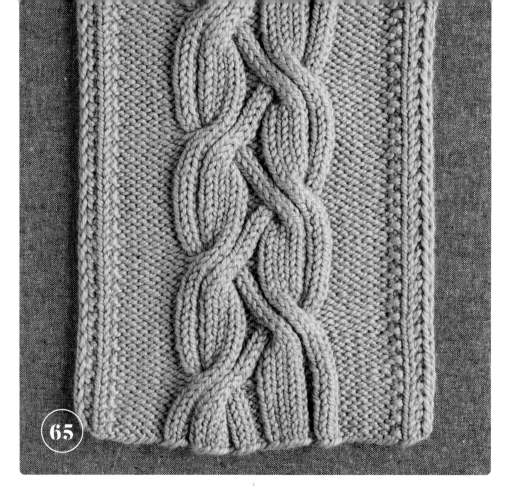

2/2 Share　GROUP 5

2/2 シェア

この模様の交差は 2/2 Over 2/2 (#34) と同じです。「表 2、裏 2、表 2」
が「表 2、裏 2、表 2」と交差します。この交差を最初は左側で行い、そ
の数段後に右側で左右対称に行います。この左右の交差には「編み目の
シェア」にあたる表目が 2 目あります。この表目 2 目を含むリブ編みは
左右のケーブルを順々に移動しているように見えます。シンプルな 2
本のケーブルの間を 7 段のリブ編みにするだけでこんなに動きが出る
なんて、驚きです。

___

(1 模様 = 22 目 × 16 段)
SSE：16 目

1 段め (裏面)：[裏 2、表 2、裏 4、
表 2] を 2 回、裏 2。
2 〜 7 段め：表目は表目に、裏目は
裏目に編む。
8 段め：表 2、裏 2、表 4、裏 2、リ
ブの左上 6 目交差。
9 〜 15 段め：2 段めと同様に編む。
16 段め：リブの右上 6 目交差、裏
2、表 4、裏 2、表 2。
1 〜 16 段めをくり返す。

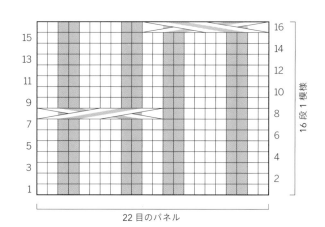

22 目のパネル

□ 表面で表目、裏面で裏目。

▨ 表面で裏目、裏面で表目。

リブの左上 6 目交差：CN に 6 目移して編み地の後
ろにおき、左針から表 2、裏 2、表 2。CN から表
2、裏 2、表 2。

リブの右上 6 目交差：CN に 6 目移して編み地の手
前におき、左針から表 2、裏 2、表 2。CN から表
2、裏 2、表 2。

(66)

Eyelet 2/2 Share　GROUP 5

アイレット 2/2 シェア

2/2 Share (#65) のバリエーションで、「かけ目と 2 目一度」のコラムによってリブ編みの裏編部分に透かしが入ります（裏面は P.81 参照）。

（1 模様＝ 22 目× 16 段）
SSE：16 目

1 段めと以降の奇数段（裏面）：［裏
2、表 2、裏 4、表 2］を 2 回、裏 2。
2・4・6 段め：［表 2、裏 1、かけ
目、左上 2 目一度、表 2、右上 2 目
一度、かけ目、裏 1］を 2 回、表 2。
8 段め：表 2、裏 1、かけ目、左上 2
目一度、表 2、右上 2 目一度、かけ
目、裏 1、リブの左上 6 目交差。

10・12・14 段め：2 段めをくり返
す。
16 段め：リブの右上 6 目交差、裏
1、かけ目、左上 2 目一度、表 2、右
上 2 目一度、かけ目、裏 1、表 2。
1 ～ 16 段めをくり返す。

（編み図）
16　15　14　13　12　11　10　9　8　7　6　5　4　3　2　1
16 段 1 模様
22 目のパネル

□　表面で表目、裏面で裏目。

▨　表面で裏目、裏面で表目。

◯　かけ目。

⧄　表面で左上 2 目一度、裏面で裏目の左上 2 目一度。

⧅　表面で右上 2 目一度、裏面で裏目の右上 2 目一度。

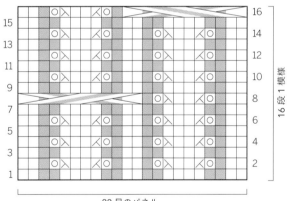

リブの左上 6 目交差：CN に 6 目移して編み地の後
ろにおき、左針から表 2、裏 2、表 2。CN から表
2、裏 2、表 2。

リブの右上 6 目交差：CN に 6 目移して編み地の手
前におき、左針から表 2、裏 2、表 2。CN から表
2、裏 2、表 2。

Adding Breadth

89

(67)

Rope 2/2 Share　GROUP 5

ロープ 2/2 シェア

この模様の編み始めは 2/2 Share（#65）と同じく「表 2、裏 2、表 2」と「表 2、裏 2、表 2」が横並びになり 6 目が隣接する箇所では表目 4 目が並びます。この 4 目を使った 2 目の交差を加えることで、ロープが 2 本通ったような表情に変わります。

（1 模様＝ 22 目× 16 段）
SSE：16.5 目

1 段め（裏面）：［裏 2、表 2、裏 4、表 2］を 2 回、裏 2。
2・3 段め：表目は表目に、裏目は裏目に編む。
4 段め：表 2、裏 2、2/2 LC、裏 2、表 2、裏 2、2/2 RC、裏 2、表 2。
5 〜 7 段め：2 段めと同様に編む。
8 段め：表 2、裏 2、2/2 LC、裏 2、リブの左上 6 目交差。
9 〜 11 段め：2 段めと同様に編む。
12 段め：4 段めをくり返す。
13 〜 15 段め：2 段めと同様に編む。
16 段め：リブの右上 6 目交差、裏 2、2/2 RC、裏 2、表 2。
1 〜 16 段めをくり返す。

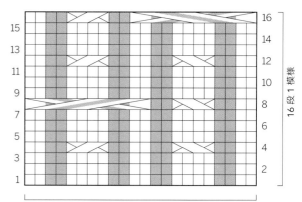

22 目のパネル

16 段 1 模様

□ 表面で表目、裏面で裏目。

▨ 表面で裏目、裏面で表目。

▨ **2/2 RC（左上 2 目交差）**：CN に 2 目移して編み地の後ろにおき、左針から表 2。CN から表 2。

▨ **2/2 LC（右上 2 目交差）**：CN に 2 目移して編み地の手前におき、左針から表 2。CN から表 2。

▨ **リブの左上 6 目交差**：CN に 6 目移して編み地の後ろにおき、左針から表 2、裏 2、表 2。CN から表 2、裏 2、表 2。

▨ **リブの右上 6 目交差**：CN に 6 目移して編み地の手前におき、左針から表 2、裏 2、表 2。CN から表 2、裏 2、表 2。

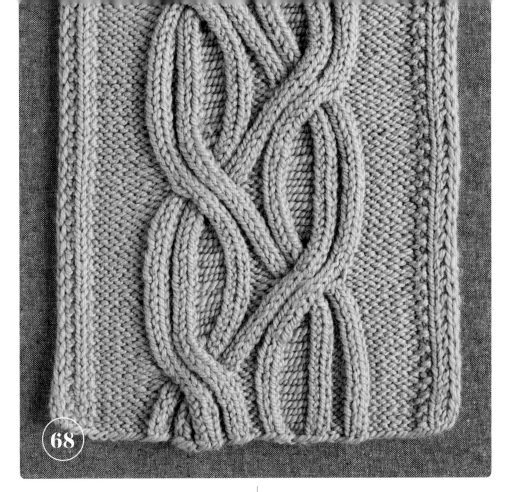

Drop Center 2/2 Share GROUP 5

ドロップセンター 2/2 シェア

ここでは 2/2 Share（#65）の表目 4 目の真ん中に裏目を加えています。あとでこの目を落として、一番下のかけ目までほどきます。ほどくとできる「伝線」が、透かしを生み出します。落とす目の左右の表目はねじり目にしています。ねじらずに編むと、伝線の左右の編み目に糸のたるみが移って編み目がふくらみ、伝線が埋もれてしまいます。

（1 模様＝ 24 目× 24 段）
※作り目は 26 目。1 段めで 2 目減。
SSE：20 目

26 目作る。
1 段め（準備段・裏面）：裏 2、表 2、裏 1、表目の左上 2 目一度、かけ目、裏目の左上 2 目一度、裏 1、表 2、裏 2、表 2、裏 1、裏目の左上 2 目一度、かけ目、裏目の左上 2 目一度、裏 1、表 2、裏 2。24 目になる。
2 段め：表 2、裏 2、表 1、表目のねじり目 1、裏 1、表目のねじり目 1、表 1、裏 2、表 2、表 1、表目のねじり目 1、裏 1、表目のねじり目 1、表 1、裏 2、表 2。
3 段めと以降の奇数段（裏面）：裏 2、表 2、裏 1、裏目のねじり目 1、表 1、裏目のねじり目 1、裏 1、表 2、裏 2、表 2、裏 1、裏目のねじり目 1、表 1、裏目のねじり目 1、裏 1、表 2、裏 2。
4・6・8 段め：2 段めをくり返す。
10 段め：表 2、裏 2、表 1、表目の

ねじり目 1、裏 1、表目のねじり目 1、表 1、裏 2、リブの右上 6 目交差（間に裏目 1 目）。
12・14・16・18・20 段め：2 段めをくり返す。
22 段め：リブの左上 6 目交差（間に裏目 1 目）、裏 2、表 1、表目のねじり目 1、裏 1、表目のねじり目 1、表 1、裏 2、表 2。
24・25 段め：2・3 段めをくり返す。
2 ～ 25 段めをくり返す。
26 段め（伏せ目段）：次のように編みながら伏せる。表 2、裏 2、表 2、かけ目、次の目を針からはずしてほどく、[表 2、裏 2]を 2 回、表 2、かけ目、次の目を針からはずしてほどく、表 2、裏 2、表 2。

メモ：作り目は 26 目。1 段め（準備段）を 1 回、2 ～ 25 段めをくり返して編み、最後は 26 段めの手順で伏せる。

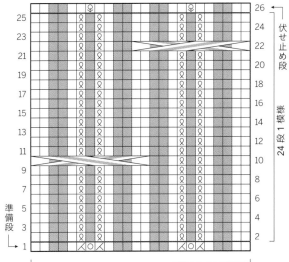

26 目のパネル／ 24 目に減らす

□ 表面で表目、裏面で裏目。
▨ 表面で裏目、裏面で表目。
⧂ 表面で表目のねじり目、裏面で裏目のねじり目。
◌ かけ目。
⧄ 表面で左上 2 目一度、裏面で裏目の左上 2 目一度。
⧂ かけ目、次の目をはずしてほどく。
| くり返し範囲。

リブの左上 6 目交差（間に裏目 1 目）：CN に 7 目移して編み地の後ろにおき、左針から表 2、裏 2、表 2。CN の左端の 1 目を左針に戻して裏 1。CN から表 2、裏 2、表 2。

リブの右上 6 目交差（間に裏目 1 目）：CN に 7 目移して編み地の手前におき、左針から表 2、裏 2、表 2。CN の左端の 1 目を左針に戻して裏 1。CN から表 2、裏 2、表 2。

(69)

1/1 Share Drop GROUP 6

1/1 シェアドロップ

Drop Center 2/2 Share（#68）ではストランドの間（くぼんで見える箇所）に作った「伝線」を、このケーブルではストランド内に取り入れています。

（1 模様 = 25 目 × 12 段）
SSE：21 目
※作り目は 27 目。1 段めで 2 目減。

27 目作る。
1 段め（準備段・裏面）：裏 1、表 1、裏 1、表 3、裏 1、裏目の左上 2 目一度、かけ目、裏目の左上 2 目一度、表 3、裏目の左上 2 目一度、かけ目、裏目の左上 2 目一度、表 1、裏 1、表 3、裏 1、表 1、裏 1。25 目になる。
2 段め：表 1、裏 1、表 1、裏 3、表 1、[裏 1、表目のねじり目 1] を 2 回、裏 3、[表目のねじり目 1、裏 1] を 2 回、表 1、裏 3、表 1、裏 1、表 1。
3 段めと以降の奇数段（裏面）：裏 1、表 1、裏 1、表 3、裏 1、[表 1、裏目のねじり目 1] を 2 回、表 3、[裏目のねじり目 1、裏 1] を 2 回、裏 1、表 3、裏 1、表 1、裏 1。
4 段め：2 段めをくり返す。
6 段め：表 1、裏 1、表 1、裏 3、表 1、裏 1、リブの右上 3 目交差（間に裏目 3 目）、裏 1、表 1、裏 3、表 1、裏 1、表 1。

8・10 段め：2 段めをくり返す。
12 段め：リブの左上 3 目交差（間に裏目 3 目）、裏 1、表目のねじり目 1、裏 3、表目のねじり目 1、裏 1、リブの左上 3 目交差（間に裏目 3 目）。
2〜13 段めをくり返す。
14 段め（伏せ目段）：次のように編みながら伏せる。表 1、裏 1、表 1、裏 3、表 1、裏 1、表目のねじり目 1、かけ目、次の目を針からはずしてほどく、表目のねじり目 1、裏 3、表目のねじり目 1、かけ目、次の目を針からはずしてほどく、表目のねじり目 1、裏 1、表 1、裏 3、表 1、裏 1、表 1。

メモ：作り目は 27 目。1 段め（準備段）を 1 回、2〜13 段めをくり返して編み、最後は 14 段めの手順で伏せる。

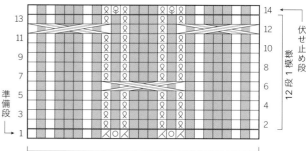

□ 表面で表目、裏面で裏目。

▨ 表面で裏目、裏面で表目。

☒ 表面で表目のねじり目、裏面で裏目のねじり目。

◯ かけ目。

☒ 表面で上2目一度、裏面で裏目の左上2目一度。

☒ かけ目、次の目をはずしてほどく。

| くり返し範囲。

リブの左上 3 目交差（間に裏目 3 目）：CN に 6 目移して編み地の後ろにおき、左針から表 1、裏 1、表 1。CN の左端 3 目を左針に戻して裏 3。CN から表 1、裏 1、表 1。

リブの右上 3 目交差（間に裏目 3 目）：CN に 6 目移して編み地の手前におき、左針から表 1、裏 1、表 1。CN の左端 3 目を左針に戻して裏 3。CN から表 1、裏 1、表 1。

27 目のパネル／25 目に減らす

Alternate Yarns
糸の置き替え

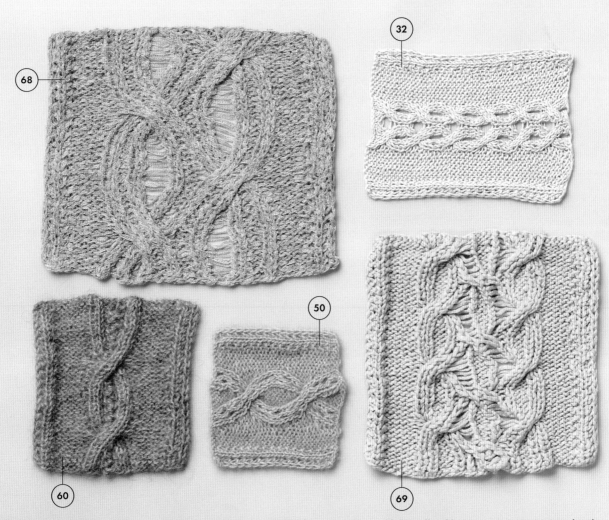

本書では、スワッチを編む糸はすべてウールまたはウール混に統一しています。でも実際のところ、世の中には多種多様な糸があります。そこで本章でご紹介したケーブルから4点とChapter 2からの1点を、糸を替えて編んでみました。どれも細かいレース模様や二重のかけ目や伝線を作る針抜きなど、何らかの形で透かし模様が入った模様です。

DROP CENTER 2/2 SHARE (#68) の伝線は、アクリルとリネンの軽いレールリボン（BerrocoのLinus）で際立ちます。

OPEN DOUBLE O (#32) の二重のかけ目は、ハリ感のあるリネン糸（QuinceのSparrow）と相性がよく、暑い季節のウエアに向いています。デンマークのボルホルム島のゴット

ランドウール（自分への旅土産）は、合太でありながら **STABLE LACE (#60)** の内側の透かし模様がよく映えます。

やわらかい輝きを放つカシミヤとポッサムの混紡糸（ZealanaのAir）は **LACE CENTER STABLE (#50)** の透かしとよく合います。

1/1 SHARE DROP (#69) の針抜きは、フラットなピュアリネンのリボンヤーン（QuinceのKestral）ならとりわけ素敵に編み上がります。

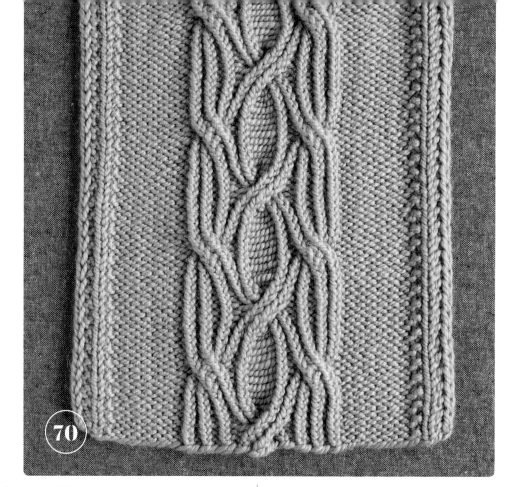

Share Center Drop GROUP 6

シェアセンタードロップ

リブ編みが 1/1 Share Drop（#69）と似ていますが、表目がねじり目に
なっています。さらに針抜きをコラムの真ん中に配置しました。

（1 模様＝［13 の倍数＋ 7 目］× 16
段）
SSE：14.5 目
※作り目は 13 の倍数＋ 7 目。1 段
めで「13」の部分が「12」に減る。

1 段め（準備段・裏面）：裏目のねじ
り目 1、表 1、裏目のねじり目 1、
*［表 1、裏目のねじり目 1］を 2 回、
表 1、裏目の左上 2 目一度、かけ目、
裏目の左上 2 目一度、［表 1、裏目の
ねじり目 1］を 2 回；、*〜；を残り
4 目までくり返し、［表 1、裏目のね
じり目 1］を 2 回。1 目減。
2 段め：＊表目のねじり目 1、裏 1；、
*〜；を残り 1 目までくり返し、表
目のねじり目 1。
3 段めと以降の奇数段（裏面）：＊裏
目のねじり目 1、表 1；、*〜；を残
り 1 目までくり返し、裏目のねじり
目 1。
4 段め：［表目のねじり目 1、裏 1］
を 2 回、*表目のねじり目 1、裏 1、
リブの左上 3 目交差（間に裏目 1
目）、裏 1、表目のねじり目 1、裏
1；、*〜；を残り 3 目までくり返
し、表目のねじり目 1、裏 1、表
目のねじり目 1。

6・8・10 段め：2 段めをくり返す。
12 段め：リブの右上 3 目交差（間に
裏目 1 目）、*［裏 1、表目のねじり
目 1］を 2 回、裏 1、リブの右上 3 目
交差（間に裏目 1 目）；、*〜；を最
後までくり返す。
14・16 段め：2 段めをくり返す。
17 段め：3 段めをくり返す。
2 〜 17 段めをくり返す。
最終段（伏せ目）：［表目のねじり目
1、裏 1］を 2 回、*［表目のねじり目
1、裏 1］を 2 回、表目のねじり目 1、
かけ目、次の目を針からはずしてほ
どく、［表目のねじり目 1、裏 1］を
3 回；、*〜；を残り 3 目までくり
返し、表目のねじり目 1、裏 1、表
目のねじり目 1。

メモ：作り目は 20 目。1 段め（準備
段）を 1 回、2 段め〜 16 段めをくり
返して編み、最後は 18 段めの手順
で伏せる。

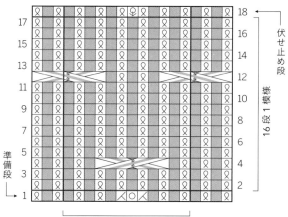

□ 表面で表目、裏面で裏目。

▨ 表面で裏目、裏面で表目。

Ω 表面で表目のねじり目、裏
面で裏目のねじり目。

○ かけ目。

⧄ 表面で左上 2 目一度、裏面
で裏目の左上 2 目一度。

⧗ かけ目、次の目をはずして
ほどく。

| くり返し範囲。

リブの左上 3 目交差（間に裏目 1 目）：CN
に 4 目移して編み地の後ろにおき、左針
からねじり目 1、裏 1、ねじり目 1。CN
の左端の 1 目を左針に戻して裏 1。CN か
らねじり目 1、裏 1、ねじり目 1。

リブの右上 3 目交差（間に裏目 1 目）：CN
に 4 目移して編み地の手前におき、左針
からねじり目 1、裏 1、ねじり目 1。CN
の左端の 1 目を左針に戻して裏 1。CN か
らねじり目 1、裏 1、ねじり目 1。

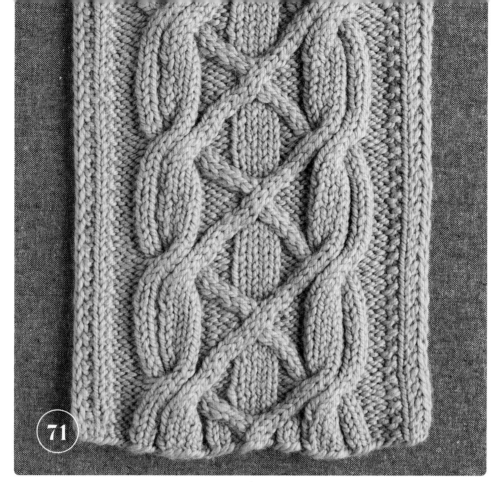

2/2 Share Extend GROUP 7

2/2 シェアエクステンド

2/2 Share (#65) と同じくこの模様も 2/2 Over 2/2 cables (#34) で始まりますが、2 組のケーブルの間隔は 2/2 Share よりも開いています。表目 2 目のライン 2 本は左右のケーブルから出て真ん中で交差します。

（1 模様 = 32 目 × 16 段）
SSE：22.5 目

1 段め（裏面）：裏 2、［表 2、裏 4、表 2］を 3 回。
2 段め：表 2、裏 2、表 4、裏 2、表 2、2/2 RC、裏 2、表 2、裏 2、表 4、裏 2、表 2。
3 段めと以降の奇数段（裏面）：表目は表目に、裏目は裏目に編む。
4 段め：表 2、裏 2、表 4、裏 2、2/2 RC、2/2 LC、表 2、裏 2、表 4、裏 2、表 2。
6 段め：表 2、裏 2、表 4、裏 2、2/2 RPC、表 4、2/2 LPC、裏 2、表 4、裏 2、表 2。
8 段め：［表 2、裏 2、表 4、裏 2］を 3 回、表 2。
10 段め：リブの左上 6 目交差、裏

2、表 4、裏 2、リブの左上 6 目交差。
12 段め：8 段めをくり返す。
14 段め：表 2、裏 2、表 4、裏 2、2/2 LPC、表 4、2/2 RPC、裏 2、表 4、裏 2、表 2。
16 段め：表 2、裏 2、表 4、裏 4、2/2 LPC、2/2 RPC、裏 4、表 4、裏 2、表 2。
18 段め：表 2、裏 2、表 4、裏 6、2/2 RC、裏 6、表 4、裏 2、表 2。
20 段め：表 2、裏 2、表 4、裏 4、2/2 RC、2/2 LC、裏 4、表 4、裏 2、表 2。
22 段め：6 段めをくり返す。
24 段め：8 段めをくり返す。
9 〜 24 段めをくり返す。

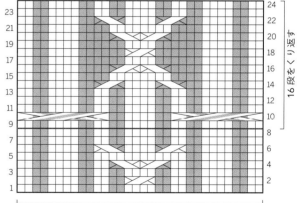

32 目 1 模様

16 段をくり返す

□ 表面で表目、裏面で裏目。　▨ 表面で裏目、裏面で表目。

| くり返し範囲。

2/2 RC（左上 2 目交差）：CN に 2 目移して編み地の後ろにおき、左針から表 2。CN から表 2。

2/2 LC（右上 2 目交差）：CN に 2 目移して編み地の手前におき、左針から表 2。CN から表 2。

2/2 RPC（左上 2 目交差（下側が裏目））：CN に 2 目移して編み地の後ろにおき、左針から表 2。CN から裏 2。

2/2 LPC（右上 2 目交差（下側が裏目））：CN に 2 目移して編み地の手前におき、左針から裏 2。CN から表 2。

リブの左上 6 目交差：CN に 6 目移して編み地の後ろにおき、左針から表 2、裏 2、表 2。CN から表 2、裏 2、表 2。

Chevron Share Tight

シェブロンシェアタイト

GROUP 7

このケーブル模様は一見複雑に見えますが、実際に編んでみると驚くほど簡単です。この模様も編み始めは Chapter 2 の 2/2 Over 2/2 シリーズ（#34 〜 35）と同じです。

この模様のチャートの 8 段めを見ると、3 つの交差を 4 目間隔で配置していることがわかります。最初の交差の段では「表 2、裏 2、表 2」と「表 2、裏 2、表 2」を交差します。静かにリブ編みで 7 段編むと、交差があと 2 か所あります。今度は裏目から始まる交差で、「裏 2、表 2、裏 2」と「裏 2、表 2、裏 2」の交差です。この交差によって「表 2」が中央に寄せられ、2/2 Share Extend（#71）の表目 4 目のラインのように見えますが、それほど手こずることなく編めます（裏面は P.81 参照）。

（1 模様 = 44 目 × 16 段）
SSE：29 目

1 段め（裏面）： [裏 2、表 2、裏 4、表 2、裏 2、表 4] を 2 回、裏 2、表 2、裏 4、表 2、裏 2。
2 〜 7 段め： 表目は表目に、裏目を裏目に編む。

8 段め： [リブの左上 6 目交差①、裏 4] を 2 回、リブの右上 6 目交差①。
9 〜 15 段め： 2 段めと同様に編む。
16 段め： 表 2、裏 2、表 4、リブの左上 6 目交差②、表 4、リブの右上 6 目交差②、表 4、裏 2、表 2。
1 〜 16 段めをくり返す。

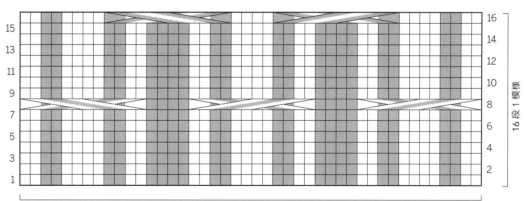

44 目のパネル

16 段 1 模様

□ 表面で表目、裏面で裏目。

▨ 表面で裏目、裏面で表目。

リブの左上 6 目交差①： CN に 6 目移して編み地の後ろにおき、左針から表 2、裏 2、表 2。CN から表 2、裏 2、表 2。

リブの右上 6 目交差①： CN に 6 目移して編み地の手前におき、左針から表 2、裏 2、表 2。CN から表 2、裏 2、表 2。

リブの左上 6 目交差②： CN に 6 目移して編み地の後ろにおき、左針から裏 2、表 2、裏 2。CN から裏 2、表 2、裏 2。

リブの右上 6 目交差②： CN に 6 目移して編み地の手前におき、左針から裏 2、表 2、裏 2。CN から裏 2、表 2、裏 2。

Chevron Share Loose

シェブロンシェアルース

GROUP 7

Chevron Share Tight（#72）のリブ編み部分を気楽に編みながら、このバリエーションを思いつきました。前出の模様では大きな交差は 7 段間隔でしたが、こちらの Chevron Share Loose では 11 段間隔。そしてメリヤス編み部分に 2 目交差をはさみ込んでいます。
この模様の編み始めではケーブルを 3 か所ではなく 1 か所だけにして、1 本の木の幹が徐々に枝分かれしていくような表情を出しています。「幹」の部分をなくしたい場合は、25 段めから編み始めてください。

（1 模様＝ 44 目 × 24 段）
SSE：29 目

1 段め（裏面）：[裏 2、表 2、裏 4、表 2、裏 2、表 4] を 2 回、裏 2、表 2、裏 4、表 2、裏 2。

2 〜 7 段め：表目は表目に、裏目は裏目に編む。

8 段め：表 2、裏 2、表 4、裏 2、表 2、裏 4、表 2、裏 2/2 RC、裏 2、表 2、裏 4、表 2、裏 2、表 4、裏 2、表 2。

9 〜 15 段め：2 段めと同様に編む。

16 段め：表 2、裏 2、表 4、裏 2、表 2、裏 4、リブの左上 6 目交差①、裏 4、表 2、裏 2、表 4、裏 2、表 2。

17 〜 24 段め：1 〜 8 段めをくり返す。

25 〜 27 段め：2 段めと同様に編む。

28 段め：表 2、裏 2、表 4、リブの左上 6 目交差②、表 4、リブの右上 6 目交差②、表 4、裏 2、表 2。

29 〜 31 段め：2 段めと同様に編む。

32 段め：[表 2、裏 2、2/2 RC、裏 2、表 2、裏 4] を 2 回、表 2、裏 2、2/2 LC、裏 2、表 2。

33 〜 39 段め：2 段めと同様に編む。

40 段め：[リブの左上 6 目交差①、裏 4] を 2 回、リブの右上 6 目交差①。

41 〜 47 段め：2 段めと同様に編む。

48 段め：32 段めをくり返す。

25 〜 48 段めをくり返す。

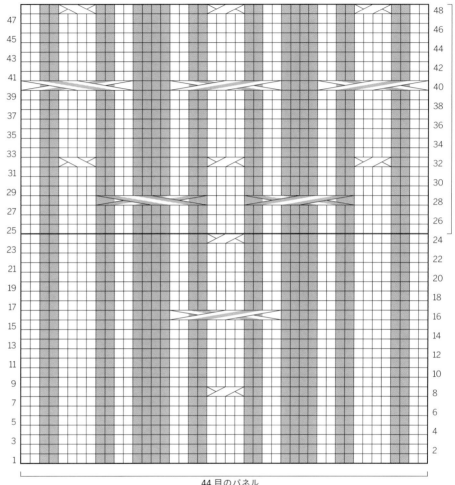

24 段をくり返す

44 目のパネル

□ 表面で表目、裏面で裏目。

▨ 表面で裏目、裏面で表目。

| くり返し範囲。

2/2 RC（左上 2 目交差）：CN に 2 目移して編み地の後ろにおき、左針から表 2。CN から表 2。

2/2 LC（右上 2 目交差）：CN に 2 目移して編み地の手前におき、左針から表 2。CN から表 2。

リブの左上 6 目交差①：CN に 6 目移して編み地の後ろにおき、左針から表 2、裏 2、表 2。CN から表 2、裏 2、表 2。

リブの右上 6 目交差①：CN に 6 目移して編み地の手前におき、左針から表 2、裏 2、表 2。CN から表 2、裏 2、表 2。

リブの左上 6 目交差②：CN に 6 目移して編み地の後ろにおき、左針から裏 2、表 2、裏 2。CN から裏 2、表 2、裏 2。

リブの右上 6 目交差②：CN に 6 目移して編み地の手前におき、左針から裏 2、表 2、裏 2。CN から裏 2、表 2、裏 2。

Medallion GROUP 8

メダリオン

2/2 Share (#65) や Chevron Share Tight (#72)、これらのバリエーションと同様に、この模様では「表 2、裏 2、表 2」のリブ編み同士の交差が最も大きく目立ちます。左右のリブ編みはこぶりな 2 目交差に合流し、その先でこぶりな交差の位置を入れ替えることで、楕円形のメダリオンの形を作り出します。2/2 Share のバリエーションのチャートをコンピューター上でさわって遊んでいたところ、自分では細長いコラムを作ったつもりでしたが、意図せず楕円形ができていました。長年の経験からチャートを編んだときのイメージは自分なりに視覚化できているつもりでしたが、まだ今回のようなうれしいサプライズに遭遇することがあるのです。

(1 模様= 16 目× 24 段)
SSE：13.5 目

1 段め (裏面)：[裏 4、表 2] を 2 回、裏 4。
2・3 段め：表目は表目に、裏目は裏目に編む。
4 段め：2/2 LC、裏 2、表 4、裏 2、2/2 RC。
5〜8 段め：1〜4 段めをくり返す。

9〜11 段め：2 段めと同様に編む。
12 段め：表 2、リブの右上 6 目交差、表 2。
13〜15 段め：2 段めと同様に編む。
16 段め：2/2 RC、裏 2、表 4、裏 2、2/2 LC。
17〜20 段め：13〜16 段めをくり返す。
21〜24 段め：2 段めと同様に編む。
1 〜 24 段めをくり返す。

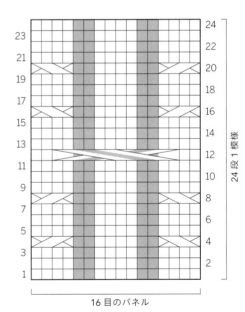

16 目のパネル

24 段 1 模様

 表面で表目、裏面で裏目。

表面で裏目、裏面で表目。

2/2 RC（左上 2 目交差）：CN に 2 目移して編み地の後ろにおき、左針から表 2。CN から表 2。

2/2 LC（右上 2 目交差）：CN に 2 目移して編み地の手前におき、左針から表 2。CN から表 2。

リブの右上 6 目交差：CN に 6 目移して編み地の手前におき、左針から表 2、裏 2、表 2。CN から表 2、裏 2、表 2。

（75）

Rope & Lasso GROUP 8
ロープアンドラッソ

この模様と Medallion（#74）は大きな交差が同じで、同様に楕円形を
描いています。外側のストランドを作る 4 目のうち中央の 2 目で変わ
り左上 1 目交差を編んでいて、それがミニロープのように見えます。
このミニロープは外に広がっては内側に向かうため、真ん中を通るロー
プを囲む楕円形の投げ縄のような形ができます。

（1 模様＝ 18 目× 24 段）
SSE：12.5 目

1 段め（裏面）：表 1、裏 2、表 4、裏
4、表 4、裏 2、表 1。
2 段め：変わり右上 4 目と 1 目の交
差、裏 2、表 4、裏 2、変わり左上 4
目と 1 目の交差。
3 段めと以降の奇数段（裏面）：表目
は表目に、裏目は裏目に編む。
4 段め：裏 1、変わり右上 4 目と 1
目の交差、裏 1、表 4、裏 1、変わ
り左上 4 目と 1 目の交差、裏 1。
6 段め：裏 3、RT、裏 2、表 4、裏
2、RT、裏 3。

8 段め：裏 3、リブの左上 6 目交差、
裏 3。
10 段め：6 段めをくり返す。
12 段め：裏 1、変わり左上 4 目と 1
目の交差、裏 1、表 4、裏 1、変わ
り右上 4 目と 1 目の交差、裏 1。
14 段め：変わり左上 4 目と 1 目の
交差、裏 2、表 4、裏 2、変わり右
上 4 目と 1 目の交差。
16 段め：裏 1、RT、裏 4、2/2 RC、
裏 4、RT、裏 1。
18・20・22 段め：裏 1、RT、裏 4、
表 4、裏 4、RT、裏 1。
24 段め：16 段めをくり返す。
1 〜 24 段めをくり返す。

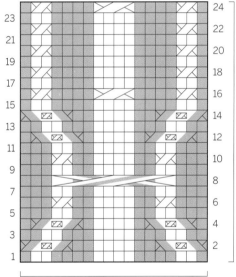

18 目のパネル

□ 表面で表目、裏面で裏目。

▨ 表面で表目、裏面で表目。

▧ **RT（変わり左上交差）：**上上 2 目一度を編むが左
針は抜かず、右針を 1 目めに手前から入れて表
目を編み、左針から編み目をはずす。

▱ **2/2 RC（左上 2 目交差）：**CN に 2 目移して編み
地の後ろにおき、左針から表 2。CN から表 2。

▨ **変わり左上 4 目と 1 目の交差：**CN に 1 目移し
て編み地の後ろにおき、左針から裏 1、RT、裏
1。CN から裏 1。

▨ **変わり右上 4 目と 1 目の交差：**CN に 4 目移し
て編み地の手前におき、左針から裏 1。CN から
裏 1、RT、裏 1。

▱ **リブの左上 6 目交差：**CN に 6 目移して編み地
の後ろにおき、左針から表 2、裏 2、表 2。CN
から表 2、裏 2、表 2。

1/1 Travel Share GROUP 9

1/1 トラベルシェア

ここまでのところ、本章の「編み目のシェア」は2目のリブ編みがベースでしたが、1/1 Travel Share は1目のリブ編みがベースです。この写真では一見1目交差を2段ごとに行っているように見えますが、実際には（チャートで確認してみてください）4段ごとの交差です。

（1模様＝22目×16段）
SSE：16目

1 段め（裏面）：[裏1、表1、裏2、表1、裏1、表2]を2回、裏1、表1、裏2、表1、裏1。
2 段め：表目は表目に、裏目は裏目に編む。
4 段め：表1、裏1、表2、裏1、表1、裏2、リブの左上3目交差①、裏2、表1、裏1、表2、裏1、表1。
5 ～ 7 段め：2 段めと同様に編む。

8 段め：表1、裏1、表2、リブの左上3目交差②、表2、リブの右上3目交差②、表2、裏1、表1。
9 ～ 11 段め：2 段めと同様に編む。
12 段め：リブの左上3目交差①、裏2、表1、裏1、表2、裏1、表1、裏2、リブの右上3目交差①。
13 ～ 15 段め：2 段めと同様に編む。
16 段め：表1、裏1、表2、リブの右上3目交差②、表2、リブの左上3目交差②、表2、裏1、表1。
1 ～ 16 段めをくり返す。

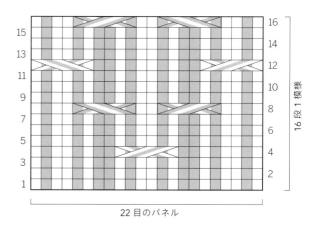

□ 表面で表目、裏面で裏目。

▨ 表面で裏目、裏面で表目。

▱▱▱▱ **リブの左上3目交差①**：CN に3目移して編み地の後ろにおき、左針から表1、裏1、表1。CN から表1、裏1、表1。

▱▱▱▱ **リブの右上3目交差①**：CN に3目移して編み地の手前におき、左針から表1、裏1、表1。CN から表1、裏1、表1。

▱▱▱▱ **リブの左上3目交差②**：CN に3目移して編み地の後ろにおき、左針から表1、裏1、表1。CN から裏1、表1、裏1。

▱▱▱▱ **リブの右上3目交差②**：CN に3目移して編み地の手前におき、左針から裏1、表1、裏1。CN から表1、裏1、表1。

Twist 1/1 Travel Share　GROUP 9

ツイスト 1/1 トラベルシェア

1/1 Travel Share（#76）に変わり左上 1 目交差と右上 1 目交差を加えると、この模様になります。表目 2 目が並ぶ箇所に加えているため、ミニロープ 3 本がリブ編みとからみ合っているかのように見えます。1 目交差はなわ編み針いらずなので、この模様は見かけによらずとても編みやすいのです。

（1 模様＝ 22 目× 16 段）
SSE：14.5 目

1 段めと以降の奇数段（裏面）:［裏
1、表 1、裏 2、表 1、裏 1、表 2］を
2 回、裏 1、表 1、裏 2、表 1、裏 1。
2 段め: 表 1、裏 1、LT、裏 1、表 1、
裏 2、表 1、裏 1、RT、表 1、裏 1、
裏 2、表 1、裏 1、LT、裏 1、表 1。
4 段め: 表 1、裏 1、LT、裏 1、表
1、裏 2、リブの左上 3 目交差①、裏
2、表 1、裏 1、LT、裏 1、表 1。
6 段め: 2 段めをくり返す。

8 段め: 表 1、裏 1、LT、リブの左
上 3 目交差②、RT、リブの右上 3 目
交差②、LT、裏 1、表 1。
10 段め: 2 段めをくり返す。
12 段め: リブの右上 3 目交差①、裏
2、表 1、裏 1、RT、裏 1、表 1、裏
2、リブの右上 3 目交差①。
14 段め: 2 段めをくり返す。
16 段め: 表 1、裏 1、LT、リブの右
上 3 目交差②、RT、リブの左上 3 目
交差②、LT、裏 1、表 1。
1 〜 16 段めをくり返す。

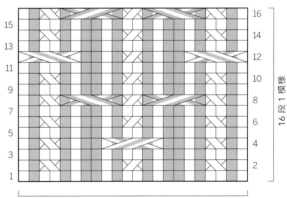

22 目のパネル

□　表面で表目、裏面で裏目。

▨　表面で裏目、裏面で表目。

▧　**RT（変わり左上交差）:** 左上 2 目一度を編むが左針は抜かず、右針を 1 目めに手前から入れて表目を編み、左針から編み目をはずす。

▨　**LT（右上交差）:** 左針の 2 目めに編み地の後ろから右針を入れて表目を編み、続けて 1 目めを表目に編む。2 目を左針からはずす。

▱　**リブの左上 3 目交差①:** CN に 3 目移して編み地の後ろにおき、左針から表 1、裏 1、表 1。CN から表 1、裏 1、表 1。

▱　**リブの右上 3 目交差①:** CN に 3 目移して編み地の手前におき、左針から表 1、裏 1、表 1。CN から表 1、裏 1、表 1。

▱　**リブの左上 3 目交差②:** CN に 3 目移して編み地の後ろにおき、左針から裏 1、表 1、裏 1。CN から表 1、裏 1、表 1。

▱　**リブの右上 3 目交差②:** CN に 3 目移して編み地の手前におき、左針から裏 1、表 1、裏 1。CN から裏 1、表 1、裏 1。

Adding Breadth

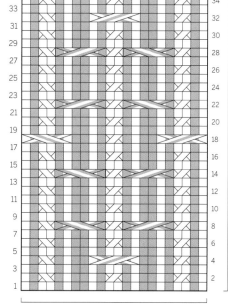

33
31
29
27
25
23
21
19
17
15
13
11
9
7
5
3
1

34
32
30
28
26
24
22
20
18
16
14
12
10
8
6
4
2

34 段 1 模様

22 目のパネル

Fancy 1/1 Travel Share　GROUP 9

ファンシー 1/1 トラベルシェア

この模様は Twist 1/1 Travel Share (#77) と同じように編み始めますが、「裏 1、表 1、裏 1」同士の交差を 6 段ごとに 2 回行います。このためダイヤ型が縦長になり、装飾性が加わります。中央の交差は Twist Travel Share と同じ要領で行い、大ぶりで複雑なダイヤ型の丸みを帯びた模様の区切りとしています。

(1 模様＝ 22 目× 34 段)
SSE：16 目

1 段めと以降の奇数段（裏面）：[裏 1、表 1、裏 2、表 1、裏 1、表 2] を 2 回、裏 1、表 1、裏 2、表 1、裏 1。
2 段め：[表 1、裏 1、RT、裏 1、表 1、裏 2] を 2 回、表 1、裏 1、LT、裏 1、表 1。
4 段め：表 1、裏 1、RT、裏 1、表 1、裏 2、リブの左上 3 目交差①、裏 2、表 1、裏 1、LT、裏 1、表 1。
6 段め：2 段めをくり返す。
8 段め：表 1、裏 1、RT、リブの左上 3 目交差②、RT、リブの右上 3 目交差②、LT、裏 1、表 1。

10・12 段め：2 段めをくり返す。
14 段め：8 段めをくり返す。
16 段め：2 段めをくり返す。
18 段め：リブの左上 3 目交差①、裏 2、表 1、裏 1、RT、裏 1、表 1、裏 2、リブの右上 3 目交差①。
20 段め：2 段めをくり返す。
22 段め：表 1、裏 1、RT、リブの右上 3 目交差②、RT、リブの左上 3 目交差②、LT、表 1、裏 1。
24・26 段め：2 段めをくり返す。
28 段め：22 段めをくり返す。
30 段め：2 段めをくり返す。
32 段め：4 段めをくり返す。
34 段め：2 段めをくり返す。
1 ～ 34 段めをくり返す。

□　表面で表目、裏面で裏目。

■　表面で裏目、裏面で表目。

RT（変わり左上交差）：上 2 目一度を編むが左針は抜かず、右針を 1 目めに手前から入れて表目を編み、左針から編み目をはずす。

LT（右上交差）：左針の 2 目めに編み地の後ろから右針を入れて表目を編み、続けて 1 目めを表目に編む。2 目を左針からはずす。

リブの左上 3 目交差①：CN に 3 目移して編み地の後ろにおき、左針から表 1、裏 1、表 1。CN から表 1、裏 1、表 1。

リブの右上 3 目交差①：CN に 3 目移して編み地の手前におき、左針から表 1、裏 1、表 1。CN から表 1、裏 1、表 1。

リブの左上 3 目交差②：CN に 3 目移して編み地の後ろにおき、左針から裏 1、表 1、裏 1。CN から裏 1、表 1、裏 1。

リブの右上 3 目交差②：CN に 3 目移して編み地の手前におき、左針から裏 1、表 1、裏 1。CN から裏 1、表 1、裏 1。

Travel Share Variations

トラベルシェアのバリエーション

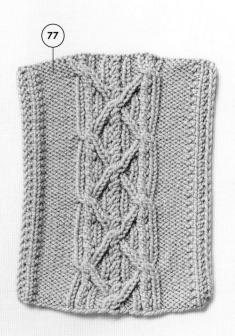

新しいケーブル模様を作り出す作業のなかで、最も興奮するのはバリエーションのアイデアが勢いよく湧き出てくる瞬間です。ケーブルの作図をしているときにその瞬間を迎えることもありますが、多くは編んでいるときにひらめきます。模様編みを考えるという行為そのものが私の脳の神経を落ち着かせ、創造的な思考を表面化させてくれるのです。

ここでご紹介する3通りのバリエーションは、左端の **1/1 TRAVEL SHARE (#76)** から始まりました。この模様の作図をコンピューターで始め、実際に編み始めたときに、表目2目のコラムは簡単に変わり左上1目交差にできると気がつきました。そこから生まれたのが、中央の **TWIST 1/1 TRAVEL SHARE (#77)** です。

3つ目のバリエーション、**FANCY 1/1 TRAVEL SHARE (#78)** は、前のスワッチを編み進める途中でうれしいアクシデントに見舞われて生まれたものです。まっすぐに5段編んだあと、うっかり交差の位置を横にずらさずに同じ位置でもう一度行ってしまったのです。これに伴い模様のなかの交差がさらに増えました。その後、この模様がさらに Chapter 4 の **1/1 Diamonds (#104)**、**1/1 Diamond Twist (#105)**、**1/1 Diamond Fancy (#106)** という3種類の総柄に拡張していきました。

79

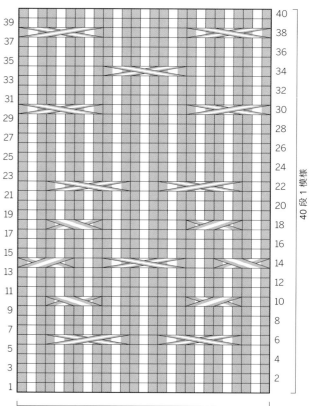

□ 表面で表目、裏面で裏目。

■ 表面で裏目、裏面で表目。

リブの左上3目交差：CN に3目移し
て編み地の後ろにおき、左針から裏
1、表1、裏1。CN から裏1、表1、
裏1。

リブの右上3目交差：CN に3目移し
て編み地の手前におき、左針から裏
1、表1、裏1。CN から裏1、表1、
裏1。

リブの左上3目交差(間にリブ3目)：
CN に6目移して編み地の後ろにお
き、左針から裏1、表1、裏1。CN
の左端の3目を左針に戻し、裏1、表
1、裏1。CN から裏1、表1、裏1。

リブの右上3目交差(間にリブ3目)：
CN に6目移して編み地の手前にお
き、左針から裏1、表1、裏1。CN
の左端の3目を左針に戻し、裏1、表
1、裏1。CN から裏1、表1、裏1。

Rib Fantasy GROUP 10

リブファンタジー

この模様は、ひと目で 1/1 トラベルケーブルのシリーズ (#76 〜 78) との
関連性がわかります。「裏 1、表 1、裏 1」同士の交差を使い、中央に表目
のラインが通るところは同じ。ただしベースのリブ編みが少し違います。
この模様では「裏 1、表 1、裏 1」をくり返しています。そして「編み目を
はさむ交差」も 2 本取り入れて、それぞれが「裏 1、表 1、裏 1」のリブ 3
本とからみ合います。リブ編みのブレードがダイヤ型を取り囲んでいます
が、いろいろな動きが同時進行しているのですぐにはダイヤ型が認識でき
ないかもしれません。全体的な効果としてはロココ調に仕上がっています。

(1 模様＝ 27 目× 40 段)
SSE：16 目

1 段め (裏面)：表 1、[裏 1、表 2] を
8 回、裏 1、表 1。

2 〜 5 段め：表目は表目に、裏目は裏
目に編む。

6 段め：裏 1、表 1、裏 1、リブの右上
3 目交差 (間にリブ 3 目)、裏 1、表 1、
裏 1、リブの左上 3 目交差 (間にリブ 3
目)、裏 1、表 1、裏 1。

7 〜 9 段め：2 段めと同様に編む。

10 段め：裏 1、表 1、裏 1、リブの左
上 3 目交差、裏 1、[表 1、裏 2] を 2
回、表 1、裏 1、リブの右上 3 目交差、
裏 1、表 1、裏 1。

11 〜 13 段め：2 段めと同様に編む。

14 段め：リブの右上 3 目交差、裏 1、
表 1、裏 1、リブの右上 3 目交差 (間に
リブ 3 目)、裏 1、表 1、裏 1、リブの
左上 3 目交差。

15 〜 17 段め：2 段めと同様に編む。

18 段め：10 段めをくり返す。

19 〜 21 段め：2 段めと同様に編む。

22 段め：裏 1、表 1、裏 1、リブの左
上 3 目交差 (間にリブ 3 目)、裏 1、表
1、裏 1、リブの右上 3 目交差 (間にリ
ブ 3 目)、裏 1、表 1、裏 1。

23 〜 29 段め：2 段めと同様に編む。

30 段め：リブの左上 3 目交差 (間にリ
ブ 3 目)、裏 1、[表 1、裏 2] を 2 回、
表 1、裏 1、リブの右上 3 目交差 (間に
リブ 3 目)。

31 〜 33 段め：2 段めと同様に編む。

34 段め：裏 1、[表 1、裏 2] を 2 回、
表 1、裏 1、リブの右上 3 目交差 (間に
リブ 3 目)、裏 1、[表 1、裏 2] を 2 回、
表 1、裏 1。

35 〜 37 段め：2 段めと同様に編む。

38 段め：リブの右上 3 目交差 (間にリ
ブ 3 目)、裏 1、[表 1、裏 2] を 2 回、
表 1、裏 1、リブの左上 3 目交差 (間に
リブ 3 目)。

39 〜 40 段め：2 段めと同様に編む。
1 〜 40 段めをくり返す。

40 段 1 模様

27 目のパネル

Knitted Cable Sourcebook

106

80

Duel Rib Diamond GROUP 10
デュエルリブダイアモンド

Rib Fantasy (#79) を試していたときに、リブ編みのブレードに表2目の
リブを加えてダイヤモンド型を強調することを思いつきました。それと同
時に大きな交差を省略して簡素化し、ダイヤモンドを縮小しました。

（1模様＝29目×24段）
SSE：17目

1 段め（裏面）：表1、［裏1、表2］を
2回、裏2、［表2、裏1］を3回、表
2、裏2、［表2、裏1］を2回、表1。
2・3 段め：表目は表目に、裏目は裏
目に編む。
4 段め：裏1、表1、裏2、表1、裏
1、リブの右上4目と3目の交差、
裏1、表1、裏1、リブの左上4目
と3目の交差、裏1、表1、裏2、表
1、裏1。
5～7 段め：2段めと同様に編む。
8 段め：裏1、表1、裏1、リブの左
上3目交差、裏1、表1、裏2、表
1、裏1、リブの右上3目交差、裏
1、表1、裏1。
9～11 段め：2段めと同様に編む。

12 段め：リブの右上3目交差、裏
1、表1、裏1、リブの右上4目交差
（間にリブ3目）、裏1、表1、裏1、
リブの左上3目交差。
13～15 段め：2段めと同様に編む。
16 段め：8段めをくり返す。
17～19 段め：2段めと同様に編む。
20 段め：裏1、表1、裏2、表1、
裏1、リブの左上4目と3目の交差、
裏1、表1、裏1、リブの右上4目
と3目の交差、裏1、表1、裏2、表
1、裏1。
21～23 段め：2段めと同様に編む。
24 段め：リブの右上3目交差、裏
1、表2、［裏2、表1］を3回、裏
2、表2、裏1、リブの左上3目交
差。
1～24段めをくり返す。

□ 表面で表目、裏面で裏目。

▨ 表面で裏目、裏面で表目。

リブの左上3目交差：CNに3目移し
て編み地の後ろにおき、左針から裏
1、表1、裏1。CNから裏1、表1、
裏1。

リブの右上3目交差：CNに3目移し
て編み地の手前におき、左針から裏
1、表1、裏1。CNから裏1、表1、
裏1。

リブの左上4目と3目の交差：CNに
3目移して編み地の後ろにおき、左針
から裏1、表2、裏1。CNから裏1、
表1、裏1。

リブの右上4目と3目の交差：CNに
4目移して編み地の手前におき、左針
から裏1、表1、裏1。CNから裏1、
表2、裏1。

リブの右上4目交差（間にリブ3目）：
CNに7目移して編み地の手前にお
き、左針から裏1、表2、裏1。CN
の左端の3目を左針に戻し、裏1、表
1、裏1。CNから裏1、表2、裏1。

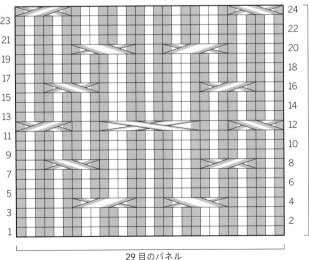

29目のパネル

24段 1模様

Adding Breadth

107

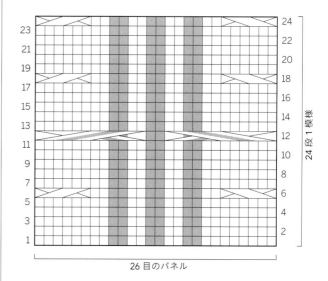

Rib & Rope GROUP 11

リブ＆ロープ

この模様では、「交差の途中で編み目が変わるときは、その部分を交差の下側にして隠す」というマイルールを破ってしまいました。それが、大きな交差部分。メリヤス編みから2目ゴム編みへ切り替わるポイントです。このように編み目を変えることで、模様全体を通してリブ編みが中央に、3目の交差が外側に通るようになります。このケーブルは「編み目のシェア」タイプではありませんが、この模様のバリエーションにあたる Elaborate Rib & Rope (#82) で「編み目のシェア」をふんだんに取り入れているため、ここで紹介しています。

（1 模様＝ 26 目× 24 段）
SSE：20 目

1 段め（裏面）：裏 8、［表 2、裏 2］を 2 回、表 2、裏 8。
2 〜 5 段め：表目は表目に、裏目は裏目に編む。
6 段め：3/3 LC、［表 2、裏 2］を 3 回、表 2、3/3 RC。
7 〜 11 段め：2 段めと同様に編む。
12 段め：右上 6 目交差（上側がリブ）、裏 2、左上 6 目交差（上側がリブ）。
13 〜 24 段め：1 〜 6 回めを 2 回。
1 〜 24 段めをくり返す。

26 目のパネル

☐ 表面で表目、裏面で裏目。

▨ 表面で裏目、裏面で表目。

⬭ **3/3 RC（左上 3 目交差）**：3 目を CN に移して編み地の後ろにおき、左針から表 3。CN から表 3。

⬭ **3/3 LC（右上 3 目交差）**：3 目を CN に移して編み地の手前におき、左針から表 3。CN から表 3。

⬭ **左上 6 目交差（上側がリブ）**：CN に 6 目移して編み地の後ろにおき、左針から表 2、裏 2、表 2。CN から表 6。

⬭ **右上 6 目交差（上側がリブ）**：CN に 6 目移して編み地の手前におき、左針から表 6。CN から表 2、裏 2、表 2。

□ 表面で表目、裏面で裏目。 ▨ 表面で裏目、裏面で表目。
| くり返し範囲。

3/3 RC（左上3目交差）：CN に3目移して編み地の後ろにおき、左針から表3。CN から表3。

3/3 LC（右上3目交差）：CN に3目移して編み地の手前におき、左針から表3。CN から表3。

2/2/2 LPC（右上2目交差（間に裏目2目））：CN に4目移して編み地の手前におき、左針から表2。CN の左端の2目を左針に戻して裏2。CN から表2。

左上6目交差（上側がリブ）：CN に6目移して編み地の後ろにおき、左針から表2、裏2、表2。CN から表6。

右上6目交差（上側がリブ）：CN に6目移して編み地の手前におき、左針から表6。CN から表2、裏2、表2。

左上6目交差（下側がリブ）：CN に6目移して編み地の後ろにおき、左針から表2、裏2、表2。CN から表6。

右上6目交差（下側がリブ）：CN に6目移して編み地の手前におき、左針から表2、裏2、表2。CN から表6。

Elaborate Rib & Rope　GROUP 11
エラボレートリブ＆ロープ

この模様の原型である Rib & Rope（#81）では、主要なケーブルはパネルの外側から内側に移動します。それがこの模様では、最初は内側に、その後外側に向かいます。中央のリブ編みはからみ合い、やがて「X」や「O」のケーブルとなります。結果として当初は大きなホースシュー型だったケーブルが、まったく異なる編み目構成に姿を変えています。

（1模様＝26目×40段）
SSE：18目

1段め：裏8、[表2、裏2]を2回、表2、裏8。
2・3段め：表目は表目に、裏目は裏目に編む。
4段め：表8、裏2、2/2/2 LPC、裏2、表8。
5段め：2段めと同様に編む。
6段め：3/3 LC、[表2、裏2]を3回、表2、3/3 RC。
7～11段め：2段めと同様に編む。
12段め：右上6目交差（上側がリブ）、裏2、右上6目交差（上側がリブ）。
13～17段め：2段めと同様に編む。

18段め：3/3 LC、[表2、裏2]を3回、表2、3/3 RC。
19段め：2段めと同様に編む。
20段め：4段めをくり返す。
21～23段め：2段めと同様に編む。
24～29段め：18～23段めをくり返す。
30段め：18段めをくり返す。
31～35段め：2段めと同様に編む。
36段め：左上6目交差（下側がリブ）、裏2、右上6目交差（下側がリブ）。
37～41段め：2段めと同様に編む。
42段め：3/3 RC、[表2、裏2]を3回、表2、3/3 LC。
43段め：2段めと同様に編む。
4～43段めをくり返す。

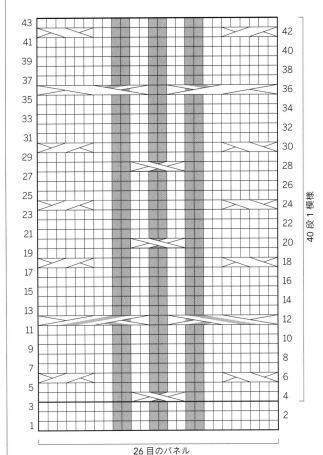

40段1模様

26目のパネル

Adding Breadth

109

Cloche
クロシェ

FINISHED MEASUREMENT ／仕上がり寸法
ブリム周り：51 cm
頭周り：58 cm
深さ：25cm

YARN ／糸
Zealana の Kauri Worsted Weight（ニュージーランドメリノ 60%・ブラッシュテールポッサム 30%・マルベリーシルク 10%、86 m/50g）K01 Natural ／ 3 カセ

NEEDLE ／針
・10 号 [US 8 (5mm)] 棒針
・8 号 [US 7 (4.5mm)] 40cm 輪針
※ゲージが合わない場合は必要に応じて針の号数を変えて調整しましょう。

NOTIONS ／その他の道具
なわ編み針、ステッチマーカー

GAUGE ／ゲージ
① 18 目 × 24 段（10cm 角、メリヤス編み・10 号針）
② 22 目のケーブル模様＝幅 9cm（10 号針）
※ゲージを測る前にスチームまたは水通しをしてブロッキングをしましょう。

STITCH PATTERNS ／模様編み
1 目ゴム編み（奇数目；1 段・1 模様）
1 段め（裏面）：表 1、＊裏 1、表 1；、＊〜；を最後までくり返す。
2 段め以降：表目は表目に、裏目は裏目に編む。

輪に編む 1 目ゴム編み（偶数目；1 段・1 模様）
毎段：＊表 1、裏 1；、＊〜；を最後までくり返す。

ケーブル模様
Fancy 1/1 Travel Share (#78)

PATTERN NOTES ／メモ
このクロシェはケーブルのパネルから編み始め、本体を横編みします。クラウン部分はケーブルのパネルから拾い目をして、引き返し編みと減目でシェーピングしながら往復に編みます。残りの目は、リブ編みしながらケーブルパネルの反対側の端に届く長さになるまで編みます。ケーブルパネルに沿って拾い目をしてブリムを輪に編み、リブ編みの端をケーブルパネルの編み始め側と編み終わり側の端にとじ合わせます。

🧷 ケーブル模様を変更する場合は P.112 参照。

◎パターン中の略語
PM：Place Marker →マーカーを入れる
CN：Cable Needle →なわ編み針

Hat ／帽子

ケーブルパネル
10 号針で 40 目作り、往復に編む。
1 段め（裏面）：浮き目 2、表 2、裏 2、表 3、22 目でケーブルを編む、表 3、裏 2、表 2、裏 2。
2 段め：すべり目 2、裏 2、表 2、裏 3、ケーブルを編む、裏 3、表 2、裏 2、表 2。
長さが編み始めから約 56 cm になるまで 1 〜 2 段めをくり返して編み、最後は表面の段を編む。すべての目を伏せ止めするが、端の広がりを防ぐために様子を見ながら必要に応じて裏目の 2 目一度にしながら伏せる。糸は切らずに最後の目を広げ、糸玉を通して止める。

クラウン
裏面を見てパネルの長辺側の端から 3 目めに針先を入れ、73 目（2 段から 1 目の割合で）拾う。必要に応じて次段で目数を調整してもよい。
引き返し編み 1 段め（表面）：最後に 5 目残るまで表編み、編み地を返す。
引き返し編み 2 段め（裏面）：かけ目、残り 5 目まで裏編み、編み地を返す。
引き返し編み 3 段め：かけ目、前段のかけ目との間に 5 目残るまで表編み、編み地を返す。
引き返し編み 4 段め：かけ目、前段のかけ目との間に 5 目残るまで裏編み、編み地を返す。
引き返し編み 5 〜 14 段め：引き返し編み 3 〜 4 段めを 5 回くり返す。
引き返し編み 15 段め：かけ目、表 3、（かけ目と次の目を）左上 2 目一度、[表 4、（かけ目と次の目を）左上 2 目一度] を 6 回、最後まで表編み。
16 段め：裏 38、[（かけ目と次の目を）裏目の右上 2 目一度、裏 4] を 7 回。
17 〜 18 段め：表編みで 1 段、裏編みで 1 段編む。

クラウンのシェーピング
1 段め（減目段①・表面）：＊表 4、左上 2 目一度；、＊〜；を残り 1 目までくり返し、表 1。〈残り 61 目〉
2 〜 6 段め：増減なく 5 段編む。
7 段め（減目段②）：＊表 3、左上 2 目一度；、＊〜；を残り 1 目までくり返し、表 1。〈残り 49 目〉
8 〜 10 段め：増減なく 3 段編む。
11 段め（減目段③）：＊表 2、左上 2 目一度；、＊〜；を残り 1 目までくり返し、表 1。〈残り 37 目〉
12 段め：裏編みで 1 段編む。
13 段め（減目段④）：＊表 1、左上 2 目一度；、＊〜；を残り 1 目までくり返し、表 1。〈残り 25 目〉
14 段め：裏編みで 1 段編む。
15 段め（減目段⑤）：左上 2 目一度を残り 1 目までくり返し、表 1。〈残り 13 目〉
16 段め：裏編みで 1 段編む。
17 段め（減目段⑥）：左上 2 目一度を残り 1 目までくり返し、表 1。〈残り 7 目〉

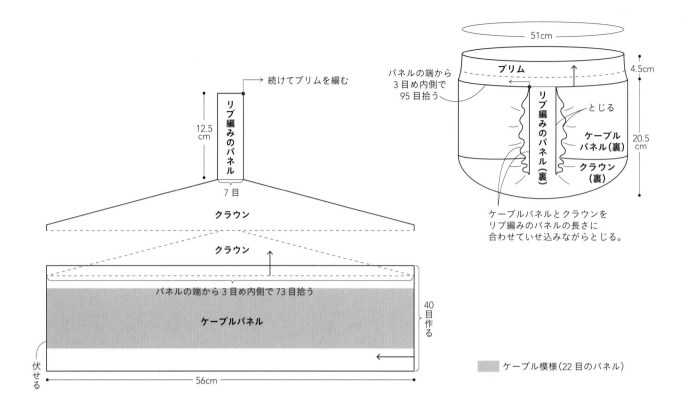

リブ編みのパネル

輪針に持ち替え、7目で1目ゴム編みを往復に編む。増減なく12.5cm編み、最後は裏面を編む。編み地は返さず続けてブリムを編む。

ブリム

リブ編みのパネルの裏面を見て、ケーブルパネルの残りの長辺に沿って（ケーブルパネルも裏面を見て、作り目側から拾い始める）端の3目めから95目拾う（102目になる）。段の始めにPM、1目ゴム編みを輪に編む。増減なく4.5cm編み、最後はすべてのパターンの続きを編みながら伏せ止めする。ケーブルパネルの端とクラウンの端をリブ編みのパネルの端にとじつけ、好みの方法でブロッキングする。

🔓 Cable Substitution／ケーブル模様の置き替え

あらかじめ P.18 の「メリヤス編み換算システム」を読んでおきましょう。

ケーブル模様の選び方

元のケーブルは SSE16 です。パターンではケーブルの左右に9目ずつリブ編みがあるので、より幅広のケーブルに変えることもできます。ただ、編み地の端の4目ずつは変えないほうがいいので、変更に使えるのは片側5目ずつで合計10目。使える模様は SSE が最大26のものとなります。

目数が変わる場合

ケーブルの変更により目数が変わるようであれば、その目数に対応するよう作り目の数も調整します。

Scarf
マフラー

FINISHED MEASUREMENT
／仕上がり寸法
幅：約 20.5cm
長さ：198cm（フリンジ除く）

YARN ／糸
Blue Sky Alpacas の Techno
（アルパカ 68%・シルク 22%
・エキストラファインメリノ
10%、109 m/50 g）#1971
Metro Silver ／ 7 カセ
※このマフラーは 6 カセを編
み切る設計ですが、ゲージを
取るために 1 カセ余分に準備
します。

NEEDLE ／針
・13 号［US 10（6mm）］棒針
※ゲージが合わない場合は必
要に応じて針の号数を変えて
調整しましょう。

NOTIONS ／その他の道具
なわ編み針、かぎ針 10/0 号
［US J-10（6mm）］

GAUGE ／ゲージ
① 25 目 × 21 段（10cm 角、
ケーブル模様）
②ケーブル模様の 44 目のパ
ネル＝幅 18cm
※ゲージを測る前にスチーム
または水通しをしてブロッキ
ングをしましょう。

STITCH PATTERNS ／
模様編み
ケーブル模様
Chevron Share Loose (#73)

 ⑧ ケーブル模様を変更する
場合は P.114 参照。

◎パターン中の略語
CN ： Cable Needle
→なわ編み針

Scarf ／マフラー

54 目作る。

1 段め (裏面)：浮き目 3、表 2、残り 5 目までケーブル模様、表 2、裏 3。

2 段め：すべり目 3、裏 2、残り 5 目までケーブル模様、裏 2、表 3。

長さが約 195.5 cm になるまで 1 〜 2 段めをくり返し、最後はケーブル模様の 48 段めまで編み、さらにケーブル模様の 1 段めを 1 回編む。

伏せ止めの段 (表面)：中上 3 目一度、残り 2 目までパターン通りに伏せ、最後は裏目の左上 2 目一度。残りの 1 目を止める。

Finishing ／仕上げ

スチームを当てるか水通しをして寸法に合わせてブロッキングする。

フリンジ

長さ 43 cm に切った糸を 112 本用意する (幅が 21.5 cm の冊子などに巻くとよい)。フリンジは 1 か所に 4 本糸を使い、編み始め側と編み終わり側の端の各 14 か所に均等につける (P.271「フリンジ」①〜②参照)。

8 Cable Substitution ／ケーブル模様の置き替え

あらかじめ P.18 の「メリヤス編み換算システム」を読んでおきましょう。

ケーブル模様の選び方

私は通常、マフラーには裏面も魅力的なケーブル模様を使うようにしています (P.49、81、129 参照)。幅を一定に保つには、SSE を 29 前後にそろえるとよいです。とはいえ、ケーブルを好きに組み合わせて幅が変動するマフラーも素敵です。細いケーブル模様を使う場合は裏目 1 〜 2 目を間にはさみ、左右の端の 5 目ずつ (合計 10 目) は元のパターンと同様縁編みにします。本書におけるルールからははずれますが、マフラーの幅にこだわらなければ、ゲージを気にする必要はありません。

目数が変わる場合

置き替えたい模様に合わせて作り目の数を増減し (ケーブルの変更分の目数を増減する)、あとはパターンの手順に従って編みます。

CABLE PATTERN ／ケーブル模様

（1 模様＝ 44 目× 24 段）

SSE：29 目

1 段め（裏面）: ［裏 2、表 2、裏 4、表 2、裏 2、表 4］を 2 回、裏 2、表 2、裏 4、表 2、裏 2。

2 ～ 7 段め: 表目は表目に、裏目は裏目に編む。

8 段め: 表 2、裏 2、表 4、裏 2、表 2、裏 4、表 2、裏 2、2/2 RC、裏 2、表 2、裏 4、表 2、裏 2、表 4、裏 2、表 2。

9 ～ 15 段め: 2 段めと同様に編む。

16 段め: 表 2、裏 2、表 4、裏 2、表 2、裏 4、リブの左上 6 目交差①、裏 4、表 2、裏 2、表 4、裏 2、表 2。

17 ～ 24 段め: 1 ～ 8 段めをくり返す。

25 ～ 27 段め: 2 段めと同様に編む。

28 段め: 表 2、裏 2、表 4、リブの左上 6 目交差②、表 4、リブの右上 6 目交差②、表 4、裏 2、表 2。

29 ～ 31 段め: 2 段めと同様に編む。

32 段め: ［表 2、裏 2、2/2 RC、裏 2、表 2、裏 4］を 2 回、表 2、裏 2、2/2 LC、裏 2、表 2。

33 ～ 39 段め: 2 段めと同様に編む。

40 段め: ［リブの左上 6 目交差①、裏 4］を 2 回、リブの右上 6 目交差①。

41 ～ 47 段め: 2 段めと同様に編む 。

48 段め: 32 段めをくり返す。

25 ～ 48 段めをくり返す。

ケーブル模様 (CHEVRON SHARE LOOSE)

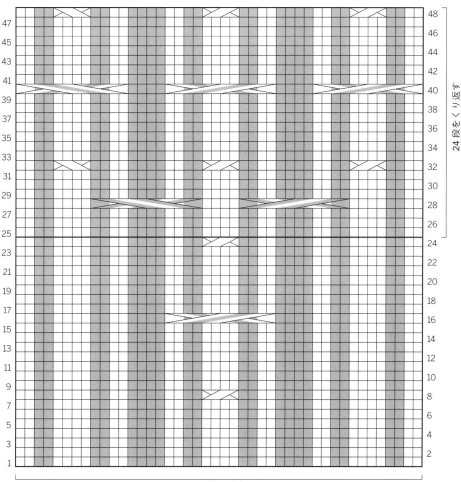

44 目のパネル

24 段をくり返す

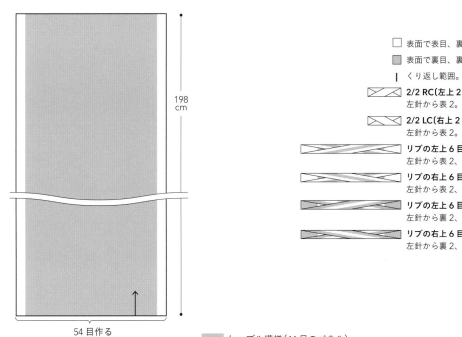

198 cm

54 目作る

約 20.5cm

□ 表面で表目、裏面で裏目。

▨ 表面で裏目、裏面で表目。

┃ くり返し範囲。

▨ **2/2 RC（左上 2 目交差）:** CN に 2 目移して編み地の後ろにおき、左針から表 2。CN から表 2。

▨ **2/2 LC（右上 2 目交差）:** CN に 2 目移して編み地の手前におき、左針から表 2。CN から表 2。

▨ **リブの左上 6 目交差①:** CN に 6 目移して編み地の後ろにおき、左針から表 2、裏 2、表 2。CN から表 2、裏 2、表 2。

▨ **リブの右上 6 目交差①:** CN に 6 目移して編み地の手前におき、左針から表 2、裏 2、表 2。CN から表 2、裏 2、表 2。

▨ **リブの左上 6 目交差②:** CN に 6 目移して編み地の後ろにおき、左針から裏 2、表 2、裏 2。CN から表 2、裏 2、表 2。

▨ **リブの右上 6 目交差②:** CN に 6 目移して編み地の手前におき、左針から裏 2、表 2、裏 2。CN から裏 2、表 2、裏 2。

▨ ケーブル模様(44 目のパネル)

Top-Down Pullover
トップダウンのプルオーバー

SIZES ／サイズ
XS（S、M、L、LL、3L、4L）
※サイズ表記順にバスト寸法
76（86.5、96.5、106.5、117、
127、137）cm 向き

FINISHED MEASUREMENT ／仕上がり寸法
バスト：81.5（92、101.5、
112.5、122、132.5、142）cm

YARN ／糸
Berroco の Inca Tweed
（ウール 50%・アルパカ 30%・
アクリル 14%・ビスコース
レーヨン 6%、140 m/100 g）
#8915 Andes ／ 6（6、7、8、
8、9、10）カセ

NEEDLE ／針
・11 号 [US 9（5.5 mm）] の
60cm 輪針と 80cm 輪針
・8 号 [US 7（4.5 mm）] 80cm
輪針
・好みの方法で小さな輪を編む
ための 11 号 [US 9（5.5 mm）]
と 8 号 [US 7（4.5 mm）] の針
※ゲージが合わない場合は必
要に応じて針の号数を変えて
調整しましょう。

NOTIONS ／その他の道具
ステッチマーカー、ステッチホ
ルダー（別糸）、なわ編み針

GAUGE ／ゲージ
① 15 目 × 22 段（10cm 角、
メリヤス編み・11 号針）
②ケーブル A、C の 6 目のパ
ネル＝幅 3 cm（11 号針）
③ケーブル B の 16 目のパネ
ル＝幅 9cm（11 号針）
※ゲージを測る前にスチーム
または水通しをしてブロッキン
グをしましょう。

STITCH PATTERNS ／模様編み
2 目ゴム編み（4 目の倍数；1
段 1 模様）
※輪編みの場合
全段：＊表 2、裏 2；、＊〜；
を最後までくり返す。

ケーブル模様
A：Cable Center 3/3（Left
Cross）(#2)
B：Medallion (#74)
C：Cable Center 3/3（Right
Cross）(#2)

PATTERN NOTES ／メモ
このプルオーバーはトップダ
ウンで、襟ぐりから袖ぐりま
ではヨークのシェーピングを
しながら輪に編みます。袖分
の目を休ませて前後身頃を編
んでから、袖を輪に編みます。
最後に襟の縁編みを輪に編み
ながら、かけ目をして編む引
き返し編みで前後の襟の縁編
みの高さに差をつけます。

🔗 ケーブル模様を変更する
場合は、P.118 参照。

◎パターン中の略語
PM：Place Marker
→マーカーを入れる
SM：Slip Marker
→マーカーを移す
CN：Cable Needle
→なわ編み針

Yoke ／ヨーク
11 号の 60cm 輪針に 76（84、92、92、100、100、108）目作る。編み目
がねじれないよう注意して輪にし、段の始めに PM（※段の始めは後ろ中心）。
準備段：表 20（24、28、28、32、32、36）、PM（前身頃ケーブルパネル
の始まり）、裏 2、6 目のケーブル A、裏 2、16 目のケーブル B、裏 2、6
目のケーブル C、裏 2 目、PM（前身頃ケーブルパネルの終わり）、最後ま
で表編み。
次段：マーカーまで表編み、SM、裏 2、ケーブル A、裏 2、ケーブル B、
裏 2、ケーブル C、裏 2、SM、最後まで表編み。
※以後、ふたつのマーカーの間はケーブルと裏目を編む。

ヨークのシェーピング
※目数が増えるので、様子を見ながら 80 cm の輪針に持ち替えます。
増し目段①：表 0（0、2、0、0、0、2）、[表 2、左ねじり増し目] を 9（11、
12、13、15、15、16）回、表 2、SM、次のマーカーまで編む、SM、表
2、[左ねじり増し目、表 2] を 9（11、12、13、15、15、16）回、最後ま
で表編み。94（106、116、118、130、130、140）目になる。
続く段：増減なく 4（5、6、6、7、7、8）段編む。
増し目段②：表 3（1、6、1、3、1、4）、[表 2（2、2、2、3、2、2）、左
ねじり増し目] を 12（16、16、19、14、22、23）回、表 2、SM、次のマー
カーまで編む、SM、表 2、[左ねじり増し目 1、表 2（2、2、2、3、2、2）]
を 12（16、16、19、14、22、23）回、最後まで表編み。118（138、148、
156、158、174、186）目になる。
続く段：増減なく 9（9、10、10、11、11、12）段編む。
増し目段③：表 5（1、3、1、2、1、7）、[表 2（3、3、3、3、3、3）、左
ねじり増し目] を 17（16、17、19、19、22、22）回、表 2、SM、次のマー
カーまで編む、SM、表 2、[左ねじり増し目、表 2（3、3、3、3、3、3）]
を 17（16、17、19、19、22、22）回、最後まで表編み。152（170、182、
194、196、218、230）目になる。
続く段：増減なく 12（13、13、14、14、15、16）段編む。
増し目段④：表 5（1、3、1、3、1、3）、[表 3（4、4、4、3、4、4）、左
ねじり増し目] を 17（16、17、19、25、22、23）回、表 2、SM、次のマー
カーまで編む、SM、表 2、[左ねじり増し目、表 3（4、4、4、3、4、4）]
を 17（16、17、19、25、22、23）回、最後まで表編み。186（202、216、
232、246、262、276）目になる。
続く段：作り目から 22（23、23.5、24、25.5、26、27.5）cm になるまで
編む。

袖を分ける
次段：表 27（29、31、33、35、37、39）、次の 36（38、40、42、44、
46、48）目を右袖分としてホルダーに移す。脇下のマチ分をニッテッド・
キャストオン（P.159 参照）の方法で 4（5、6、7、8、9、10）目増やす、PM
（脇線）、4（5、6、7、8、9、10）目増やす、マーカーまで表編み、SM、次

のマーカーまで編む、SM、表 12 (16、19、23、26、30、33)。左袖分の 36 (38、40、42、44、46、48) 目をホルダーに移す。脇下のマチ分を 4 (5、6、7、8、9、10) 目増やす、PM (脇線)、4 (5、6、7、8、9、10) 目増やす、最後まで表編み。合計 130 (146、160、176、190、206、220) 目になる。後ろ身頃は 62 (68、74、80、86、92、98) 目、前身頃は 68 (78、86、96、104、114、122) 目。段の始まりは後ろ中心のまま。

Body ／身頃

最初につけたマーカーの間はケーブルと裏目を編み、それ以外はメリヤス編みで 9 (9、9、9、10、10、10) 段編む。

身頃のシェーピング

増し目段: マーカーとの間に 1 目残るまで表編み、右ねじり増し目、表 1、SM、表 1、左ねじり増し目、次のマーカーまで表編み、SM、次のマーカーまで編む、SM、次のマーカーとの間に 1 目残るまで表編み、右ねじり増し目、表 1、SM、表 1、左ねじり増し目、最後まで表編み。〈4 目増〉

続く段:「増し目段」を 10 (10、10、10、11、11、11) 段ごとに 6 回くり返す。158 (174、188、204、218、234、248) 目になる。脇丈が 35.5 (35.5、37、37、38、38、39.5) cm になるまで編む。針を 8 号の 80 cm 輪針に持ち替える。

次段: 表 5 (6、4、8、8、2、3)、左ねじり増し目、*表 9 (8、8、7、7、8、7)、左ねじり増し目;、*〜;を最後の 0 (0、0、7、7、0、0) 目までくり返す、まだ目が残っている場合は最後まで表編み。176 (196、212、232、248、264、284) 目になる。

続く段: 増減なく 2 目ゴム編みを 5cm 編む。表目は表目、裏目は裏目を編みながら伏せ止めする。

Sleeves ／袖

脇下中心に糸をつけ、小さい輪を編むための 11 号針 (輪針または両先針) で脇下中心から次のよう編む。

作り目部分から 4 (5、6、7、8、9、10) 目拾い、休ませておいた袖の目 36 (38、40、42、44、46、48) 目を表編み、残りの作り目部分から 4 (5、6、7、8、9、10) 目拾う。全体を輪にして段の始めに PM。44 (48、52、56、60、64、68) 目になる。表編みで 11 (9、7、8、6、7、5) 段編む。

袖のシェーピング

減目段: 表 1、左上 2 目一度、マーカーとの間に 3 目残るまで表編み、右上 2 目一度、表 1。〈2 目減〉

続く段:「減目段」を 13 (11、10、7、7、6、6) 段ごとに 3 (4、5、7、8、9、10) 回くり返す。残り 36 (38、40、40、42、44、46) 目になる。脇下からの袖丈が 31.5 (31.5、33、33、34、34、35.5) cm になるまで編み、最後の段で均等に 0 (2、0、0、2、0、2) 目増やす。36 (40、40、40、44、44、48) 目になる。小さい輪用の 8 号針 (輪針または両先針) に替え、2 目ゴム編みを 6.5 cm 編み、表目は表目、裏目は裏目を編みながら伏せ止めする。

Finishing ／仕上げ

好みの方法でブロッキングする。

襟の縁編み

表面を見て、小さい輪用の 8 号針 (輪針または両先針) で、ケーブル C (前

後の裏目 2 目ずつを含む) の右端から次のように目を拾う。ケーブル C から 9 目、ケーブル B 〜ケーブル A の始点 (間の裏目 2 目を含む) から 13 目、ケーブル A 〜メリヤス編みの始点 (ケーブル A のあとの裏目 2 目を含む) から 7 目、PM、メリヤス編み部分は作り目 1 目から 1 目ずつで 40 (48、56、56、64、64、72) 目。69 (77、85、85、93、93、101) 目になる。

襟の縁編みのシェーピング

引き返し編み 1 段め (裏面): 編み地を返し、かけ目、マーカーまで表編み。

引き返し編み 2 段め (表面): 編み地を返し、かけ目、前段のかけ目との間に 4 (4、5、5、6、6、7) 目残るまで表編み。

引き返し編み 3 段め: 編み地を返し、かけ目、前段のかけ目との間に 4 (4、5、5、6、6、7) 目残るまで表編み。

引き返し編み 4 段め: 編み地を返し、かけ目、前段のかけ目との間に 4 (4、5、5、6、6、7) 目残るまで表編み。

引き返し編み 5 段め: 編み地を返し、かけ目、前段のかけ目との間に 4 (4、5、5、6、6、7) 目残るまで裏編み。

引き返し編み 6 段め: 編み地を返し、前段のかけ目との間に 4 (4、5、5、6、6、7) 目残るまで表編み。

引き返し編み 7・8 段め: 5 段めと 6 段めの手順をくり返す。

引き返し編み 9 段め: 編み地を返し、かけ目、前段のかけ目との間に 4 (4、5、5、6、6、7) 目残るまで裏編み。

引き返し編み 10 段め: 編み地を返し、かけ目、後ろ中心まで表編み、PM (以降このマーカーを段の始まりとして輪に編む)。

11 段め (段消しの段): 編み地を返さず、[かけ目の手前まで裏編み、(かけ目とその次の目を) 裏目の左上 2 目一度] を 5 回、[かけ目との間に 1 目残るまで裏編み、(その手前の目とかけ目を) 裏目の右上 2 目一度] を 5 回、最後まで裏編み。

12 段め: 裏編み。

すべての目を裏編みの伏せ止めにする。

🔗 Cable Substitution ／ケーブル模様の置き替え

あらかじめ P.18 の「メリヤス編み換算システム」を読んでおきましょう。

ケーブル模様の選び方

◎簡単に置き替える方法

ケーブル A と C は SSE 5、ケーブル B は SSE 13.5 です。パネルの合計 SSE は 27.5 (5 + 裏 2 + 13.5 + 裏 2 + 5) で、左右の端の裏目 2 目は含めません。ケーブルを (間に裏目をはさまずに) メリヤス編みの横に配置したい場合は、SSE の合計を 31 にするのがおすすめです。この作品のケーブルパネルは、SSE が 30〜33 であれば問題なく置き替えられます。

◎上級者向けの調整方法

中央のケーブルパネルの幅を変更した場合、パネルの前後で所定の数の増し目 (増し目の数は変えません) ができるよう「増し目段」の間隔を調整する必要があります。ケーブルパネルの幅が SSE 31.5 を超える場合は、超過分を SSE 8 (片側 SSE 4 ずつ) までに抑えておくことをおすすめします。

目数が変わる場合

ケーブルを変更して目数が変わった場合、必要な作り目数とパターンに記載している作り目数との差を控えておき、手順に沿って編みながら目数を足し算／引き算しながら目数を確認します。全体の目数を身頃分と袖分に分けるとき、余分な目は前身頃に加えます。

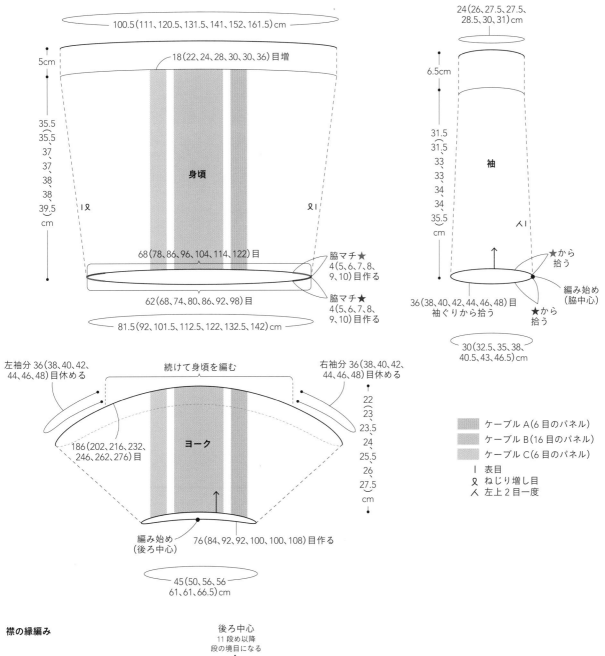

100.5(111、120.5、131.5、141、152、161.5)cm

5cm

18(22、24、28、30、30、36)目増

35.5
35.5
37、
37、
38、
38、
39.5
cm

身頃

68(78、86、96、104、114、122)目

脇マチ★
4(5、6、7、8、
9、10)目作る

脇マチ★
4(5、6、7、8、
9、10)目作る

62(68、74、80、86、92、98)目

81.5(92、101.5、112.5、122、132.5、142)cm

24(26、27.5、27.5、
28.5、30、31)cm

6.5cm

31.5
31.5
33、
33、
34、
34、
35.5
cm

袖

★から
拾う

編み始め
(脇中心)

★から
拾う

36(38、40、42、44、46、48)目
袖ぐりから拾う

30(32.5、35、38、
40.5、43、46.5)cm

左袖分 36(38、40、42、
44、46、48)目休める

続けて身頃を編む

右袖分 36(38、40、42、
44、46、48)目休める

22
23
23.5
24
25.5
26
27.5
cm

ヨーク

186(202、216、232、
246、262、276)目

編み始め
(後ろ中心)

76(84、92、92、100、100、108)目作る

45(50、56、56、
61、61、66.5)cm

ケーブル A(6 目のパネル)
ケーブル B(16 目のパネル)
ケーブル C(6 目のパネル)

│ 表目
ℒ ねじり増し目
人 左上 2 目一度

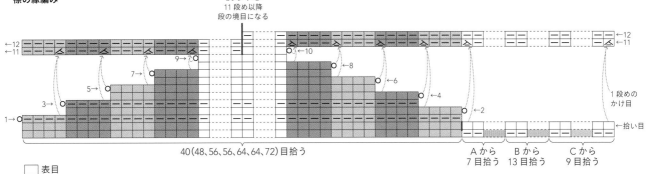

襟の縁編み

後ろ中心
11 段め以降
段の境目になる

←12
←11

←10

9→

7→

5→

3→

1→

←8

←6

←4

←2

←12
←11

1 段めの
かけ目

拾い目

40(48、56、56、64、64、72)目拾う

A から
7 目拾う

B から
13 目拾う

C から
9 目拾う

☐ 表目
― 裏目
○ かけ目
⤼ 裏目の右上 2 目一度
⤼ 裏目の左上 2 目一度

※ ▨ 、▨ 部分の目数はサイズに合わせて以下に変更してください。
XS、S：4 目(変更なし)／M、L：5 目／ LL、3L：6 目／ 4L：7 目
│ マーカーの位置

Chapter 4

この章では、ケーブルパネル
の拡張を探求します。新たに
ご紹介する模様もあれば、す
でに登場した模様を発展させ
たものもあります。
た と え ば Rib Mock Mega
(#84)は、Chapter 2 の Rib 4/4
(#9)の「裏目1、表目2、裏目1」
を交差させるアイデアを発展
させたものです。
幅広のケーブルパネルのなか
には、小さい模様を組み合わ

Expanding

拡張する模様

せて幅を出したものもありま
す (Rib Braid Combo [#86] や
Dolled-Up Separates [#109] な
ど)。そのほとんどがチャー
トの一定の範囲をくり返して
構成したパネルで、何度でも
くり返して拡張できるため、
自由度が高いのが特徴です。
拡張するための「一定の範囲」
の最小単位はチャートに表示

していますので、(好きなだ
け)くり返すことができます。
このように小さい模様をくり
返してできるパネルのいくつ
かは、前章に登場した模様を
拡張したものです。たとえば
1/1 Diamonds (#104) は 1/1
Travel Share (#76) を拡張し
た模様で、同様に Medallion

Expansion (#107) は Medallion
(#74) を拡張した模様です。
Ribbon Weave (#96) や Cross
Wave Rib (#102) のアイデア
は、この章で初めてご紹介し
ます。

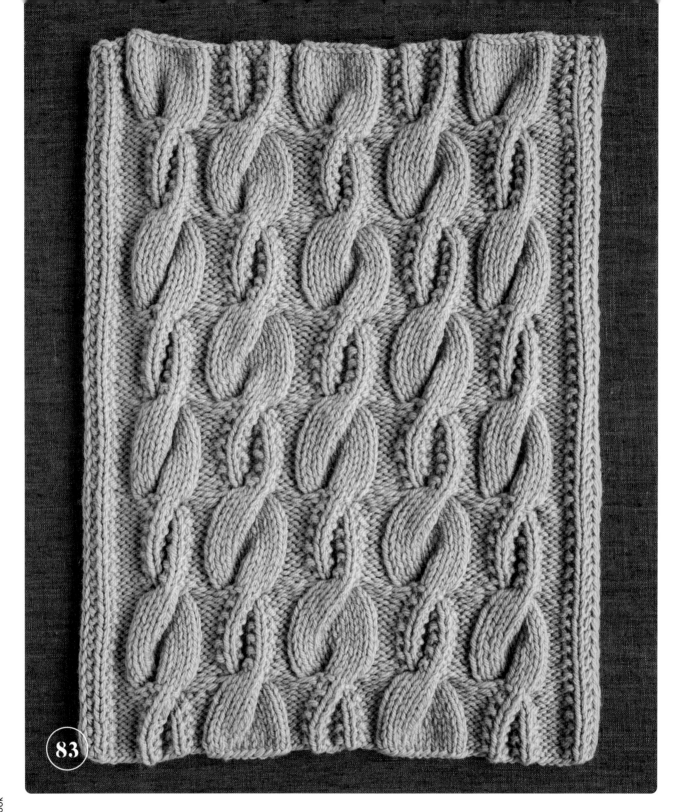

Seed Rib
Half Drop

シードリブハーフドロップ

GROUP 1

Seed Rib Half Drop はベーシックな 5 目
の交差で始まり、段階的に展開します。こ
のスワッチでは、5 つのコラム（2 コラム
を横に 2 回半くり返しています）で構成し
ています。1 コラムには変わりゴム編みと
メリヤス編みを交互に配置しています。変
わりゴム編みとメリヤス編みは 1 模様分
の段数の半分で切り替わり、隣合うコラム
とは配置が上下逆になっているため、全体
としては互い違いの模様になっています。

（1 模様＝[24 の倍数＋ 10 目]× 28 段）
全体の SSE：25 目
くり返し範囲の SSE：18 目

1 段め（裏面）：表 2、*[裏 1、表 4]を 2 回、裏
10、表 4；、* ～；を 8 目残るまでくり返し、裏
1、表 4、裏 1、表 2。
2 段め：裏 1、表 3、裏 2、表 3、* 裏 3、表 10、裏
3、表 3、裏 2、表 3；、* ～；を 1 目残るまでくり
返し、裏 1。
3 ～ 10 段め：1・2 段めを 4 回くり返す。
11 段め：1 段めをくり返す。
12 段め：5/5RC、* 裏 2、5/5RC；、* ～；を
くり返す。
13 段め：裏 10、*[表 4、裏 1]を 2 回、表 4、裏
10；、* ～；をくり返す。
14 段め：表 10、* 裏 3、表 3、裏 2、表 3、裏 3、表
10；、* ～；をくり返す。
15 ～ 24 段め：13・14 段めを 5 回くり返す。
25 段め：13 段めをくり返す。
26 段め：12 段めをくり返す。
27・28 段め：1・2 段めをくり返す。
1 ～ 28 段めをくり返す。

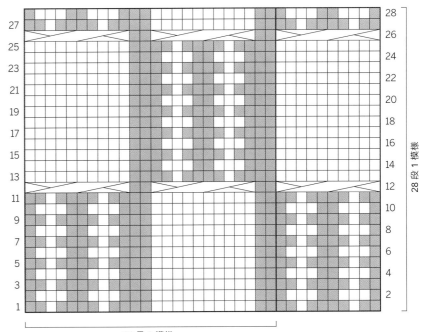

24 目 1 模様

28 段 1 模様

□ 表面で表目、裏面で裏目。

▨ 表面で裏目、裏面で表目。

❘ くり返し範囲。

5/5 RC（左上 5 目交差）：CN に 5 目移して編み地の後ろにおき、
左針から表 5。CN から表 5。

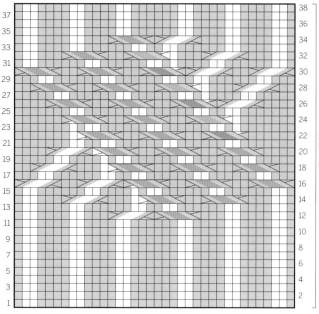

38 段 1 模様

36 目のパネル

□ 表面で表目、裏面で裏目。

▨ 表面で裏目、裏面で裏目。

▨ **リブの左上 4 目と 2 目の交差（下側が裏目）**：CN に 2 目移して編み地の後ろにおき、左針から裏 1、表 2、裏 1。CN から裏 2。

▨ **リブの右上 4 目と 2 目の交差①**：CN に 4 目移して編み地の手前におき、左針から裏 1、表 1。CN から裏 1、表 2、裏 1。

▨ **リブの右上 4 目と 2 目の交差②**：CN に 4 目移して編み地の手前におき、左針から表 1、裏 1。CN から裏 1、表 2、裏 1。

▨ OR ▨ OR ▨ **リブの右上 4 目と 2 目の交差（下側が裏目）**：CN に 4 目移して編み地の手前におき、左針から裏 2。CN から裏 1、表 2、裏 1。

Rib Mock Mega GROUP 2

リブモックメガ

この模様は大きな交差模様のように見えますが、実際は小さい交差の組み合わせです。交差はすべて 4 目と 2 目の交差（下側が裏目）で、それぞれが連続して斜めに走ることで大きな交差のように見えます。「裏目 1、表目 2、裏目 1」の 4 目のストランドを交差させることで、（Herringbone Lattice（#88）やほかの章にも多い）表目 2 目同士の交差よりもケーブル模様が格段に浮き上がります。

（1 模様＝ 36 目× 38 段）
SSE：23.5 目

1 段め（裏面）：表 1、［裏 2、表 4］を 2 回、裏 2、表 6、［裏 2、表 4］を 2 回、裏 2、表 1。
2 段め：裏 1、［表 2、裏 4］を 2 回、表 2、裏 6、［表 2、裏 4］を 2 回、表 2、裏 1。
3 ～ 11 段めと以降の奇数段（裏面）：表目は表目に、裏目は裏目に編む。
4・6・8・10 段め：2 段めをくり返す。
12 段め：裏 1、表 2、裏 4、表 2、裏 3、リブの右上 4 目と 2 目の交差（下側が裏目）、リブの左上 4 目と 2 目の交差（下側が裏目）、裏 3、表 2、裏 4、表 2、裏 1。
14 段め：裏 1、表 2、裏 3、リブの右上 4 目と 2 目の交差（下側が裏目）、裏 2、リブの右上 4 目と 2 目の交差（下側が裏目）、表 1、裏 3、リブの左上 4 目と 2 目の交差（下側が裏目）、裏 3、表 2、裏 1。
16 段め：［リブの右上 4 目と 2 目の交差（下側が裏目）、裏 2］を 2 回、リブの右上 4 目と 2 目の交差（下側が裏目）、リブの左上 4 目と 2 目の交差（下側が裏目）、裏 2、リブの左上 4 目と 2 目の交差（下側が裏目）。

18 段め：［裏 2、リブの右上 4 目と 2 目の交差（下側が裏目）］を 3 回、表 1、裏 3、リブの左上 4 目と 2 目の交差（下側が裏目）、裏 2。
20 段め：裏 4、［リブの右上 4 目と 2 目の交差（下側が裏目）、裏 2］を 2 回、リブの左上 4 目と 2 目の交差（下側が裏目）、リブの左上 4 目と 2 目の交差（下側が裏目）、裏 4。
22 段め：裏 6、リブの右上 4 目と 2 目の交差①、［裏 2、リブの右上 4 目と 2 目の交差（下側が裏目）］を 2 回。表 1、裏 7。
24 段め：裏 7、表 1、リブの右上 4 目と 2 目の交差②、［裏 2、リブの右上 4 目と 2 目の交差（下側が裏目）］を 2 回、裏 6。
26 段め：裏 4、リブの左上 4 目と 2 目の交差（下側が裏目）、リブの右上 4 目と 2 目の交差①、［裏 2、リブの右上 4 目と 2 目の交差（下側が裏目）］を 2 回、裏 4。
28 段め：裏 2、リブの左上 4 目と 2 目の交差（下側が裏目）、裏 3、表 1、リブの右上 4 目と 2 目の交差②、［裏 2、リブの右上 4 目と 2 目の交差（下側が裏

目）］を 2 回、裏 2。
30 段め：リブの左上 4 目と 2 目の交差（下側が裏目）、裏 2、リブの左上 4 目と 2 目の交差（下側が裏目）、リブの右上 4 目と 2 目の交差①、［裏 2、リブの右上 4 目と 2 目の交差（下側が裏目）］を 2 回。
32 段め：裏 1、表 2、裏 3、リブの左上 4 目と 2 目の交差（下側が裏目）、裏 3、表 1、リブの右上 4 目と 2 目の交差②、裏 2、リブの右上 4 目と 2 目の交差（下側が裏目）、裏 3、表 2、裏 1。
34 段め：裏 1、表 2、裏 2、裏 3、リブの左上 4 目と 2 目の交差（下側が裏目）、リブの右上 4 目と 2 目の交差（下側が裏目）、裏 3、表 2、裏 4、表 2、裏 1。
36・38 段め：2 段めをくり返す。
1 ～ 38 段めをくり返す。

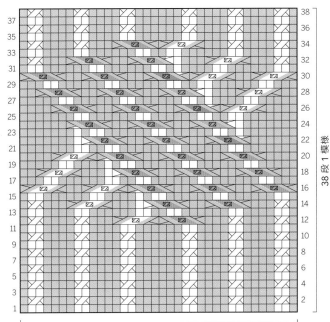

38 段 1 模様

36 目のパネル

□ 表面で表目、裏面で裏目。

▨ 表面で裏目、裏面で表目。

▨ RT（変わり左上交差）：左上 2 目一度を編むが左針は抜かず、右針を
1 目めに手前から入れて表目を編み、左針から編み目をはずす。

▨ 変わり左上 4 目と 2 目の交差（下側が裏目）：CN に 2 目移して編み
地の後ろにおき、左針から裏 1、RT、裏 1。CN から裏 2。

▨ 変わり右上 4 目と 2 目の交差（下側がリブ）①：CN に 4 目移して
編み地の手前におき、左針から裏 1、表 1。CN から裏 1、RT、裏 1。

▨ 変わり右上 4 目と 2 目の交差（下側がリブ）②：CN に 4 目移して
編み地の手前におき、左針から表 1、裏 1。CN から裏 1、RT、裏 1。

▨ OR ▨ OR ▨ 変わり右上 4 目と 2 目の交差（下側が裏目）：CN に 4 目移して編み
地の手前におき、左針から裏 2。CN から裏 1、RT、裏 1。

85

Twist Mock Mega GROUP 2

ツイストモックメガ

Rib Mock Mega（#84）の表目 2 目を変わり左上 1 目交差に置き替えるこ
とで、ストランドがミニロープに変身します。

（1 模様＝ 36 目× 38 段）
SSE：23.5 目

1 段め（裏面）：表 1、［裏 2、表 4］を 2
回、裏 2、表 6、［裏 2、表 4］を 2 回、裏
2、表 1。
2 段め：裏 1、［RT、裏 4］を 2 回、RT、
裏 6、［RT、裏 4］を 2 回、RT、裏 1。
3 段めと以降の奇数段（裏面）：表目は
表目に、裏目は裏目に編む。
4・6・8・10 段め：2 段めをくり返す。
12 段め：裏 1、RT、裏 4、RT、裏 3、変
わり右上 4 目と 2 目の交差（下側が裏
目）、変わり左上 4 目と 2 目の交差（下
側が裏目）、裏 3、RT、裏 4、RT、裏 1。
14 段め：裏 1、RT、裏 3、変わり右上 4
目と 2 目の交差（下側が裏目）、変わ
り右上 4 目と 2 目の交差（下側が裏
目）、表 1、裏 3、変わり左上 4 目と 2 目
の交差（下側が裏目）、裏 3、RT、裏 1。
16 段め：［変わり右上 4 目と 2 目の交
差（下側が裏目）、裏 2］を 2 回、変わり
右上 4 目と 2 目の交差（下側が裏目）、
変わり左上 4 目と 2 目の交差（下側が
裏目）、裏 2、変わり左上 4 目と 2 目の
交差（下側が裏目）。
18 段め：［裏 2、変わり右上 4 目と 2 目
の交差（下側が裏目）］を 3 回、表 1、裏
3、変わり左上 4 目と 2 目の交差（下側
が裏目）、裏 2。
20 段め：裏 4、［変わり右上 4 目と 2

目の交差（下側が裏目）、裏 2］を 2 回、
変わり右上 4 目と 2 目の交差（下側が
裏目）、変わり左上 4 目と 2 目の交差
（下側が裏目）、裏 4。
22 段め：裏 6、変わり右上 4 目と 2 目
の交差（下側がリブ）①、［裏 2、変わり
右上 4 目と 2 目の交差（下側が裏目）］
を 2 回、表 1、裏 7。
24 段め：裏 7、表 1、変わり右上 4 目と
2 目の交差（下側がリブ）②、［裏 2、変
わり右上 4 目と 2 目の交差（下側がリ
ブ）］を 2 回、裏 6。
26 段め：裏 4、変わり左上 4 目と 2 目
の交差（下側が裏目）、変わり右上 4 目
と 2 目の交差（下側がリブ）①、［裏 2、
変わり右上 4 目と 2 目の交差（下側が
裏目）］を 2 回、裏 4。
28 段め：裏 2、変わり左上 4 目と 2 目
の交差（下側が裏目）、裏 3、表 1、変わり
右上 4 目と 2 目の交差（下側がリブ）
②、［裏 2、変わり右上 4 目と 2 目の交
差（下側が裏目）］を 2 回、裏 2。
30 段め：変わり左上 4 目と 2 目の交
差（下側が裏目）、裏 2、変わり左上 4 目
と 2 目の交差（下側が裏目）、変わり右
上 4 目と 2 目の交差（下側がリブ）①、
［裏 2、変わり右上 4 目と 2 目の交差（下
側が裏目）］を 2 回。
32 段め：裏 1、RT、裏 3、変わり左上 4
目と 2 目の交差（下側が裏目）、裏 3、表
1、変わり右上 4 目と 2 目の交差（下側

がリブ）②、裏 2、変わり右上 4 目と 2
目の交差（下側が裏目）、裏 3、RT、裏 1。
34 段め：裏 1、RT、裏 4、RT、裏 3、変
わり左上 4 目と 2 目の交差（下側が裏
目）、変わり右上 4 目と 2 目の交差（下
側が裏目）、裏 3、RT、裏 4、RT、裏 1。
36・38 段め：2 段めをくり返す。
1 ～ 38 段めをくり返す。

Rib Braid Combo　GROUP 3
リブブレードコンボ

この模様では３つのコラム、つまり中央のブレードの左右に別のケーブルを寄り添わせて幅広のパネルを構成しています。中央のブレードと右側のケーブルの左へ上がるストランドの交差は同じ段で編み始め、同様にブレードと左側のケーブルの右へ上がるストランドの交差は同じ段で編み始めます。これにより３つのケーブルがぴったりと寄り添うと同時に、編みパターンが覚えやすくなっています。

（1模様＝ 42 目× 12 段）
SSE：25 目

1 段め（裏面）：表 1、[裏 2、表 6、裏 2、表 2] を 2 回、裏 2、表 1、裏 1、表 2、裏 2、表 4、裏 2、表 1、裏 1、表 1。
2 段め：裏 1、表 1、リブの右上 4 目と 2 目の交差①、裏 1、表 2、裏 2、表 1、リブの右上 4 目と 2 目の交差①、表 1、裏 6、表 2、裏 2、裏 2、裏 6、裏 2、裏 1。
3 段めと以降の奇数段（裏面）：表目は表目に、裏目は裏目に編む。
4 段め：裏 1、表 2、裏 1、リブの右上 4 目と 2 目の交差（下側が裏目）、表 1、裏 2、表 2、裏 1、リブの右上 4 目と 2 目の交差（下側が裏目）、裏 5、表 2、裏 2、表 2、裏 6、表 2、裏 1。
6 段め：裏 1、表 2、裏 3、リブの右上 4 目と 2 目の交差（下側が裏目）、裏 1、表 2、裏 3、リブの右上 4 目と 2 目の交差（下側が裏目）、リブの左上 4

目と 2 目の交差②、裏 1、表 2、裏 3、リブの左上 4 目と 2 目の交差②。
8 段め：裏 1、表 2、裏 6、裏 2、裏 2、裏 6、表 1、リブの左上 4 目と 2 目の交差①、表 1、裏 2、表 2、裏 1、リブの左上 4 目と 2 目の交差①、表 1、裏 1。
10 段め：裏 1、表 2、裏 6、表 2、裏 2、表 2、裏 5、リブの左上 4 目と 2 目の交差（下側が裏目）、裏 1、表 2、裏 2、表 1、リブの左上 4 目と 2 目の交差（下側が裏目）、裏 1、表 2、裏 1。
12 段め：リブの右上 4 目と 2 目の交差②、裏 3、表 2、裏 1、リブの右上 4 目と 2 目の交差②、リブの左上 4 目と 2 目の交差（下側が裏目）、裏 3、表 2、裏 1、リブの左上 4 目と 2 目の交差（下側が裏目）、裏 3、表 2、裏 1。
1 ～ 12 段めをくり返す。

(circle 86)

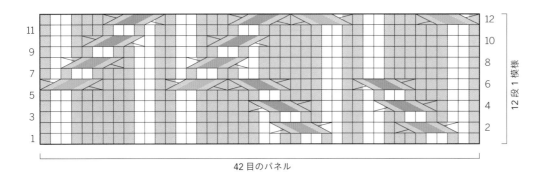

42 目のパネル

12 段 1 模様

□ 表面で表目、裏面で裏目。

▨ 表面で表目、裏面で表目。

OR　**リブの左上 4 目と 2 目の交差①：**CN に 2 目移して編み地の後ろにおき、左針から裏 1、表 2、裏 1。CN から裏 1、表 1。

OR　**リブの右上 4 目と 2 目の交差①：**CN に 4 目移して編み地の手前におき、左針から表 1、裏 1。CN から裏 1、表 2、裏 1。

リブの左上 4 目と 2 目の交差②：CN に 2 目移して編み地の後ろにおき、左針から裏 1、表 2、裏 1。CN から表 1、裏 1。

リブの右上 4 目と 2 目の交差②：CN に 4 目移して編み地の手前におき、左針から裏 1、表 1。CN から裏 1、表 2、裏 1。

OR　OR　**リブの左上 4 目と 2 目の交差（下側が裏目）：**CN に 2 目移して編み地の後ろにおき、左針から裏 1、表 2、裏 1。CN から裏 2。

OR　OR　**リブの右上 4 目と 2 目の交差（下側が裏目）：**CN に 4 目移して編み地の手前におき、左針から裏 2。CN から裏 1、表 2、裏 1。

Twist Braid Combo GROUP 3

ツイストブレードコンボ

この模様は Rib Braid Combo（#86）のバリエーションで、中央のブレードの表目2目を変わり左上交差と右上交差に置き替えることでロープのような表情を出しています。ブレードを囲むケーブルも変わり左上交差に置き替えようかと考えましたが、詰め込みすぎのように思って断念しました。中央のロープのような表情と、両端のすべらかなケーブルのコントラストも気に入っています。

（1模様＝42目×12段）
SSE：25目

1段め（裏面）：表1、［裏2、表6、裏2、表2］を2回、裏2、表1、裏1、表2、裏2、表4、裏2、表1、裏1、表1。

2段め：裏1、表1、リブの右上4目と2目の交差①、裏1、表2、裏2、表1、変わり右上4目と2目の交差①、表1、裏6、LT、裏2、表2、裏6、表2、裏1。

3段めと以降の奇数段（裏面）：表目は表目、裏目は裏目に編む。

4段め：裏1、表2、裏1、リブの右上4目と2目の交差（下側が裏目）、表1、裏2、RT、裏1、変わり右上4目と2目の交差（下側が裏目）、裏5、LT、裏2、表2、裏6、表2、裏1。

6段め：裏1、表2、裏3、リブの右上4目と2目の交差（下側が裏目）、裏1、RT、裏2、変わり右上4目と2目

の交差（下側が裏目）、変わり左上4目と2目の交差②、裏1、表2、裏3、リブの左上4目と2目の交差②。

8段め：裏1、表2、裏6、表2、裏2、RT、裏6、表1、変わり左上4目と2目の交差①、表1、裏2、表2、裏1、リブの左上4目と2目の交差①、表1、裏1。

10段め：裏1、表2、裏6、表2、裏2、RT、裏5、変わり左上4目と2目の交差（下側が裏目）、裏1、LT、裏2、表1、リブの左上4目と2目の交差（下側が裏目）、裏1、表2、裏1。

12段め：リブの右上4目と2目の交差②、裏3、表2、裏1、変わり右上4目と2目の交差②、変わり左上4目と2目の交差（下側が裏目）、裏3、LT、裏1、リブの左上4目と2目の交差（下側が裏目）、裏3、表2、裏1。
1〜12段めをくり返す。

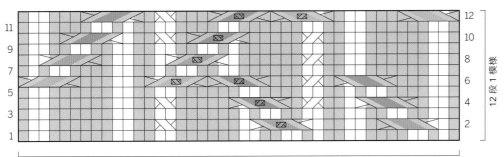

42目のパネル

12段 1模様

□ 表面で表目、裏面で裏目。　▨ 表面で裏目、裏面で表目。

⧄ **RT（変わり左上交差）**：左上2目一度を編むが左針は抜かず、右針を1目めに手前から入れて表目を編み、左針から編み目をはずす。

⧅ **LT（右上交差）**：左針の2目めに編み地の後ろから右針を入れて表目を編み、続けて1目めを表目に編む。2目を左針からはずす。

リブの左上4目と2目の交差①：CNに2目移して編み地の後ろにおき、左針から裏1、表2、裏1。CNから裏1、表1。

リブの右上4目と2目の交差①：CNに4目移して編み地の手前におき、左針から表1、裏1。CNから裏1、表2、裏1。

リブの左上4目と2目の交差②：CNに2目移して編み地の後ろにおき、左針から裏1、表2、裏1。CNから表1、裏1。

リブの右上4目と2目の交差②：CNに4目移して編み地の手前におき、左針から表1、裏1。CNから裏1、表2、裏1。

OR **リブの左上4目と2目の交差（下側が裏目）**：CNに2目移して編み地の後ろにおき、左針から裏1、表2、裏1。CNから裏2。

OR **リブの右上4目と2目の交差（下側が裏目）**：CNに4目移して編み地の手前におき、左針から裏2。CNから裏1、表2、裏1。

変わり左上4目と2目の交差①：CNに2目移して編み地の後ろにおき、左針から裏1、LT、裏1。CNから裏1、表1。

変わり右上4目と2目の交差①：CNに4目移して編み地の手前におき、左針から表1、裏1。CNから裏1、RT、裏1。

変わり左上4目と2目の交差②：CNに2目移して編み地の後ろにおき、左針から裏1、LT、裏1。CNから裏1。

変わり右上4目と2目の交差②：CNに4目移して編み地の手前におき、左針から裏1。CNから裏1、RT、裏1。

OR **変わり左上4目と2目の交差（下側が裏目）**：CNに2目移して編み地の後ろにおき、左針から裏1、LT、裏1。CNから裏2。

OR **変わり右上4目と2目の交差（下側が裏目）**：CNに4目移して編み地の手前におき、左針から裏2。CNから裏1、RT、裏1。

88

Herringbone Lattice　GROUP 4

ヘリンボーンラティス

Herringbone Lattice の斜線は 2 目交差の組み合わせです。ヘリンボーンのような表情は、左上交差と右上交差を交互に配置して作りました。左上交差でできたラインの上下の空間をメリヤス編みで、右上交差の間の空間は裏メリヤス編みで埋めています。裏メリヤス編み部分をメリヤス編みにしてもいいのですが、その場合は奥行きがある程度失われます。

（1 模様＝［12 の倍数＋8 目］×8 段）
全体の SSE：14.5 目
くり返し範囲の SSE：8.5 目

1 段め（裏面）：裏 8、＊表 4、裏 8；、＊〜；を最後までくり返す。
2 段め：＊表 2、2/2 RC、表 2、表 4；、＊〜；を最後に 8 目残るまでくり返し、表 2、2/2 RC、表 2。
3 段めと以降の奇数段（裏面）：表目は表目に、裏目は裏目に編む。

4 段め：＊2/2 RC、表 2、2/2 LC、裏 2；、＊〜；を最後に 8 目残るまでくり返し、2/2 RC、表 4。
6 段め：＊表 8、2/2 LPC；、＊〜；を最後に 8 目残るまでくり返し、表 8。
8 段め：表 4、＊2/2 RC、裏 2、2/2 LPC、表 2；、＊〜；を最後に 4 目残るまでくり返し、2/2 RC。
1〜8 段めをくり返す。

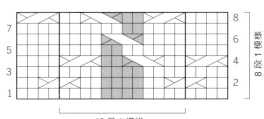

12 目 1 模様

8 段 1 模様

□　表面で表目、裏面で裏目。

▨　表面で裏目、裏面で表目。

｜　くり返し範囲。

2/2 RC（左上 2 目交差）：CN に 2 目移して編み地の後ろにおき、左針から表 2。CN から表 2。

2/2 LC（右上 2 目交差）：CN に 2 目移して編み地の手前におき、左針から表 2。CN から表 2。

2/2 LPC（右上 2 目交差（下側が裏目））：CN に 2 目移して編み地の手前におき、左針から裏 2。CN から表 2。

Reversibility

裏面も面白い

ここでご紹介するケーブルたちも、「裏面」があまりにも魅力的なので作品の「表面」として使おうかと迷うこともあります。

LINKED（#91）の裏面は、まるでパーレン（丸カッコ）を並べた市松模様のようです。
リブ編みで構成されるケーブルはどちらの面も見劣りしないため、**1/1**

DIAMONDS（#104）がリバーシブルであっても驚きませんが、この模様の裏面はX字と蛇行する波模様がとてもグラフィカルで、格別に面白みがあります。
PERFORATED RIB SHARE（#103）と **DISTANT SHARE LATTICE（#100）**は、どちらも表面とは表情がずいぶんと異なります。

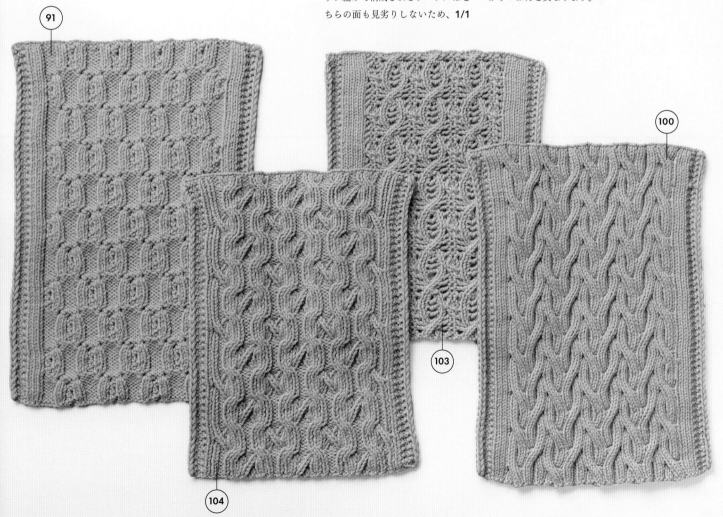

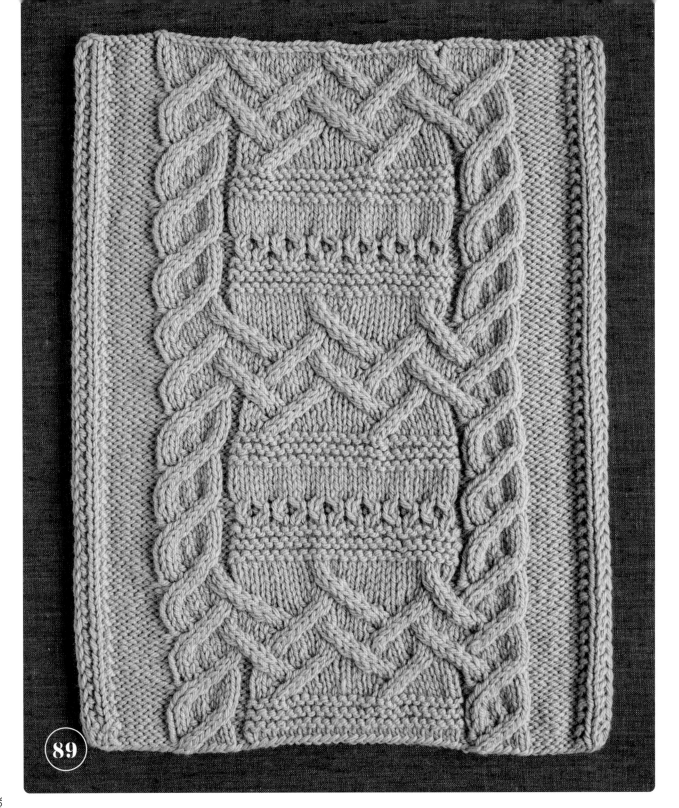

Herringbone Composition

ヘリンボーンコンポジション

GROUP 4

この模様は Herringbone Lattice（#88）の
バリエーションで、同じ2目交差のパネル
から編み始めています。ただし中央のケー
ブル模様を省き、その代わりに長方形の模
様を配しました。それによってできた空間
を、ガーター編みと細かいハニカム模様で
補っています。

（1模様＝44目×40段）
SSE：34目

1 段め（裏面）：裏8、表2、裏24、表2、裏8。
2 段め：表4、2/2 RC、裏2、表24、裏2、表4、
2/2 RC。
3 段め：裏8、表28、裏8。
4 段め：表2、2/2 RC、表2、裏2、裏24、裏2、
表2、2/2 RC、表2。
5 段め：3段めをくり返す。
6 段め：2/2 RC、表4、裏2、表24、裏2、2/2 RC、
表4。
7 段め：3段めをくり返す。
8 段め：表8、裏2、表24、裏2、表8。
9 段め：1段めをくり返す。
10 段め：表4、2/2 RC、裏2、表6、2/2 RC、表
8、2/2 RC、表2、裏2、表4、2/2 RC。
11 段め：1段めをくり返す。
12 段め：表2、2/2 RC、表2、裏2、表4、2/2 RC、
表8、2/2 RC、表4、裏2、表2、2/2 RC、表2。
13 段め：1段めをくり返す。
14 段め：[2/2 RC、表2、2/2 LC、表2]を2回、
2/2 RC、表2、2/2 LC、裏2、2/2 RC、表4。
15 段め：裏8、表2、裏34。
16 段め：[表8、2/2 LC]を3回、表8。
17 段め：裏編み。
18 段め：表4、[2/2 RC、表2、2/2 LC、表2]
を3回、2/2 RC。
19 段め：裏編み。
20 段め：表2、[2/2 RC、表8]を3回、2/2 RC、
表2。
21 段め：裏編み。
22 段め：[2/2 RC、表2、2/2 LC、表2]を3回、
2/2 RC、表4。
23 段め：裏編み。
24 段め：表8、2/2 LPC、[表8、2/2 LC]を2
回、表8。
25 段め：裏34、表2、裏8。
26 段め：表4、2/2 RC、裏2、[2/2 LC、表8]
を2回、2/2 LPC、表2、2/2 RC。
27 段め：裏8、表2、裏24、表2、裏8。
28 段め：表2、2/2 RC、表2、裏2、表24、裏2、
表2、2/2 RC、表2。
29 段め：裏8、表28、裏8。
30 段め：2/2 RC、表4、裏2、表24、裏2、2/2
RC、表4。
31 段め：29段めをくり返す。
32 段め：表8、裏2、表24、裏2、表8。
33 段め：29段めをくり返す。
34 段め：表4、2/2 RC、裏2、表24、裏2、表4、
2/2 RC。
35 段め：27段めをくり返す。
36 段め：表2、2/2 RC、表2、裏2、[RT、LT]
を6回、裏2、表2、2/2 RC、表2。
37 段め：27段めをくり返す。
38 段め：2/2 RC、表4、裏2、[LT、RT]を6回、
裏2、2/2 RC、表4。
39 段め：27段めをくり返す。
40 段め：32段めをくり返す。
1～40段めをくり返す。

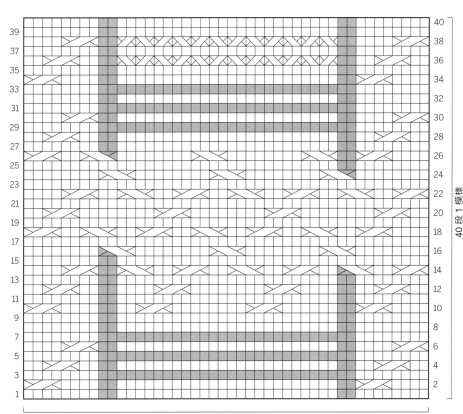

40段1模様

44目のパネル

□ 表面で表目、裏面で裏目。

▨ 表面で裏目、裏面で表目。

❙ くり返し範囲。

RT（変わり左上交差）：左上2目一度を編むが左針は抜かず、右針を1目めに手
前から入れて表目を編み、左針から編み目をはずす。

LT（右上交差）：左針の2目めに編み地の後ろから右針を入れて表目を編み、続け
て1目めを表目に編む。2目を左針からはずす。

2/2 RC（左上2目交差）：CN に2目移して編み地の後ろにおき、左針から表2。
CN から表2。

2/2 LC（右上2目交差）：CN に2目移して編み地の手前におき、左針から表2。
CN から表2。

2/2 LPC（右上2目交差（下側が裏目））：CN に2目移して編み地の手前におき、
左針から裏2。CN から表2。

90

Swing Diamonds　GROUP 4

スウィングダイアモンド

この模様の斜線には、Herringbone Lattice（#88）や Herringbone Composition（#89）と同じ2目交差を用いています。ただ、斜線を上下に重ね、左右対称に配置することで大きなダイヤ型を構成しています。

（1模様＝［34の倍数＋1目］×68段）
全体の SSE：26 目
くり返し範囲の SSE：25 目

1 段め（裏面）：表 1、＊裏 2、表 6、裏 4、表 2、裏 1、表 2、表 2、裏 4、表 6、裏 2、表 1；、＊〜；をくり返す。
2 段め：裏 1、＊表 2、裏 6、2/2 LC、裏 2、表 2、裏 1、表 2、裏 2、2/2 RC、裏 6、表 2、裏 1；、＊〜；をくり返す。
3 段めと以降の奇数段（裏面）：表目は表目に、裏目は裏目に編む。
4 段め：裏 1、＊表 2、裏 6、表 4、2/2 RC、裏 1、2/2 LC、表 4、裏 6、表 2、裏 1；、＊〜；をくり返す。
6 段め：裏 1、＊表 2、裏 6、表 2、2/2 RC、表 2、裏 1、表 2、2/2 LC、表 2、裏 6、表 2、裏 1；、＊〜；をくり返す。
8 段め：裏 1、＊表 2、裏 6、2/2 RC、表 4、裏 4、2/2 LC、裏 6、表 2、裏 1；、＊〜；をくり返す。
10 段め：裏 1、＊表 2、裏 4、2/2 RC、表 2、2/2 RC、裏 1、2/2 LC、表 2、2/2 LC、裏 4、表 2、裏 1；、＊〜；をくり返す。
12 段め：裏 1、＊表 2、裏 4、表 4、2/2 RPC、表 2、裏 1、表 2、2/2 LPC、表 4、裏 4、表 2、裏 1；、＊〜；をくり返す。
14 段め：裏 1、＊表 2、裏 4、表 2、2/2 RC、裏 2、表 2、裏 1、表 2、裏 2、2/2 LC、表 2、裏 4、表 2、裏 1；、＊〜；をくり返す。
16 段め：裏 1、＊表 2、裏 4、2/2 RC、表 2、裏 2、表 1、裏 2、表 2、2/2 LC、裏 4、表 2、裏 1；、＊〜；をくり返す。
18 段め：3 段めと同様に編む。
20 段め：裏 1、＊表 2、裏 4、表 2、2/2 RPC、裏 2、表 2、裏 1、表 2、裏 2、2/2 LPC、裏 4、表 2、裏 1；、＊〜；をくり返す。
22 段め：裏 1、＊表 2、裏 4、2/2 RC、裏 4、表 1、表 2、裏 4、2/2 LC、裏 4、表 2、裏 1；、＊〜；をくり返す。
24 段め：裏 1、＊表 2、裏 2、2/2 RC、表 2、裏 4、表 1、裏 4、表 2、2/2 LC、裏 2、表 2、裏 1；、＊〜；をくり返す。
26 段め：裏 1、＊表 2、2/2 RC、表 4、裏 4、表 1、裏 2、裏 4、表 4、2/2 LC、表 2、裏 1；、＊〜；をくり返す。
28 段め：裏 1、＊2/2 RC、表 2、2/2 RPC、裏 4、表 1、表 2、裏 4、2/2 LPC、2/2 LC、裏 1；、＊〜；をくり返す。
30 段め：裏 1、＊表 4、2/2 RC、裏 6、表 2、裏 1、表 2、裏 6、2/2 LC、表 4、裏 1；、＊〜；をくり返す。
32 段め：裏 1、＊表 2、2/2 RC、表 2、裏 6、表 1、表 2、裏 6、表 2、2/2 LC、表 2、裏 1；、＊〜；をくり返す。

34 段め：裏 1、＊2/2 RPC、表 4、裏 6、表 2、裏 1、表 2、裏 6、表 4、2/2 LPC、裏 1；、＊〜；をくり返す。
36 段め：裏 1、＊表 2、裏 2、2/2 RC、裏 6、表 2、裏 1、表 2、裏 6、2/2 LC、裏 2、表 2、裏 1；、＊〜；をくり返す。
38 段め：裏 1、＊2/2 LC、表 4、裏 6、表 2、裏 1、表 2、裏 6、表 4、2/2 RC、裏 1；、＊〜；をくり返す。
40 段め：裏 1、＊表 2、2/2 LC、表 2、裏 6、表 2、裏 1、表 2、裏 6、表 2、2/2 RC、表 2、裏 1；、＊〜；をくり返す。
42 段め：裏 1、＊表 4、2/2 LC、裏 6、表 2、裏 1、表 2、裏 6、2/2 RC、表 4、裏 1；、＊〜；をくり返す。
44 段め：裏 1、＊2/2 LC、裏 2、2/2 LC、裏 4、表 2、裏 1、表 2、裏 4、2/2 RC、表 2、2/2 RC、裏 1；、＊〜；をくり返す。
46 段め：裏 1、＊表 2、2/2 LPC、表 4、裏 4、表 2、裏 1、表 2、裏 4、表 4、2/2 RPC、表 2、裏 1；、＊〜；をくり返す。
48 段め：裏 1、＊表 2、裏 2、2/2 LPC、表 2、裏 4、表 1、裏 4、表 2、裏 4、表 4、2/2 RPC、裏 2、表 2、裏 1；、＊〜；をくり返す。
50 段め：裏 1、＊表 2、裏 4、2/2 LC、裏 4、表 2、裏 1、表 2、裏 4、2/2 RC、裏 4、表 2、裏 1；、＊〜；をくり返す。
52 段め：裏 1、＊表 2、裏 4、表 2、2/2 LC、表 2、裏 1、表 2、裏 2、2/2 RC、表 2、裏 4、表 2、裏 1；、＊〜；をくり返す。
54 段め：3 段めと同様に編む。
56 段め：裏 1、＊表 2、裏 4、2/2 LC、表 2、裏 2、表 1、裏 2、表 2、2/2 RC、裏 4、表 2、裏 1；、＊〜；をくり返す。
58 段め：裏 1、＊表 2、裏 4、表 2、2/2 LC、裏 2、表 1、裏 2、2/2 RC、表 2、裏 4、表 2、裏 1；、＊〜；をくり返す。
60 段め：裏 1、＊表 2、裏 4、表 4、2/2 LC、表 2、裏 1、表 2、2/2 RC、表 4、裏 4、表 2、裏 1；、＊〜；をくり返す。
62 段め：裏 1、＊表 2、裏 4、2/2 LPC、表 2、2/2 LC、裏 1、2/2 RC、表 2、2/2 RPC、裏 4、表 2、裏 1；、＊〜；をくり返す。
64 段め：裏 1、＊表 2、裏 6、2/2 LC、表 4、裏 1、表 4、2/2 RC、裏 6、表 2、裏 1；、＊〜；をくり返す。
66 段め：裏 1、＊表 2、裏 6、表 2、2/2 LC、表 2、裏 1、表 2、2/2 RC、表 2、裏 6、表 2、裏 1；、＊〜；をくり返す。
68 段め：裏 1、＊表 2、裏 6、2/2 LPC、裏 1、2/2 RPC、表 4、裏 6、表 2、裏 1；、＊〜；をくり返す。
1 〜 68 段めをくり返す。

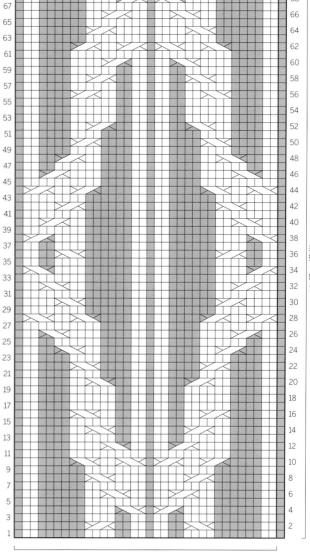

68 段 1 模様

34 目 1 模様

□　表面で表目、裏面で裏目。

▨　表面で裏目、裏面で表目。

❘　くり返し範囲。

　OR 　**2/2 RC（左上 2 目交差）**：CN に 2 目移して編み地の後ろにおき、左針から表 2。CN から表 2。

　OR 　**2/2 LC（右上 2 目交差）**：CN に 2 目移して編み地の手前におき、左針から表 2。CN から表 2。

　OR 　**2/2 RPC（左上 2 目交差（下側が裏目））**：CN に 2 目移して編み地の後ろにおき、左針から表 2。CN から裏 2。

　OR 　**2/2 LPC（右上 2 目交差（下側が裏目））**：CN に 2 目移して編み地の手前におき、左針から裏 2。CN から表 2。

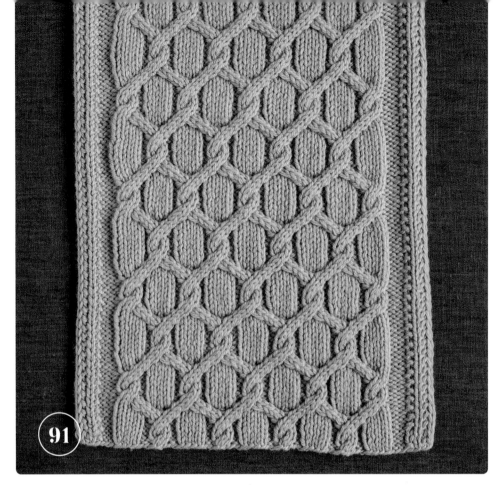

(91)

Linked GROUP 4

リンクド

この模様ではシンプルな 2 目交差を組み合わせて左右に斜行するラインを作り、短めの 2 目のロープと組み合わせて金網のような表情を作り出しています。裏面には予想外のサプライズも（P.129 参照）。

(1 模様＝［12 の倍数＋ 16 目］× 20 段)

全体の SSE：20 目
くり返し SSE：8.5 目

1 段め（裏面）：＊裏 4、表 2；、＊〜；を残り 4 目までくり返し、裏 4。
2 段め：表 4、＊裏 2、2/2 RC、裏 2、表 4；、＊〜；をくり返す。
3 段めと以降の奇数段（裏面）：表目は表目に、裏目は裏目に編む。
4 段め：表 4、＊裏 2、表 4；、＊〜；をくり返す。
6 段め：2 段めをくり返す。
8 段め：表 4、＊2/2 RC、2/2 LC、表 4；、＊〜；をくり返す。

10 段め：表 2、＊2/2 RPC、表 4、2/2 LPC；、＊〜；を最後に 2 目残るまでくり返し、表 2。
12 段め：2/2 RC、＊裏 2、表 4、裏 2、2/2 RC；、＊〜；をくり返す。
14 段め：4 段めをくり返す。
16 段め：12 段めをくり返す。
18 段め：表 2、＊2/2 LC、表 4、2/2 RC；、＊〜；を最後に 2 目残るまでくり返し、表 2。
20 段め：表 4、＊2/2 LPC、2/2 RPC、表 4；、＊〜；をくり返す。
1 〜 20 段めをくり返す。

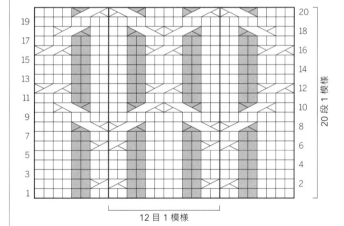

12 目 1 模様

20 段 1 模様

□ 表面で表目、裏面で裏目。

▨ 表面で裏目、裏面で表目。

| くり返し範囲。

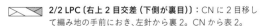 OR ⟍⟋ **2/2 RC（左上 2 目交差）**：CN に 2 目移して編み地の後ろにおき、左針から表 2。CN から表 2。

⟍⟋ **2/2 LC（右上 2 目交差）**：CN に 2 目移して編み地の手前におき、左針から表 2。CN から表 2。

⟍⟋ **2/2 RPC（左上 2 目交差（下側が裏目））**：CN に 2 目移して編み地の後ろにおき、左針から表 2。CN から裏 2。

⟍⟋ **2/2 LPC（右上 2 目交差（下側が裏目））**：CN に 2 目移して編み地の手前におき、左針から裏 2。CN から表 2。

(92)

Knot Lattice GROUP 5

ノットラティス

この模様では、2目交差が互いにからみ合って斜めに伸びることでラティス（格子）模様を作ります。ラティスのひし形を単純なロープが埋めつくし、ノット模様をその上のノット模様につなげています。

（1 模様＝[16 の倍数＋ 12 目]× 16 段）

全体の SSE：19 目

くり返し SSE：10 目

1 段め（裏面）：裏 2、表 2、裏 4、表 2、＊裏 8、表 2、裏 4、表 2；、＊〜；を最後に 2 目残るまでくり返し、裏 2。

2 段め：表 2、裏 2、表 4、裏 2、＊2/2 RC を 2 回、裏 2、表 4、裏 2；、＊〜；を最後に 2 目残るまでくり返し、表 2。

3 段めと以降の奇数段（裏面）：表目は表目に、裏目は裏目に編む。

4 段め：表 2、裏 2、2/2 RC、裏 2、表 2、＊2/2 LC、表 2、裏 2、2/2 RC、裏 2；、＊〜；を最後に 2 目残るまでくり返し、表 2。

6 段め：2 段めをくり返す。

8 段め：2/2 LPC、2/2 RC、2/2 RPC、＊2/2 LC、2/2 LPC、2/2 RC、2/2 RPC；、＊〜；をくり返す。

10 段め：裏 2、2/2 LC を 2 回、裏 2、＊表 4、裏 2、2/2 LC を 2 回、裏 2；、＊〜；をくり返す。

12 段め：裏 2、表 2、2/2 RC、表 2、裏 2、＊2/2 LC、裏 2、表 2、2/2 RC、表 2、裏 2；、＊〜；をくり返す。

14 段め：10 段めをくり返す。

16 段め：2/2 RPC、2/2 RC、2/2 LPC、＊2/2 LC、2/2 RPC、2/2 RC、2/2 LPC；、＊〜；をくり返す。

1 〜 16 段めをくり返す。

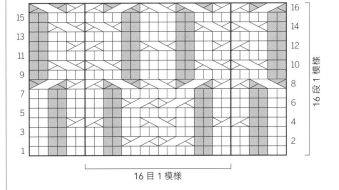

16 目 1 模様

16 段 1 模様

□　表面で表目、裏面で裏目。

▨　表面で裏目、裏面で表目。

❘　くり返し範囲。

▱ **2/2 RC（左上 2 目交差）**：CN に 2 目移して編み地の後ろにおき、左針から表 2。CN から表 2。

▱ **2/2 LC（右上 2 目交差）**：CN に 2 目移して編み地の手前におき、左針から表 2。CN から表 2。

▱ **2/2 RPC（左上 2 目交差（下側が裏目））**：CN に 2 目移して編み地の後ろにおき、左針から表 2。CN から裏 2。

▱ **2/2 LPC（右上 2 目交差（下側が裏目））**：CN に 2 目移して編み地の手前におき、左針から裏 2。CN から表 2。

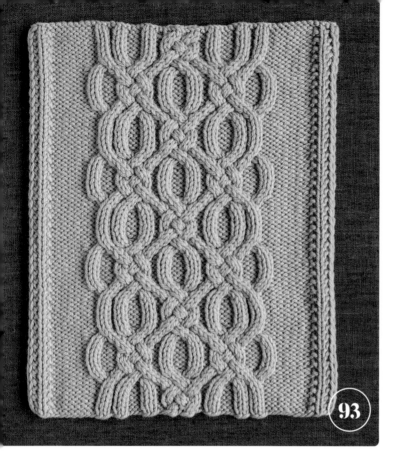

(93)

O Knot Lattice　GROUP 5
オーノットラティス

この模様は Knot Lattice (#92) のバリエーションで、ノットの間隔が開いているためラティスの幅も広がり、ロープが大きな「O」の字に入れ替わっています。外郭のカーブは模様中の交差からははずれています（注意深く見ると、ほかの表目2目のラインは互いにからみ合っているのがわかります）。この外郭線を加えることで、全体がまとまりました。

（1 模様＝［20 の倍数＋ 20 目］× 20 段）
全体の SSE：27 目
くり返し SSE：13 目

1 段め（裏面）：［表 2、裏 2］を 2 回、表 4、* 裏 2、表 2、裏 8、表 2、裏 2、表 4；、* ～；を最後に 8 目残るまでくり返し、［裏 2、表 2］を 2 回。
2 段め：［裏 2、表 2］を 2 回、裏 4、* 裏 2、2/2 RC を 2 回、表 2、裏 4；、* ～；を最後に 8 目残るまでくり返し、［表 2、裏 2］を 2 回。
3 段めと以降の奇数段（裏面）：表目は表目に、裏目は裏目に編む。
4 段め：［裏 2、表 2］を 2 回、裏 4、* 表 2、裏 2、表 2、2/2 LC、表 2、裏 2、表 2、裏 4；、* ～；を最後に 8 目残るまでくり返し、［表 2、裏 2］を 2 回。
6 段め：2 段めをくり返す。
8 段め：裏 2、2/2 LC を 2 回、*2/2 RC を 2 回、2/2 LC を 3 回；、* ～；を最後に 10 目残るまでくり返し、2/2 RC を 2 回、裏 2。

10 段め：2/2 RPC、2/2 LPC、*2/2 RC、2/2 RPC を 2 回、2/2 LPC を 2 回；、* ～；を最後に 12 目残るまでくり返し、2/2 RC、2/2 RPC、2/2 LPC。
12 段め：表 2、裏 4、2/2 LC を 2 回、* 裏 2、表 2、裏 4、表 4、裏 2、2/2 LC を 2 回；、* ～；を最後に 6 目残るまでくり返し、裏 4、表 2。
14 段め：表 2、裏 4、表 2、2/2 RC、表 2、* 裏 2、表 2、裏 4、表 2、裏 2、表 2、2/2 RC、表 2；、* ～；を最後に 6 目残るまでくり返し、裏 4、表 2。
16 段め：12 段めをくり返す。
18 段め：2/2 LPC、2/2 RC を 2 回、*2/2 LC を 2 回、2/2 RC を 3 回；、* ～；を最後に 8 目残るまでくり返し、2/2 LC、2/2 RPC。
20 段め：裏 2、2/2 RPC を 2 回、*2/2 LPC を 2 回、2/2 RC、2/2 RPC を 2 回；、* ～；を最後に 10 目残るまでくり返し、2/2 LPC を 2 回、裏 2。
1 ～ 20 段めをくり返す。

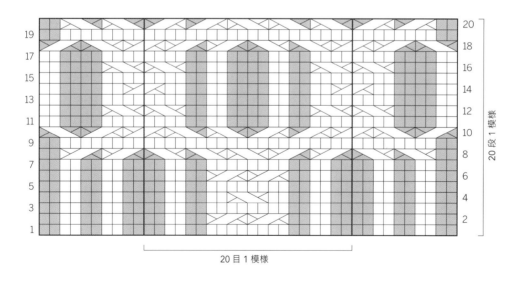

□ 表面で表目、裏面で裏目。

▨ 表面で裏目、裏面で表目。

▎ くり返し範囲。

⬭ OR ⬭ **2/2 RC（左上 2 目交差）**：CN に 2 目移して編み地の後ろにおき、左針から表 2。CN から表 2。

◩ OR ◩ **2/2 LC（右上 2 目交差）**：CN に 2 目移して編み地の手前におき、左針から表 2。CN から表 2。

⬭ OR ⬭ **2/2 RPC（左上 2 目交差〈下側が裏目〉）**：CN に 2 目移して編み地の後ろにおき、左針から表 2。CN から裏 2。

⬭ OR ⬭ **2/2 LPC（右上 2 目交差〈下側が裏目〉）**：CN に 2 目移して編み地の手前におき、左針から表 2。CN から裏 2。

Progression
of O Knot Cable

オーノットケーブルの展開

93

94

95

このページの３つの模様からわかるように、同じパターンのケーブルでもまったく異なる手法でアレンジすることができます。

３つのうち、初めに手がけたのは一見総柄のように見える **O KNOT LATTICE（#93）**でした。この模様を簡素化してできたのが、**O KNOT SINGLES（#94）**です。この模様は

３つコラムを独立させたケーブルパネルで、どのコラムを省いたとしてもほかに影響が及ぶことはありません。そして O Knot Lattice を部分的に削ることで生まれたのが、**O KNOT O GEE（#95）**です。

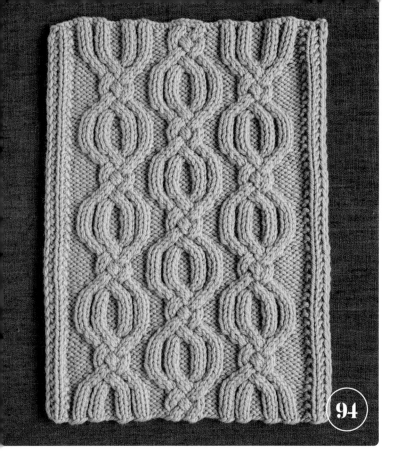

O Knot Singles GROUP 5

オーノットシングルス

〇 Knot Lattice (#93) を編んだあと、個々のコラムをからませずに寄せ合うシンプルなバージョンを思いつきました。

（1 模様＝[32 の倍数＋ 16 目]× 20 段）

※ 16 目ずつのパネルとして編むこともできます（チャート参照）。

全体の SSE：20 目
くり返し範囲の SSE：10 目

1 段め（裏面）：表 4、裏 8、表 4、*[裏 2、表 2、裏 4]を 2 回、裏 8、表 4；、*～；をくり返す。
2 段め：裏 4、2/2 RC を 2 回、裏 4、*[表 2、裏 2、表 2、裏 4]を 2 回、2/2 RC を 2 回、裏 4；*～；をくり返す。
3 段めと以降の奇数段（裏面）：表目は表目に、裏目は裏目に編む。
4 段め：裏 4、表 2、2/2 LC、表 2、裏 4、*[表 2、裏 2、表 2、裏 4]を 2 回、表 2、2/2 LC、表 2、裏 4；、*～；をくり返す。
6 段め：2 段めをくり返す。
8 段め：裏 2、2/2 RC、2/2 LC を 2 回、裏 2、*2/2 LPC、2/2 LC、2/2 RC、2/2 RPC、裏 2、2/2 RC、2/2 LC を 2 回、裏 2；、*～；をくり返す。
10 段め：2/2 RPC を 2 回、2/2 LPC を 2 回、裏 2、*2/2 LPC、2/2 LC、2/2 RPC、裏 2、2/2 RPC を 2 回、2/2 LPC を 2 回；、*～；をくり返す。
12 段め：*[表 2、裏 2、表 2、裏 4]を 2 回、2/2 RC を 2 回、裏 4；、*～；を最後に 16 目残るまでくり返し、表 2、裏 2、表 2、裏 4、表 2、裏 2、表 2。
14 段め：*[表 2、裏 2、表 2、裏 4]を 2 回、表 2、2/2 LC、表 2、裏 4；、*～；を最後に 16 目残るまでくり返し、表 2、裏 2、表 2、裏 4、表 2、裏 2、表 2。
16 段め：12 段めをくり返す。
18 段め：2/2 LPC、2/2 LC、2/2 RC、2/2 RPC、* 裏 2、2/2 RC、2/2 LC を 2 回、裏 2、2/2 LPC、2/2 LC、2/2 RC、2/2 RPC；*～；をくり返す。
20 段め：裏 2、2/2 LPC、2/2 LC、2/2 RPC、裏 2、*2/2 RPC を 2 回、2/2 LPC を 2 回、裏 2、2/2 LPC、2/2 LC、2/2 RPC、裏 2；、*～；をくり返す。

1 ～ 20 段めをくり返す。

94

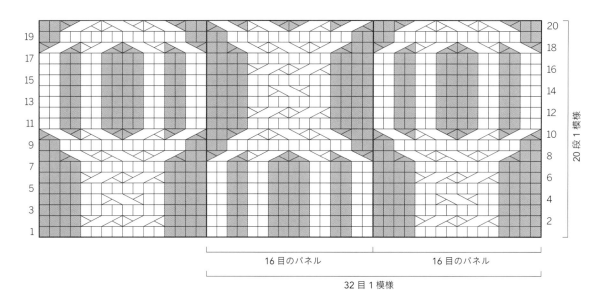

□ 表面で表目、裏面で裏目。

▨ 表面で裏目、裏面で表目。

| くり返し範囲。

⬙ OR ⬙ **2/2 RC（左上 2 目交差）**：CN に 2 目移して編み地の後ろにおき、左針から表 2。CN から表 2。

⬙ OR ⬙ **2/2 LC（右上 2 目交差）**：CN に 2 目移して編み地の手前におき、左針から表 2。CN から表 2。

⬙ OR ⬙ **2/2 RPC（左上 2 目交差（下側が裏目））**：CN に 2 目移して編み地の後ろにおき、左針から表 2。CN から裏 2。

⬙ OR ⬙ **2/2 LPC（右上 2 目交差（下側が裏目））**：CN に 2 目移して編み地の手前におき、左針から裏 2。CN から表 2。

95

O Knot Ogee GROUP 5

オーノットオジー

O Knot Lattice（#93）の三角形の部分を取りのぞくことで、O Knot Ogee の美しい砂時計のようなくびれた表情を作り出しました。

（1 模様 = 36 × 40 段）
SSE：23.5 目

1 段め（裏面）：表 10、裏 2、表 2、裏 8、表 2、裏 2、表 10。
2 段め：裏 10、表 2、裏 2、2/2 RC を 2 回、裏 2、表 2、裏 10。
3 段めと以降の奇数段（裏面）：表目は表目に、裏目は裏目に編む。
4 段め：裏 10、表 2、裏 2、表 2、2/2 LC、表 2、裏 2、表 2、裏 10。
6 段め：2 段めをくり返す。
8 段め：裏 8、2/2 RC を 2 回、2/2 LC を 3 回、裏 8。
10 段め：裏 6、2/2 RC、2/2 RPC を 2 回、2/2 LPC を 2 回、2/2 LC、裏 6。
12 段め：裏 4、2/2 RC、2/2 LC、裏 2、表 2、裏 4、表 2、裏 2、2/2 LC を 2 回、裏 4。
14 段め：裏 4、表 2、2/2 RC、表 2、裏 2、表 2、裏 4、表 2、裏 2、表 2、2/2 RC、表 2、裏 4。
16 段め：裏 4、2/2 LC を 2 回、裏 2、表 2、裏 4、表 2、裏 2、2/2 LC を 2 回、裏 4。

18 段め：裏 2、2/2 RC を 2 回、2/2 LC を 2 回、2/2 RC を 3 回、2/2 LC、裏 2。
20 段め：2/2 RPC を 2 回、2/2 LPC を 2 回、2/2 LC、2/2 RPC を 2 回、2/2 LPC を 2 回。
22 段め：表 2、裏 2、表 2、裏 4、表 2、裏 2、2/2 RC を 2 回、裏 2、表 2、裏 4、表 2、裏 2、表 2。
24 段め：表 2、裏 2、表 2、裏 4、表 2、裏 2、表 2、2/2 LC、表 2、裏 2、表 2、裏 4、表 2、裏 2、表 2。
26 段め：22 段めをくり返す。
28 段め：2/2 LPC、2/2 LC、2/2 RC を 2 回、2/2 LC を 3 回、2/2 RC、2/2 RPC。
30 段め：裏 2、2/2 LPC、2/2 RPC を 2 回、2/2 LPC を 2 回、2/2 RC、2/2 RPC、裏 2。
32 段め：裏 4、2/2 LC を 2 回、裏 2、表 2、裏 4、表 2、裏 2、2/2 LC を 2 回、裏 4。
34 段め：裏 4、表 2、2/2 RC、表 2、裏 2、表 2、裏 4、表 2、裏 2、表 2、2/2 RC、表 2、裏 4。
36 段め：裏 4、2/2 LPC、2/2 LC、裏 2、表 2、裏 4、表 2、裏 2、2/2 LC、2/2 RPC、裏 4。
38 段め：裏 6、2/2 LPC、2/2 LC を 2 回、2/2 RC を 2 回、2/2 RPC、裏 6。
40 段め：裏 8、2/2 LPC を 2 回、2/2 LC、2/2 RPC を 2 回、裏 8。
1 ～ 40 段めをくり返す。

40 段 1 模様

36 目のパネル

□ 表面で表目、裏面で裏目。

▨ 表面で裏目、裏面で表目。

▱ OR ▱
2/2 RC（左上 2 目交差）：CN に 2 目移して編み地の後ろにおき、左針から表 2。CN から表 2。

▱ OR ▱
2/2 LC（右上 2 目交差）：CN に 2 目移して編み地の手前におき、左針から表 2。CN から表 2。

▱ OR ▱
2/2 RPC（左上 2 目交差（下側が裏目））：CN に 2 目移して編み地の後ろにおき、左針から表 2。CN から裏 2。

▱ OR ▱
2/2 LPC（右上 2 目交差（下側が裏目））：CN に 2 目移して編み地の手前におき、左針から裏 2。CN から表 2。

Ribbon Weave

リボンウィーブ

GROUP 6

この模様では、表面の表目を2段ごとにねじり目にした1目ゴム編みの背景を、メリヤス編みの「リボン」と織り合わせたように見せています。表面を編むたびに「リボン」を背景の2目と交差させています。

（1模様＝［16の倍数＋23目］×32段）

全体のSSE：28目
くり返し範囲のSSE：10目

1段め（裏面）： ［表1、裏1］を3回、表1、＊裏5、［表1、裏1］5回、表1；、＊〜；をくり返す。

2段め： ［裏1、ねじり目1］を4回、裏1、左上4目と2目の交差（下側がリブ）、＊［ねじり目1、裏1］を5回、左上4目と2目の交差（下側がリブ）；、＊〜；を最後に8目残るまでくり返す、［ねじり目1、裏1］を4回。

3段め： ［表1、裏1］を4回、表1、裏5、＊［表1、裏1］5回、表1、裏5；、＊〜；を最後に9目残るまでくり返し、［表1、裏1］を4回、表1。

4段め： ［裏1、ねじり目1］を3回、裏1、＊左上4目と2目の交差（下側がリブ）、［ねじり目1、裏1］を5回；、＊〜；をくり返す。

5段め： ＊［表1、裏1］を5回、表1、裏5；、＊〜；を最後に7目残るまでくり返し、［表1、裏1］を3回、表1。

6段め： ［裏1、ねじり目1］を2回、裏1、＊右上2目と4目の交差（上側がリブ）、［ねじり目1、裏1］を5回；、＊〜；を最後に2目残るまでくり返し、ねじり目1、裏1。

7段め： ［表1、裏1］を6回、表1、裏5、＊［表1、裏1］を5回、表1、裏5；、＊〜；を最後に5目残るまでくり返し、［表1、裏1］を2回、表1。

8段め： 裏1、ねじり目1、裏1、＊左上4目と2目の交差（下側がリブ）、［ねじり目1、裏1］を5回；、＊〜；を最後に4目残るまでくり返し、［ねじり目1、裏1］を2回。

9段め： ［表1、裏1］を7回、表1、裏5、＊［表1、裏1］を5回、表1、裏5；、＊〜；を最後に3目残るまでくり返し、表1、裏1、表1。

10段め： ＊［裏1、ねじり目1］を5回、裏1、表5；、＊〜；を最後に7目残るまでくり返し、［裏1、ねじり目1］を3回、裏1。

11段め： 1段めをくり返す。

12段め： 裏1、＊［ねじり目1、裏1］を5回、右上4目と2目の交差（下側がリブ）；、＊〜；を残り6目までくり返し、［ねじり目1、裏1］を3回。

13段め： 表1、＊［表1、裏1］を5回、表1、裏5；、＊〜；を残り2目までくり返し、裏1、表1。

14段め： 裏1、ねじり目1、裏1、＊［ねじり目1、裏1］を5回、右上4目と2目

の交差（下側がリブ）；、＊〜；を最後に4目残るまでくり返し、［ねじり目1、裏1］を2回。

15段め： 表1、裏1、表1、＊裏5、［表1、裏1］を5回、表1；、＊〜；を最後に4目残るまでくり返し、［裏1、表1］を2回。

16段め： 裏1、表5、［裏1、ねじり目1］を4回、裏1、＊左上2目と4目の交差（上側がリブ）、［ねじり目1、裏1］を5回；、＊〜；を最後に8目残るまでくり返し、左上2目と4目の交差（上側がリブ）、ねじり目1、裏1。

17段め： 表1、裏5、＊［表1、裏1］を5回、表1、裏5；、＊〜；を最後に1目残るまでくり返し、表1。

18段め： 裏1、右上4目と2目の交差（下側がリブ）、＊［ねじり目1、裏1］を5回、右上4目と2目の交差（下側がリブ）；、＊〜；をくり返す。

19段め： 裏4、＊［表1、裏1］を5回、表1、裏5；、＊〜；を最後に3目残るまでくり返し、表1、裏1、表1。

20段め： 裏1、ねじり目1、裏1、＊右

上4目と2目の交差（下側がリブ）、［ねじり目1、裏1］を5回；、＊〜；を最後に4目残るまでくり返し、［ねじり目1、裏1］を2回。

21段め： 7段めをくり返す。

22段め： ［裏1、ねじり目1］を2回、裏1、＊左上2目と4目の交差（上側がリブ）、［ねじり目1、裏1］を5回；、＊〜；を最後に2目残るまでくり返し、ねじり目1、裏1。

23段め： 5段めをくり返す。

24段め： ［裏1、ねじり目1］を3回、裏1、＊右上4目と2目の交差（下側がリブ）、［ねじり目1、裏1］を5回；、＊〜；をくり返す。

25段め： 3段めをくり返す。

26段め： ［裏1、ねじり目1］を8回、裏1、＊表4、［ねじり目1、裏1］を6回；、＊〜；を最後に6目残るまでくり返し、表4、ねじり目1、裏1。

27段め： 表1、＊裏5、［表1、裏1］を5回、表1；、＊〜；を最後に6目残るまでくり返し、［表1、裏1］を3回。

28段め： ［裏1、ねじり目1］を7回、

裏1、左上4目と2目の交差（下側がリブ）、＊［ねじり目1、裏1］を5回、左上4目と2目の交差（下側がリブ）；、＊〜；を最後に2目残るまでくり返し、ねじり目1、裏1。

29段め： 表1、裏1、表1、＊裏5、［表1、裏1］を5回、表1；、＊〜；を最後に4目残るまでくり返し、［裏1、表1］を2回。

30段め： ［裏1、ねじり目1］を6回、裏1、左上4目と2目の交差（下側がリブ）、＊［ねじり目1、裏1］を5回、左上4目と2目の交差（下側がリブ）；、＊〜；を最後に4目残るまでくり返し、［ねじり目1、裏1］を2回。

31段め： ［表1、裏1］を2回、表1、＊裏5、［表1、裏1］を5回、表1；、＊〜；を最後に2目残るまでくり返し、裏1、表1。

32段め： 裏1、＊［ねじり目1、裏1］を5回、右上2目と4目の交差（上側がリブ）；、＊〜；を最後に6目残るまでくり返し、［ねじり目1、裏1］を3回。
1〜32段めをくり返す。

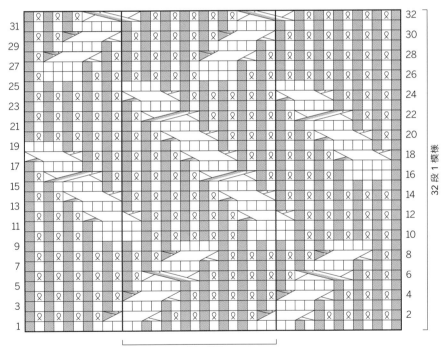

16目1模様

□ 表面で表目、裏面で裏目。　　■ 表面で裏目、裏面で表目。

Ⓠ 表面で表目のねじり目、裏面で裏目のねじり目。

| くり返し範囲。

左上4目と2目の交差（下側がリブ）： CNに2目移して編み地の後ろにおき、左針から表4。CNからねじり目1、裏1。

右上4目と2目の交差（下側がリブ）： CNに4目移して編み地の手前におき、左針からねじり目1、裏1。CNから表4。

左上2目と4目の交差（上側がリブ）： CNに4目移して編み地の後ろにおき、左針からねじり目1、裏1。CNから表4。

右上2目と4目の交差（上側がリブ）： CNに2目移して編み地の手前におき、左針から表4。CNからねじり目1、裏1。

Uneven Weave　GROUP 6
アンイーブンウィーブ

この模様は Faux Uneven Weave（見せかけの不均等な織り模様）と名づけたほうがよかったかもしれません。というのも、違う目数同士の交差に見える箇所も、実際には 3 目同士の交差だから。不ぞろいに見えるのは「裏目 1 目、表目 1 目、裏目 1 目」のリブ編み状の 3 目を上にして表目 3 目と交差しているためで、上側は 1 目のように見えるのです。

（1 模様＝［6 の倍数＋9 目］× 8 段）
全体の SSE：9 目
くり返し範囲の SSE：3.5 目

1 段め（裏面）：表 1、裏 1、表 1、＊裏 3、表 1、裏 1、表 1；＊～；をくり返す。
2・3 段め：表目は表目に、裏目は裏目に編む。
4 段め：表 3、最後まで右上 3 目交差（下側がリブ）をくり返す。

5 段め：裏 3、＊表 1、裏 1、表 1、裏 3；、＊～；をくり返す。
6・7 段め：2 段めと同様に編む。
8 段め：左上 3 目交差（上側がリブ）を最後に 3 目残るまでくり返し、裏 1、表 1、裏 1。
1 ～ 8 段めをくり返す。

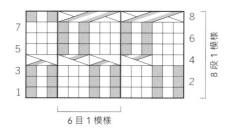

□ 表面で表目、裏面で裏目。

▨ 表面で裏目、裏面で表目。

▎ くり返し範囲。

◤◳◢ **右上 3 目交差（下側がリブ）**：CN に 3 目移して編み地の手前におき、左針から裏 1、表 1、裏 1。CN から表 3。

◤◳◢ **左上 3 目交差（上側がリブ）**：CN に 3 目移して編み地の後ろにおき、左針から裏 1、表 1、裏 1。CN から表 3。

Center Lattice　GROUP 7

センターラティス

「編み目をはさむ交差」（P.71 参照）の考え方がわかると、このラティスは簡単に編めます。まず 3 目と 2 目のリブ編みから編み始め、「編み目をはさむ交差」の段を 1 段編み、続けてリブ編みを 5 段、再び「編み目をはさむ交差」の段を編みます。リブ編みの裏目 2 目が交差を切り離し、織物のように見える効果を強めます。

(1 模様＝ [10 の倍数＋ 8 目] × 12 段)
全体の SSE：14 目
くり返し範囲の SSE：7 目

1 段め (裏面)：裏 3、＊表 2、裏 3；、＊〜；をくり返す。
2・3 段め：表目は表目に、裏目は裏目に編む。
4 段め：裏 3、＊表 2、3/2/3 RPC；、＊〜；をくり返す。
5 〜 9 段め：2 段めと同様に編む。
10 段め：表 3、裏 2、＊3/2/3 LPC、裏 2；、＊〜；を最後に 3 目残るまでくり返し、表 3。
11・12 段め：2 段めと同様に編む。
1 〜 12 段めをくり返す。

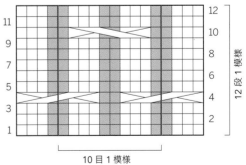

□ 表面で表目、裏面で裏目。

▨ 表面で裏目、裏面で表目。

▏ くり返し範囲。

⬭ **3/2/3 RPC (左上 3 目交差 (間に裏目 2 目))**：CN に 5 目移して編み地の後ろにおき、左針から表 3。CN の左端の 2 目を左針に戻して裏 2、最後に CN から表 3。

⬭ **3/2/3 LPC (右上 3 目交差 (間に裏目 2 目))**：CN に 5 目移して編み地の手前におき、左針から表 3。CN の左端の 2 目を左針に戻して裏 2、最後に CN から表 3。

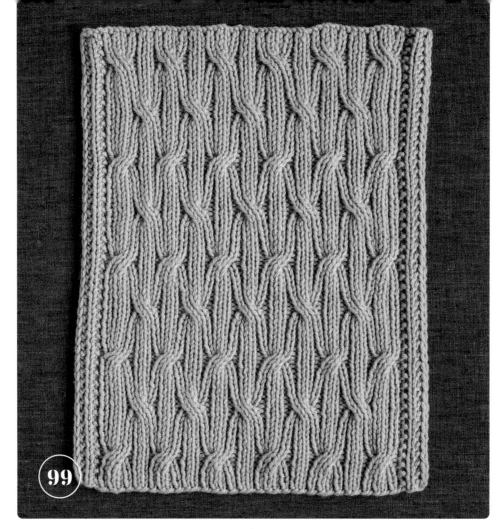

Rib Share Lattice GROUP 8

リブシェアラティス

リブシェアラティスのシリーズは、表目の目数が均等ではないリブをパネル全体に行き渡らせることから始まりました。交差を 10 段ごとにしたことで、ご覧のような模様になりました。

(1 模様＝［10 の倍数＋6 目］× 20 段)

全体の SSE：11 目
くり返し範囲の SSE：7 目

1 段め (裏面)： ＊裏 1、表 1、裏 2、表 1；＊～；を最後に 1 目残るまでくり返し、裏 1。
2～7 段め： 表目は表目に、裏目は裏目に編む。

8 段め： リブの左上 3 目交差、＊裏 1、表 2、裏 1、リブの左上 3 目交差；、＊～；をくり返す。
9～17 段め： 2 段めと同様に編む。
18 段め： 表 1、裏 1、表 2、裏 1、＊リブの右上 3 目交差、裏 1、表 2、裏 1；＊～；を最後に 1 目残るまでくり返し、表 1。
19・20 段め： 2 段めと同様に編む。
1～20 段めをくり返す。

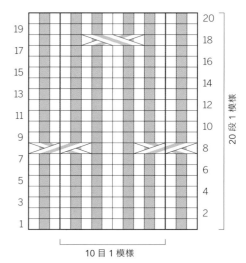

10 目 1 模様

□ 表面で表目、裏面で裏目。

▨ 表面で裏目、裏面で表目。

│ くり返し範囲。

▱▱▱ **リブの左上 3 目交差：** CN に 3 目移して編み地の後ろにおき、左針から表 1、裏 1、表 1。CN から表 1、裏 1、表 1。

▱▱▱ **リブの右上 3 目交差：** CN に 3 目移して編み地の手前におき、左針から表 1、裏 1、表 1。CN から表 1、裏 1、表 1。

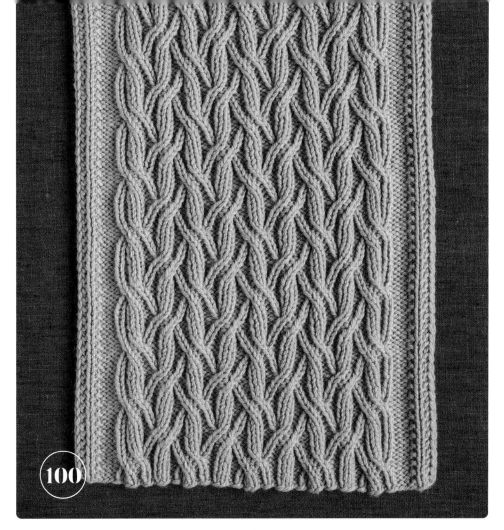

(100)

Distant Share Lattice GROUP 8

ディスタントシェアラティス

Rib Share Lattice（#99）にちょっとした変更を 2 点加えるだけで、この模様になります。ひとつは、裏目をすべて倍の 2 目にすること。これにより表目と表目の間隔が開きます。もうひとつは交差を 10 段ごとから 6 段ごとにして、縦の間隔を詰めています（裏面は P.129 参照）。

（1 模様＝［14 の倍数＋ 8 目］× 12 段）
全体の SSE：12.5 目
くり返し範囲の SSE：8 目

1 段め（裏面）：＊裏 1、表 2、裏 2、表 2；、＊～；を最後に 1 目残るまでくり返し、裏 1。
2 ～ 5 段め：表目は表目に、裏目は裏目に編む。

6 段め：リブの右上 4 目交差、＊裏 2、表 2、裏 2、リブの右上 4 目交差；、＊～；をくり返す。
7 ～ 11 段め：2 段めと同様に編む。
12 段め：表 1、裏 2、表 2、＊裏 2、リブの左上 4 目交差、裏 2、表 2；、＊～；を最後に 3 目残るまでくり返し、裏 2、表 1。
1 ～ 12 段めをくり返す。

□ 表面で表目、裏面で裏目。

▨ 表面で裏目、裏面で表目。

| くり返し範囲。

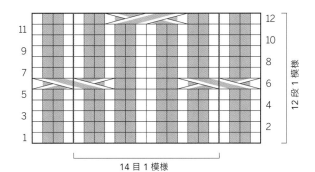 **リブの左上 4 目交差**：CN に 4 目移して編み地の後ろにおき、左針から表 1、裏 2、表 1。CN から表 1、裏 2、表 1。

リブの右上 4 目交差：CN に 4 目移して編み地の手前におき、左針から表 1、裏 2、表 1。CN から表 1、裏 2、表 1。

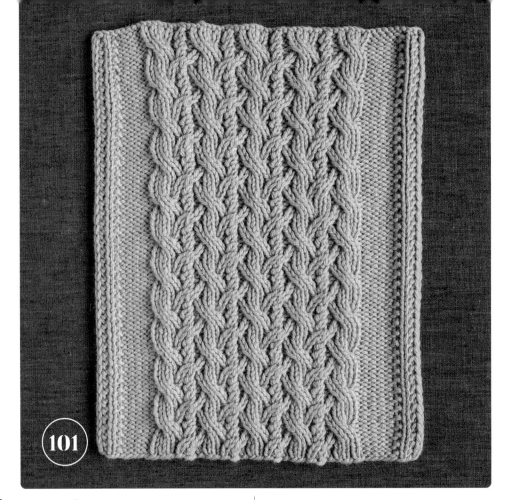

(101)

Twist Share Lattice　GROUP 8

ツイストシェアラティス

この模様は Rib Share Lattice（#99）に変わり左上 1 目交差を追加し、交差と交差の間の段数を減らしてできました。右ページでは、シェアラティスのシリーズをまとめてご紹介しています。

（1 模様＝［10 の倍数＋6 目］×8 段）
全体の SSE：10.5 目
くり返し範囲の SSE：6 目

1 段めと以降の奇数段（裏面）：＊裏1、表1、裏2、表1；、＊～；を最後に1目残るまでくり返し、裏1。
2 段め：表1、裏1、表2、＊裏1、表1、裏1、RT、裏1、表1、裏1、表2；、＊～；を最後に2目残るまでくり返し、裏1、表1。

4 段め：表1、裏1、表2、＊裏1、リブの左上 3 目交差、裏1、表2；、＊～；を最後に2目残るまでくり返し、裏1、表1。
6 段め：2 段めをくり返す。
8 段め：リブの右上 3 目交差、＊裏1、RT、裏1、リブの右上 3 目交差；、＊～；をくり返す。
1～8 段めをくり返す。

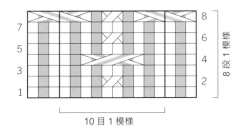

□　表面で表目、裏面で裏目。

▨　表面で裏目、裏面で表目。

Ⅰ　くり返し範囲。

RT（変わり左上交差）：左上 2 目一度を編むが左針は抜かず、右針を 1 目めに手前から入れて表目を編み、左針から編み目をはずす。

リブの左上 3 目交差：CN に 3 目移して編み地の後ろにおき、左針から表1、裏1、表1。CN から表1、裏1、表1。

リブの右上 3 目交差：CN に 3 目移して編み地の手前におき、左針から表1、裏1、表1。CN から表1、裏1、表1。

Rib Share Lattice Variations

リブシェアラティスのバリエーション

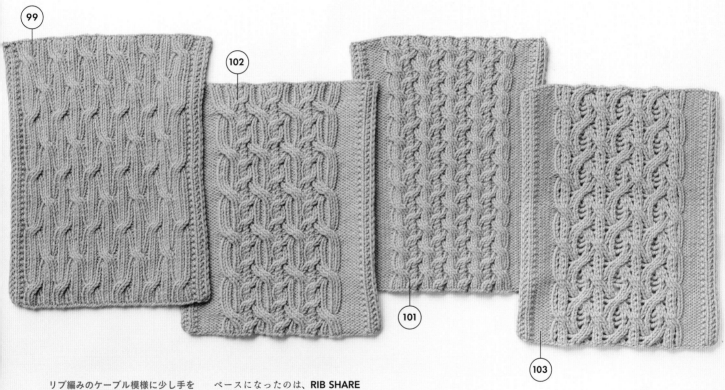

リブ編みのケーブル模様に少し手を
加えるだけでバリエーションの幅が
広がることをお伝えしたいと思い、
4枚のスワッチを一緒に撮影してみ
ました。

ベースになったのは、**RIB SHARE
LATTICE (#99)** です。そこに変わ
り左上1目交差や透かし模様、そし
て増し目を加えたり、交差の間隔を
変えたりすることで、**CROSS
WAVE RIB (#102)**、**TWIST SHARE
LATTICE (#101)**、**PERFORATED
RIB SHARE (#103)** といったバリ
エーションが生まれました。

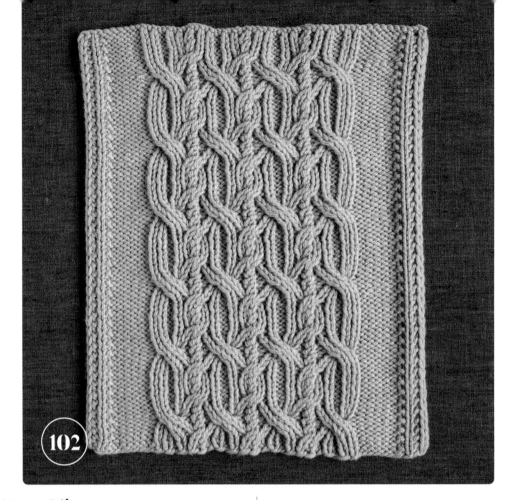

Cross Wave Rib   GROUP 8

クロスウェーブリブ

Twist Share Lattice（#101）に 3 か所手を加えることでケーブルにゆと
りが生まれ、印象もずいぶん変わります。交差の中心に裏目を 2 目加え、
「編み目をはさむ交差」にすることで、リブ編みの幅を出すと同時に模
様を大きくしました。大きな交差の間にはリブ編みと変わり左上交差を
7 段くり返して小さめの交差を編む、というパターンも残しています。

（1 模様＝[12 の倍数＋ 20 目]× 14
段）

全体の SSE：20 目
くり返し範囲の SSE：7.5 目

1 段めと以降の奇数段（裏面）： ＊裏
1、表 1、裏 1、表 2、[裏 1、表 1] を 2
回、裏 2、表 1；、＊～；を最後に 8 目
残るまでくり返し、裏 1、表 1、裏 1、
表 2、裏 1、表 1、裏 1。
2 段め： 表 1、裏 1、表 1、裏 2、[表 1、
裏 1] を 2 回、＊RT、[裏 1、表 1] を
2 回、裏 2、[表 1、裏 1] を 2 回；、
＊～；を最後に 11 目残るまでくり
返し、RT、[裏 1、表 1] を 2 回、裏 2、
表 1、裏 1、表 1。

4 段め： 表 1、裏 1、表 1、裏 2、表 1、
裏 1、＊リブの左上 3 目交差、裏 1、表
1、裏 2、表 1、裏 1；、＊～；を最後に
1 目残るまでくり返し、表 1。
6 段め： 2 段めをくり返す。
8 段め： リブの右上 3 目交差（間に
裏目 2 目）、＊表 1、RT、裏 1、リブ
の右上 3 目交差（間に裏目 2 目）；、
＊～；をくり返す。
10 段め： 2 段めをくり返す。
12 段め： 4 段めをくり返す。
14 段め： 2 段めをくり返す。
1 〜 14 段めをくり返す。

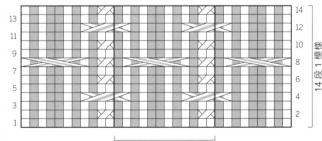

□　表面で表目、裏面で裏目。

▨　表面で裏目、裏面で表目。

▎　くり返し範囲。

▧　**RT（変わり左上交差）：** 左上 2 目一度を編むが左針は抜かず、
　　右針を 1 目めに手前から入れて表目を編み、左針から編み目
　　をはずす。

▱▱　**リブの左上 3 目交差：** CN に 3 目移して編み地の後ろにお
　　き、左針から表 1、裏 1、表 1。CN から表 1、裏 1、表 1。

▱▱　**リブの右上 3 目交差（間に裏目 2 目）：** CN に 5 目移して編
　　み地の手前におき、左針から表 1、裏 1、表 1。CN の左端の 2
　　目を左針に戻して裏 2。CN から表 1、裏 1、表 1。

Perforated Rib Share GROUP 8

パーフォレイテッドリブシェア

Rib Share Lattice（#99）に 4 目のレース模様を加え、編み地に透かしが入るようにかけ目を 2 回して針抜きの技法で伝線させると、この模様になります。1 模様のなかで目数が変動するので注意してください（裏面は P.129 参照）。

（1 模様＝「10 の倍数＋6 目」×12 段）
※「10 の倍数」の部分が 3 段めで 2 目ずつ増え、13 段めで元に戻る。
全体の SSE：12.5 目
くり返し範囲の SSE：8 目

1 段め（裏面）：裏 1、かけ目 1、裏目の右上 2 目一度、裏目の左上 2 目一度、かけ目 1、裏 1、＊表 1、裏 2、表 1、裏 1、かけ目 1、裏目の右上 2 目一度、裏目の左上 2 目一度、かけ目 1、裏 1；、＊～；をくり返す。
2 段め：表 5、＊リブの左上 3 目交差、表 4；、＊～；を残り 1 目までくり返し、表 1。
3 段め：裏 1、かけ目 1、裏目の右上 2 目一度、裏目の左上 2 目一度、かけ目 1、裏 1、＊表 1、裏 1、かけ目 2、裏 1、表 1、裏 1、かけ目 1、裏目の右上 2 目一度、裏目の左上 2 目一度、かけ目 1、裏 1；、＊～；をくり返す。1 模様ごとに 2 目増える。
4 段め：＊表 6、裏 1、表 1、かけ目 2 目に「表 1、裏 1」、表 1、裏 1；、＊～；を残り 6 目までくり返し、表 6。

5 段め：裏 1、かけ目 1、裏目の右上 2 目一度、裏目の左上 2 目一度、かけ目 1、裏 1、＊表 1、裏目の左上 2 目一度、かけ目 2、裏目の右上 2 目一度、表 1、裏 1、かけ目 1、裏目の右上 2 目一度、裏目の左上 2 目一度、かけ目 1、裏 1；、＊～；をくり返す。
6～9 段め：4・5 段めを 2 回くり返す。
10 段め：リブの右上 3 目交差、＊裏 1、表 1、かけ目 2 目に「表 1、裏 1」、表 1、裏 1、リブの右上 3 目交差；、＊～；をくり返す。
11・12 段め：5・4 段めをくり返す。
13 段め：裏 1、かけ目 1、裏目の右上 2 目一度、裏目の左上 2 目一度、かけ目 1、裏 1、＊表 1、裏目の左上 2 目一度、かけ目 1、裏 1、表 1、裏 1、かけ目 1、裏目の右上 2 目一度、裏目の左上 2 目一度、かけ目 1、裏 1；、＊～；をくり返す。1 模様ごとに 2 目減る。
14 段め：2 段めをくり返す。
3～14 段めをくり返す。

10 目 1 模様／12 目に増える／
減目で 10 目に戻る

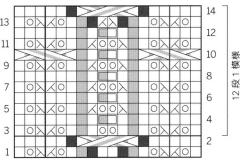

□ 表面で表目、裏面で裏目。

▨ 表面で表目、裏面で表目。

Ｏ かけ目。

ＯＯ かけ目 2 回。

▭▭ 前段のかけ目に表 1、裏 1。

⧄ 表面で左上 2 目一度、裏面で裏目の左上 2 目一度。

⧅ 表面で右上 2 目一度、裏面で裏目の右上 2 目一度。

■ 実際には編み目がない。

∣ くり返し範囲。

リブの左上 3 目交差：CN に 3 目移して編み地の後ろにおき、左針から表 1、裏 1、表 1。CN から表 1、裏 1、表 1。

リブの右上 3 目交差：CN に 3 目移して編み地の手前におき、左針から表 1、裏 1、表 1。CN から表 1、裏 1、表 1。

1/1 Diamonds GROUP 9

1/1 ダイアモンド

このケーブルはベースが Rib Share Lattice (#99) に似ていますが、裏目を数か所2目にしています。目数を増やしたことで、元の「表目1、裏目1、表目1」と「表目1、裏目1、表目1」のケーブルが編み目をシェアするケーブルと合流するまで斜めに伸びる距離が長くなります。この模様はChapter 3 の 1/1 Travel Share (#76) の拡張版です。裏面も面白いので、P.129 を参照してみてください。

(1 模様＝［16 の倍数＋6 目］× 16段)
全体の SSE：14.5 目
くり返し範囲の SSE：11 目

1 段め(裏面)：＊裏1、表1、裏2、表1、裏1、表2；、＊～；を最後に6目残るまでくり返し、裏1、表1、裏2、表1、裏1。
2・3 段め：表目は表目に、裏目は裏目に編む。
4 段め：表1、裏1、裏2、＊裏1、表1、裏2、リブの左上3目交差①、裏2、表1、裏1、裏2；、＊～；を最後に2目残るまでくり返し、裏1、表1。
5〜7 段め：2 段めと同様に編む。

8 段め：表1、裏1、表2、＊リブの左上3目交差②、表2、リブの右上3目交差②、表2；、＊～；を最後に2目残るまでくり返し、裏1、表1。
9〜11 段め：2 段めと同様に編む。
12 段め：リブの右上3目交差①、＊裏2、表1、裏1、表2、裏1、表1、裏2、リブの右上3目交差①；、＊～；をくり返す。
13〜15 段め：2 段めと同様に編む。
16 段め：表1、裏1、表2、＊リブの右上3目交差②、表2、リブの左上3目交差②、表2；、＊～；を最後に2目残るまでくり返し、裏1、表1
1 〜 16 段めをくり返す。

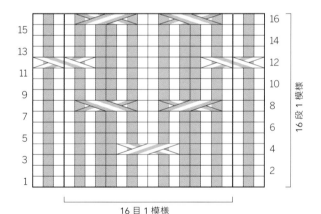

□ 表面で表目、裏面で裏目。

▨ 表面で裏目、裏面で表目。

Ⅰ くり返し範囲。

▨ **リブの左上3目交差①**：CN に3目移して編み地の後ろにおき、左針から表1、裏1、表1。CN から表1、裏1、表1。

▨ **リブの右上3目交差①**：CN に3目移して編み地の手前におき、左針から表1、裏1、表1。CN から表1、裏1、表1。

▨ **リブの左上3目交差②**：CN に3目移して編み地の後ろにおき、左針から表1、裏1、裏1。CN から裏1、表1、裏1。

▨ **リブの右上3目交差②**：CN に3目移して編み地の手前におき、左針から裏1、表1、裏1。CN から裏1、表1、裏1。

(105)

1/1 Diamond Twist　GROUP 9

1/1 ダイアモンドツイスト

1/1 Diamonds（#104）のリブ編みの表目 2 目の列 1 本に変わり左上 1
目交差を加え、あとの表目 2 目の 2 列には右上 1 目交差を加えるだけで、
1/1 Diamond Twist に変身します。Chapter 3 の Twist 1/1 Travel Share
（#77）の拡張版です。

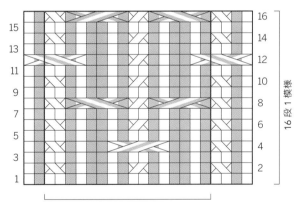

（1 模様＝ [16 の倍数＋ 6 目] × 16
段）
全体の SSE：14.5 目
くり返し範囲の SSE：11 目

1 段め（裏面）：＊裏 1、表 1、裏 2、表
1、裏、表 2 ;、＊〜；を最後に 6 目
残るまでくり返し、裏 1、表 1、裏 2、
表 1、裏 1。
2 段め：表 1、裏 1、LT、＊裏 1、表 1、
裏 2、表 1、裏 1、RT、裏 1、表 1、裏 2、
表 1、裏 1、LT ;、＊〜；を最後に 2
目残るまでくり返し、裏 1、表 1。
3 段めと以降の奇数段（裏面）：表目
は表目に、裏目は裏目に編む。
4 段め：表 1、裏 1、LT、＊裏 1、表 1、
裏 2、リブの左上 3 目交差①、裏 2、
表 1、裏 1、LT ;、＊〜；を最後に 2
目残るまでくり返し、裏 1、表 1。

6 段め：2 段めをくり返す
8 段め：表 1、裏 1、LT、＊リブの左
上 3 目交差②、RT、リブの右上 3 目
交差②、LT ;、＊〜；を最後に 2 目
残るまでくり返し、裏 1、表 1。
10 段め：2 段めをくり返す。
12 段め：リブの右上 3 目交差①、
＊裏 2、表 1、裏 1、RT、裏 1、表 1、裏
2、リブの右上 3 目交差① ;、＊〜；
をくり返す。
14 段め：2 段めをくり返す
16 段め：表 1、裏 1、LT、＊リブの右
上 3 目交差②、RT、リブの右上 3 目
交差②、LT ;、＊〜；を最後に 2 目
残るまでくり返し、裏 1、表 1。
1 〜 16 段めをくり返す。

□　表面で表目、裏面で裏目。　▨　表面で裏目、裏面で表目。

|　くり返し範囲。

▨▨　**RT（変わり左上交差）**：左上 2 目一度を編むが左針は抜かず、右針
を 1 目めに手前から入れて表目を編み、左針から編み目をはず
す。

▨▨　**LT（右上交差）**：左針の 2 目めに編み地の後ろから右針を入れて
表目を編み、続けて 1 目めを表目に編む。2 目を左針からはず
す。

▨▨▨　**リブの左上 3 目交差①**：CN に 3 目移して編み地の後ろにおき、
左針から表 1、裏 1、表 1。CN から表 1、裏 1、表 1。

▨▨▨　**リブの右上 3 目交差①**：CN に 3 目移して編み地の手前におき、
左針から表 1、裏 1、表 1。CN から表 1、裏 1、表 1。

▨▨▨　**リブの左上 3 目交差②**：CN に 3 目移して編み地の後ろにおき、
左針から表 1、裏 1、裏 1。CN から裏 1、表 1、表 1。

▨▨▨　**リブの右上 3 目交差②**：CN に 3 目移して編み地の手前におき、
左針から表 1、裏 1、裏 1。CN から裏 1、表 1、表 1。

(106)

1/1 Diamond Fancy GROUP 9

1/1 ダイアモンドファンシー

1/1 Diamond Twist (#105) の交差を2回連続同方向に交差することで、この模様になります。1/1 Diamond の3通りのバリエーションに共通するのは、実際の編み方よりも編み上がりの見た目のほうが複雑に見えることです。1/1 Diamond Fancy は Chapter 3 の Fancy 1/1 Travel Share (#78) の拡張版です。

(1模様＝［16の倍数＋6目］× 34段)

全体の SSE：14.5目
くり返し範囲の SSE：11目

1段め（裏面）：＊裏1、表1、裏2、表1、裏1、表2；、＊〜；を最後に6目残るまでくり返し、裏1、表1、裏2、表1、裏1。
2段め：表1、裏1、LT、＊裏1、表1、裏2、表1、裏1、RT、裏1、表1、裏2、表1、裏1、LT；、＊〜；を最後に2目残るまでくり返し、裏1、表1。
3段めと以降の奇数段（裏面）：表目は表目に、裏目は裏目に編む。
4段め：表1、裏1、LT、＊裏1、表1、裏2、リブの左上3目交差①、裏2、表1、裏1、LT；、＊〜；を最後に2目残るまでくり返し、裏1、表1。
6段め：2段めをくり返す。
8段め：表1、裏1、LT、＊リブの左上3目交差②、RT、リブの右上3目交差②、LT；、＊〜；を最後に2目残るまでくり返し、裏1、表1。

10・12段め：2段めをくり返す。
14段め：8段めをくり返す。
16段め：2段めをくり返す。
18段め：リブの右上3目交差①、＊裏2、表1、裏1、RT、裏1、表1、裏2、リブの右上3目交差①；、＊〜；をくり返す。
20段め：2段めをくり返す。
22段め：表1、裏1、LT、＊リブの右上3目交差②、RT、リブの左上3目交差②、LT；、＊〜；を最後に2目残るまでくり返し、裏1、表1。
24・26段め：2段めをくり返す。
28段め：22段めをくり返す。
30段め：2段めをくり返す。
32段め：4段めをくり返す。
34段め：2段めをくり返す。
1~34段めをくり返す。

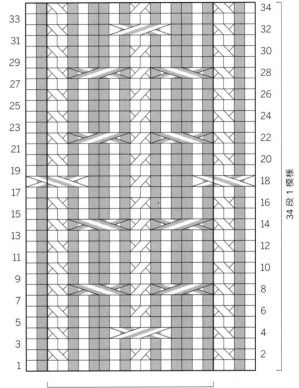

34段1模様

16目1模様

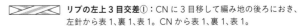

□ 表面で表目、裏面で裏目。

▨ 表面で裏目、裏面で表目。

| くり返し範囲。

RT（変わり左上交差）：左上2目一度を編むが左針は抜かず、右針を1目めに手前から入れて表目を編み、左針から編み目をはずす。

LT（右上交差）：左針の2目めに編み地の後ろから右針を入れて表目を編み、続けて1目めを表目に編む。2目を左針からはずす。

リブの左上3目交差①：CN に3目移して編み地の後ろにおき、左針から表1、裏1、表1。CN から表1、裏1、表1。

リブの右上3目交差①：CN に3目移して編み地の手前におき、左針から表1、裏1、表1。CN から表1、裏1、表1。

リブの左上3目交差②：CN に3目移して編み地の後ろにおき、左針から表1、裏1、裏1。CN から裏1、表1、裏1。

リブの右上3目交差②：CN に3目移して編み地の手前におき、左針から表1、裏1、裏1。CN から裏1、表1、裏1。

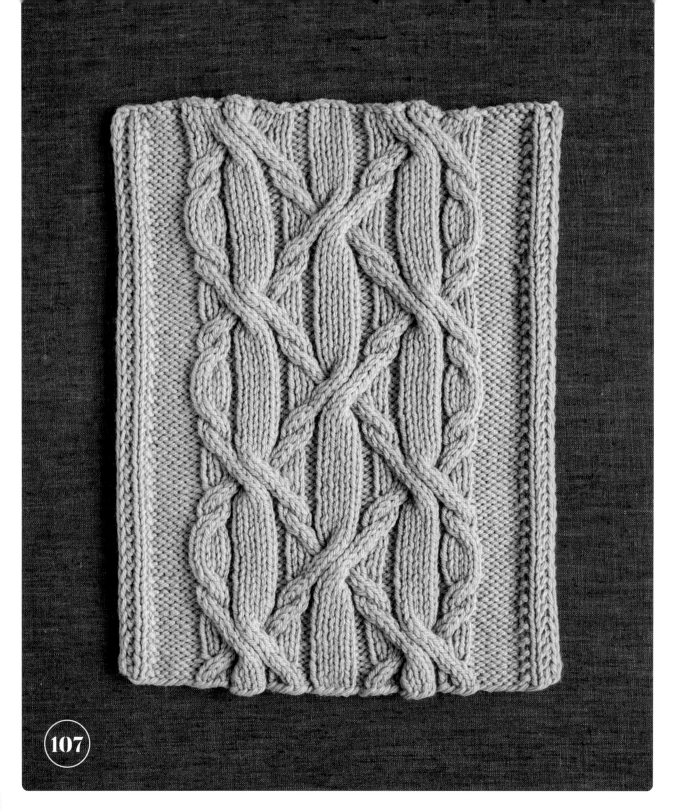

Medallion Expansion GROUP 10

メダリオンエクスパンション

この模様は Chapter 3 の Medallion (#74) を拡張したものです。オリジナルのメダリオンケーブルを横に並べて、間に「裏目 2 目、表目 4 目、裏目 2 目」を加えています。そして中央には逆方向の交差を加えることで、双方がつながり、ひとつのパネルになっています。

(1 模様＝[24 の倍数＋ 16 目]× 24 段)
全体の SSE：28 目
くり返し範囲の SSE：18 目

1 段め (裏面)：裏 4、* 表 2、裏 4；、* ～；をくり返す。
2・3 段め：表目は表目に、裏目は裏目に編む。
4 段め：2/2 LC、裏 2、表 4、裏 2、2/2 RC、* 裏 2、表 4、裏 2、2/2 LC、裏 2、表 4、裏 2、2/2 RC；、* ～；をくり返す。
5 ～ 7 段め：2 段めと同様に編む。
8 段め：表 2、リブの右上 6 目交差、表 2、* 裏 2、表 4、裏 2、表 2、リブの右上 6 目交差、表 2；、* ～；をくり返す。

9 ～ 11 段め：2 段めと同様に編む。
12 段め：2/2 RC、裏 2、表 4、裏 2、2/2 LC、* 裏 2、表 4、裏 2、2/2 RC、裏 2、表 4、裏 2、2/2 LC；、* ～；をくり返す。
13 ～ 15 段め：2 段めと同様に編む。
16 段め：12 段めをくり返す。
17 ～ 19 段め：2 段めと同様に編む。
20 段め：表 4、* 裏 2、表 4、裏 2、表 2、リブの左上 6 目交差、表 2；、* ～；を最後に 12 目残るまでくり返し、[裏 2、表 4]を 2 回。
21 ～ 23 段め：2 段めと同様に編む。
24 段め：4 段めをくり返す。
1 ～ 24 段めをくり返す。

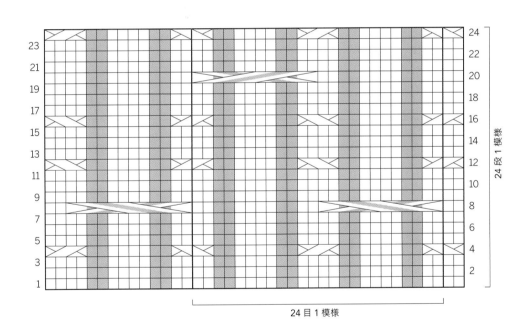

24 目 1 模様

24 段 1 模様

□ 表面で表目、裏面で裏目。

▨ 表面で裏目、裏面で表目。

❙ くり返し範囲。

2/2 RC (左上 2 目交差)：CN に 2 目移して編み地の後ろにおき、左針から表 2。CN から表 2。

2/2 LC (右上 2 目交差)：CN に 2 目移して編み地の手前におき、左針から表 2。CN から表 2。

リブの左上 6 目交差：CN に 6 目移して編み地の後ろにおき、左針から表 2、裏 2、表 2。CN から表 2、裏 2、表 2。

リブの右上 6 目交差：CN に 6 目移して編み地の手前におき、左針から表 2、裏 2、表 2。CN から表 2、裏 2、表 2。

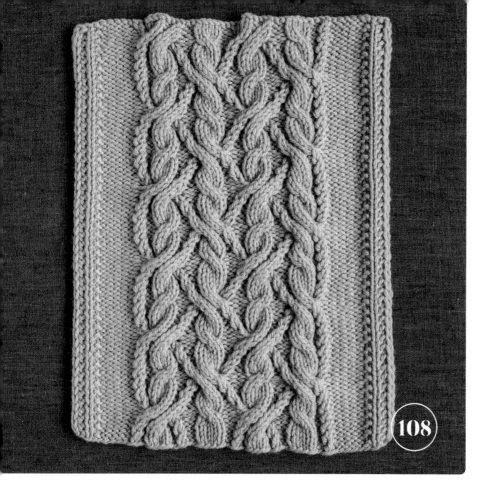

Dolled-Up Share
GROUP 11

ドールドアップシェア

この模様は Chapter 3 の 2/2 Share（#65）を拡張し、精巧にしたバージョンです。表目 2 目のリブ編みを変わり左上 1 目交差に、中央の表目 4 目は 2 目交差のロープに置き替えています。

（1 模様＝［20 の倍数＋ 22 目］× 16 段）
全体の SSE：27 目
くり返し範囲の SSE：12.5 目

1 段め（裏面）：* 裏 2、表 2、裏 4、表 2；、* 〜；を最後に 2 目残るまでくり返し、裏 2。
2 段め：*RT、裏 2、表 4、裏 2；、* 〜；を最後に 2 目残るまでくり返し、RT。
3 段めと以降の奇数段（裏面）：表目は表目に、裏目は裏目に編む。
4・6 段め：2 段めをくり返す。
8 段め：RT、* 裏 2、2/2 LC、裏 2、リブの左上 6 目交差；、* 〜；をくり返す。
10・12・14 段め：2 段めをくり返す。
16 段め：* リブの右上 6 目交差、裏 2、2/2 RC、裏 2；、* 〜；を最後に 2 目残るまでくり返し、RT。
1 〜 16 段めをくり返す。

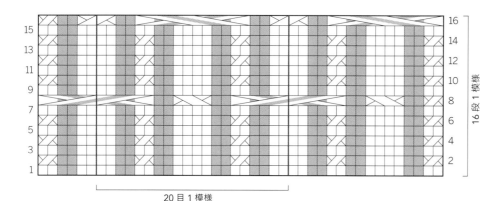

20 目 1 模様

16 段 1 模様

□ 表面で表目、裏面で裏目。　■ 表面で裏目、裏面で表目。

▐ くり返し範囲。

▨ **RT（変わり左上交差）**：左上 2 目一度を編むが左針は抜かず、右針を 1 目めに手前から入れて表目を編み、左針から編み目をはずす。

▨ **2/2 RC（左上 2 目交差）**：CN に 2 目移して編み地の後ろにおき、左針から表 2。CN から表 2。

▨ **2/2 LC（右上 2 目交差）**：CN に 2 目移して編み地の手前におき、左針から表 2。CN から表 2。

▨ **リブの左上 6 目交差**：CN に 6 目移して編み地の後ろにおき、左針から表 2、裏 2、表 2。CN から表 2、裏 2、表 2。

▨ **リブの右上 6 目交差**：CN に 6 目移して編み地の手前におき、左針から表 2、裏 2、表 2。CN から表 2、裏 2、表 2。

Dolled-Up Separates

GROUP 11

ドールドアップセパレート

Dolled-Up Separates は、Dolled Up Share (#108) をコラムごとに切り分け、それによってコラム間にまたがっていたひし形を省いたことで生まれました。O Knot Singles (#94) にもこのテクニックを使用しています。チャート右側の12目は、独立した模様としても使えます。

（1 模様＝［20 の倍数＋ 12 目］× 16 段）
全体の SSE：20 目
くり返し範囲の SSE：13.5 目

1 段め（裏面）：* 裏 2、表 2、裏 4、表 2；、* 〜；を最後に 2 目残るまでくり返し、裏 2。
2 段め：*RT、裏 2、表 4、裏 2；、* 〜；を最後に 2 目残るまでくり返し、RT。
3 段めと以降の奇数段（裏面）：表目は表目に、裏目は裏目に編む。
4・6 段め：2 段めをくり返す。
8 段め：* リブの左上 6 目交差、裏 2、2/2 LC、裏 2；、* 〜；を最後に 12 目残るまでくり返し、リブの左上 6 目交差。
10・12・14 段め：2 段めをくり返す。
16 段め：RT、裏 2、2/2 RC、裏 2、RT、* 裏 2、2/2 LC、裏 2、RT、裏 2、2/2 RC、裏 2、RT；、* 〜；をくり返す。
1 〜 16 段めをくり返す。

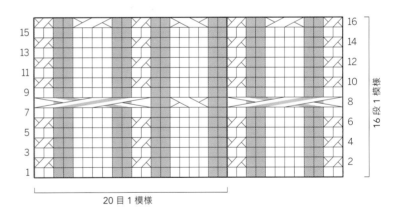

□ 表面で表目、裏面で裏目。　　■ 表面で裏目、裏面で表目。

Ⅰ くり返し範囲。

⊠ **RT（変わり左上交差）**：左上 2 目一度を編むが左針は抜かず、右針を 1 目めに手前から入れて表目を編み、左針から編み目をはずす。

⊠ **2/2 RC（左上 2 目交差）**：CN に 2 目移して編み地の後ろにおき、左針から表 2。CN から表 2。

⊠ **2/2 LC（右上 2 目交差）**：CN に 2 目移して編み地の手前におき、左針から表 2。CN から表 2。

⊠ **リブの左上 6 目交差**：CN に 6 目移して編み地の後ろにおき、左針から表 2、裏 2、表 2。CN から表 2、裏 2、表 2。

⊠ **リブの右上 6 目交差**：CN に 6 目移して編み地の手前におき、左針から表 2、裏 2、表 2。CN から表 2、裏 2、表 2。

Balaclava

バラクラヴァ

Balaclava ／バラクラヴァ

FINISHED MEASUREMENT ／仕上がり寸法
幅：最大 45.5 cm
長さ：56cm

YARN ／糸
Woolfolk の Får (Ovis 21 農場産の最高級メリノ 100%、130 m/50 g) #7 ／4 カセ

NEEDLE ／針
・11 号[US 9(5.5mm)]の 40〜60cm 輪針
・11 号 [US 9(5.5mm)]両先針 1 本
※ゲージが合わない場合は必要に応じて針の号数を変えて調整しましょう。

NOTIONS ／その他の道具
なわ編み針、ステッチマーカー（2 色あると便利）

GAUGE ／ゲージ
28 目 × 24 段(10cm 角、ケーブル模様)
※ゲージを測る前にスチームまたは水通しをしてブロッキングをしましょう。

STITCH PATTERNS ／模様編み
ケーブル模様
Twist Share Lattice (#101)

PATTERN NOTES ／メモ
このバラクラヴァ（フードが長くなったような防寒アイテム）は、裾から胸あて部分を往復編みしながら襟の部分まで編み、そこで左右に分かれます。ここで新しい糸玉をつけてしばらく左右を別々に編んでから、後ろ襟で合わせて再びひと続きに編みながらフードの後部を編み、トップの減目をして最後まで編みます。

🧶 ケーブル模様を変更する場合は P.160 参照。

◎パターン中の略語
PM：Place Marker
→マーカーを入れる
SM：Slip Marker
→マーカーを移す
CN：Cable Needle
→なわ編み針

Balaclava ／バラクラヴァ

123 目作り、胸あて部分を往復に編む。
準備段 1 (裏面)：[表 1、裏 1]を 4 回、表 2、PM、46 目のケーブル模様、PM、表 2、[裏 1、表 1]を 3 回、裏 1、表 2、PM、46 目のケーブル模様、PM、表 2、[裏 1、表 1]を 4 回。
準備段 2：表 2、[裏 1、表 1]を 3 回、裏 2、SM、ケーブル模様、SM、裏 2、[表 1、裏 1]を 3 回、表 1、裏 2、SM、ケーブル模様、SM、裏 2、[表 1、裏 1]を 3 回、表 2。
編み始めから増減なく 23 cm 編み、最後は裏面の段を編む。
※以降も準備段で編んだ模様を続けて編んでいく。

前襟で左右に分ける
1 段め (表面)：2 個のマーカーまで編み、SM、裏 1。（ここまでが左前襟で次の目からが右前襟）新しい糸玉をつけて表 2、[裏 1、表 1]を 3 回、裏 2、SM、最後まで編む。以後は左前襟を元の糸、右前襟を新しい糸で編む。
2 段め：〈右前襟〉2 個のマーカーまで編み、SM、表 2、[裏 1、表 1]を 4 回。〈左前襟〉ニッテッド・キャストオン(★)の方法で 9 目作り、作った目から、[表 1、裏 1]を 4 回、表 2、SM、最後まで編む(左右各 66 目になる)。
3 段め：〈左前襟〉2 個のマーカーまで編み、SM、裏 2、[表 1、裏 1]を 3 回、表 2。〈右前襟〉表 2、[裏 1、表 1]を 3 回、裏 2、SM、最後まで編む。
4 段め：〈右前襟〉2 個のマーカーまで編み、表 2、[裏 1、表 1]を 4 回。〈左前襟〉[表 1、裏 1]を 4 回、表 2、SM、最後まで編む。
左右に分けてから 7.5 cm になるまで編み、最後は表面の段を編む。
編み地は返さずそのままにしておく。

★ニッテッド・キャストオン [Knitted Cast On]：左針の右端の目に表目を編むように右針を入れ、糸をかけて引き出す。引き出してできたループを右側が手前になるように左針に移す。これで 1 目できる。同様にして必要な数の目を作る。

後ろ襟で左右を合わせる
表面を見ながら、右前襟分の 66 目を左針に戻す。これで編み地の中央で左右の針先が突き合わせの状態になる。右前襟端の糸を切る。
次段(裏面)：編み地を返し、左後ろ襟を残り 9 目まで編み、残りの 9 目を両先針に移し、左針先の 9 目(右後ろ襟の端)の手前に重ねて持つ。両先針の 1 目と左針の 1 目を左上 2 目一度、[左針の 1 目と両先針の 1 目を裏目の 2 目一度、両先針の 1 目と左針の 1 目を左上 2 目一度]を 4 回(両先針の目を一緒に編むのはここまで)、裏 1、マーカーを移す、右後ろ襟端の最後まで編む。〈123 目になる〉
左右を合わせてから 12.5 cm になるまで増減なく編み、最後は裏面を編む。

フード部分のシェーピング
メモ：準備段は既存の 4 個のマーカーははずし、シェーピング用に新たに 2 個つけながら編みます。最初の 4 つも使い続ける場合には、追加分のマーカーは違う色のものを使うことをおすすめします。
準備段 (表面)：これまでのマーカーをはずしながら 2 個のマーカーまで編み、裏 2、PM、次のマーカーとの間に 2 目残るまで編む、PM、これまで

のマーカーをはずしながら最後まで編む。

減目段 (裏面)：これまで通りに編みながら最初のマーカーとの間に2目残るまで編む、左上2目一度、SM、次のマーカーまで編む、SM、右上2目一度、最後まで編む。〈2目減〉

続く段：「減目段」を6段ごとに3回、4段ごとに2回、裏面を編むたび (2段ごと) に3回編む。減目段以外は増減なく編む。〈残り105目になる〉

フードトップのシェーピング

減目の1段め (表面)：2個のマーカーまで編む、SM、裏目の左上3目一度、編み地を返す。〈2目減〉

減目の2段め (裏面)：浮き目1、SM、次のマーカーまで編む、SM、右上3目一度、編み地を返す。〈2目減〉

減目の3段め：すべり目1、SM、次のマーカーまで編む、SM、裏目の左上3目一度、編み地を返す。〈2目減〉

続く段：減目の2段めと3段めを22回、そのあと減目の3段めを1回くり返す。〈残り9目になる〉

模様編みをしながらすべての目を伏せる。左襟の編み始めの作り目部分を、表面から見えないように気をつけて裏面にかがる。

好みの方法でブロッキングする。

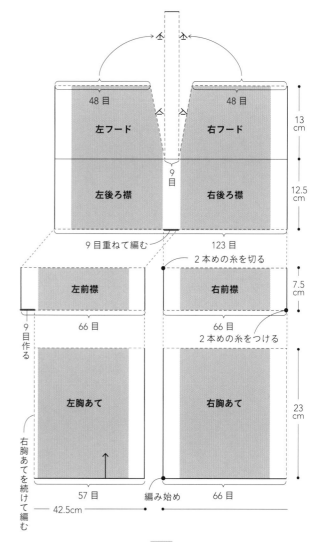

✗ Cable Substitution ／ケーブル模様の置き替え

あらかじめ P.18 の「メリヤス編み換算システム」を読んでおきましょう。

ケーブル模様の選び方

SSE が 31.5 以下のケーブルを選び差分が発生した場合は、裏メリヤス編みで補います。ケーブルパネルの幅を広げることでごまかすこともできますが、増加分は SSE5～6 までにとどめましょう。幅を広げたい場合は、最後に残るセンター部分の目数が9目になるまで「減目の2段めと3段め」をくり返してシェーピングします。

目数が変わる場合

ケーブルの変更により目数が変わるときには、その目数に対応するように作り目数を調整します。この変更は最後の「減目段」をくり返す回数にも影響します。

Wrap / Poncho
ラップ／ポンチョ

**FINISHED MEASUREMENT
／仕上がり寸法**
幅約 38(76) cm、長さ 152.5
(76) cm
※( )内はポンチョの寸法、左
側はラップの寸法。

YARN ／糸
Quince & Co. の Owl (アメリ
カンウール 50%・アルパカ
50%、110m/50g) Abyssinian
／10 カセ

NEEDLE ／針
・8 号 [US 7 (4.5mm)] 棒針
※ゲージが合わない場合は必
要に応じて針の号数を変えて
調整しましょう。

NOTIONS ／その他の道具
なわ編み針、かぎ針 7/0 号
[US G-6 (4mm)]

GAUGE ／ゲージ
① 20 目 × 28 段 (10cm 角、
メリヤス編み)
② 30 目 × 30 段 (10cm 角・
ケーブル B)
※ゲージを測る前にスチーム
または水通しをしてブロッキ
ングをしましょう。

**STITCH PATTERNS ／
模様編み**
ケーブル模様
A：Basic Flat Braid (#12)
B：Ribbon Weave (#96)

⊗ ケーブル模様を変更する
場合は P.163 参照。

◎パターン中の略語
CN：Cable Needle
→なわ編み針

Wrap／ラップ

113 目作る。

1 段め（裏面）：浮き目 2（糸を手前において右針に 2 目移す）、表 2、8 目の
ケーブル A、表 1、87 目のケーブル B、表 1、残り 4 目までケーブル A、表 2、
裏 2。

2 段め：すべり目 2（糸を後ろにおいて右針に 2 目移す）、裏 2、ケーブル
A、裏 1、ケーブル B、裏 1、ケーブル A、裏 2、表 2。

長さが約 152.5 cm になるまで増減なく編み、最後はケーブル B の 4 段め
で終わる。

伏せ止めの段（表面）：中上 3 目一度、残り 2 目までパターン通りに編みな
がら伏せ止め、裏目の 2 目一度、残りの目を止める。

Finishing／仕上げ

スチームをあてるか水通しをして、寸法に合わせてブロッキングする。

For Poncho Variation／ポンチョにアレンジ

編み地を縦半分に折り、片方の端を外表に合わせる。

下端から約 15cm のところ〜折り目から 35.5 cm 下がったところ（襟ぐりの
あき止まり）を、かぎ針で次のようにしてとじる（引き抜きとじ）。

スリップノットを作ってかぎ針の針先にのせ、* 両方の編み地の端から 3
目め（端のすべり目の内側）に針先を入れ、針先に糸をかけて引き抜く；。*
〜；をくり返して襟ぐりのあき止まりまでとじ、最後はかぎ針に残った目
から糸を引き抜いて終わる。

※とじ部分が伸びたりつれたりしないよう、必要に応じて途中で段をとば
し、編み地の長さに合わせてとじます。

---

8 Cable Substitution／ケーブル模様の置き替え

あらかじめ P.18 の「メリヤス編み換算システム」を読んでおきましょう。

ケーブル模様の選び方

ラップのバランスを保つには、ケーブルのパネルが（ケーブルの間にはさ
む編み目を含めて）SSE 80 から 110 に納まるようにしましょう。段の最初
と最後の 4 目はパターン通りに編みます。もし幅がせまくなってしまって
も、スカーフとして使えます。

目数が変わる場合

ケーブルを変更して目数が変わる場合、作り目の数も調整しましょう。

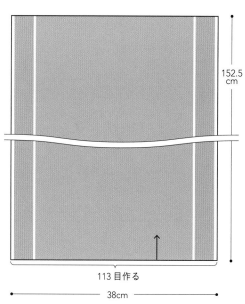

152.5 cm

113 目作る

38cm

■ ケーブル A（8 目のパネル）
■ ケーブル B（87 目のパネル）

Chapter **5**

Finding Motifs

モチーフを探して

ケーブル模様を眺めていると、ラインやカーブによって面白いモチーフができていることに気づきます。このようなモチーフが新たなケーブル模様のベースとなり、さらには新たなケーブルのシリーズに発展することも珍しくありません。

私は20年以上前からFave（フェイブ）（お気に入り）と呼んでいるモチーフをテーマに創作しています。

Faveを単独で編んだ場合はそれほど際立った印象はないのですが、新たな模様の創作においては魅力的で効果的な要素となっています。こうしたモチーフは本章のすべての模様に使っているわけではありませんが、多くの模様のベースとなっています。

Introducing Fave
フェイブのご紹介

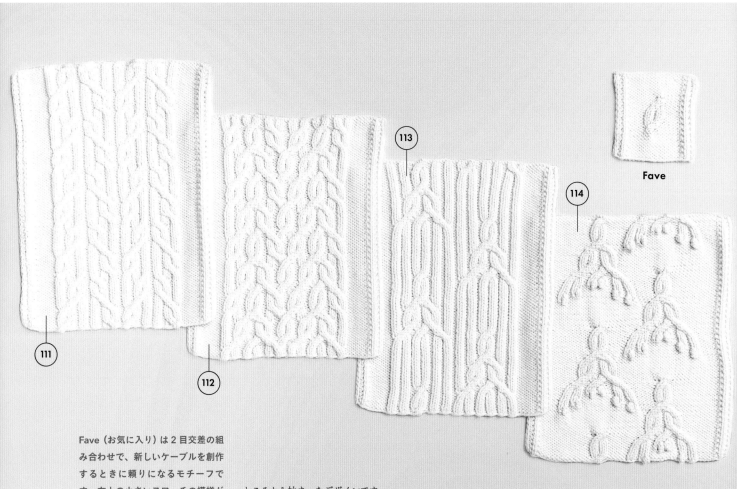

111

112

113

114

Fave

Fave（お気に入り）は2目交差の組み合わせで、新しいケーブルを創作するときに頼りになるモチーフです。右上の小さいスワッチの模様が
Fave です。
(フェイブ)

Fave の下側の斜線は交差を2回編むことででき、3段後に再び交差を2回編むと、上側の斜線ができます。左上交差を編むとモチーフは右方向に、右上交差では左方向に傾きます。写真の4種類のケーブルはどれも「グループ1」に分類しているもので、一見まったくちがった模様に見えますが、どれも Fave を展開する

ところから始まったデザインです。
INCLINE FAVE（#111） は同方向に斜行する Fave モチーフをふたつ重ねています。
Incline Fave から **FUSION（#112）** に展開するときには、新たに交差を追加しました。
RIB BLOSSOM（#113） は Fusion から見出したモチーフを展開させたものです。
そして Rib Blossom でモチーフ同士をつないでいるリブ編みを裏メリヤ

ス編みに置き替え、モチーフの土台となる部分に小さいノットを編むことで、**WEEPING BLOSSOM（#114）** ができました。この一連の流れから、私が Fave の展開をこよなく愛していることを、おわかりいただけますよね？

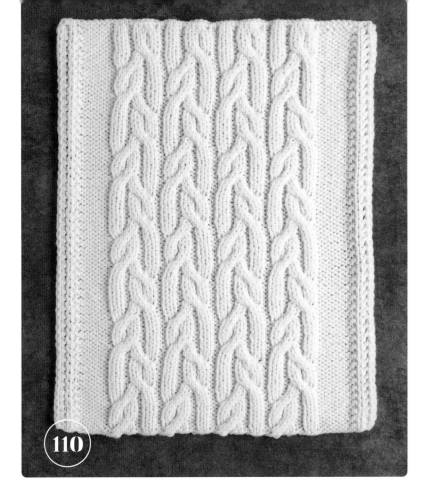

(110)

To & Fro Fave GROUP 1

トゥーアンドフロウフェイブ

この模様では2目ゴム編みからFaveを展開しています。交差が左上の
ときはモチーフが右に向かい、右上のときは左に向かいます。それぞれ
のコラムではFaveを左右交互に配置しています。このパネルではコラ
ムを4回くり返しています。

(1模様＝[12の倍数＋10目]×20
段)
全体のSSE：15目
くり返し範囲のSSE：8.5目
10目のコラム1本分のSSE：6.5目

1段め（裏面）：裏2、*表2、裏2；、
*〜；を最後までくり返す。
2段め：表2、裏2、表2、2/2 RC、
*[裏2、表2]を2回、2/2 RC；、
*〜；を最後までくり返す。
3段めと以降の奇数段（裏面）：表目
は表目に、裏目は裏目に編む。
4段め：表2、裏2、2/2 RPC、*[表
2、裏2]を2回、2/2 RPC；、*〜；
を2目残るまでくり返し、表2。

6段め：3段めと同様に編む。
8段め：2段めをくり返す。
10段め：4段めをくり返す。
12段め：2/2 LC、*[表2、裏2]を2
回、2/2 LC；、*〜；を6目残るま
でくり返し、表2、裏2、表2。
14段め：表2、2/2 LPC、*[裏2、
表2]を2回、2/2 LPC；、*〜；を
4目残るまでくり返し、裏2、表2。
16段め：3段めと同様に編む。
18段め：12段めをくり返す。
20段め：14段めをくり返す。
1〜20段めをくり返す。

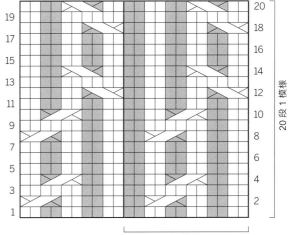

12目1模様

□ 表面で表目、裏面で裏目。

▨ 表面で裏目、裏面で表目。

| くり返し範囲。

2/2 RC（左上2目交差）：CNに2目移して編み地の後ろにおき、
左針から表2。CNから表2。

2/2 LC（右上2目交差）：CNに2目移して編み地の手前におき、
左針から表2。CNから表2。

2/2 RPC（左上2目交差（下側が裏目））：CNに2目移して編み地
の後ろにおき、左針から表2。CNから裏2。

2/2 LPC（右上2目交差（下側が裏目））：CNに2目移して編み地
の手前におき、左針から裏2。CNから表2。

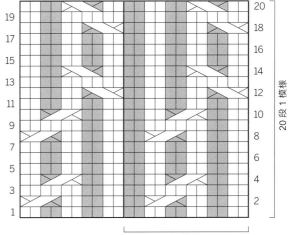

Finding Motifs

167

Incline Fave　GROUP 1
インクラインフェイブ

To & Fro Fave（#110）と同じように、2目ゴム編みから Fave を展開しています。ここではモチーフが 2 模様連続して同じ方向に傾き、模様が次の模様へ直接つながります。このパネルも 4 本のコラムで構成していますが、今回は同じコラムではなく 2 本ずつ左右対称になっています。このため全体を見ると、水平方向にジグザグのラインができます。

（1 模様＝[24 の倍数 +22 目] × 20 段）
全体の SSE：32 目
くり返し範囲の SSE：17 目
10 目のコラム 1 本分の SSE：6.5 目

1 段め（裏面）：裏 2、＊表 2、裏 2；、＊〜；を最後までくり返す。
2 段め：2/2 LC、表 2、[裏 2、裏 2]を 3 回、2/2 RC、＊表 2、2/2 LC、表 2、[裏 2、表 2]を 3 回、2/2 RC；、＊〜；を最後までくり返す。
3 段めと以降の奇数段（裏面）：表目は表目に、裏目は裏目に編む。
4 段め：表 2、2/2 LPC、裏 2、[表 2、裏 2]を 2 回、2/2 RPC、＊表 2、裏 2、表 2、2/2 LPC、裏 2、[表 2、表 2]を 2 回、2/2 RPC；、＊〜；を 2 目残るまでくり返し、表 2。

6 段め：3 段めと同様に編む。
8 段め：2 段めをくり返す。
10 段め：4 段めをくり返す。
12 段め：表 2、裏 2、2/2 LC、表 2、裏 2、表 2、2/2 RC、＊裏 2、[表 2、裏 2]を 2 回、2/2 LC、表 2、裏 2、表 2、2/2 RC；、＊〜；を 4 目残るまでくり返し、裏 2、表 2。
14 段め：表 2、裏 2、表 2、2/2 LPC、裏 2、2/2 RPC、＊表 2、[裏 2、表 2]を 3 回、2/2 LPC、裏 2、2/2 RPC；、＊〜；を 6 目残るまでくり返し、表 2、裏 2、表 2。
16 段め：3 段めと同様に編む。
18 段め：12 段めをくり返す。
20 段め：14 段めをくり返す。
1 〜 20 段めをくり返す。

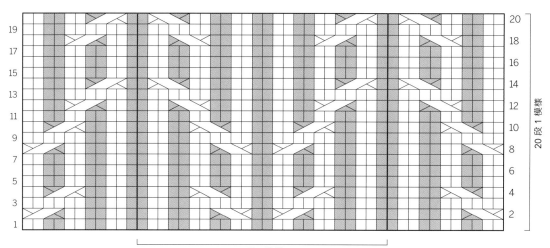

24 目 1 模様

□ 表面で表目、裏面で裏目。

▨ 表面で裏目、裏面で表目。

| くり返し範囲。

▱ **2/2 RC（左上 2 目交差）：**CN に 2 目移して編み地の後ろにおき、左針から表 2。CN から表 2。
▱ **2/2 LC（右上 2 目交差）：**CN に 2 目移して編み地の手前におき、左針から表 2。CN から表 2。
▱ **2/2 RPC（左上 2 目交差（下側が裏目））：**CN に 2 目移して編み地の後ろにおき、左針から表 2。CN から裏 2。
▱ **2/2 LPC（右上 2 目交差（下側が裏目））：**CN に 2 目移して編み地の手前におき、左針から裏 2。CN から表 2。

(112)

Fusion GROUP 1

フュージョン

「編み目をはさむ交差」をいくつか加えることで、Incline Fave（#111）の 4 本のコラムがこのようなひとつのパネルに結合しています。

（1 模様＝[24 の倍数＋ 22 目]× 20 段）

全体の SSE：30 目

くり返し範囲の SSE：15 目

1 段め（裏面）：裏 2、＊表 2、裏 2；、＊〜；を最後までくり返す。

2・3 段めと以降の奇数段（奇数段は裏面）：表目は表目に、裏目は裏目に編む。

4 段め：2/2 LC、表 2、[裏 2、表 2] を 3 回、2/2 RC、＊裏 2、2/2 LC、表 2、[裏 2、表 2] を 3 回、2/2 RC；、＊〜；を最後までくり返す。

6 段め：表 2、2/2 LPC、裏 2、2/2/2 RPC、裏 2、2/2 RPC、＊表 2、裏 2、表 2、2/2 LPC、裏 2、2/2/2 RPC、裏 2、2/2 RPC；、＊〜；を 2 目残るまでくり返し、表 2。

8 段め：表 2、裏 2、2/2 LC、表 2、裏 2、表 2、2/2 RC、＊裏 2、2/2/2 RPC、裏 2、2/2 LC、表 2、裏 2、表 2、2/2 RC；、＊〜；を 4 目残るまでくり返し、裏 2、表 2。

10 段め：表 2、裏 2、表 2、2/2 LPC、裏 2、2/2 RPC、＊表 2、[裏 2、表 2]

を 3 回、2/2 LPC、裏 2、2/2 RPC；、＊〜；を 6 目残るまでくり返し、表 2、裏 2、表 2。

12 段め：2 段めと同様に編む。

14 段め：表 2、裏 2、2/2 LC、表 2、裏 2、表 2、2/2 RC、＊裏 2、[表 2、裏 2] を 2 回、2/2 LC、表 2、裏 2、表 2、2/2 RC；、＊〜；を 4 目残るまでくり返し、裏 2、表 2。

16 段め：表 2、裏 2、表 2、2/2 LPC、裏 2、2/2 RPC、＊表 2、裏 2、2/2/2 RPC、裏 2、表 2、2/2 LPC、裏 2、2/2/2 RPC；、＊〜；を 6 目残るまでくり返し、表 2、裏 2、表 2。

18 段め：2/2 LC、表 2、裏 2、2/2/2 RPC、裏 2、表 2、2/2 RC、＊裏 2、2/2 LC、表 2、裏 2、2/2/2 RPC、裏 2、表 2、2/2 RC；、＊〜；を最後までくり返す。

20 段め：表 2、2/2 LPC、裏 2、[表 2、裏 2] を 2 回、2/2 RPC、＊表 2、裏 2、表 2、2/2 LPC、裏 2、[表 2、裏 2] を 2 回、2/2 RPC；、＊〜；を 2 目残るまでくり返し、表 2。

1 〜 20 段めをくり返す。

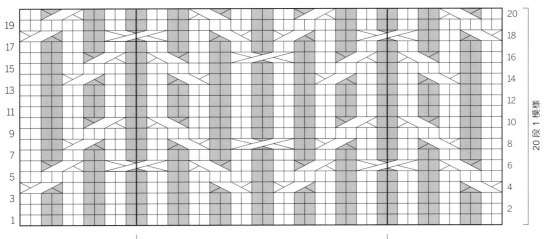

24 目 1 模様

20 段 1 模様

□ 表面で表目、裏面で裏目。

▨ 表面で裏目、裏面で表目。

| くり返し範囲。

2/2 RC（左上 2 目交差）：CN に 2 目移して編み地の後ろにおき、左針から表 2。CN から表 2。

2/2 LC（右上 2 目交差）：CN に 2 目移して編み地の手前におき、左針から表 2。CN から表 2。

2/2 RPC（左上 2 目交差（下側が裏目））：CN に 2 目移して編み地の後ろにおき、左針から表 2。CN から裏 2。

2/2 LPC（右上 2 目交差（下側が裏目））：CN に 2 目移して編み地の手前におき、左針から裏 2。CN から表 2。

2/2/2 RPC（左上 2 目交差（間に裏目 2 目））：CN に 4 目移して編み地の後ろにおき、左針から表 2。CN の左端の 2 目を左針に戻して裏 2。CN から表 2。

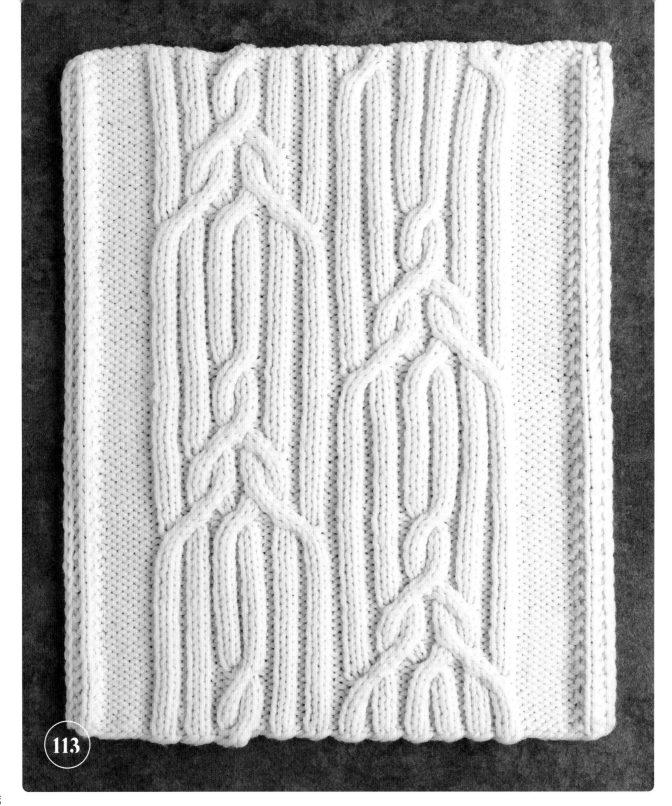

Rib Blossom

リブブロッサム

GROUP 1

Fusion (#112) の交差をいくつか取り除くことで、動きのある総柄から落ち着いた Rib Blossom に変わり、リブ編み部分が広がります。

（1 模様＝ 46 目 × 40 段）
SSE：31 目

1 段め（裏面）：裏 2、［表 2、裏 2］を 11 回。

2 段め：［表 2、裏 2］を 8 回、2/2/2 RPC、［裏 2、表 2］を 2 回。

3 段めと以降の奇数段（裏面）：表目は表目に、裏目は裏目に編む。

4・6 段め：3 段めと同様に編む。

8 段め：2/2 LC、表 2、［裏 2、表 2］を 3 回、2/2 RC、［裏 2、表 2］を 6 回。

10 段め：表 2、2/2 LPC、表 2、2/2/2 RPC、裏 2、2/2 RPC、［表 2、裏 2］を 3 回、2/2/2 RPC、［裏 2、表 2］を 2 回。

12 段め：表 2、裏 2、2/2 LC、表 2、裏 2、表 2、2/2 RC、［裏 2、表 2］を 7 回。

14 段め：表 2、裏 2、表 2、2/2 LPC、裏 2、2/2 RPC、表 2、［裏 2、表 2］を 7 回。

16 段め：3 段めと同様に編む。

18 段め：12 段めをくり返す。

20 段め：14 段めをくり返す。

22 段め：［表 2、裏 2］を 2 回、2/2/2 RPC、［裏 2、表 2］を 8 回。

24・26 段め：3 段めと同様に編む。

28 段め：［表 2、裏 2］を 6 回、2/2 LC、表 2、［裏 2、表 2］を 3 回、2/2 RC。

30 段め：［表 2、裏 2］を 2 回、2/2/2 RPC、［裏 2、表 2］を 3 回、2/2 LPC、裏 2、2/2/2 RPC、裏 2、2/2 RPC、表 2。

32 段め：［表 2、裏 2］を 7 回、2/2 LC、表 2、裏 2、表 2、2/2 RC、裏 2、表 2。

34 段め：表 2、［裏 2、表 2］を 7 回、2/2 LPC、裏 2、2/2 RPC、表 2、裏 2、表 2。

36 段め：3 段めと同様に編む。

38 段め：32 段めをくり返す。

40 段め：34 段めをくり返す。

1 〜 40 段めをくり返す。

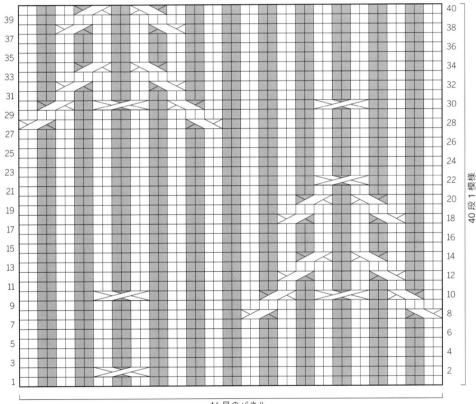

40 段 1 模様

46 目のパネル

□　表面で表目、裏面で裏目。

▨　表面で裏目、裏面で表目。

▨▨ **2/2 RC（左上 2 目交差）**：CN に 2 目移して編み地の後ろにおき、左針から表 2。CN から表 2。

▨▨ **2/2 LC（右上 2 目交差）**：CN に 2 目移して編み地の手前におき、左針から表 2。CN から表 2。

▨▨ **2/2 RPC（左上 2 目交差（下側が裏目））**：CN に 2 目移して編み地の後ろにおき、左針から表 2。CN から裏 2。

▨▨ **2/2 LPC（右上 2 目交差（下側が裏目））**：CN に 2 目移して編み地の手前におき、左針から裏 2。CN から表 2。

▨▨ **2/2/2 RPC（左上 2 目交差（間に裏目 2 目））**：CN に 4 目移して編み地の後ろにおき、左針から表 2。CN の左端の 2 目を左針に戻して裏 2。CN から表 2。

Weeping Blossom

ウィービングブロッサム

GROUP 1

Rib Blossom (#113) に、リブ編み部分をなくし、ノットを加えるというふたつの変更を加えるだけで、この Weeping Blossom になります。リブ編みをなくしたことで模様の下にゆとりが生まれ、広がり丸みを帯びたように見えます。小ぶりなノットを加えることで、枝垂れ部分に自然な終点を作ることができます。

（1 模様＝ 42 目× 40 段）
SSE：33 目

1 段め (裏面)：表 8、裏 2、表 2、裏 2、表 6、裏 2、表 18、裏 2。
2 段め：表 2、裏 2、表 1、MK、裏 10、MK、表 1、裏 2、表 2、裏 6、2/2/2 RPC、裏 8。
3 ～ 5 段め：表目は表目に、裏目を裏目に編む（ノットの次段は裏目に編む）。
6 段め：[表 2、裏 2] を 2 回、表 1、MK、裏 2、MK、表 1、[裏 2、表 2] を 2 回、裏 6、表 2、裏 2、表 2、裏 8。
7 段め：3 段めと同様に編む。
8 段め：2/2 LPC、表 2、[裏 2、表 2] を 3 回、2/2 RPC、裏 6、表 2、裏 2、表 2、裏 8。
9 段め：3 段めと同様に編む。
10 段め：裏 2、2/2 LPC、裏 2、[表 2、裏 2] を 2 回、2/2 RPC、裏 8、2/2/2 RPC、裏 8。
11 段め：表 24、裏 2、[表 2、裏 2] を 3 回、表 4。
12 段め：裏 4、2/2 LC、2/2/2 RPC、2/2 RC、裏 24。
13 段め：3 段めと同様に編む。
14 段め：裏 4、表 2、2/2 LPC、裏 2、2/2 RPC、表 2、裏 24。
15 ～ 17 段め：3 段めと同様に編む。
18 段め：裏 4、2/2 LPC、表 2、裏 2、表 2、2/2 RPC、裏 24。
19 段め：3 段めと同様に編む。
20 段め：裏 6、2/2 LPC、裏 2、2/2 RPC、裏 4、表 1、MK、裏 18、MK、表 1。
21 段め：3 段めと同様に編む。
22 段め：裏 8、2/2/2 RPC、裏 6、表 2、裏 2、表 1、MK、裏 10、MK、表 1、裏 2、表 2。
23 ～ 25 段め：3 段めと同様に編む。
26 段め：裏 8、表 2、裏 2、表 2、裏 6、[表 2、裏 2] を 2 回、表 1、MK、裏 2、MK、表 1、[裏 2、表 2] を 2 回。
27 段め：裏 2、[表 2、裏 2] を 5 回、表 6、裏 2、表 2、裏 8。
28 段め：裏 8、表 2、裏 2、表 2、裏 6、2/2 LPC、表 2、[裏 2、表 2] を 3 回、2/2 RPC。
29 段め：3 段めと同様に編む。
30 段め：裏 8、2/2/2 RPC、裏 8、2/2 LPC、裏 2、[表 2、裏 2] を 2 回、2/2 RPC、裏 2。
31 段め：表 4、裏 2、[表 2、裏 2] を 3 回、表 24。
32 段め：裏 24、2/2 LC、2/2/2 RPC、2/2 RC、裏 4。
33 段め：3 段めと同様に編む。
34 段め：裏 24、表 2、2/2 LPC、裏 2、2/2 RPC、表 2、裏 4。
35 ～ 37 段め：3 段めと同様に編む。
38 段め：裏 24、2/2 LPC、表 2、裏 2、2/2 RPC、裏 4。

39 段め：3 段めと同様に編む。
40 段め：表 1、MK、裏 18、MK、表 1、裏 4、2/2 LPC、裏 2、2/2 RPC、裏 6。
1 ～ 40 段めをくり返す。

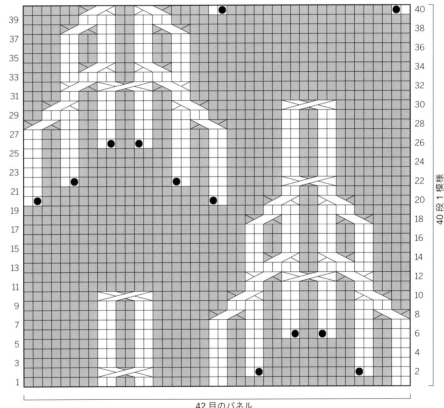

40 段 1 模様

42 目のパネル

□ 表面で表目、裏面で裏目。

▨ 表面で裏目、裏面で表目。

● **MK（make knot ／ノットを作る）**：1 目に「表目、表目のねじり目」を 2 回編んで 4 目編み出し、この 4 目を左針に戻し、表 4、右針にできた 4 目の右側の 3 目を左端の目にかぶせて 1 目に戻す。

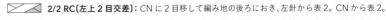 **2/2 RC（左上 2 目交差）**：CN に 2 目移して編み地の後ろにおき、左針から表 2。CN から表 2。

2/2 LC（右上 2 目交差）：CN に 2 目移して編み地の手前におき、左針から表 2。CN から表 2。

2/2 RPC（左上 2 目交差（下側が裏目））：CN に 2 目移して編み地の後ろにおき、左針から表 2。CN から裏 2。

2/2 LPC（右上 2 目交差（下側が裏目））：CN に 2 目移して編み地の手前におき、左針から裏 2。CN から表 2。

 **2/2/2 RPC（左上 2 目交差（間に裏目 2 目））**：CN に 4 目移して編み地の後ろにおき、左針から表 2。CN の左端の 2 目を左針に戻して裏 2。CN から表 2。

Finding Motifs

173

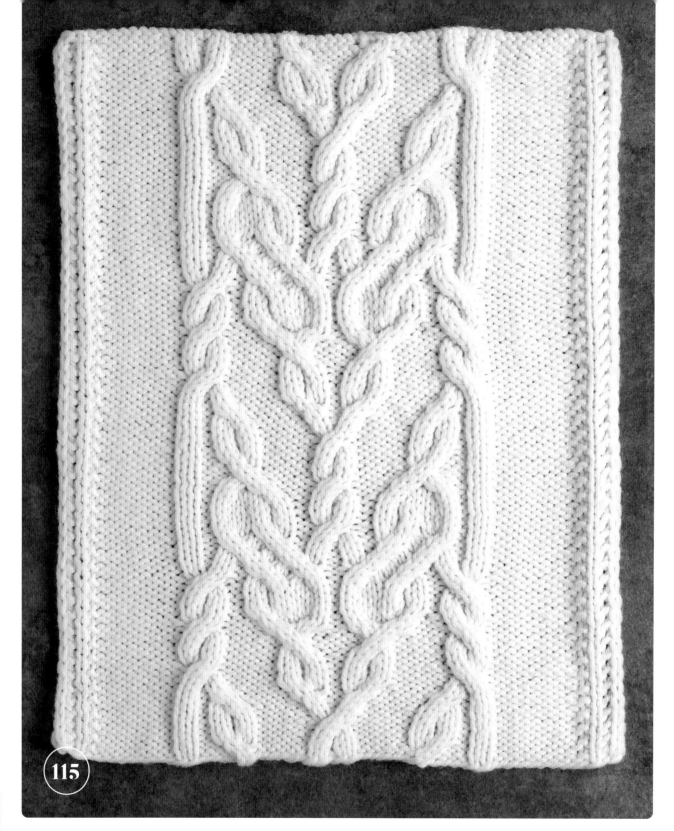

Cruller Chevron

クルーラーシェブロン

GROUP 1

Cruller Chevron は Incline Fave（#111）に装飾性を加えて展開しています。斜めのラインが合わさって華麗な S 字型のような新たなモチーフを作り出します。モチーフは左右対称に配置し、リブ編みと「編み目をはさむ交差」を組み合わせています。この新たなクルーラー（ねじりドーナツ）モチーフは、Chapter 6 の Diverge（#150）にも使っています。

（1 模様＝ 38 目× 40 段）
SSE：26 目

1 段め（裏面）：裏 2、表 4、裏 4、表 6、裏 2、表 2、裏 2、表 6、裏 4、表 4、裏 2。

2 段め：表 2、裏 4、2/2 RC、裏 6、表 2、裏 2、表 2、裏 6、2/2 LC、裏 4、表 2。

3 段めと以降の奇数段（裏面）：表目は表目に、裏目は裏目に編む。

4 段め：表 2、裏 2、2/2 RPC、表 2、裏 6、表 2、裏 2、表 2、裏 6、表 2、2/2 LPC、裏 2、表 2。

6 段め：表 2、[裏 2、表 2]を 2 回、裏 6、2/2/2 RPC、裏 6、表 2、[裏 2、表 2]を 2 回。

8 段め：表 2、裏 2、表 2、2/2 RPC、裏 6、表 2、裏 2、表 2、裏 6、2/2 LPC、表 2、裏 2、表 2。

10 段め：表 2、裏 2、2/2 RPC、裏 6、2/2 RC、裏 2、2/2 LC、裏 6、2/2 LPC、裏 2、表 2。

12 段め：表 2、裏 2、表 2、2/2 RPC、裏 6、表 2、裏 2、表 2、2/2 LPC、裏 6、表 2、裏 2、表 2。

14 段め：2/2/2 LPC、裏 6、表 2、[裏 2、表 2]を 3 回、裏 6、2/2/2 RPC。

16 段め：表 2、裏 2、表 2、裏 6、表 2、2/2 RPC、裏 2、2/2 LPC、表 2、裏 6、表 2、裏 2、表 2。

18 段め：表 2、裏 2、表 2、裏 6、2/2 RC、裏 6、2/2 LC、裏 6、表 2、裏 2、表 2。

20 段め：2/2/2 LPC、裏 6、2/2 RC、2/2 LC、裏 2、2/2 RC、2/2 LC、裏 4、2/2/2 RPC。

22 段め：[表 2、裏 2]を 2 回、2/2 RPC、表 6、裏 2、表 6、2/2 LPC、[裏 2、表 2]を 2 回。

24 段め：3 段めと同様に編む。

26 段め：2/2/2 LPC、裏 2、表 2、2/2 RC、表 4、裏 2、表 4、2/2 LC、表 2、裏 2、2/2/2 RPC。

28 段め：[表 2、裏 2]を 2 回、2/2 RC、表 2、2/2 RC、裏 2、2/2 RC、表 2、2/2 LC、[裏 2、表 2]を 2 回。

30 段め：表 2、裏 2、表 2、2/2 RC、表 2、2/2 RPC、表 2、裏 2、表 2、2/2 LPC、表 2、2/2 LC、表 2、裏 2、表 2。

32 段め：表 2、裏 2、2/2 RC、表 2、2/2 RC、裏 2、[表 2、裏 2]を 2 回、2/2 LC、表 2、2/2 LC、裏 2、表 2。

34 段め：表 2、裏 2、表 4、2/2 RPC、表 2、裏 2、2/2/2 RPC、裏 2、表 2、2/2 LPC、表 4、裏 2、表 2。

36 段め：3 段めと同様に編む。

38 段め：表 2、裏 2、表 6、2/2 RPC、裏 2、[表 2、裏 2]を 2 回、2/2 LPC、表 6、裏 2、表 2。

40 段め：表 2、裏 2、2/2 LPC、2/2 RPC、裏 4、2/2/2 RPC、裏 4、2/2 LPC、2/2 RPC、裏 2、表 2。
1 ～ 40 段めをくり返す。

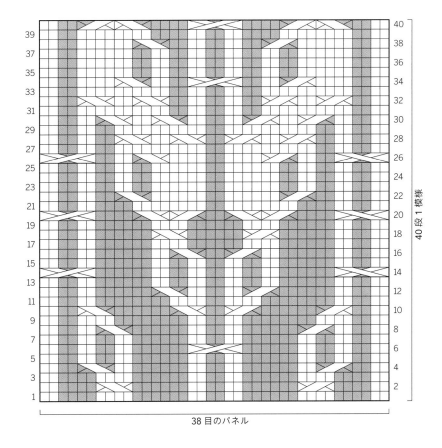

38 目のパネル

40 段 1 模様

□ 表面で表目、裏面で裏目。

▨ 表面で裏目、裏面で表目。

⬜⬜ OR ⬜⬜ **2/2 RC（左上 2 目交差）**：CN に 2 目移して編み地の後ろにおき、左針から表 2。CN から表 2。

⬜⬜ OR ⬜⬜ **2/2 LC（右上 2 目交差）**：CN に 2 目移して編み地の手前におき、左針から表 2。CN から表 2。

⬜⬜ OR ⬜⬜ **2/2 RPC（左上 2 目交差（下側が裏目））**：CN に 2 目移して編み地の後ろにおき、左針から表 2。CN から裏 2。

⬜⬜ OR ⬜⬜ **2/2 LPC（右上 2 目交差（下側が裏目））**：CN に 2 目移して編み地の手前におき、左針から裏 2。CN から表 2。

⬜⬜ **2/2/2 RPC（左上 2 目交差（間に裏目 2 目））**：CN に 4 目移して編み地の後ろにおき、左針から表 2。CN の右端の 2 目を左針に戻して裏 2。CN から表 2。

⬜⬜ **2/2/2 LPC（右上 2 目交差（間に裏目 2 目））**：CN に 4 目移して編み地の手前におき、左針から表 2。CN の左端の 2 目を左針に戻して裏 2。CN から表 2。

Left Bias Weave　GROUP 2

レフトバイアスウィーブ

Left Bias Weave は左方向に傾く Fave モチーフを、反対方向に伸びる斜めのラインでつないでいます。結果としてバイアスチェック柄のような模様になります。

（1 模様＝ 46 目× 26 段）

SSE：30 目

1 段め（裏面）：裏 2、表 2、裏 2、表 6、裏 6、表 2、裏 6、表 6、裏 2、表 2、裏 2、表 6、裏 2。

2 段め：2/2 LC、裏 4、2/2 LPC、表 2、裏 6、表 2、2/2 LPC、裏 2、表 2、2/2 LPC、裏 6、表 2、裏 2、表 2。

3 段めと以降の奇数段（裏面）：表目は表目に、裏目は裏目に編む。

4 段め：表 2、[2/2 LPC、裏 4] を 2 回、2/2 RC、裏 2、表 2、2/2 RPC、裏 2、2/2 LC、裏 4、2/2 LPC、表 2。

6 段め：表 2、裏 2、表 2、裏 6、[2/2 LC、2/2 RPC] を 2 回、裏 4、表 2、2/2 LPC、裏 4、2/2 LPC。

8 段め：2/2 LPC、裏 2、表 2、裏 6、表 2、2/2 LPC、裏 2、表 2、2/2 LPC、裏 6、表 2、裏 2、表 2、裏 6、表 2。

10 段め：裏 2、2/2 LPC、裏 4、2/2 RC、裏 2、表 2、2/2 RPC、裏 2、2/2 LC、裏 4、2/2 LPC、表 2、裏 6、表 2。

12 段め：裏 4、[2/2 LC、2/2 RPC] を 2 回、裏 4、表 2、[2/2 LPC、裏 4] を 2 回、2/2 RC。

14 段め：裏 4、表 2、2/2 LPC、裏 2、表 2、2/2 LPC、表 6、裏 2、表 2、裏 2、裏 6、2/2 LC、2/2 RPC、表 2。

16 段め：裏 2、2/2 RC、表 2、表 2、2/2 RPC、裏 2、2/2 LC、裏 4、2/2 LPC、表 2、裏 6、表 2、2/2 LPC、裏 2、表 2。

18 段 め：2/2 RPC、2/2 LC、2/2 RPC、裏 4、表 2、[2/2 LPC、裏 4] を 2 回、2/2 RC、裏 2、表 2、2/2 RPC。

20 段め：表 2、裏 2、表 2、2/2 LPC、裏 6、表 2、裏 2、表 2、裏 6、[2/2 LC、2/2 RPC] を 2 回、裏 2。

22 段め：表 2、2/2 RPC、裏 2、2/2 LC、裏 4、2/2 LPC、表 2、裏 6、表 2、2/2 LPC、裏 2、表 2、2/2 LPC、裏 4。

24 段め：2/2 RPC、裏 4、表 2、[2/2 LPC、裏 4] を 2 回、2/2 RC、裏 2、表 2、2/2 LC、裏 2、2/2 RPC。

26 段め：表 2、裏 6、表 2、裏 2、表 2、裏 6、[2/2 LC、2/2 RPC] を 2 回、裏 4、表 2、2/2 LPC。

1 ～ 26 段めをくり返す。

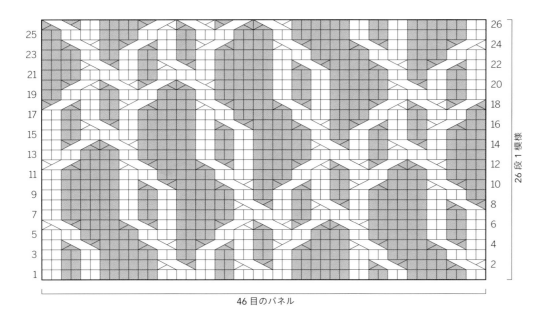

46 目のパネル

- □ 表面で表目、裏面で裏目。
- ▨ 表面で裏目、裏面で表目。
- **2/2 RC（左上 2 目交差）：**CN に 2 目移して編み地の後ろにおき、左針から表 2。CN から表 2。
- **2/2 LC（右上 2 目交差）：**CN に 2 目移して編み地の手前におき、左針から表 2。CN から表 2。
- OR **2/2 RPC（左上 2 目交差（下側が裏目））：**CN に 2 目移して編み地の後ろにおき、左針から表 2。CN から裏 2。
- OR **2/2 LPC（右上 2 目交差（下側が裏目））：**CN に 2 目移して編み地の手前におき、左針から裏 2。CN から表 2。

(117)

Right Bias Weave GROUP 2

ライトバイアスウィーブ

Right Bias Weave は、Left Bias Weave（#116）を反転させた模様です。

（1 模様＝ 46 目× 26 段）
SSE：30 目

1 段め（裏面）：裏 2、表 6、裏 2、表 2、裏 2、表 6、裏 6、表 2、裏 6、表 6、裏 2、表 2、裏 2。

2 段め：表 2、裏 2、表 2、裏 6、2/2 RPC、表 2、裏 2、2/2 RPC、表 2、裏 6、表 2、2/2 RPC、裏 4、2/2 RC。

3 段めと以降の奇数段（裏面）：表目は表目に、裏目は裏目に編む。

4 段め：表 2、2/2 RPC、裏 4、2/2 RC、裏 2、2/2 LPC、表 2、裏 2、2/2 LC、[裏 4、2/2 RPC] を 2 回、表 2。

6 段め：2/2 RPC、裏 4、2/2 RPC、表 2、裏 4、[2/2 LPC、2/2 RC] を 2 回、裏 6、表 2、表 2。

8 段め：表 2、裏 6、表 2、裏 2、表 2、裏 6、2/2 RPC、表 2、裏 2、2/2 RPC、表 2、裏 6、表 2、2/2 RPC。

10 段め：表 2、裏 6、表 2、2/2 RPC、裏 4、2/2 RC、裏 2、2/2 LPC、表 2、裏 2、2/2 LC、裏 4、2/2 RPC、裏 2。

12 段め：2/2 LC、裏 4、2/2 RPC、裏 4、2/2 RPC、表 2、裏 4、[2/2 LPC、2/2 RC] を 2 回、裏 4。

14 段め：表 2、2/2 LPC、2/2 RC、裏 6、表 2、裏 2、表 2、裏 6、2/2 RPC、表 2、裏 2、2/2 RPC、表 2、裏 4。

16 段め：表 2、裏 2、2/2 RPC、表 2、裏 6、表 2、2/2 RPC、裏 4、2/2 RC、裏 2、2/2 LPC、表 2、表 2、2/2 LC、裏 2。

18 段め：2/2 LPC、表 2、裏 2、2/2 LC、[裏 4、2/2 RPC] を 2 回、表 2、裏 4、2/2 LPC、2/2 RC、裏 2、2/2 RPC、表 2。

20 段め：裏 2、[2/2 LPC、2/2 RC] を 2 回、裏 6、表 2、表 2、裏 6、2/2 RPC、表 2、裏 2、表 2。

22 段め：裏 4、2/2 RPC、表 2、裏 2、2/2 RPC、表 2、裏 6、表 2、2/2 RPC、裏 4、2/2 RC、裏 2、2/2 LPC、表 2。

24 段め：裏 2、2/2 RC、裏 2、2/2 LPC、表 2、裏 2、2/2 LC、[裏 4、2/2 RPC] を 2 回、表 2、裏 4、2/2 LPC。

26 段め：2/2 RPC、表 2、裏 4、[2/2 LPC、2/2 RC] を 2 回、裏 6、表 2、表 2、裏 6、裏 2。

1 ～ 26 段めをくり返す。

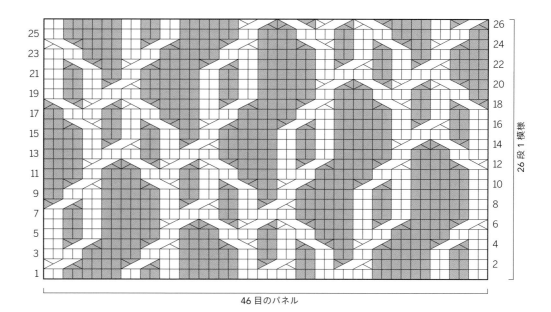

46 目のパネル

26 段 1 模様

□ 表面で表目、裏面で裏目。

▦ 表面で裏目、裏面で表目。

2/2 RC（左上 2 目交差）：CN に 2 目移して編み地の後ろにおき、左針から表 2。CN から表 2。

2/2 LC（右上 2 目交差）：CN に 2 目移して編み地の手前におき、左針から表 2。CN から表 2。

OR **2/2 RPC（左上 2 目交差（下側が裏目））**：CN に 2 目移して編み地の後ろにおき、左針から表 2。CN から裏 2。

OR **2/2 LPC（右上 2 目交差（下側が裏目））**：CN に 2 目移して編み地の手前におき、左針から裏 2。CN から表 2。

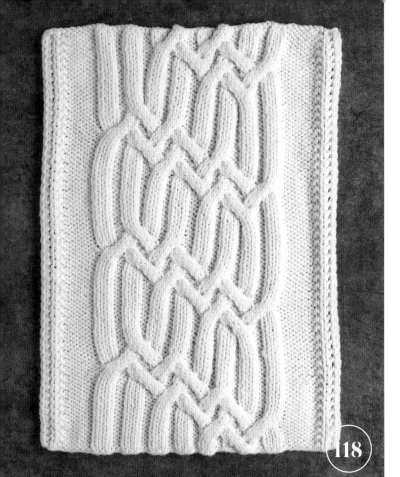

Crosshatch Bias GROUP 2

クロスハッチバイアス

Crosshatch Bias は Right Bias Weave (#117) の網目状のモチーフをもとに、2 目のリブ編みから 3 目のリブ編みに変えてみた模様です。

（1 模様＝ 45 目× 28 段）
SSE：30 目

1 段め（裏面）：裏 3、[表 3、裏 3]を 7 回。
2 段め：表 3、裏 3、3/3 LC、表 3、[裏 3、表 3]を 5 回。
3 段めと以降の奇数段（裏面）：表目は表目に、裏目は裏目に編む。
4 段め：表 3、裏 3、表 3、3/3 LPC、[裏 3、表 3]を 5 回。
6 段め：表 3、3/3 RC、裏 3、表 3、3/3 RC、[裏 3、表 3]を 4 回。
8 段め：3/3 RPC、表 3、裏 3、3/3 RPC、表 3、[裏 3、表 3]を 4 回。
10 段め：[表 3、裏 3、3/3 LC]を 2 回、表 3、[裏 3、表 3]を 3 回。
12 段め：表 3、[裏 3、表 3、3/3 LPC]を 2 回、[裏 3、表 3]を 3 回。

14 段め：表 3、[裏 3、表 3]を 2 回、3/3 RC、裏 3、表 3、3/3 RC、[裏 3、表 3]を 2 回。
16 段め：[表 3、裏 3]を 2 回、3/3 RPC、表 3、裏 3、3/3 RPC、表 3、[裏 3、表 3]を 2 回。
18 段め：[表 3、裏 3]を 3 回、[3/3 LC、表 3、裏 3]を 2 回、表 3。
20 段め：表 3、[裏 3、表 3]を 3 回、[3/3 LPC、裏 3、表 3]を 2 回。
22 段め：[表 3、裏 3]を 4 回、3/3 RC、裏 3、表 3、3/3 RC。
24 段め：[表 3、裏 3]を 4 回、3/3 RPC、表 3、裏 3、3/3 RPC、表 3。
26 段め：[表 3、裏 3]を 5 回、3/3 LC、表 3、裏 3、表 3。
28 段め：表 3、[裏 3、表 3]を 5 回、3/3 LPC、裏 3、表 3。
1 〜 28 段めをくり返す。

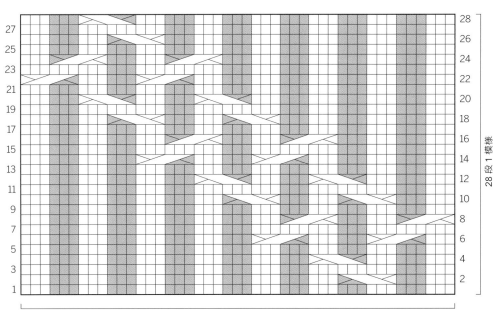

45 目のパネル

28 段 1 模様

□ 表面で表目、裏面で裏目。

▨ 表面で裏目、裏面で表目。

3/3 RC（左上 3 目交差）：CN に 3 目移して編み地の後ろにおき、左針から表 3。CN から表 3。

3/3 LC（右上 3 目交差）：CN に 3 目移して編み地の手前におき、左針から表 3。CN から表 3。

3/3 RPC（左上 3 目交差（下側が裏目））：CN に 3 目移して編み地の後ろにおき、左針から表 3。CN から裏 3。

3/3 LPC（右上 3 目交差（下側が裏目））：CN に 3 目移して編み地の手前におき、左針から裏 3。CN から表 3。

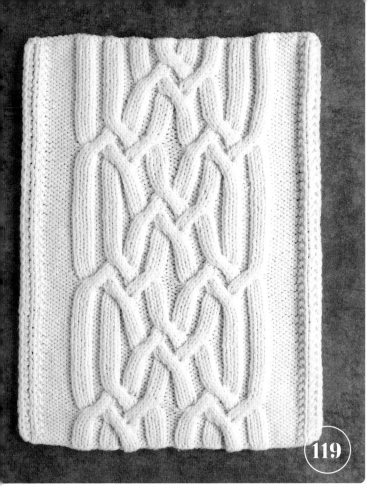

Crosshatch Weave GROUP 2

クロスハッチウィーブ

ここでは Crosshatch Bias (#118) の網目状のモチーフを、市松模様のように配しています。リブ編みのストランドがモチーフからモチーフへなめらかにつながります。

（1 模様＝ 45 目× 32 段）
SSE：30 目

1 段め（裏面）：裏 3、［表 3、裏 3］を 7 回。

2 〜 4 段めと以降の奇数段（奇数段は裏面）：表目は表目に、裏目は裏目に編む。

6 段め：表 3、裏 3、3/3 LC、［表 3、裏 3］を 3 回、3/3 LC、表 3、裏 3、表 3。

8 段め：表 3、裏 3、表 3、3/3 LPC、［裏 3、表 3］を 3 回、3/3 LPC、裏 3、表 3。

10 段め：表 3、3/3 RC、［裏 3、表 3、3/3 RC］を 3 回。

12 段め：［3/3 RPC、表 3、裏 3］を 3 回、3/3 RPC、表 3。

14 段め：6 段めをくり返す。

16 段め：8 段めをくり返す。

18・20 段め：2 段めと同様に編む。

22 段め：［表 3、裏 3］を 3 回、3/3 LC、表 3、［裏 3、表 3］を 3 回。

24 段め：表 3、［裏 3、表 3］を 3 回、3/3 LPC、［裏 3、表 3］を 3 回。

26 段め：表 3、［裏 3、表 3］を 2 回、3/3 RC、裏 3、表 3、3/3 RC、［表 3、表 3］を 2 回。

28 段め：［表 3、裏 3］を 2 回、3/3 RPC、表 3、3/3 RPC、表 3、［裏 3、表 3］を 2 回。

30 段め：22 段めをくり返す。

32 段め：24 段めをくり返す。

1 〜 32 段めをくり返す。

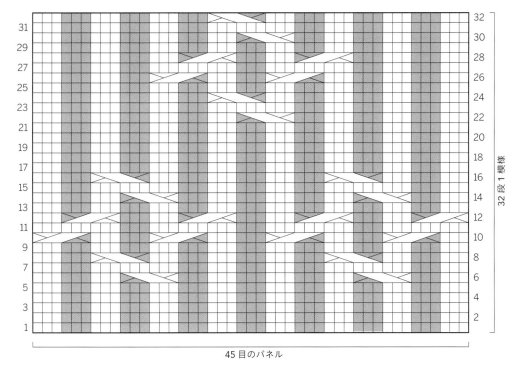

45 目のパネル

32 段 1 模様

□ 表面で表目、裏面で裏目。

▨ 表面で裏目、裏面で表目。

3/3 RC（左上 3 目交差）：CN に 3 目移して編み地の後ろにおき、左針から表 3。CN から表 3。

3/3 LC（右上 3 目交差）：CN に 3 目移して編み地の手前におき、左針から表 3。CN から表 3。

3/3 RPC（左上 3 目交差（下側が裏目））：CN に 3 目移して編み地の後ろにおき、左針から表 3。CN から裏 3。

3/3 LPC（右上 3 目交差（下側が裏目））：CN に 3 目移して編み地の手前におき、左針から裏 3。CN から表 3。

119

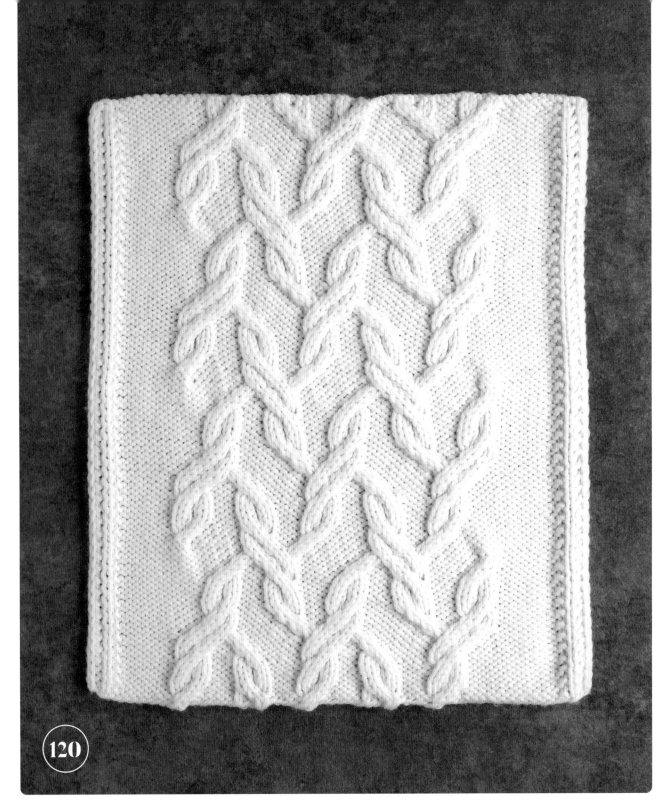

Alternate Taffy

オルタネートタフィ

GROUP 3

Incline Fave（#111）の ように、Fave モチーフをふたつ組み合わせてできた模様です。新しくできたモチーフを左右の傾きが交互に寄り添うように横並びにしています。

(1 模様＝［20 の倍数＋30 目］× 28 段)

全体の SSE：34 目
くり返し範囲の SSE：14 目

1 段め（裏面）：裏 2、表 8、* 裏 6、表 4、裏 2、表 8；、* 〜；を最後までくり返す。
2 段め：裏 6、2/2 RC、* 裏 4、2/2 LC、表 2、裏 6、2/2 RC；、* 〜；を最後までくり返す。
3 段めと以降の奇数段（裏面）：表目は表目に、裏目は裏目に編む。
4 段め：裏 4、2/2 RPC、表 2、* 裏 4、表 2、2/2 LPC、裏 4、2/2 RPC、表 2；、* 〜；を最後までくり返す。
6 段め：* 裏 4、表 2、裏 2、表 2；、* 〜；を最後までくり返す。
8 段め：裏 4、表 2、2/2 RC、表 2、* 裏 4、2/2 LPC、表 2、裏 4、表 2、2/2 RC；、* 〜；を最後までくり返す。
10 段め：裏 4、2/2 RC、表 2、* 裏 6、2/2 LPC、裏 4、2/2 RC、表 2；、* 〜；

を最後までくり返す。
12 段め：裏 2、2/2 RC を 2 回、* 裏 8、2/2 LPC、2/2 RC を 2 回；、* 〜；を最後までくり返す（ただし、最後の 2/2 RC のみ 2/2 RPC を編む）。
14 段め：2/2 RC、2/2 RPC、2/2 LPC、裏 8、*2/2 RC、2/2 RPC、2/2 LPC、裏 8；、* 〜；を 10 目残るまでくり返し、2/2 RC、2/2 RPC、裏 2。
16 段め：表 2、2/2 RC、裏 4、*2/2 LC、裏 6、表 2、2/2 RC、裏 4；、* 〜；を最後までくり返す。
18 段め：2/2 RPC、表 2、裏 4、* 表 2、2/2 LPC、裏 4、2/2 RPC、表 2、裏 4；、* 〜；を最後までくり返す。
20 段め：* 表 2、裏 2、表 2、裏 4；、* 〜；を最後までくり返す。
22 段め：表 2、2/2 RPC、裏 4、*2/2

LC、表 2、裏 4、表 2、2/2 RPC、裏 4；、* 〜；を最後までくり返す。
24 段め：2/2 RPC、裏 6、* 表 2、2/2 LC、裏 4、2/2 RPC、裏 6；、* 〜；を最後までくり返す。
26 段め：裏 10、*2/2 LC を 2 回、2/2 RPC、裏 8；、* 〜；を最後までくり返す。
28 段め：裏 8、*2/2 RPC、2/2 LPC、2/2 LC、裏 8；、* 〜；を 2 目残るまでくり返し、裏 2。

1 〜 28 段めをくり返す。

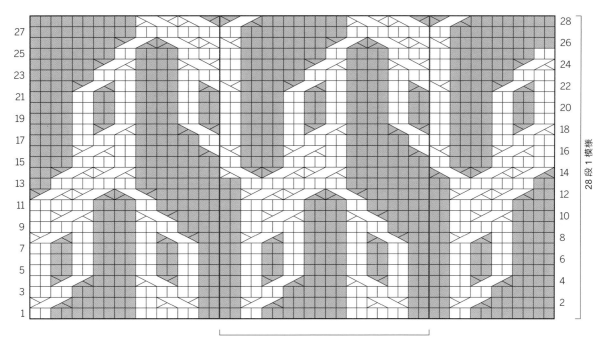

20 目 1 模様

28 段 1 模様

□ 表面で表目、裏面で裏目。

▨ 表面で裏目、裏面で表目。

▎ くり返し範囲。

OR　**2/2 RC（左上 2 目交差）**：CN に 2 目移して編み地の後ろにおき、左針から表 2。CN から表 2。

OR　**2/2 LC（右上 2 目交差）**：CN に 2 目移して編み地の手前におき、左針から表 2。CN から表 2。

OR　**2/2 RPC（左上 2 目交差（下側が裏目））**：CN に 2 目移して編み地の後ろにおき、左針から表 2。CN から裏 2。

OR　**2/2 LPC（右上 2 目交差（下側が裏目））**：CN に 2 目移して編み地の手前におき、左針から裏 2。CN から表 2。

Roofline

ルーフライン

GROUP 3

この模様は、Alternate Taffy (#120)
のモチーフを引き伸ばして作りまし
た。斜めに伸びるモチーフの合流点
には丸みをつけ、4目のロープへ移
行させています。

（1模様＝［28の倍数＋32目］× 36
段）
全体の SSE：41目
くり返し範囲の SSE：24目

1 段め（裏面）：裏 8、表 6、裏 4、表 6、
* 裏 12、表 6、裏 4、表 6；、* 〜；を 8
目残るまでくり返し、裏 8。

2 段め：2/2 LC、2/2 RC、裏 6、表 4、裏
6、*2/2 LC を 2 回、2/2 RC、裏 6、表
4、裏 6；、* 〜；を 8 目残るまでくり返
し、2/2 LC を 2 回。

3 段めと以降の奇数段（裏面）：表目は
表目に、裏目は裏目に編む。

4 段め：表 2、*2/2 RPC、表 2、裏 6、
2/2 RC、裏 6、表 2、2/2 LPC；、* 〜；
を 2 目残るまでくり返す、表 2。

6 段め：*2/2 LC、表 2、表 2、裏 6、表 4、
裏 6、表 2、表 2；、* 〜；を 4 目残るま
でくり返す、2/2 LC。

8 段め：表 4、*2/2 RPC、裏 6、2/2
RC、裏 6、2/2 LPC、表 4；、* 〜；を
最後までくり返す。

10 段め：表 2、*2/2 RPC、裏 6、2/2
RC、2/2 LC、裏 6、2/2 LPC；、* 〜；
を 2 目残るまでくり返す、表 2。

12 段め：2/2 LC、* 裏 6、2/2 RPC、
表 4、2/2 LPC、裏 6、2/2 LC；、* 〜；

を最後までくり返す。

14 段め：表 4、* 裏 6、表 2、裏 2、2/2
RC、裏 2、表 2、裏 6、表 4；、* 〜；を最
後までくり返す。

16 段め：2/2 LC、* 裏 6、表 2、2/2
RC、2/2 LC、表 2、裏 6、2/2 LC；、
* 〜；を最後までくり返す。

18 段め：表 4、* 裏 6、2/2 RC を 2
回、2/2 LC、裏 6、表 4；、* 〜；を最
後までくり返す。

20 段め：2/2 LC、* 裏 4、2/2 RC を
2 回、2/2 LC を 2 回、裏 4、2/2 LC；、
* 〜；を最後までくり返す。

22 段め：表 4、* 裏 4、表 2、2/2 RPC、
裏 4、2/2 LPC、表 2、裏 4、表 4；、
* 〜；を最後までくり返す。

24 段め：2/2 LC、裏 4、[2/2 RC、裏 2]
を 2 回、* [2/2 LC、裏 4] を 2 回、[2/2
RC、裏 2] を 2 回；、* 〜；を 12 目残
るまでくり返す、2/2 LC、裏 4、2/2 LC。

26 段め：表 4、* 裏 2、2/2 RPC、表 2、
裏 2、表 4、裏 2、表 2、2/2 LPC、裏 2、
表 4；、* 〜；を最後までくり返す。

28 段め：2/2 LC、* 裏 2、[表 2、裏 2]
を 2 回、2/2 RC、裏 2、[表 2、裏 2] を
2 回、2/2 LC；、* 〜；を最後までく
り返す。

30 段め：表 4、* 裏 2、表 2、2/2 RPC、
裏 2、表 4、裏 2、2/2 LPC、表 2、裏 2、表
4；、* 〜；を最後までくり返す。

32 段め：2/2 LC、* 裏 2、[2/2 RC、裏
4] を 2 回、2/2 LC、裏 2、2/2 LC；、
* 〜；を最後までくり返す。

34 段め：表 4、*2/2 RC、表 2、裏 4、表
4、裏 4、表 2、2/2 LC、表 4；、* 〜；を
最後までくり返す。

36 段め：表 2、*2/2 RC、2/2 RPC、裏
4、2/2 RC、裏 4、2/2 LPC、2/2 LC；、
* 〜；を 2 目残るまでくり返す、表 2。
1 〜 36 段めをくり返す。

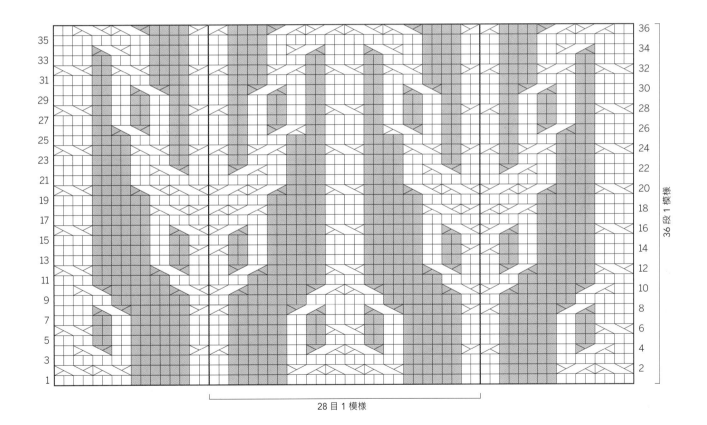

28目 1 模様

36 段 1 模様

□ 表面で表目、裏面で裏目。　　▨ 表面で裏目、裏面で表目。

| くり返し範囲。

▨⟋⟍▨ OR ▨⟍⟋▨　**2/2 RC（左上 2 目交差）**：CN に 2 目移して編み地の後ろにおき、左針から表 2。CN から表 2。

▨⟋⟍▨ OR ▨⟍⟋▨　**2/2 LC（右上 2 目交差）**：CN に 2 目移して編み地の手前におき、左針から表 2。CN から表 2。

▨⟋⟍▨ OR ▨⟍⟋▨　**2/2 RPC（左上 2 目交差（下側が裏目））**：CN に 2 目移して編み地の後ろにおき、左針から表 2。CN から裏 2。

▨⟋⟍▨ OR ▨⟍⟋▨　**2/2 LPC（右上 2 目交差（下側が裏目））**：CN に 2 目移して編み地の手前におき、左針から裏 2。CN から表 2。

Free Ogee

フリーオジー

GROUP 4

Free Ogee は内側の「フラワー」模様も、外側の「フレーム」も、Fave モチーフを 4 つ合わせて作っています。メリヤス編みの背景に斜めのラインをくっきりと浮かび上がらせるために、モチーフの両側に裏目を 2 目入れて縦のラインが背景に溶け込まないようにしています。モチーフ部分は背景のメリヤス編みよりゲージがかなりきついため、増し目や減目で目数を調整しています。

（1 模様 = 24 目 × 46 段）

SSE：24 目

※ 24 目が 14 段めまでで 34 に増え、45 段めまでで 24 に戻る。

1 段め（裏面）：裏編み。
2 段め：表 11、右ねじり増し目、表 1、右ねじり増し目、表 12。〈2 目増〉
3 段め：裏編み。
4 段め：表 10、2/2/2 RPC、表 10。
5 〜 7 段め：表目は表目に、裏目は裏目に編む。
8 段め：表 8、右ねじり増し目、2/2 RPC、裏 2、2/2 LPC、左ねじり増し目、表 8。〈2 目増〉
9 段め：裏 11、表 6、裏 11。
10 段め：表 6、右ねじり増し目、表 1、右ねじり増し目、2/2 RPC、裏 6、2/2 LPC、左ねじり増し目、表 1、左ねじり増し目、表 6。〈4 目増〉
11 段め：裏 11、表 10、裏 11。
12 段め：表 5、2/2/2 RPC、裏 10、2/2/2 LPC、表 5。
13 段め：5 段めと同様に編む。
14 段め：表 6、右ねじり増し目、2/2 RC、裏 2、2/2 LC、裏 6、2/2 RC、裏 2、2/2 LC、左ねじり増し目、表 3。〈2 目増〉
15 段め：5 段めと同様に編む。

16 段め：裏 2、2/2 RPC、表 2、裏 2、表 2、2/2 LPC、裏 2、2/2 RPC、表 2、裏 2、表 2、2/2 LPC、裏 2。
17 〜 19 段め：5 段めと同様に編む。
20 段め：裏 2、表 2、2/2 RPC、裏 2、2/2 LPC、表 2、裏 2、表 2、2/2 RPC、裏 2、2/2 LPC、表 2、裏 2。
21 段め：5 段めと同様に編む。
22 段め：裏 2、[2/2 RPC、裏 6、2/2 LPC、裏 2] を 2 回。
23 段め：5 段めと同様に編む。
24 段め：裏 2、表 2、裏 10、2/2/2 RPC、裏 10、表 2、裏 2。
25 段め：5 段めと同様に編む。
26 段め：裏 2、[2/2 LC、裏 6、2/2 RC、裏 2] を 2 回。
27 段め：5 段めと同様に編む。
28 段め：裏 2、[表 2、2/2 LPC、裏 2、2/2 RPC、表 2、裏 2] を 2 回。
29 〜 31 段め：5 段めと同様に編む。
32 段め：裏 2、2/2 LC、表 2、裏 2、表 2、2/2 RPC、裏 2、2/2 LPC、表 2、裏 2、表 2、2/2 RC、表 2。
33 段め：裏 2、裏目の左上 2 目一度、裏

4、表 2、裏 4、表 6、裏 4、表 2、裏 4、裏目の左上 2 目一度、裏 2。〈2 目減〉
34 段め：表 3、2/2 LC、裏 2、2/2 RPC、裏 6、2/2 LPC、裏 2、2/2 RC、表 3。
35 段め：5 段めと同様に編む。
36 段め：表 5、2/2/2 LC、裏 10、2/2/2 RC、表 5。
37 段め：裏 5、裏目の左上 2 目一度を 2 回、裏 2、表 10、裏 2、裏目の左上 2 目一度を 2 回、裏 5。〈4 目減〉
38 段め：表 7、2/2 LC、裏 6、2/2 RC、表 7。
39 段め：裏 7、裏目の左上 2 目一度、裏 2、表 6、裏 2、裏目の左上 2 目一度、裏 7。〈2 目減〉
40 段め：表 8、2/2 LPC、裏 2、2/2 RPC、表 8。
41 〜 43 段め：5 段めと同様に編む。
44 段め：表 10、2/2/2 RC、表 10。
45 段め：裏 12、裏目の左上 2 目一度を 2 回、裏 10。〈2 目減〉
46 段め：表編み。

1 〜 46 段めをくり返す。

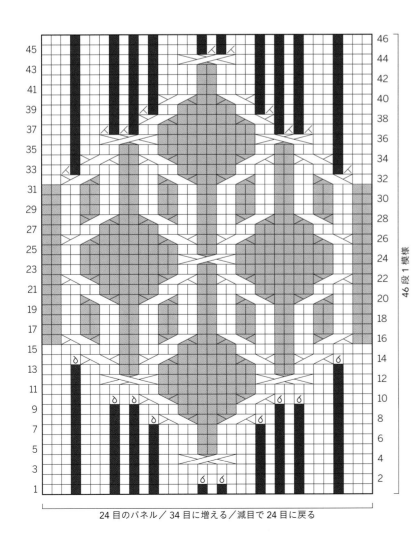

24 目のパネル／ 34 目に増える／減目で 24 目に戻る

□ 表面で表目、裏面で裏目。

▨ 表面で裏目、裏面で表目。

◗ 左ねじり増し目。

◖ 右ねじり増し目。

✕ 表面で左上 2 目一度、裏面で裏目の左上 2 目一度。

■ 実際にはない目。

2/2 RC（左上 2 目交差）：CN に 2 目移して編み地の後ろにおき、左針から表 2。CN から表 2。

2/2 LC（右上 2 目交差）：CN に 2 目移して編み地の手前におき、左針から表 2。CN から表 2。

2/2 RPC（左上 2 目交差（下側が裏目））：CN に 2 目移して編み地の後ろにおき、左針から表 2。CN から裏 2。

2/2 LPC（右上 2 目交差（下側が裏目））：CN に 2 目移して編み地の手前におき、左針から裏 2。CN から表 2。

2/2/2 RPC（左上 2 目交差（間に裏目 2 目））：CN に 4 目移して編み地の後ろにおき、左針から表 2。CN の左端の 2 目を左針に戻して裏 2。CN から表 2。

2/2/2 LPC（右上 2 目交差（間に裏目 2 目））：CN に 4 目移して編み地の手前におき、左針から表 2。CN の左端の 2 目を左針に戻して裏 2。CN から表 2。

2/2/2 RC（左上 2 目交差（間に表目 2 目））：CN に 4 目移して編み地の後ろにおき、左針から表 2。CN の左端の 2 目を左針に戻して表 2。CN から表 2。

2/2/2 LC（右上 2 目交差（間に表目 2 目））：CN に 4 目移して編み地の手前におき、左針から表 2。CN の左端の 2 目を左針に戻して表 2。CN から表 2。

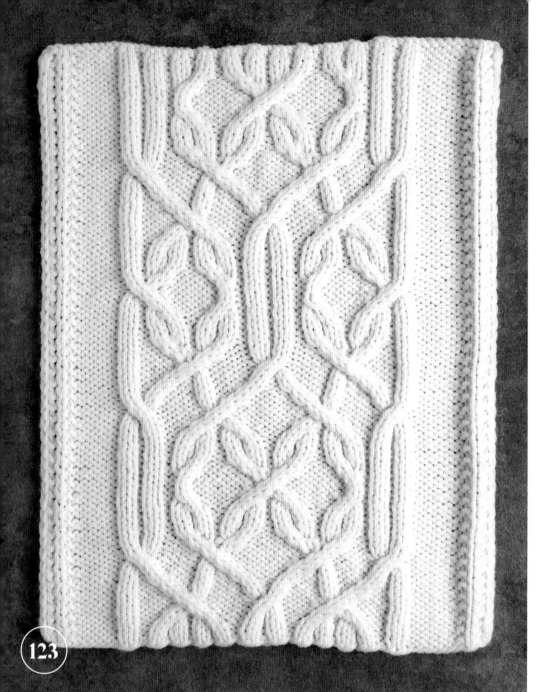

Ogee X

オジーエックス

GROUP 4

2目のリブ編みの背景に、Free Ogee（#122）の大きなモチーフを配してパネルにしています。リブ編みによって編み目が自然と寄るため、Free Ogee のような増し目や減目による目数調整はなく、ogee（左右対称なＳ字のライン）がスムーズにつながります。

（1 模様＝ 46 目× 64 段）
SSE：30 目

1 段め（裏面）：裏 2、[表 2、裏 2] を 11 回。

2・3 段めと以降の奇数段（奇数段は裏面）：表目は表目に、裏目は裏目に編む。

4 段め：表 2、裏 2、2/2 LPC、表 2、裏 2、表 2、2/2 RPC、裏 2、[表 2、裏 2] を 2 回、2/2 LPC、表 2、裏 2、表 2、2/2 RPC、裏 2、表 2。

6 段め：表 2、裏 4、2/2 LPC、裏 2、2/2 RPC、裏 4、表 2、裏 2、表 2、裏 4、2/2 LPC、裏 2、2/2 RPC、裏 4、表 2。

8 段め：表 2、裏 6、[2/2/2 RPC、裏 6] を 2 回、2/2/2 LPC、裏 6、表 2。

10 段め：表 2、裏 4、2/2 RPC、裏 2、表 2、裏 6、表 2、裏 2、表 2、裏 6、表 2、裏 2、2/2 LPC、裏 4、表 2。

12 段め：表 2、裏 2、2/2 RPC、裏 4、表 2、裏 4、2/2 RPC、裏 2、2/2 LPC、裏 4、表 2、裏 4、2/2 LPC、裏 2、表 2。

14 段め：表 2、裏 2、表 2、裏 6、表 2、裏 2、2/2 RPC、裏 6、2/2 LPC、裏 2、表 2、裏 6、表 2、裏 2、表 2。

16 段め：2/2/2 RPC、裏 6、2/2/2 RPC、裏 10、2/2/2 LPC、裏 6、2/2/2 LPC。

18 段め：表 2、裏 2、表 2、裏 4、2/2 RC、裏 2、2/2 LC、裏 6、2/2 RC、裏 2、2/2 LC、裏 4、表 2、裏 2、表 2。

20 段め：[表 2、裏 2] を 2 回、[2/2 RPC、表 2、裏 2、2/2 LPC、裏 2] を 2 回、表 2、裏 2、表 2。

22 段め：2 段めと同様に編む。

24 段め：表 2、[裏 2、表 2] を 2 回、[2/2 RPC、裏 2、2/2 LPC、表 2、裏 2、表 2] を 2 回、裏 2、表 2。

26 段め：[表 2、裏 2] を 2 回、[2/2 RPC、裏 6、2/2 LPC、裏 2] を 2 回、表 2、裏 2、表 2。

28 段め：表 2、[裏 2、表 2] を 2 回、裏 10、2/2/2 RPC、裏 10、表 2、[裏 2、表 2] を 2 回。

30 段め：[表 2、裏 2] を 2 回、[2/2 LC、裏 6、2/2 RC、裏 2] を 2 回、表 2、裏 2、表 2。

32 段め：表 2、[裏 2、表 2] を 2 回、[2/2 LPC、裏 2、2/2 RPC、表 2、裏 2、表 2] を 2 回、裏 2、表 2。

34 段め：2 段めと同様に編む。

36 段め：[表 2、裏 2] を 2 回、[2/2 LPC、表 2、裏 2、2/2 RPC、裏 2] を 2 回、表 2、裏 2、表 2。

38 段め：表 2、裏 2、表 2、裏 4、2/2 LPC、

裏 2、2/2 RPC、裏 6、2/2 LPC、裏 2、2/2
RPC、裏 4、表 2、裏 2、表 2。
40 段め：2/2/2 RPC、裏 6、2/2/2 LPC、
裏 10、2/2/2 RPC、裏 6、2/2/2 LPC。
42 段め：表 2、裏 2、表 2、裏 6、表 2、裏 2、
2/2 LPC、裏 6、2/2 RPC、裏 2、表 2、裏 6、
表 2、裏 2、表 2。
44 段め：表 2、裏 2、2/2 LPC、裏 4、表 2、
裏 4、2/2 LPC、裏 2、2/2 RPC、裏 4、表
2、裏 4、2/2 RPC、裏 2、表 2。
46 段め：表 2、裏 4、2/2 LPC、[裏 2、表
2、裏 6、表 2]を 2 回、裏 2、2/2 RPC、裏
4、表 2。
48 段め：表 2、裏 6、2/2/2 LPC、裏 6、
[2/2/2 RPC、裏 6]を 2 回、表 2。
50 段め：表 2、裏 4、2/2 RC、裏 2、2/2
LC、裏 4、表 2、裏 2、表 2、裏 4、2/2 RC、
裏 2、2/2 LC、裏 4、表 2。
52 段め：表 2、裏 2、2/2 RPC、表 2、裏
2、表 2、2/2 LPC、裏 2、[表 2、裏 2]を 2
回、2/2 RPC、表 2、裏 2、表 2、2/2 LPC、
裏 2、表 2。
54 段め：2 段めと同様に編む。
56 段め：表 2、裏 2、表 2、2/2 RPC、裏
2、2/2 LPC、表 2、[裏 2、表 2]を 3 回、
2/2 RPC、裏 2、2/2 LPC、表 2、裏 2、表 2。
58 段め：表 2、裏 2、2/2 RPC、裏 6、2/2
LPC、裏 2、[表 2、裏 2]を 2 回、2/2 RPC、
裏 6、2/2 LPC、裏 2、表 2。
60 段め：2/2/2 RPC、裏 10、表 2、[裏 2、
表 2]を 3 回、裏 10、2/2/2 LPC。
62 段め：表 2、裏 2、2/2 LC、裏 6、2/2
RC、裏 2、[表 2、裏 2]を 2 回、2/2 LC、
裏 6、2/2 RC、裏 2、表 2。
64 段め：表 2、裏 2、表 2、2/2 LPC、裏 2、
2/2 RPC、表 2、[裏 2、表 2]を 3 回、2/2
LPC、裏 2、2/2 RPC、表 2、裏 2、表 2。
1 ～ 64 段めをくり返す。

64 段 1 模様

46 目のパネル

□ 表面で表目、裏面で裏目。

▨ 表面で裏目、裏面で表目。

2/2 RC（左上 2 目交差）：CN に 2 目移して編み地の後ろにおき、左針から表 2。CN から表 2。

2/2 LC（右上 2 目交差）：CN に 2 目移して編み地の手前におき、左針から表 2。CN から表 2。

OR **2/2 RPC（左上 2 目交差（下側が裏目））**：CN に 2 目移して編み地の後ろにおき、左針から表 2。CN から裏 2。

OR **2/2 LPC（右上 2 目交差（下側が裏目））**：CN に 2 目移して編み地の手前におき、左針から裏 2。CN から表 2。

2/2/2 RPC（左上 2 目交差（間に裏目 2 目））：CN に 4 目移して編み地の後ろにおき、左針から表 2。CN の左端の 2 目を左針に戻して裏 2。CN から表 2。

2/2/2 LPC（右上 2 目交差（間に裏目 2 目））：CN に 4 目移して編み地の手前におき、左針から表 2。CN の左端の 2 目を左針に戻して裏 2。CN から表 2。

Open Medallion

オープンメダリオン

GROUP 4

Open Medallion は Free Ogee (#122) と Ogee X (#123) のなかの楕円形のモチーフだけを抜き出して拡大し、内側をレース模様で埋めつくしています。レース模様の起点が交差になるため、周囲の表編みの交差模様からはっきりと仕切られています。

（1 模様＝ 33 目× 34 段）
SSE：33 目
※33 目が 12 段めまでで 36 目に増え、33 段めまでで 33 目に戻る。

1 段め（裏面）：裏編み。
2 段め：表 16、左ねじり増し目、表 17。〈1 目増〉
3 段め：裏編み。
4 段め：表 15、2/2 RC、表 15。

5 段め：裏編み。
6 段め：表 13、変わり左上 2 目交差、変わり右上 2 目交差、表 13。
7 段め：裏 15、［かけ目、裏目の左上 2 目一度］を 2 回、裏 15。
8 段め：表 11、2/2 RC、［かけ目、裏目の左上 2 目一度］を 2 回、2/2 LC、表 11。
9 段め：7 段めをくり返す。
10 段め：表 7、裏 2、2/2 RPC、表 2、［かけ目、裏目の左上 2 目一度］を 2 回、表 2、2/2 LPC、裏 2、表 7。
11 段め：表 7、［表 2、裏 2］を 2 回、［かけ目、裏目の左上 2 目一度］を 2 回、［裏 2、表 2］を 2 回、裏 7。
12 段め：表 6、右ねじり増し目、表 1、［裏 2、表 2］を 2 回、［かけ目、裏目の左上 2 目一度］を 2 回、［表 2、裏 2］を 2 回、表 1、左ねじり増し目、表 6。〈2 目増〉
13 段め：裏 8、［表 2、裏 2］を 2 回、［かけ目、裏目の左上 2 目一度］を 2 回、［表 2、裏 2］を 2 回、裏 8。
14 段め：表 4、2/2 LC、裏 2、表 2、変わり左上 2 目交差、［かけ目、裏目の左上 2 目一度］を 2 回、変わり右上 2 目交

差、表 2、裏 2、2/2 RC、表 4。
15 段め：裏 8、表 2、裏 4、［かけ目、裏目の左上 2 目一度］を 4 回、裏 4、表 2、裏 8。
16 段め：表 2、変わり左上 2 目交差、変わり右上 2 目交差、変わり左上 2 目交差、［かけ目、裏目の左上 2 目一度］を 4 回、変わり右上 2 目交差、変わり左上 2 目交差、変わり右上 2 目交差、表 2。
17 段め：裏 4、［かけ目、裏目の左上 2 目一度］を 2 回、裏 4、［かけ目、裏目の左上 2 目一度］を 6 回、裏 4、［かけ目、裏目の左上 2 目一度］を 2 回、裏 4。
18 段め：2/2 RC、［かけ目、裏目の左上 2 目一度］を 2 回、2/2 RC、［かけ目、裏目の左上 2 目一度］を 6 回、2/2 LC、［かけ目、裏目の左上 2 目一度］を 2 回、2/2 LC。
19 段め：17 段めをくり返す。
20 段め：表 2、2/2 LC、2/2 RPC、2/2 LC、［かけ目、裏目の左上 2 目一度］を 4 回、2/2 RC、2/2 LPC、2/2 RC、表 2。
21 段め：15 段めをくり返す。
22 段め：表 4、2/2 LC、裏 2、表 2、2/2 LPC、［かけ目、裏目の左上 2 目一度］を 2 回、2/2 RPC、表 2、裏 2、2/2 RC、

表 4。
23 段め：裏 4、裏目の左上 2 目一度、裏 2、［表 2、裏 2］を 2 回、［かけ目、裏目の左上 2 目一度］を 2 回、裏 2、［表 2、裏 2］を 2 回、裏目の左上 2 目一度、裏 4。〈2 目減〉
24 段め：表 7、［裏 2、表 2］を 2 回、［かけ目、裏目の左上 2 目一度］を 2 回、［表 2、裏 2］を 2 回、表 7。
25 段め：11 段めをくり返す。
26 段め：表 9、2/2 LC、表 2、［かけ目、裏目の左上 2 目一度］を 2 回、表 2、2/2 RC、表 9。
27 段め：7 段めをくり返す。
28 段め：表 11、2/2 LC、［かけ目、裏目の左上 2 目一度］を 2 回、2/2 RC、表 11。
29 段め：7 段めをくり返す。
30 段め：表 13、2/2 LC、2/2 RC、表 13。
31 段め：裏編み。
32 段め：4 段めをくり返す。
33 段め：裏 16、裏目の左上 2 目一度、裏 16。〈1 目減〉
34 段め：表編み。

1 ～ 34 段めをくり返す。

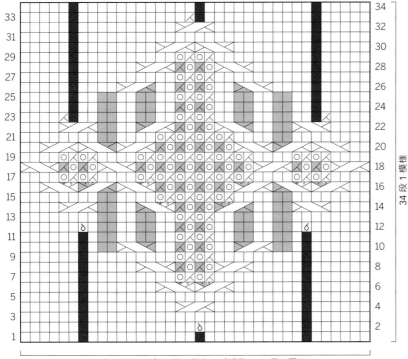

33 目のパネル／ 36 目に増える／減目で 33 目に戻る

34 段 1 模様

□ 表面で表目、裏面で裏目。

▨ 表面で裏目、裏面で表目。

◖ 左ねじり増し目。

◗ 右ねじり増し目。

◎ かけ目。

◺ 表面で左上 2 目一度、裏面で裏目の左上 2 目一度。

◹ 表面で裏目の左上 2 目一度、裏面で左上 2 目一度。

■ 実際にはない目。

2/2 RC（左上 2 目交差）：CN に 2 目移して編み地の後ろにおき、左針から表 2。CN から表 2。

2/2 LC（右上 2 目交差）：CN に 2 目移して編み地の手前におき、左針から表 2。CN から表 2。

2/2 RPC（左上 2 目交差（下側が裏目））：CN に 2 目移して編み地の後ろにおき、左針から表 2。CN から裏 2。

2/2 LPC（右上 2 目交差（下側が裏目））：CN に 2 目移して編み地の手前におき、左針から裏 2。CN から表 2。

変わり左上 2 目交差：CN に 2 目移して編み地の後ろにおき、左針から表 2。かけ目、CN から裏目の左上 2 目一度。

変わり右上 2 目交差：CN に 2 目移して編み地の手前におき、かけ目、左針から裏目の左上 2 目一度。CN から表 2。

Twist Argyle
ツイストアーガイル
GROUP 5

ここでは Fave モチーフに変わり左上 1 目交差を使い、目の詰まったブレードと円形をつなぐ斜めのラインにも Fave を使っています。円のなかにも変わり左上 1 目交差を使い、ゆるめのラティスを作っています。

(1 模様＝ [44 の倍数＋ 8 目] × 40 段)
SSE：35 目

1 段め (裏面)：裏 2、表 4、＊裏 4、表 2、裏 2、表 8、裏 8、表 8、裏 2、表 2、裏 4、表 4 ；、＊〜 ; を 2 目残るまでくり返し、裏 2。

2 段め：RT、裏 4、＊変わり右上 2 目交差 (下側が表目)、裏 2、表 2、裏 8、表 2、2/2 LC、表 2、裏 8、表 2、裏 2、変わり右上 2 目交差 (下側が表目)、裏 4 ；、＊〜 ; を 2 目残るまでくり返し、RT。

3 段めと以降の奇数段 (裏面)：表目は表目に、裏目は裏目に編む。

4 段め：変わり右上 2 目交差 (下側が裏目)、変わり左上 2 目交差 (下側が裏目)、＊変わり右上 2 目交差 (下側が裏目)、表 2、裏 8、2/2 RC を 2 回、裏 8、表 2、変わり左上 2 目交差 (下側が裏目)、変わり右上 2 目交差 (下側が裏目)、変わり左上 2 目交差 (下側が裏目) ；、＊〜 ; を最後までくり返す。

6 段め：裏 2、変わり左上 2 目交差 (下側が表目)、＊裏 4、2/2 RC、裏 8、表 2、2/2 LC、表 2、裏 8、変わり左上 2 目交差 (下側が表目)、裏 4、変わり左上 2 目交差 (下側が表目) ；、＊〜 ; を 2 目残るまでくり返し、裏 2。

8 段め：変わり左上 2 目交差 (下側が裏目)、変わり右上 2 目交差 (下側が裏目)、＊2/2 RPC、変わり右上 2 目交差 (下側が表目)、裏 6、2/2 RC を 2 回、裏 6、変わり左上 2 目交差 (下側が表目)、2/2 LPC、変わり左上 2 目交差 (下側が裏目)、変わり右上 2 目交差 (下側が裏目) ；、＊〜 ; を最後までくり返す。

10 段め：RT、裏 4、＊2/2 RPC、裏 2、RT、変わり右上 2 目交差 (下側が表目)、裏 4、表 2、2/2 LC、表 2、裏 4、変わり左上 2 目交差 (下側が裏目)、RT、裏 2、2/2 LPC、裏 4 ；、＊〜 ; を 2 目残るまでくり返し、RT。

12 段め：2/2 LC、2/2 RC、＊裏 4、RT、裏 2、RT、裏 4、2/2 RPC、2/2 LPC、裏 4、RT、裏 2、RT、裏 4、2/2 LC、2/2 RC ；、＊〜 ; を最後までくり返す。

14 段め：表 2、2/2 RC、表 2、＊裏 4、変わり右上 2 目交差 (下側が裏目)、RT、裏 2、2/2 RC、裏 4、2/2 LC、裏 2、RT、変わり左上 2 目交差 (下側が裏目)、裏 4、表 2、2/2 RC、表 2 ；、＊〜 ; 最後までくり返す。

16 段め：2/2 LC を 2 回、＊裏 6、変わり右上 2 目交差 (下側が裏目)、2/2 RPC、変わり右上 2 目交差 (下側が裏目)、変わり左上 2 目交差 (下側が裏目)、2/2 LPC、変わり左上 2 目交差 (下側が裏目)、裏 6、2/2 LC を 2 回 ；、＊〜 ; を最後までくり返す。

18段め：表2、2/2 RC、表2、＊裏8、2/2 RC、[裏4、変わり左上2目交差（下側が表目）]を2回、裏8、表2、2/2 RC、表2；、＊〜；を最後までくり返す。
20段め：2/2 LCを2回、＊裏8、表2、[変わり右上2目交差（下側が裏目）、変わり左上2目交差（下側が裏目）]を2回、表2、裏8、2/2 LCを2回；、＊〜；を最後までくり返す。
22段め：表2、2/2 RC、表2、＊裏8、表2、裏、変わり右上2目交差（下側が表目）、裏4、変わり右上2目交差（下側が表目）、裏、表2、裏8、2/2 RC、表2；、＊〜；を最後までくり返す。
24段め：2/2 LCを2回、＊裏8、表2、[変わり左上2目交差（下側が裏目）、変わり右上2目交差（下側が裏目）]を2回、表2、裏8、2/2 LCを2回；、＊〜；

を最後までくり返す。
26段め：表2、2/2 RC、表2、＊裏8、[変わり左上2目交差（下側が表目）、裏4]を2回、2/2 RC、裏8、表2、2/2 RC、表2；、＊〜；を最後までくり返す。
28段め：2/2 LPC、＊2/2 LC、裏6、変わり左上2目交差（下側が表目）、2/2 LPC、変わり左上2目交差（下側が表目）、変わり右上2目交差（下側が表目）、2/2 RPC、変わり右上2目交差（下側が表目）、裏6、2/2 LC；、＊〜；を4目残るまでくり返し、2/2 RPC。
30段め：裏2、2/2 RC、＊表2、裏4、変わり左上2目交差（下側が裏目）、RT、裏2、RT、変わり右上2目交差（下側が表目）、裏4、表2、2/2 RC；、＊〜；を2目残るまでくり返し、裏2。

32段め：2/2 RPC、2/2 LPC、＊裏4、RT、裏2、RT、裏4、2/2 LC、2/2 RC、裏4、RT、裏2、RT、裏4、2/2 RPC、2/2 LPC；、＊〜；を最後までくり返す。
34段め：RT、裏4、＊2/2 LC、裏2、RT、変わり左上2目交差（下側が裏目）、裏4、2/2 LC、2/2 RC、裏4、変わり右上2目交差（下側が裏目）、RT、裏2、2/2 RC、裏4；、＊〜；を2目残るまでくり返し、RT。
36段め：変わり右上2目交差（下側が裏目）、変わり左上2目交差（下側が裏目）、＊2/2 LPC、変わり左上2目交差（下側が裏目）、裏6、2/2 RCを2回、裏6、2/2 RPC、変わり右上2目交差（下側が裏目）、2/2 RPC、変わり右上2目交差（下側が裏目）、変わり左上2目交差（下側が裏目）；、＊〜；を最後までくり返す。

38段め：裏2、変わり左上2目交差（下側が表目）、＊裏4、変わり左上2目交差（下側が表目）、裏8、表2、2/2 LC、裏8、2/2 RC、裏4、変わり左上2目交差（下側が表目）；、＊〜；を2目残るまでくり返し、裏2。
40段め：変わり左上2目交差（下側が裏目）、変わり右上2目交差（下側が裏目）、＊変わり右上2目交差（下側が裏目）、表2、裏8、2/2 RCを2回、裏8、表2、変わり右上2目交差（下側が裏目）、変わり左上2目交差（下側が裏目）、変わり右上2目交差（下側が裏目）；、＊〜；を最後までくり返す。
1〜40段めをくり返す。

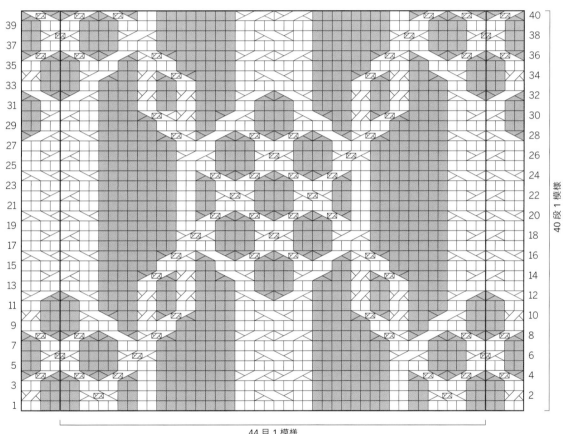

44目1模様

40段1模様

□ 表面で表目、裏面で裏目。 ▨ 表面で裏目、裏面で表目。 ｜ くり返し範囲。

▨ **RT（変わり左上交差）**：左上2目一度を編むむが左針は抜かず、右針を1目めに手前から入れて表目を編み、左針から編み目をはずす。

2/2 RC（左上2目交差）：CNに2目移して編み地の後ろにおき、左針から表2。CNから表2。

2/2 LC（右上2目交差）：CNに2目移して編み地の手前におき、左針から表2。CNから表2。

2/2 RPC（左上2目交差（下側が裏目））：CNに2目移して編み地の後ろにおき、左針から表2。CNから裏2。

2/2 LPC（右上2目交差（下側が裏目））：CNに2目移して編み地の手前におき、左針から裏2。CNから表2。

変わり左上2目交差（下側が表目）：CNに2目移して編み地の後ろにおき、左針からRT。CNから表2。

変わり右上2目交差（下側が表目）：CNに2目移して編み地の手前におき、左針から表2。CNからRT。

変わり左上2目交差（下側が裏目）：CNに2目移して編み地の後ろにおき、左針からRT。CNから裏2。

変わり右上2目交差（下側が裏目）：CNに2目移して編み地の手前におき、左針から裏2。CNからRT。

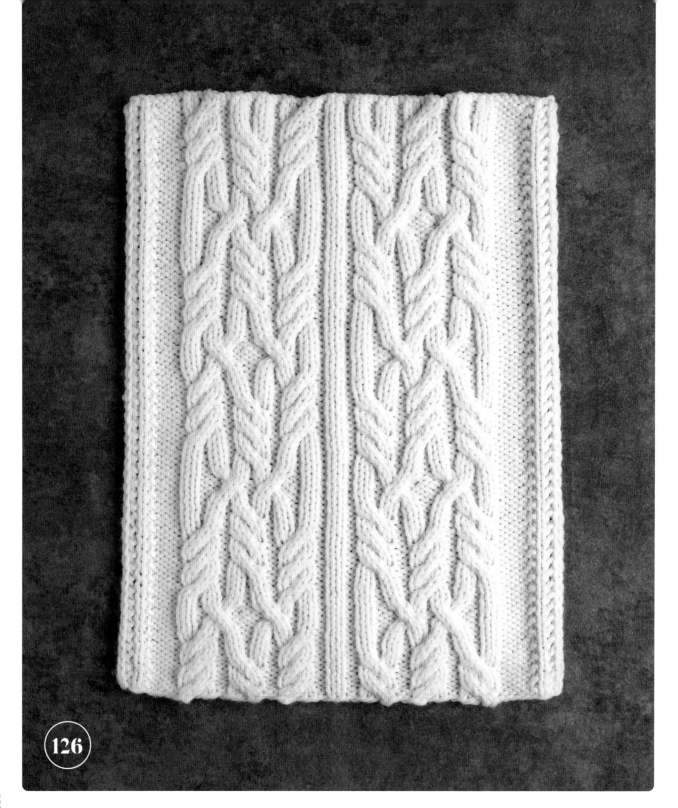

126

Encase Diamond

エンケースダイアモンド

GROUP 6

この模様では Fave を縮小したコラム 3 本を並べ、隣接するコラムとリブ編みを入れ替えながら幅広のケーブルにしています。その後 Fave モチーフは元の姿に戻り、幅の広いケーブルの中心にダイヤ柄ができます。幅広のケーブル 2 本は左右対称ですが、段をずらしてダイヤ柄が交互にできるようにしています。

（1 模様＝ 50 目× 44 段）
SSE：32.5 目

1 段め（裏面）：裏 2、[表 2、裏 2]を 12 回。
2 段め：2/2 LC、表 2、裏 2、表 2、2/2 RC、裏 2、2/2 LC、表 2、[裏 2、表 2]を 2 回、2/2 RC、裏 2、2/2 LC、表 2、裏 2、表 2、2/2 RC。
3 段めと以降の奇数段（裏面）：表目は表目に、裏目は裏目に編む。
4 段め：表 2、2/2 LPC、裏 2、2/2 RPC、表 2、裏 2、表 2、2/2 LPC、裏 2、裏 2、2/2 RPC、表 2、裏 2、表 2、2/2 LPC、裏 2、2/2 RPC、表 2。
6 段め：2 段めをくり返す。
8 段め：4 段めをくり返す。
10 段め：表 2、[裏 2、表 2]を 2 回、2/2 RC、[裏 2、表 2]を 4 回、2/2 RC、[裏 2、表 2]を 3 回、2/2 RC。
12 段め：[表 2、裏 2]を 2 回、2/2 RPC、[表 2、裏 2]を 4 回、2/2 RPC、

[表 2、裏 2]を 3 回、2/2 RPC、表 2。
14 段め：表 2、裏 2、2/2 LPC、表 2、裏 2、表 2、2/2 RPC、[裏 2、表 2]を 4 回、2/2 RPC、裏 2、2/2 LPC、表 2、裏 2、表 2。
16 段め：表 2、裏 4、2/2 LC、表 2、2/2 LC、裏 4、[表 2、裏 2]を 3 回、2/2 LC、裏 6、2/2 LC、裏 2、表 2。
18 段め：表 2、裏 2、2/2 RPC、表 2、裏 2、表 2、2/2 LPC、[裏 2、表 2]を 4 回、2/2 LPC、表 2、2/2 RPC、表 2、裏 2、表 2。
20 段め：10 段めをくり返す。
22 段め：12 段めをくり返す。
24 段め：2 段めをくり返す。
26 段め：4 段めをくり返す。
28 段め：2 段めをくり返す。
30 段め：4 段めをくり返す。
32 段め：2/2 LC、[表 2、裏 2]を 3 回、

2/2 LC、[表 2、裏 2]を 4 回、2/2 LC、表 2、[裏 2、表 2]を 2 回。
34 段め：表 2、2/2 LPC、[裏 2、表 2]を 3 回、2/2 LPC、[裏 2、表 2]を 4 回、2/2 LPC、[裏 2、表 2]を 2 回。
36 段め：表 2、裏 2、表 2、2/2 RPC、裏 2、2/2 LPC、[裏 2、表 2]を 4 回、2/2 LPC、表 2、裏 2、表 2、2/2 RPC、裏 2。
38 段め：表 2、裏 2、2/2 RC、裏 6、2/2 RC、[裏 2、表 2]を 3 回、裏 4、2/2 RC、裏 2、2/2 RC、裏 4、表 2。
40 段め：表 2、裏 2、表 2、2/2 LPC、裏 2、2/2 RPC、[裏 2、表 2]を 4 回、2/2 RPC、表 2、裏 2、表 2、2/2 LPC、裏 2、表 2。
42 段め：32 段めをくり返す。
44 段め：34 段めをくり返す。
1 ～ 44 段めをくり返す。

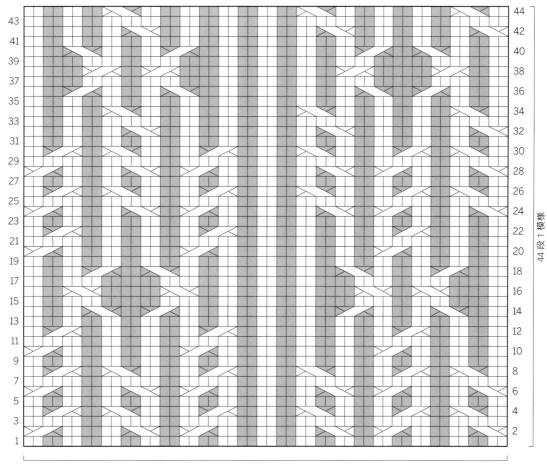

50 目のパネル

□ 表面で表目、裏面で裏目。

▨ 表面で裏目、裏面で表目。

◆ OR ◆ **2/2 RC（左上 2 目交差）**：CN に 2 目移して編み地の後ろにおき、左針から表 2。CN から表 2。

◆ OR ◆ **2/2 LC（右上 2 目交差）**：CN に 2 目移して編み地の手前におき、左針から表 2。CN から表 2。

◆ OR ◆ **2/2 RPC（左上 2 目交差（下側が裏目））**：CN に 2 目移して編み地の後ろにおき、左針から表 2。CN から裏 2。

◆ OR ◆ **2/2 LPC（右上 2 目交差（下側が裏目））**：CN に 2 目移して編み地の手前におき、左針から裏 2。CN から表 2。

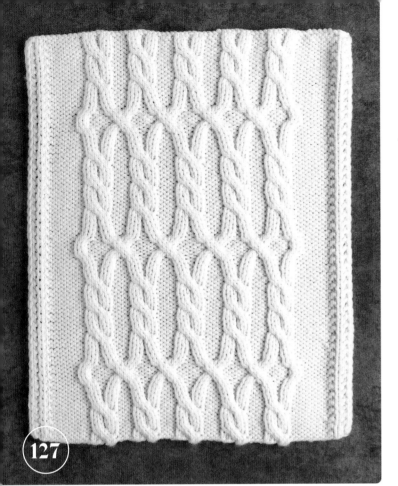

Diamond Stretch　GROUP 6

ダイアモンドストレッチ

ここでは Encase Diamond（#126）の大きなダイヤ型を横方向にくり返し並べ、Fave を使って縦方向につないでいます。

（1 模様＝［10 の倍数＋ 20 目］× 30 段）

全体の SSE：22.5 目

くり返し範囲の SSE：7.5 目

1 段め（裏面）：＊表 2、［裏 2、表 2］を 2 回；、＊〜；を最後までくり返す。

2 段め：＊裏 2、2/2 LC、表 2、裏 2；、＊〜；を最後までくり返す。

3 段めと以降の奇数段（裏面）：表目は表目に、裏目は裏目に編む。

4 段め：＊裏 2、表 2、2/2 LPC、裏 2；、＊〜；を最後までくり返す。

6 段め：3 段めと同様に編む。

8 段め：2 段めをくり返す。

10 段め：4 段めをくり返す。

12・14 段め：3 段めと同様に編む。

16 段め：＊2/2 RPC、裏 2、2/2 LPC；、＊〜；を最後までくり返す。

18 段め：表 2、裏 6、＊2/2 LC、裏 6；、＊〜；を 2 目残るまでくり返し、表 2。

20 段め：＊2/2 LPC、裏 2、2/2 RPC；、＊〜；を最後までくり返す。

22・24 段め：3 段めと同様に編む。

26 段め：2 段めをくり返す。

28 段め：4 段めをくり返す。

30 段め：3 段めと同様に編む。

1 〜 30 段めをくり返す。

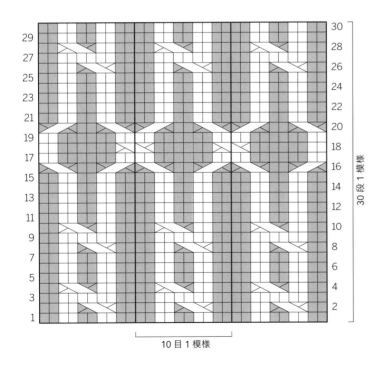

30 段 1 模様

10 目 1 模様

□ 表面で表目、裏面で裏目。

▨ 表面で裏目、裏面で表目。

▏ くり返し範囲。

 OR ◹◸

2/2 LC（右上 2 目交差）：CN に 2 目移して編み地の手前におき、左針から表 2。CN から表 2。

◺◹

2/2 RPC（左上 2 目交差（下側が裏目））：CN に 2 目移して編み地の後ろにおき、左針から表 2。CN から裏 2。

 OR ◹◸

2/2 LPC（右上 2 目交差（下側が裏目））：CN に 2 目移して編み地の手前におき、左針から裏 2。CN から表 2。

127

Hexa Variations
六角形のバリエーション

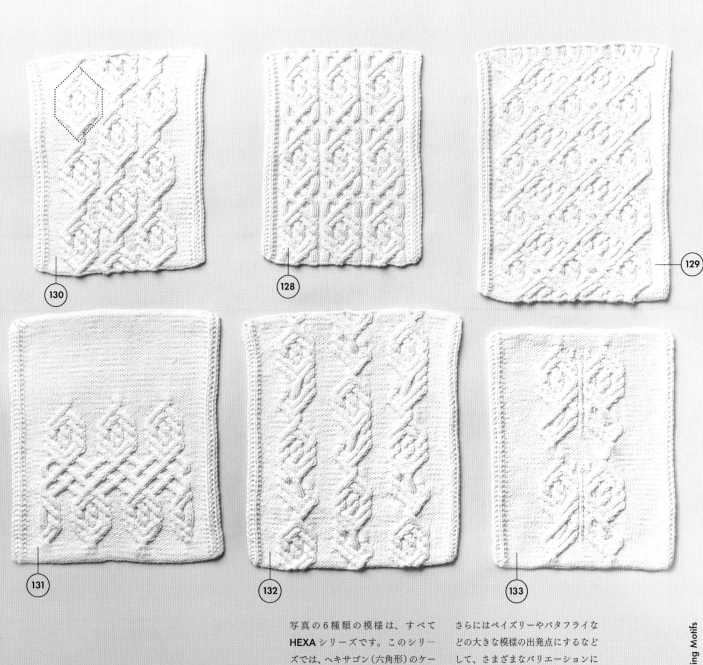

写真の6種類の模様は、すべて **HEXA** シリーズです。このシリーズでは、ヘキサゴン（六角形）のケーブルモチーフ（HEXA BEAD [#130] の点線囲み部分）を総柄や帯状に、

さらにはペイズリーやバタフライなどの大きな模様の出発点にするなどして、さまざまなバリエーションに展開する方法を探ってみました。

Hexa Grid GROUP 7

ヘキサグリッド

Hexa Grid では、ヘキサゴンとブレード X という 2 種類のモチーフを合わせています。ヘキサゴンモチーフは Compact (#129)、Bead (#130)、Frieze (#131)、Paisley (#132)、Butterfly (#133)、ブレード X のモチーフは Moss X (#134) と Wobble X (#135) にも使っています。

(1 模様＝ [18 の倍数＋ 2 目] × 32 段)

全体の SSE：12.5 目
くり返し範囲の SSE：11 目
※ 16 目のパネルとして編むこともできます（チャート参照）。
16 目のパネルの SSE：9 目

1 段め (裏面)：表 2、＊裏 2、表 4、裏 4、表 4、裏 2、表 2；、＊〜；を最後までくり返す。
2 段め：裏 2、＊表 2、裏 4、2/2 RC、裏 4、表 2、裏 2；、＊〜；を最後までくり返す。
3 段めと以降の奇数段 (裏面)：表目は表目に、裏目は裏目に編む。
4 段め：裏 2、＊表 2、裏 2、2/2 RC、2/2 LC、裏 2、表 2、裏 2；、＊〜；を最後までくり返す。
6 段め：裏 2、＊表 2、2/2 RC を 2 回、2/2 LC、表 2、裏 2；、＊〜；を最後までくり返す。
8 段め：裏 2、＊2/2 RC を 2 回、2/2 LC を 2 回、裏 2；、＊〜；を最後までくり返す。
10 段め：裏 2、＊表 2、2/2 RPC、表 4、2/2 LPC、表 2、裏 2；、＊〜；を最後までくり返す。

12 段め：裏 2、＊2/2 LC、裏 2；、＊〜；を最後までくり返す。
14 段め：3 段めと同様に編む。
16 段め：12 段めをくり返す。
18 段め：裏 2、＊表 2、2/2 LC、表 4、2/2 RC、表 2、裏 2；、＊〜；を最後までくり返す。
20 段め：裏 2、＊2/2 LC を 2 回、2/2 RC を 2 回、裏 2；、＊〜；を最後までくり返す。
22 段め：裏 2、＊表 2、2/2 LPC、2/2 RC、2/2 RPC、表 2、裏 2；、＊〜；を最後までくり返す。
24 段め：裏 2、＊表 2、裏 2、2/2 LPC、2/2 RPC、裏 2、表 2、裏 2；、＊〜；を最後までくり返す。
26 段め：2 段めをくり返す。
28 段め：裏 2、＊[2/2 LPC、2/2 RPC] を 2 回、裏 2；、＊〜；を最後までくり返す。
30 段め：裏 4、＊2/2 LC、裏 4；、＊〜；を最後までくり返す。
32 段め：裏 2、＊[2/2 RPC、2/2 LPC] を 2 回、裏 2；、＊〜；を最後までくり返す。

1 〜 32 段めをくり返す。

128

31 32
29 30
27 28
25 26
23 24
21 22
19 20
17 18
15 16
13 14
11 12
9 10
7 8
5 6
3 4
1 2

32 段 1 模様

16 目のパネル
18 目のパネル

□ 表面で表目、裏面で裏目。

▨ 表面で裏目、裏面で表目。

⌐ くり返し範囲。

▱ OR ▱ **2/2 RC (左上 2 目交差)：**CN に 2 目移して編み地の後ろにおき、左針から表 2。CN から表 2。

▱ OR ▱ **2/2 LC (右上 2 目交差)：**CN に 2 目移して編み地の手前におき、左針から表 2。CN から表 2。

▱ OR ▱ **2/2 RPC (左上 2 目交差 (下側が裏目))：**CN に 2 目移して編み地の後ろにおき、左針から表 2。CN から裏 2。

▱ OR ▱ **2/2 LPC (右上 2 目交差 (下側が裏目))：**CN に 2 目移して編み地の手前におき、左針から裏 2。CN から表 2。

129

Hexa Compact　GROUP 7

ヘキサコンパクト

Hexa Compact は Hexa Grid（#128）のアウトラインが重なるまでヘキサゴンモチーフを縦に押し縮め、そのあとで何か所か交差の方向を変えた模様です。

（1 模様＝[24 の倍数＋ 16 目]× 24 段）
全体の SSE：29 目
くり返し範囲の SSE：15 目

1 段め（裏面）：表 6、裏 4、*[表 2、裏 4]；、*～；を 6 目残るまでくり返し、表 6。
2 段め：裏 6、2/2 RC、* 裏 2、[表 4、裏 2]を 3 回、2/2 RC；、*～；を 6 目残るまでくり返し、裏 6。
3 段めと以降の奇数段（裏面）：表目は表目に、裏目は裏目に編む。
4 段め：裏 4、2/2 RC、2/2 LC、*[2/2 RC、裏 2]を 2 回、2/2 RC を 2 回、2/2 LC；、*～；を 4 目残るまでくり返し、裏 4。
6 段め：裏 2、2/2 RC を 2 回、*2/2 LC を 2 回、表 4、2/2 RC を 3 回；、*～；を 6 目残るまでくり返し、2/2 LC、裏 2。
8 段め：2/2 RC を 2 回、*2/2 LC を 3 回、2/2 RC を 3 回；、*～；を 8 目残るまでくり返し、2/2 LC を 2 回。
10 段め：表 2、2/2 RPC、表 4、*2/2 LPC、2/2 LC を 2 回、2/2 RC、2/2 RPC、表 4；、*～；を 6 目残るまでくり返し、2/2 LPC、表 2。

12 段め：2/2 LC、[裏 2、2/2 LC]を 2 回、*2/2 LPC、2/2 RPC、2/2 LC、[裏 2、2/2 LC]を 2 回；、*～；を最後までくり返す。
14 段め：表 4、[裏 2、表 4]を 2 回、* 裏 2、2/2 LC、[裏 2、表 4]を 3 回；、*～；を最後までくり返す。
16 段め：2/2 LC、[裏 2、2/2 LC]を 2 回、*2/2 RC、2/2 LC を 2 回、[裏 2、2/2 LC]を 2 回；、*～；を最後までくり返す。
18 段め：表 2、2/2 LC、表 4、*2/2 RC を 2 回、2/2 LC を 3 回、表 4；、*～；を 6 目残るまでくり返し、2/2 RC、表 2。
20 段め：2/2 LPC、2/2 LC、*2/2 RC を 3 回、2/2 LC を 3 回；、*～；を 8 目残るまでくり返し、2/2 RC、2/2 RPC。
22 段め：裏 2、2/2 LPC、2/2 RC、*2/2 RC、2/2 RPC、表 4、2/2 LC、2/2 LC、2/2 RC；、*～；を 6 目残るまでくり返し、2/2 RPC、裏 2。
24 段め：裏 4、2/2 LPC、*2/2 RPC、2/2 RC、[裏 2、2/2 RC]を 2 回、2/2 LPC；、*～；を 8 目残るまでくり返し、2/2 RPC、裏 4。
1 ～ 24 段めをくり返す。

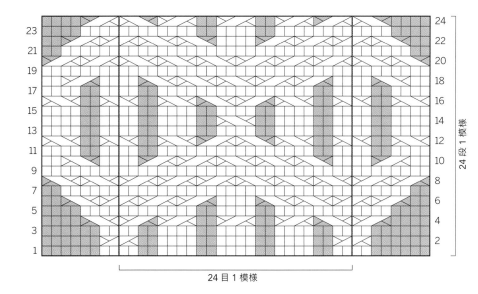

24 目 1 模様

24 段 1 模様

□ 表面で表目、裏面で裏目。

▨ 表面で裏目、裏面で表目。

❙ くり返し範囲。

 OR
2/2 RC（左上 2 目交差）：CN に 2 目移して編み地の後ろにおき、左針から表 2。CN から表 2。

OR
2/2 LC（右上 2 目交差）：CN に 2 目移して編み地の手前におき、左針から表 2。CN から表 2。

2/2 RPC（左上 2 目交差（下側が裏目））：CN に 2 目移して編み地の後ろにおき、左針から表 2。CN から裏 2。

2/2 LPC（右上 2 目交差（下側が裏目））：CN に 2 目移して編み地の手前におき、左針から裏 2。CN から表 2。

Hexa Bead

ヘキサビーズ

GROUP 7

Hexa Bead では Hexa Grid（#128）のヘキサゴンモチーフだけを抜き出し、積み重ねるように縦に並べてコラムを作りました。ヘキサゴンモチーフの最後の交差と次のヘキサゴンの最初の交差との間に表目を数段はさみ込むことで、モチーフが糸に通したビーズのように見えます。

（1 模様＝［32 の倍数＋16 目］× 28 段）

全体の SSE：30 目
くり返し範囲の SSE：20 目
16 目のコラム 1 本分の SSE：10 目

1 段め（裏面）：表 6、裏 4、表 6、*［裏 4、表 2］を 2 回、［裏 4、表 6］を 2 回；、*〜；を最後までくり返す。

2 段め：裏 6、2/2 RC、裏 6、*2/2 LC、［裏 2、2/2 LC］を 2 回、裏 6、2/2 RC、裏 6；、*〜；を最後までくり返す。

3 段めと以降の奇数段（裏面）：表目は表目に、裏目は裏目に編む。

4 段め：裏 4、2/2 RC、2/2 LC、裏 4、* 表 2、2/2 LC、表 4、2/2 RC、裏 2、裏 4、2/2 RC、2/2 LC、裏 4；、*〜；を最後までくり返す。

6 段め：裏 2、2/2 RC を 2 回、2/2 LC、裏 2、*2/2 LPC、2/2 LC、2/2 RC、2/2 RPC、裏 2、2/2 RC を 2 回、2/2 LC、裏 2；、*〜；を最後までくり返す。

8 段め：2/2 RC を 2 回、2/2 LC を 2 回、* 裏 2、2/2 LPC、2/2 RC、2/2 RPC、裏 2、2/2 RC を 2 回、2/2 LC を 2 回、*〜；を最後までくり返す。

10 段め：表 2、2/2 RPC、表 4、2/2 LPC、表 2、* 裏 4、2/2 LPC、2/2 RPC、裏 4、表 2、2/2 RPC、表 4、2/2 LPC、表 2；、*〜；を最後までくり返す。

12 段め：2/2 LC、［裏 2、2/2 LC］を 2 回、* 裏 6、2/2 RC、裏 6、2/2 LC、［裏 2、2/2 LC］を 2 回；、*〜；を最後までくり返す。

14 段め：3 段めと同様に編む。

16 段め：12 段めをくり返す。

18 段め：表 2、2/2 LC、表 4、2/2 RC、表 2、* 裏 4、2/2 RC、2/2 LC、裏 4、表 2、2/2 LC、表 4、2/2 RC、表 2；、*〜；を最後までくり返す。

20 段め：2/2 LPC、2/2 LC、2/2 RC、2/2 RPC、* 裏 2、2/2 RC を 2 回、2/2 LC、裏 2、2/2 LC、2/2 RC、2/2 RPC；、*〜；を最後までくり返す。

22 段め：裏 2、2/2 LPC、2/2 RC、2/2 RPC、裏 2、*2/2 RC を 2 回、2/2 LC を 2 回、裏 2、2/2 LPC、2/2 RC、2/2 RPC、裏 2；、*〜；を最後までくり返す。

24 段め：裏 4、2/2 LPC、2/2 RPC、裏 4、* 表 2、2/2 RPC、表 4、2/2 LPC、表 2、裏 4、2/2 LPC、2/2 RPC、裏 4；、*〜；を最後までくり返す。

26 段め：2 段めをくり返す。

28 段め：3 段めと同様に編む。

1 〜 28 段めをくり返す。

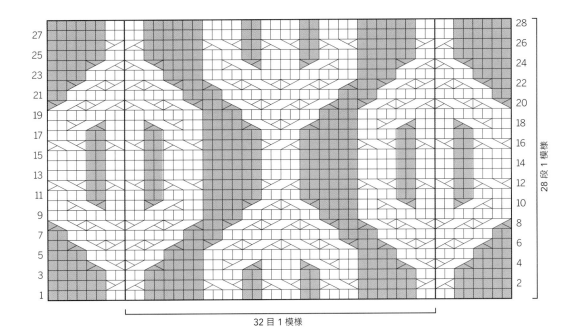

27 25 23 21 19 17 15 13 11 9 7 5 3 1

28 26 24 22 20 18 16 14 12 10 8 6 4 2

28 段 1 模様

32 目 1 模様

□ 表面で表目、裏面で裏目。

▨ 表面で裏目、裏面で表目。

| くり返し範囲。

2/2 RC（左上 2 目交差）：CN に 2 目移して編み地の後ろにおき、左針から表 2。CN から表 2。

2/2 LC（右上 2 目交差）：CN に 2 目移して編み地の手前におき、左針から表 2。CN から表 2。

2/2 RPC（左上 2 目交差（下側が裏目））：CN に 2 目移して編み地の後ろにおき、左針から表 2。CN から裏 2。

2/2 LPC（右上 2 目交差（下側が裏目））：CN に 2 目移して編み地の手前におき、左針から裏 2。CN から表 2。

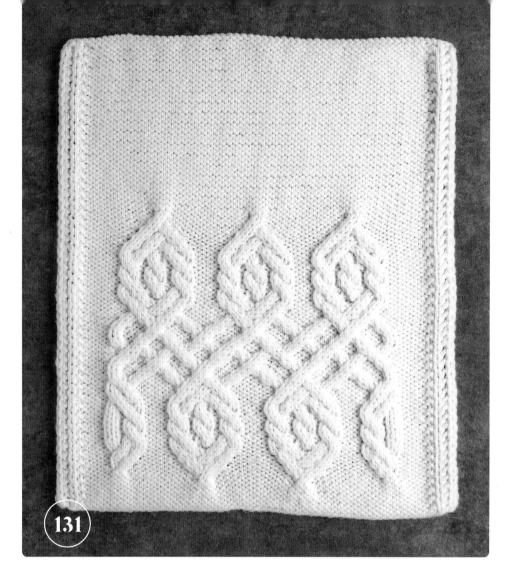

131

Hexa Frieze　GROUP 7

ヘキサフリーズ

この模様は Hexa Grid（#128）のヘキサゴンモチーフを 2 列互い違いに配置し、2 目と 2 目のケーブルの斜線でつないでいます。斜線がラティスのように見えます。チャートを注意して見ると斜線は重なっておらず、完全な形で交差しているわけではないことがわかります。モチーフ同士をもう少し寄せればパーフェクトなラティスに仕上がりますが、この空間の表情が気に入っています。

（1 模様＝［15 の倍数 +14 目］× 70 段）
全体の SSE：26 目
くり返し範囲の SSE：14 目
※ 15 目（15 の倍数）部分が 14 段めで 20 目に増え、60 段めまでで 15 目に戻る。

1 段め（裏面）：表編み。
2 段め：裏編み。
3～6 段め：1・2 段めを 2 回くり返す。
7 段め：表 13、＊裏 3、表 12；、＊～；を 1 目残るまでくり返し、表 1。
8 段め：裏 13、＊左上 2 目交差（下側でかけ目）、裏 12；、＊～；を 1 目残るまでくり返し、裏 1。〈1 模様あたり 1 目増〉
9 段め：裏 2、表 5、＊表 6、裏 1、裏目のねじり目 1、裏 2、表 6；、＊～；を 7 目残る

までくり返し、表 5、裏 2。
10 段め：右上 2 目交差（下側でかけ目）、裏 8、＊2/2 RC、2/2 LC、裏 8；、＊～；を 3 目残るまでくり返し、左上 2 目交差（下側でかけ目）。〈左右の端部分で各 1 目増〉
11 段め：裏 1、裏目のねじり目 1、裏 2、表 8、＊裏 8、表 8；、＊～；を 4 目残るまでくり返し、裏 2、裏目のねじり目 1、裏 1。
12 段め：表 2、右上 2 目交差（下側でかけ目）、裏 6、＊左上 2 目交差（下側でかけ目）、2/2 RC、右上 2 目交差（下側でかけ目）、裏 6；、＊～；を 5 目残るまでくり返し、左上 2 目交差（下側でかけ目）、表 2。〈1 模様あたり 2 目増、左右の端部分で各 1 目増〉
13 段め：裏 3、裏目のねじり目 1、裏 2、

表 6、＊裏 2、裏目のねじり目 1、裏 6、裏目のねじり目 1、裏 2、表 6；、＊～；を 6 目残るまでくり返し、裏 2、裏目のねじり目 1、裏 3。
14 段め：2/2 LC、右上 2 目交差（下側でかけ目）、裏 4、＊左上 2 目交差（下側でかけ目）、2/2 RC、2/2 LC、右上 2 目交差（下側でかけ目）、裏 4；、＊～；を 7 目残るまでくり返し、左上 2 目交差（下側でかけ目）、2/2 RC。〈1 模様あたり 2 目増、左右の端部分で各 1 目増〉
15 段め：裏 5、裏目のねじり目 1、裏 2、表 4、＊裏 2、裏目のねじり目 1、裏 10、裏目のねじり目 1、裏 2、表 4；、＊～；を 8 目残るまでくり返し、裏 2、裏目のねじり目 1、裏 5。
16 段め：表 2、2/2 LPC、表 2、裏 4、＊表 2、2/2 RPC、表 4、2/2 LPC、表 2、裏 4；、＊～；を 8 目残るまでくり返し、表 2、2/2 RPC、表 2。
17 段めと以降の奇数段（裏面）：表目は表目に、裏目は裏目に編む。
18 段め：表 2、裏 2、2/2 LC、裏 4、＊[2/2 LC、裏 2] を 2 回、2/2 LC、裏 4；、＊～；を 8 目残るまでくり返し、2/2 LC、裏 2、表 2。
20 段め：17 段めと同様に編む。
22 段め：18 段めをくり返す。
24 段め：表 2、2/2 RC、表 2、裏 4、＊表 2、2/2 LC、表 4、2/2 RC、表 2、裏 4；、＊～；を 8 目残るまでくり返し、表 2、2/2 LC、表 2。
26 段め：2/2 RC、2/2 RPC、裏 4、＊2/2 LPC、2/2 LC、2/2 RC、2/2 RPC、裏 4；、＊～；を 8 目残るまでくり返し、2/2 LPC、2/2 LC。
28 段め：表 2、2/2 RC、裏 8、＊2/2 LC、2/2 RC を 2 回、裏 8；、＊～；を 6 目残るまでくり返し、2/2 LC、表 2。
30 段め：＊2/2 RPC、2/2 LPC、裏 4、2/2 RPC、2/2 LPC；、＊～；を最後までくり返す。
32 段め：表 2、裏 4、2/2 LPC、2/2 RPC、裏 4、＊2/2 RC、裏 4、2/2 LPC、2/2 RPC、裏 4；、＊～；を 2 目残るまでくり返し、表 2。
34 段め：＊2/2 LPC、裏 4、2/2 RC、裏 4、2/2 RPC；、＊～；を最後までくり返す。
36 段め：＊裏 2、2/2 LC、2/2 RPC、2/2 LPC、2/2 RC、裏 2；、＊～；を最後までくり返す。
38 段め：30 段めをくり返す。
40 段め：32 段めをくり返す。
42 段め：34 段めをくり返す。
44 段め：＊裏 2、2/2 LPC、2/2 RC、2/2 LC、2/2 RPC、裏 2；、＊～；を最後までくり返す。
46 段め：＊裏 4、2/2 RC を 2 回、2/2 LC、裏 4；、＊～；を最後までくり返す。
48 段め：＊裏 2、2/2 RC を 2 回、2/2 LC を 2 回、裏 2；、＊～；を最後までくり返す。
50 段め：＊裏 2、表 2、2/2 RPC、表 4、2/2 LPC、表 2、裏 2；、＊～；を最後までくり返す。
52 段め：＊裏 2、[2/2 LC、裏 2] を 3 回；、＊～；を最後までくり返す。
54 段め：17 段めと同様に編む。
56 段め：52 段めをくり返す。
58 段め：＊裏 2、表 2、2/2 LC、表 4、2/2

RC、表 2、裏 2；、*〜；を最後までくり返す。

60 段め： *裏 2、右上 2 目と 1 目の交差（下側で裏目の左上 2 目一度）、2/2 LC、2/2 RC、左上 2 目と 1 目の交差（下側で裏目の左上 2 目一度）、裏 2；、*〜；を最後までくり返す。〈1 模様あたり 2 目減、左右の端部分で各 1 目減〉

62 段め： *裏 3、右上 2 目と 1 目の交差（下側で裏目の左上 2 目一度）、2/2 RC、左上 2 目と 1 目の交差（下側で裏目の左上 2 目一度）、裏 3；、*〜；を最後までくり返す。〈1 模様あたり 2 目減、左右の端部分で各 1 目減〉

64 段め： 裏 4、右上 2 目と 1 目の交差（下側で裏目の左上 2 目一度）、*2/2 RPC、裏 8、2/2 LPC；、*〜；を 8 目残るまでくり返し、2/2 RPC、裏 4。〈右端部分で 1 目減〉

66 段め： 裏 5、*左上 2 目と 1 目の交差（下側で右上 2 目一度）、裏 12；、*〜；を 10 目残るまでくり返し、左上 2 目と 1 目の交差（下側で右上 2 目一度）、裏 6。〈1 模様あたり 1 目減、左端部分で 1 目減〉

68 め： 裏編み。

69 段め： 表編み。

70 段め： 裏編み。

1 〜 70 段めをくり返す。

メモ： 70 段めから 1 段めに戻って編み続ける場合、チャート上では一部の「実際にはない編み目」の位置がずれますが、模様はきちんとつながります。

15 目 1 模様／20 目に増える／減目で 15 目に戻る

70 段 1 模様

132

Hexa Paisley   GROUP 7

ヘキサペイズリー

Hexa Grid (#128) のヘキサゴンに、ペイズリーの「尾っぽ」をつけることで Hexa Paisley ができました。

オリジナルバージョン（中央のコラム）
（1 模様＝ 16 目× 80 段）
SSE：10 目

1 段め（裏面）：表 6、裏 4、表 6。
2 段め：裏 4、2/2 RC、表 2、裏 6。
3 段めと以降の奇数段（裏面）：表目は表目に、裏目は裏目に編む。
4 段め：裏 2、2/2 RC、2/2 LC、裏 6。
6 段め：2/2 RC、2/2 LC を 2 回、裏 4。
8 段め：表 2、2/2 RPC、2/2 LC を 2 回、裏 2。
10 段め：2/2 LPC、裏 2、表 2、2/2 LPC、2/2 LC。
12 段め：裏 6、表 2、裏 2、2/2 LPC、表 2。
14 段め：裏 6、表 2、裏 4、2/2 LC。
16 段め：裏 6、2/2 LC、裏 2、表 4。
18 段め：裏 4、2/2 RC、2/2 LC を 2 回。
20 段め：裏 2、2/2 RC、2/2 LC を 2 回、表 2。
22 段め：2/2 RC を 2 回、2/2 LC を 2 回。

24 段め：表 2、2/2 RPC、表 4、2/2 LPC、表 2。
26 段め：2/2 RC、[裏 2、2/2 RC] を 2 回。
28 段め：3 段めと同様に編む。
30 段め：26 段めをくり返す。
32 段め：表 2、2/2 LC、表 4、2/2 RC、表 2。
34 段め：2/2 LPC、2/2 LC、2/2 RC、2/2 RPC。
36 段め：裏 2、2/2 LPC、2/2 LC、2/2 RPC、裏 2。
38 段め：裏 4、2/2 LPC、2/2 RPC、裏 4。
40 段め：裏 6、2/2 RC、裏 6。
42 段め：裏 6、表 2、2/2 LC、裏 4。
44 段め：裏 6、2/2 RC、2/2 LC。
46 段め：裏 4、2/2 RC を 2 回、2/2 LC。
48 段め：裏 2、2/2 RC を 2 回、2/2 LPC、表 2。
50 段め：2/2 RC、2/2 RPC、表 2、裏 2、2/2 RPC。
52 段め：表 2、2/2 RPC、表 2、裏 6。

54 段め：2/2 RC、裏 4、表 2、裏 6。
56 段め：表 4、裏 2、2/2 RC、裏 6。
58 段め：2/2 RC を 2 回、2/2 LC、裏 4。
60 段め：表 2、2/2 RC を 2 回、2/2 LC、裏 2。
62 段め：2/2 RC を 2 回、2/2 LC を 2 回。
64 段め：表 2、2/2 RPC、表 4、2/2 LPC、表 2。
66 段め：2/2 LC、[裏 2、2/2 LC] を 2 回。
68 段め：3 段めと同様に編む。
70 段め：66 段めをくり返す。
72 段め：表 2、2/2 LC、表 4、2/2 RC、表 2。
74 段め：2/2 LPC、2/2 LC、2/2 RC、2/2 RPC。
76 段め：裏 2、2/2 LPC、2/2 RC、2/2 RPC、裏 2。
78 段め：裏 4、2/2 LPC、2/2 RPC、裏 4。
80 段め：裏 6、2/2 LC、裏 6。
1 〜 80 段めをくり返す。

半模様ずれバージョン（左右のコラム）
（1 模様＝ 16 目× 80 段）
SSE：10 目

1 段め（裏面）：表 4、裏 12。
2 段め：表 2、2/2 RC を 2 回、2/2 LC、裏 2。
3 段めと以降の奇数段（裏面）：表目は表目に、裏目は裏目に編む。
4 段め：2/2 RC を 2 回、2/2 LC を 2 回。
6 段め：表 2、2/2 RPC、表 4、2/2 LPC、表 2。
8 段め：2/2 LC、[裏 2、2/2 LC] を 2 回。
10 段め：3 段めと同様に編む。
12 段め：8 段めをくり返す。
14 段め：表 2、2/2 LC、表 4、2/2 RC、表 2。
16 段め：2/2 LPC、2/2 LC、2/2 RC、2/2 RPC。
18 段め：裏 2、2/2 LPC、2/2 RC、2/2 RPC、裏 2。
20 段め：裏 4、2/2 LPC、2/2 RPC、裏 4。
22 段め：裏 6、2/2 LC、裏 6。
24 段め：裏 4、2/2 RC、表 2、裏 6。
26 段め：裏 2、2/2 RC、2/2 LC、裏 6。
28 段め：2/2 RC、2/2 LC を 2 回、裏 4。
30 段め：表 2、2/2 RPC、2/2 LC を 2 回、裏 2。
32 段め：2/2 LPC、裏 2、表 2、2/2 LPC、2/2 LC。
34 段め：裏 6、表 2、裏 2、2/2 LPC、表 2。
36 段め：裏 6、表 2、裏 4、2/2 LC。
38 段め：裏 6、2/2 LC、裏 2、表 4。
40 段め：裏 4、2/2 RC、2/2 LC を 2 回。
42 段め：裏 2、2/2 RC、2/2 LC を 2 回、表 2。
44 段め：2/2 RC を 2 回、2/2 LC を 2 回。
46 段め：表 2、2/2 RPC、表 4、2/2 LPC、表 2。
48 段め：2/2 RC、[裏 2、2/2 RC] を 2 回。
50 段め：3 段めと同様に編む。
52 段め：48 段めをくり返す。
54 段め：表 2、2/2 LC、表 4、2/2 RC、表 2。
56 段め：2/2 LPC、2/2 LC、2/2 RC、2/2 RPC。
58 段め：裏 2、2/2 LPC、2/2 LC、2/2 RPC、裏 2。

60 段め：裏 4、2/2 LPC、2/2 RPC、裏 4。
62 段め：裏 6、2/2 RC、裏 6。
64 段め：裏 6、表 2、2/2 LC、裏 4。
66 段め：裏 6、2/2 RC、2/2 LC、裏 2。
68 段め：裏 4、2/2 RC を 2 回、2/2 LC。
70 段め：裏 2、2/2 RC を 2 回、2/2 LPC、表 2。
72 段め：2/2 RC、2/2 RPC、表 2、裏 2、2/2 RPC。
74 段め：表 2、2/2 RPC、裏 2、表 2、裏 6。
76 段め：2/2 RC、裏 4、表 2、裏 6。
78 段め：表 4、裏 2、2/2 RC、裏 6。
80 段め：2/2 RC を 2 回、2/2 LC、裏 4。
1 〜 80 段めをくり返す。

□ 表面で表目、裏面で裏目。

▨ 表面で裏目、裏面で表目。

❙ くり返し範囲。

◩◪ OR ◪◩
2/2 RC（左上 2 目交差）：CN に 2 目移して編み地の後ろにおき、左針から表 2。CN から表 2。

◪◩ OR ◩◪
2/2 LC（右上 2 目交差）：CN に 2 目移して編み地の手前におき、左針から表 2。CN から表 2。

◩▨
2/2 RPC（左上 2 目交差（下側が裏目））：CN に 2 目移して編み地の後ろにおき、左針から表 2。CN から裏 2。

▨◪
2/2 LPC（右上 2 目交差（下側が裏目））：CN に 2 目移して編み地の手前におき、左針から裏 2。CN から表 2。

オリジナルバージョン
（中央）

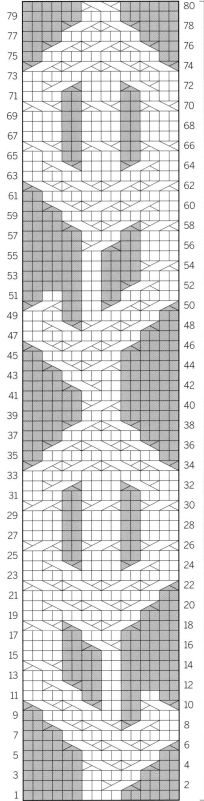

80 段 1 模様

16 目のパネル

半模様ずれバージョン
（左側と右側）

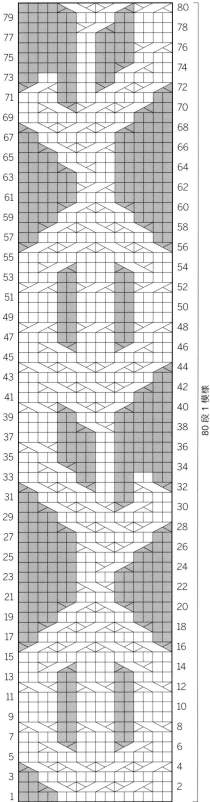

80 段 1 模様

16 目のパネル

Finding Motifs

203

Hexa Butterfly　GROUP 7

ヘキサバタフライ

Hexa Paisley（#132）の下端のカール部分を取り除き、細かい変更をいくつか加えることでバタフライの羽を作りました。中心のねじり目の縦のラインを境に左右対称にして、羽をもう1枚作り、小さなノット編みを配することで、完全な蝶の形の Hexa Butterfly ができあがりました。

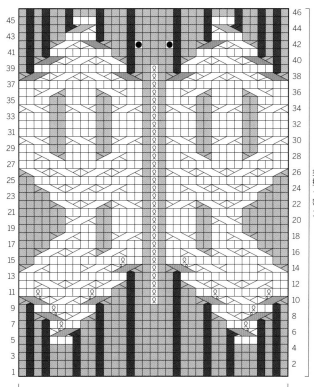

25目のパネル／35目に増える／減目で25目に戻る

（1模様＝25目×46段）
SSE：22.5目
※25目が14段めまでで35目に増え、44段めまでで25目に戻る。

1 段め（裏面）：表編み。
2 段め：裏編み。
3・4 段め：1・2段めをくり返す。
5 段め：表2、裏3、表15、裏3、表2。
6 段め：裏2、右上2目交差（下側でかけ目）、裏15、左上2目交差（下側でかけ目）、裏2。〈2目増〉
7 段め：表2、裏1、裏目のねじり目1、裏2、裏15、裏目のねじり目1、裏1、表2。
8 段め：裏1、右上2目交差（下側でかけ目）、2/2 LC、裏11、2/2 RC、右上2目交差（下側でかけ目）、裏1。〈2目増〉
9 段め：表1、裏2、裏目のねじり目1、裏5、表11、裏5、裏目のねじり目1、裏2、表1。
10 段め：左上2目交差（下側でかけ目）、2/2 LC、右上2目交差（下側でかけ目）、裏4、表目のねじり目1、裏4、左上2目交差（下側でかけ目）、2/2 RC、右上2目交差（下側でかけ目）。〈4目増〉
11 段め：裏2、裏目のねじり目1、裏6、裏目のねじり目1、裏2、表4、裏2、裏目のねじり目1、表4、裏2、裏目のねじり目1、裏6、裏目のねじり目1、裏2。
12 段め：表2、2/2 RC、2/2 LC を2回、裏2、表目のねじり目1、裏2、2/2 RC を2回、2/2 LC、表2。
13 段め：裏14、表2、裏目のねじり目1、表2、裏14。
14 段め：2/2 LPC、表4、2/2 LC、右上2目交差（下側でかけ目）、裏1、表目のねじり目1、裏1、左上2目交差（下側でかけ目）、2/2 RC、表4、2/2 RPC。〈2目増〉
15 段め：表2、裏11、裏目のねじり目1、裏2、表1、裏目のねじり目1、表1、裏2、裏目のねじり目1、裏11、表2。
16 段め：裏2、2/2 LPC、2/2 LC、2/2 LPC、表2、裏1、表目のねじり目1、裏1、表2、2/2 RPC、2/2 RC、2/2 RPC、裏2。
17 段め：表4、裏6、表2、裏4、表4、裏2、裏目のねじり目1、表1、裏4、表2、裏6、表4。
18 段め：裏4、2/2 LPC、表2、裏2、2/2 LC、裏1、表目のねじり目1、裏1、2/2 RC、裏2、表2、2/2 RPC、裏4。
19 段め：表6、裏4、表2、裏4、表1、裏目のねじり目1、表1、裏4、表2、裏4、表6。
20 段め：裏6、2/2 LC、裏2、表4、裏1、表目のねじり目1、裏1、表4、裏2、2/2 RC、裏6。
21 段め：表6、裏4、表2、裏4、表1、裏目のねじり目1、表1、裏4、表2、裏4、表6。
22 段め：裏4、2/2 RC、2/2 LC、2/2 RC、裏1、表目のねじり目1、裏1、2/2 LC、2/2 RC、裏4。

23 段め：表4、裏12、表1、裏目のねじり目1、表1、裏12、表4。
24 段め：裏2、2/2 RC、2/2 LC を2回、表2、裏1、表目のねじり目1、裏1、表2、2/2 RC を2回、2/2 LC、裏2。
25 段め：表2、裏14、表1、裏目のねじり目1、表1、裏14、表2。
26 段め：2/2 RC を2回、2/2 LC を2回、裏1、表目のねじり目1、裏1、2/2 RC を2回、2/2 LC を2回。
27 段め：裏16、表1、裏目のねじり目1、表1、裏16。
28 段め：表2、2/2 RPC、表4、2/2 LPC、表2、裏1、表目のねじり目1、裏1、表2、2/2 RPC、表4、2/2 LPC、表2。
29 段め：裏4、［表2、裏4］を2回、表1、裏目のねじり目1、表1、裏4、［表2、裏4］を2回。
30 段め：［2/2 RC、裏2］を2回、2/2 LC、裏1、表目のねじり目1、裏1、2/2 RC、［裏2、2/2 LC］を2回。
31 段め：29段めをくり返す。
32 段め：表4、［裏2、表4］を2回、裏1、表目のねじり目1、裏1、表4、［裏2、表4］を2回。
33・34 段め：29・30段めをくり返す。
35 段め：29段めをくり返す。
36 段め：表2、2/2 LC、表4、2/2 RC、表2、裏1、表目のねじり目1、裏1、表2、2/2 LC、表4、2/2 RC、表2。
37 段め：27段めをくり返す。
38 段め：右上2目と1目の交差（下側で裏目の左上2目一度）、2/2 LC、2/2 RC、左上2目と1目の交差（下側で裏目の左上2目一度）、裏1、表目のねじり目1、裏1、右上2目と1目の交差（下側で裏目の左上2目一度）、2/2 LC、2/2 RC、左上2目と1目の交差（下側で裏目の左上2目一度）。〈4目減〉
39 段め：表1、裏12、表2、裏目のねじり目1、表2、裏12、表1。
40 段め：裏1、右上2目と1目の交差（下側で裏目の左上2目一度）、2/2 LC、2/2 RPC、裏5、2/2 LPC、2/2 RC、左上2目と1目の交差（下側で裏目の左上2目一度）、裏1。
41 段め：表2、裏8、表9、裏8、表2。
42 段め：裏2、2/2 LPC、左上2目と1目の交差（下側で裏目の左上2目一度）、裏2、MK、裏3、MK、裏2、右上2目と1目の交差（下側で裏目の左上2目一度）、2/2 RPC、裏2。〈2目減〉
43 段め：表4、裏4、表11、裏4、表4。
44 段め：裏4、右上2目と1目の交差（下側で左上2目一度）、裏11、左上2目と1目の交差（下側で左上2目一度）、裏4。〈2目減〉
45 段め：表4、裏3、表11、裏3、表4。
46 段め：裏編み。
1～46段めをくり返す。

メモ：46段めから1段めに戻って編み続ける場合、チャート上では一部の「実際にはない編み目」の位置がずれますが、模様はきちんとつながります。

□ 表面で表目、裏面で裏目。　▨ 表面で裏目、裏面で表目。

■ 実際にはない編み目。

● **MK（make knot ／ノットを作る）**：1目に「表目、表目のねじり目、表目」を編む。3目を左針に戻し、表3、右針にできた3目の右側2目を左端の目にかぶせて1目に戻す。

⊠ 表面で表目のねじり目、裏面で裏目のねじり目。

2/2 RC（左上2目交差）：CN に2目移して編み地の後ろにおき、左針から表2。CN から表2。

2/2 LC（右上2目交差）：CN に2目移して編み地の手前におき、左針から表2。CN から表2。

2/2 RPC（左上2目交差（下側が裏目））：CN に2目移して編み地の後ろにおき、左針から表2。CN から裏2。

2/2 LPC（右上2目交差（下側が裏目））：CN に2目移して編み地の手前におき、左針から裏2。CN から表2。

左上2目交差（下側でかけ目）：CN に1目移して編み地の後ろにおき、左針から表2。かけ目、CN から表1。〈1目増〉

右上2目交差（下側でかけ目）：CN に2目移して編み地の手前におき、左針から表1、かけ目。CN から表2。〈1目増〉

左上2目と1目の交差（下側で裏目の左上2目一度）：CN に2目移して編み地の後ろにおき、左針から表2。CN から裏目の左上2目一度。〈1目減〉

右上2目と1目の交差（下側で裏目の左上2目一度）：CN に2目移して編み地の手前におき、左針から裏目の左上2目一度。CN から表2。〈1目減〉

右上2目と1目の交差（下側で左上2目一度）：CN に2目移して編み地の手前におき、左針から左上2目一度。CN から表2。〈1目減〉

左上2目と1目の交差（下側で左上2目一度）：CN に2目移して編み地の後ろにおき、左針から表2。CN から左上2目一度。〈1目減〉

134

Moss X GROUP 8

モスエックス

Hexa Grid（#128）から抜き出した大きな X 字型のモチーフを縦に並べて、X のコラムを作りました。隣合うコラムの模様自体は同じですが、模様の開始位置が異なるため互い違いになります。X 字型を積み重ねてできる空間をかのこ編みで埋めることで、模様に強さを与えています。

オリジナルバージョン（右側）
（1 模様＝ 16 目× 24 段）
SSE：11 目

1 段め（裏面）：表 2、裏 4、表 4、裏 4、表 2。
2 段め：[2/2 RPC、2/2 LPC] を 2 回。
3 段めと以降の奇数段（裏面）：表目は表目に、裏目は裏目に編む。
4 段め：表 2、裏 4、2/2 RC、裏 4、表 2。
6 段め：表 2、裏 2、左上 2 目交差（下側がリブ）①、右上 2 目交差（下側がリブ）②、裏 2、表 2。
8 段め：表 2、左上 2 目交差（下側がリブ）②、[裏 1、表 1] を 2 回、右上 2 目交差（下側がリブ）①、表 2。
10 段め：左上 2 目交差（下側がリブ）①、[裏 1、表 1] を 4 回、右上 2 目交差（下側がリブ）②。
12 段め：表 2、[裏 1、表 1] を 5 回、裏 1、表 3。
14 段め：2/2 LC、[表 1、裏 1] を 4

回、2/2 RC。
16 段め：表 2、2/2 LPC、[裏 1、表 1] を 2 回、2/2 RPC、表 2。
18 段め：表 2、裏 2、2/2 LPC、2/2 RPC、裏 2、表 2。
20 段め：表 2、裏 4、2/2 RC、裏 4、表 2。
22 段め：[2/2 LPC、2/2 RPC] を 2 回。
24 段め：裏 2、2/2 LC、裏 4、2/2 LC、裏 2。
1 ～ 24 段めをくり返す。

半模様ずれバージョン（左側）
（1 模様＝ 16 目× 24 段）
SSE：11 目

1 段め（裏面）：裏 3、[表 1、裏 1] を 5 回、表 1、裏 2。
2 段め：2/2 LC、[表 1、裏 1] を 4 回、2/2 RC。
3 段めと以降の奇数段（裏面）：表目は表目に、裏目は裏目に編む。
4 段め：表 2、2/2 LPC、[裏 1、表 1] を 2 回、2/2 RPC、表 2。
6 段め：表 2、裏 2、2/2 LPC、2/2 RPC、裏 2、表 2。
8 段め：表 2、裏 4、2/2 RC、裏 4、表 2。
10 段め：[2/2 LPC、2/2 RPC] を 2 回。
12 段め：裏 2、2/2 LC、裏 4、2/2 LC、裏 2。
14 段め：[2/2 RPC、2/2 LPC] を 2 回。
16 段め：表 2、裏 4、2/2 RC、裏 4、表 2。
18 段め：表 2、裏 2、左上 2 目交差（下側がリブ）①、右上 2 目交差（下側がリブ）②、裏 2、表 2。
20 段め：表 2、左上 2 目交差（下側がリブ）②、[裏 1、表 1] を 2 回、右上 2 目交差（下側がリブ）①、表 2。
22 段め：左上 2 目交差（下側がリブ）①、[表 1、裏 1] を 4 回、右上 2 目交差（下側がリブ）②。
24 段め：表 2、[裏 1、表 1] を 5 回、裏 1、表 3。
1 ～ 24 段めをくり返す。

半模様ずれバージョン

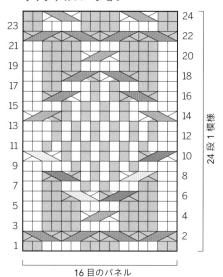

24 段 1 模様

16 目のパネル

オリジナルバージョン

24 段 1 模様

16 目のパネル

□ 表面で表目、裏面で裏目。 ■ 表面で裏目、裏面で表目。

2/2 RC（左上 2 目交差）：CN に 2 目移して編み地の後ろにおき、左針から表 2。CN から表 2。
2/2 LC（右上 2 目交差）：CN に 2 目移して編み地の手前におき、左針から表 2。CN から表 2。
2/2 RPC（左上 2 目交差（下側が裏目））：CN に 2 目移して編み地の後ろにおき、左針から表 2。CN から裏 2。
2/2 LPC（右上 2 目交差（下側が裏目））：CN に 2 目移して編み地の手前におき、左針から裏 2。CN から表 2。
左上 2 目交差（下側がリブ）①：CN に 2 目移して編み地の後ろにおき、左針から表 2。CN から表 1、裏 1。
右上 2 目交差（下側がリブ）①：CN に 2 目移して編み地の手前におき、左針から表 1、裏 1。CN から表 2。
左上 2 目交差（下側がリブ）②：CN に 2 目移して編み地の後ろにおき、左針から表 2。CN から裏 1、表 1。
右上 2 目交差（下側がリブ）②：CN に 2 目移して編み地の手前におき、左針から表 1、裏 1。CN から表 2。

Knitted Cable Sourcebook

Rearranging Xs
X 模様の配置アレンジ

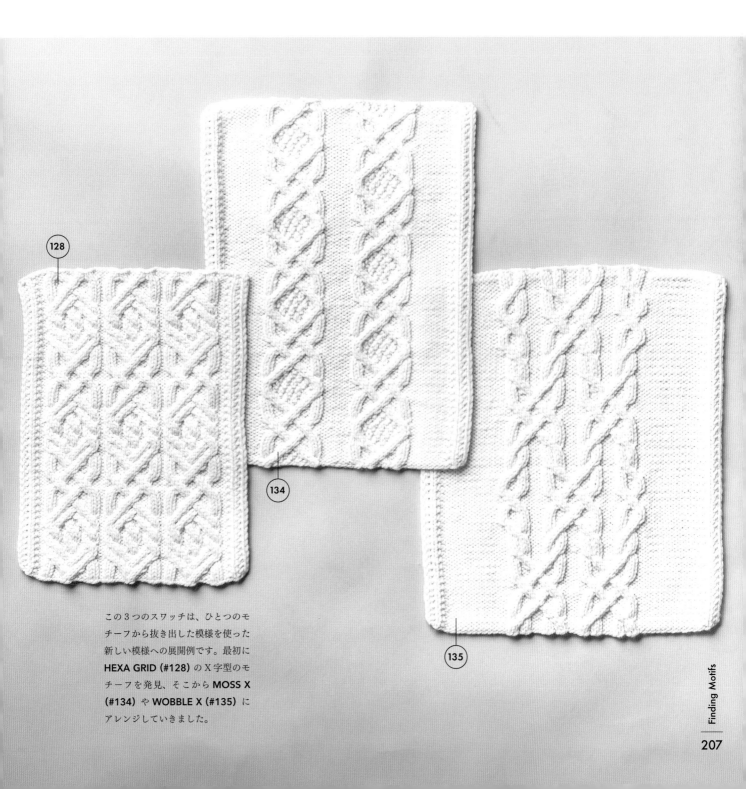

この 3 つのスワッチは、ひとつのモチーフから抜き出した模様を使った新しい模様への展開例です。最初にHEXA GRID (#128) の X 字型のモチーフを発見、そこから MOSS X (#134) や WOBBLE X (#135) にアレンジしていきました。

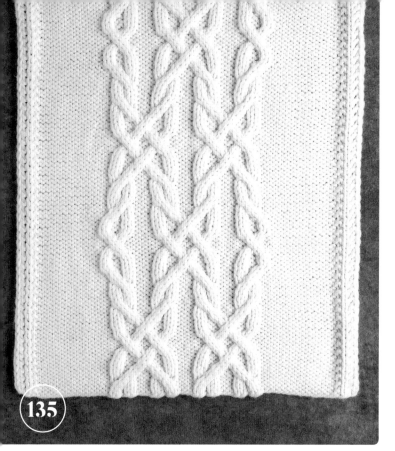

135

Wobble X GROUP 8

ウォブルエックス

Moss X（#134）では上下に重ねた X 字型モチーフを、Fave をはさんで斜めにつなぎ、Wobble（よろめく）という名前通りの動きを出しました。

（1 模様＝［20 の倍数＋20 目］× 48 段）

全体の SSE：26 目

くり返し範囲の SSE：14.5 目

1 段め（裏面）： * 表 2、［裏 2、表 2］を 2 回；、* 〜；を最後までくり返す。

2・3 段めと以降の奇数段（奇数段は裏面）： 表目は表目に、裏目は裏目に編む。

4 段め： * 裏 2、2/2 LC、表 2、裏 4、表 2、2/2 RC、裏 2；、* 〜；を最後までくり返す。

6 段め： * 裏 2、表 2、2/2 LPC、裏 4、2/2 RPC、表 2、裏 2；、* 〜；を最後までくり返す。

8 段め： * 裏 2、表 2、裏 2、2/2 LPC、2/2 RPC、裏 2、表 2、裏 2；、* 〜；を最後までくり返す。

10 段め： * 裏 2、表 2、裏 4、2/2 RC、裏 4、表 2、裏 2；、* 〜；を最後までくり返す。

12 段め： * 裏 2、［2/2 LPC、2/2 RPC］を 2 回、裏 2；* 〜；を最後までくり返す。

14 段め： * 裏 4、［2/2 LC、裏 4］を 2 回；、* 〜；を最後までくり返す。

16 段め： * 裏 2、［2/2 RPC、2/2 LPC］を 2 回、裏 2；* 〜；を最後までくり返す。

18 段め： 10 段めをくり返す。

20 段め： * 裏 2、表 2、裏 2、2/2 RPC、2/2 LPC、裏 2、表 2、裏 2；、* 〜；を最後までくり返す。

22 段め： * 裏 2、表 2、2/2 RC、裏 4、2/2 LC、表 2、裏 2；、* 〜；を最後までくり返す。

24 段め： * 裏 2、2/2 RPC、表 2、裏 4、表 2、2/2 LPC、裏 2；、* 〜；を最後までくり返す。

26 段め： 2 段めと同様に編む。

28 段め： 22 段めをくり返す。

30 段め： 24 段めをくり返す。

32 段め： *2/2 RPC、裏 2、表 2、裏 4、表 2、裏 2、2/2 LPC；、* 〜；を最後までくり返す。

34 段め： ［表 2、裏 4］を 3 回、*2/2 RC、裏 4、［表 2、裏 4］を 2 回；、* 〜；を 2 目残るまでくり返し、表 2。

36 段め： *2/2 LPC、2/2 RPC、裏 4、2/2 LPC、2/2 RPC；、* 〜；を最後までくり返す。

38 段め： * 裏 2、2/2 LC、裏 8、2/2 LC、裏 2；、* 〜；を最後までくり返す。

40 段め： *2/2 RPC、2/2 LPC、裏 4、2/2 RPC、2/2 LPC；、* 〜；を最後までくり返す。

42 段め： 34 段めをくり返す。

44 段め： *2/2 LPC、裏 2、表 2、裏 4、表 2、裏 2、2/2 RPC；、* 〜；を最後までくり返す。

46 段め： * 裏 2、2/2 LC、表 2、裏 4、表 2、2/2 RC、裏 2；、* 〜；を最後までくり返す。

48 段め： * 裏 2、表 2、2/2 LPC、裏 4、2/2 RPC、表 2、裏 2；、* 〜；を最後までくり返す。

1 〜 48 段めをくり返す。

□ 表面で表目、裏面で裏目。

■ 表面で裏目、裏面で表目。

| くり返し範囲。

 OR ⬡ **2/2 RC（左上 2 目交差）：** CN に 2 目移して編み地の後ろにおき、左針から表 2。CN から表 2。

⬡ OR ⬡ **2/2 LC（右上 2 目交差）：** CN に 2 目移して編み地の手前におき、左針から表 2。CN から表 2。

⬡ OR ⬡ **2/2 RPC（左上 2 目交差（下側が裏目））：** CN に 2 目移して編み地の後ろにおき、左針から表 2。CN から裏 2。

⬡ OR ⬡ **2/2 LPC（右上 2 目交差（下側が裏目））：** CN に 2 目移して編み地の手前におき、左針から裏 2。CN から表 2。

48 段 1 模様

20 目 1 模様

Knitted Cable Sourcebook

208

Knots GROUP 9

ノッツ

この模様では間隔をせまくして編んだケーブルが、ロープにできたノットのように見えます。パネルでは、かのこ編みを背景にしてノット入りのロープ模様を 4 本互い違いに配置しています。

（1 模様＝［24 の倍数＋ 10 目］× 24 段）
全体の SSE：22.5 目
くり返し範囲の SSE：16 目

1 段め（裏面）：表 3、裏 4、＊［表 1、裏 1］を 3 回、表 2、裏 4、表 3、裏 1、表 1、裏 1、表 2、裏 4；、＊～；を 3 目残るまでくり返し、表 3。
2 段め：裏 3、2/2 RC、＊［裏 1、表 1］を 2 回、裏 2、2/2 RC、2/2 LC、［裏 1、表 1］を 2 回、裏 2、2/2 RC；、＊～；を 3 目残るまでくり返し、裏 3。
3 段め：表 3、裏 4、＊［表 1、裏 1］を 2 回、表 2、裏 8、［表 1、裏 1］を 2 回、表 2、裏 4；、＊～；を 3 目残るまでくり返し、表 3。
4 段め：裏 3、表 4、＊［裏 1、表 1］を 2 回、裏 2、表 2、2/2 LC、表 2、［裏 1、表 1］を 2 回、裏 2、表 4；、＊～；を 3 目残るまでくり返し、裏 3。
5 段め：3 段めをくり返す。
6 段め：裏 3、2/2 RC、＊［裏 1、表 1］を 2 回、裏 2、2/2 RC を 2 回、［裏 1、表 1］を 2 回、裏 2、2/2 RC；、＊～；を 3 目残るまでくり返し、裏 3。

7・8 段め：3・4 段めをくり返す。
9 段め：3 段めをくり返す。
10 段め：裏 3、2/2 RC、＊［裏 1、表 1］を 2 回、裏 2、2/2 LPC、2/2 RPC、［裏 1、表 1］を 2 回、裏 2、2/2 RC；、＊～；を 3 目残るまでくり返し、裏 3。
11 段め：表 3、裏 4、＊［表 1、裏 1］を 3 回、表 2、［表 1、裏 1］を 3 回、表 2、裏 4；、＊～；を 3 目残るまでくり返し、表 3。
12 段め：裏 3、表 4、＊［裏 1、表 1］を 3 回、裏 2、2/2 LC、［裏 1、表 1］を 3 回、裏 2、表 4；、＊～；を 3 目残るまでくり返し、裏 3。
13 段め：11 段めをくり返す。
14 段め：裏 3、2/2 RC、＊［裏 1、表 1］を 3 回、裏 2、表 4、［裏 1、表 1］を 3 回、裏 2、2/2 RC；、＊～；を 3 目残るまでくり返し、裏 3。
15 段め：表 3、裏 4、表 3、＊裏 1、表 1、裏 1、表 2、裏 4、［表 1、裏 1］を 3 回、表 2、裏 4、表 3；、＊～；を最後までくり返す。
16 段め：裏 1、2/2 RC、2/2 LC、＊［裏 1、表 1］を 2 回、裏 2、2/2 LC、［裏 1、表 1］を 2 回、裏 2、2/2 RC、2/2 LC；、＊～；を 1 目残るまでくり返し、表 1。
17 段め：表 1、裏 8、＊［表 1、裏 1］を 2 回、表 2、裏 4、［表 1、裏 1］を 2 回、表 2、裏 8；、＊～；を 1 目残るまでくり返し、表 1。
18 段め：裏 1、表 2、2/2 RC、表 2、＊［裏 1、表 1］を 2 回、裏 2、表 4、［裏 1、表 1］を 2 回、裏 2、2/2 RC、表 2；、＊～；を 1 目残るまでくり返し、裏 1。
19 段め：17 段めをくり返す。
20 段め：裏 1、2/2 LC を 2 回、＊［裏 1、表 1］を 2 回、裏 2、2/2 LC、［裏 1、表 1］を 2 回、裏 2、2/2 LC を 2 回；、＊～；を 1 目残るまでくり返し、裏 1。
21・22 段め：17・18 段めをくり返す。
23 段め：17 段めをくり返す。
24 段め：裏 1、2/2 LPC、2/2 RPC、＊［裏 1、表 1］を 2 回、裏 2、2/2 LC、［裏 1、表 1］を 2 回、裏 2、2/2 LPC、2/2 RPC；、＊～；を 1 目残るまでくり返し、裏 1。
1 ～ 24 段めをくり返す。

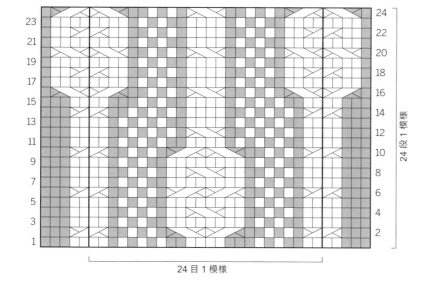

□　表面で表目、裏面で裏目。

▨　表面で裏目、裏面で表目。

❘　くり返し範囲。

2/2 RC（左上 2 目交差）：CN に 2 目移して編み地の後ろにおき、左針から表 2。CN から表 2。

2/2 LC（右上 2 目交差）：CN に 2 目移して編み地の手前におき、左針から表 2。CN から表 2。

2/2 RPC（左上 2 目交差（下側が裏目））：CN に 2 目移して編み地の後ろにおき、左針から表 2。CN から裏 2。

2/2 LPC（右上 2 目交差（下側が裏目））：CN に 2 目移して編み地の手前におき、左針から裏 2。CN から表 2。

137

X Knot Evolution

エックスノットエボリューション

GROUP 9

このスワッチでは、関連した3つの
ケーブル模様を並べることでひとつ
のアイデアから次のアイデアが生ま
れることがわかります。左端の模様
は、中心にノットを配したX字型の
モチーフを上下に重ねています。中
央の模様では同じX字型のモチー
フの間隔をあけて2目と2目のロープ
でつないでいます。そして右端の
模様では、ロープを真ん中で切断し、
モチーフの間隔をさらに広げてその
間にリブ編みとケーブルを組み合わ
せた新しい模様を入れてつなぎ合わ
せています。

左端の模様

(1模様＝12目×14段)
SSE：7.5目

1 段め（裏面）：裏4、表4、裏4。
2 段め：2/2 LC、裏4、2/2 LC。
3 段めと以降の奇数段（裏面）：表目は
表目に、裏目は裏目に編む。
4 段め：表2、2/2 LC、2/2 RC、表2。
6 段め：2/2 LPC、2/2 RC、2/2 RPC。
8 段め：裏2、2/2 LCを2回、裏2。
10 段め：2/2 RCを2回、2/2 LC。
12 段め：表2、2/2 RPC、2/2 LPC、表
2。
14 段め：2段めをくり返す。
1～14段めをくり返す。

中央の模様

(1模様＝12目×20段)
SSE：8目

1 段め（裏面）：裏4、表4、裏4。
2 段め：2/2 LC、裏4、2/2 LC。
3 段めと以降の奇数段（裏面）：表目は
表目に、裏目は裏目に編む。
4 段め：3段めと同様に編む。
6 段め：2段めをくり返す。
8 段め：表2、2/2 LC、2/2 RC、表2。
10 段め：2/2 LPC、2/2 RC、2/2 RPC。
12 段め：裏2、2/2 LCを2回、裏2。
14 段め：2/2 RCを2回、2/2 LC。
16 段め：表2、2/2 RPC、2/2 LPC、表
2。
18 段め：2段めをくり返す。
20 段め：3段めと同様に編む。
1～20段めをくり返す。

右端の模様

(1模様＝16目×36段)
SSE：11目

1 段め（裏面）：裏2、表4、裏4、表4、裏
2。
2 段め：表2、裏4、2/2 RC、裏4、表2。
3 段めと以降の奇数段（裏面）：表目は
表目に、裏目は裏目に編む。
4 段め：[2/2 LPC、2/2 RPC]を2回。
6 段め：[裏2、2/2 LC、裏2]を2回。
8 段め：3段めと同様に編む。
10 段め：6段めをくり返す。
12 段め：裏2、表2、2/2 LC、2/2 RC、
表2、裏2。
14 段め：裏2、2/2 LPC、2/2 RC、2/2
RPC、裏2。
16 段め：裏4、2/2 LCを2回、裏4。
18 段め：裏2、2/2 RCを2回、2/2
LC、裏2。

20 段め：裏2、表2、2/2 RPC、2/2
LPC、表2、裏2。
22 段め：6段めをくり返す。
24 段め：3段めと同様に編む。
26 段め：6段めをくり返す。
28 段め：[2/2 RPC、2/2 LPC]を2回。
30 段め：2段めをくり返す。
32 段め：表2、裏2、2/2 RPC、2/2
LPC、裏2、表2。
34 段め：3段めと同様に編む。
36 段め：裏2、表2、2/2 LPC、2/2
RPC、裏2、表2。
1～36段めをくり返す。

右

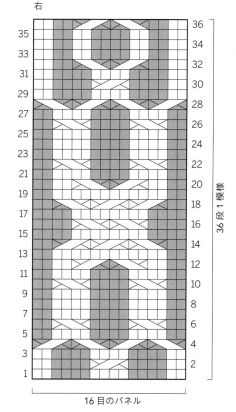

36段 1模様

16目のパネル

中央

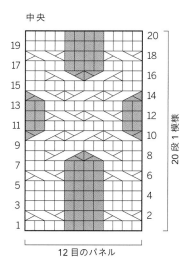

20段 1模様

12目のパネル

左

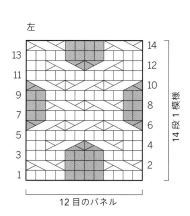

14段 1模様

12目のパネル

☐ 表面で表目、裏面で裏目。

▨ 表面で裏目、裏面で表目。

⬚⬚ OR ⬚⬚ **2/2 RC（左上2目交差）**：CNに2目移して編み地の後ろにおき、左針から表2。CNから表2。

⬚⬚ OR ⬚⬚ **2/2 LC（右上2目交差）**：CNに2目移して編み地の手前におき、左針から表2。CNから表2。

⬚⬚ OR ⬚⬚ **2/2 RPC（左上2目交差（下側が裏目））**：CNに2目移して編み地の後ろにおき、左針から表2。CNから裏2。

⬚⬚ OR ⬚⬚ **2/2 LPC（右上2目交差（下側が裏目））**：CNに2目移して編み地の手前におき、左針から裏2。CNから表2。

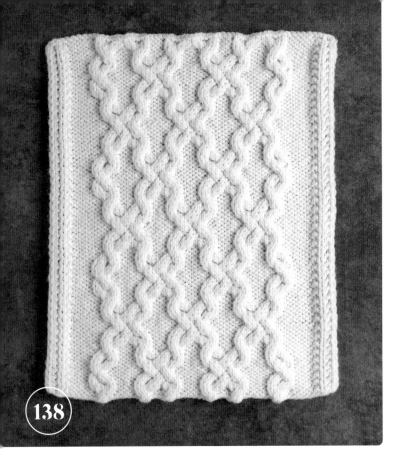

138

X Knot Curve   GROUP 9
エックスノットカーブ

この模様では、X Knot Evolution（#137）のノット入りの X 字モチーフを格子状に配置しています。モチーフをつなぐ部分の交差は、X の中心で編み目を織るように交差させると思いがちですが、ここではあえて X Knot Evolution の状態で使っています。X 字モチーフから伸び出てモチーフ同士をつなぐ曲がりくねったカーブが気に入っています。

（1 模様＝［16 の倍数＋ 16 目］× 24 段）

全体の SSE：20 目
くり返し範囲の SSE：10 目

1 段め：（裏面）：表 2、裏 4、* 表 4、裏 4；、* 〜；を 2 目残るまでくり返し、表 2。
2 段め：* 裏 2、2/2 LC、裏 4、2/2 RC、裏 2；、* 〜；を最後までくり返す。
3 段めと以降の奇数段（裏面）：表目は表目に、裏目は裏目に編む。
4 段め：*2/2 RC、表 2、裏 4、表 2、2/2 LC；、* 〜；を最後までくり返す。
6 段め：表 2、2/2 RPC、裏 4、*2/2 LPC、2/2 RC、2/2 RPC、 裏 4；、* 〜；を 6 目残るまでくり返し、2/2 LPC、表 2。
8 段め：*2/2 LC、裏 8、2/2 LC；、* 〜；を最後までくり返す。
10 段め：表 2、2/2 LC、裏 4、*2/2 RC を 2 回、2/2 LC、裏 4；、* 〜；を 6 目残るまでくり返し、2/2 RC、表 2。
12 段め：*2/2 LPC、表 2、裏 4、表 2、2/2 RPC；、* 〜；を最後までくり返す。
14 段め：* 裏 2、2/2 RC、裏 4、2/2 LC、裏 2；、* 〜；を最後までくり返す。
16 段め：* 裏 2、表 2、2/2 LC、2/2 RC、表 2、裏 2；、* 〜；を最後までくり返す。
18 段め：* 裏 2、2/2 LPC、2/2 RC、2/2 RPC、裏 2；、* 〜；を最後までくり返す。
20 段め：* 裏 4、2/2 LC を 2 回、裏 4；、* 〜；を最後までくり返す。
22 段め：* 裏 2、2/2 RC を 2 回、2/2 LC、裏 2；、* 〜；を最後までくり返す。
24 段め：* 裏 2、表 2、2/2 RPC、2/2 LPC、表 2、裏 2；、* 〜；を最後までくり返す。
1 〜 24 段めをくり返す。

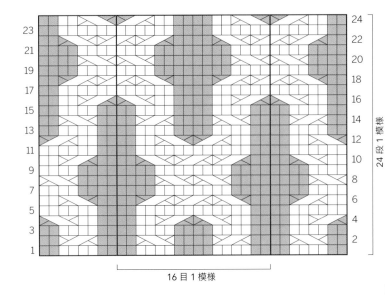

16 目 1 模様

24 段 1 模様

□ 表面で表目、裏面で裏目。

▨ 表面で裏目、裏面で表目。

▎ くり返し範囲。

▱ OR ▱ **2/2 RC（左上 2 目交差）**：CN に 2 目移して編み地の後ろにおき、左針から表 2。CN から表 2。

▱ OR ▱ **2/2 LC（右上 2 目交差）**：CN に 2 目移して編み地の手前におき、左針から表 2。CN から表 2。

▱ **2/2 RPC（左上 2 目交差（下側が裏目））**：CN に 2 目移して編み地の後ろにおき、左針から表 2。CN から裏 2。

▱ **2/2 LPC（右上 2 目交差（下側が裏目））**：CN に 2 目移して編み地の手前におき、左針から裏 2。CN から表 2。

Knitted Cable Sourcebook

212

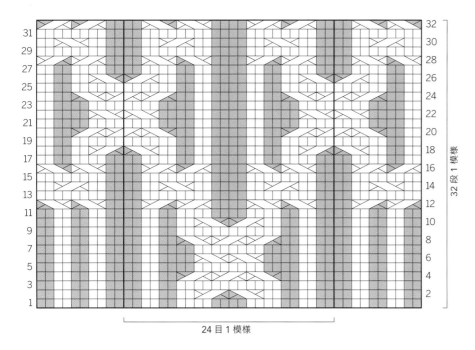

Rib X Knot GROUP 9

リブエックスノット

X Knot Curve (#138) のモチーフ同士の間隔を上下左右に広げたことでできた空間に、裏メリヤス編みを加えています。リブ編みと X 字モチーフを結ぶ斜線が合流して新たなノットのような模様ができます。

（1 模様＝[24 の倍数＋ 20 目]× 32 段）

全体の SSE：22.5 目
くり返し範囲の SSE：15 目

1 段め（裏面）：[表 2、裏 2]を 2 回、表 4、＊裏 2、表 2、表 4、表 4、表 2、裏 2、表 4；、＊～；を 8 目残るまでくり返し、[裏 2、表 2]を 2 回。
2 段め：[裏 2、表 2]を 2 回、裏 4、＊表 2、裏 2、表 2、2/2 LC、表 2、裏 2、表 2、2/2 RC、表 2、裏 2、表 2、裏 4；、＊～；を 8 目残るまでくり返し、[表 2、裏 2]を 2 回。
3 段めと以降の奇数段（裏面）：表目は表目に、裏目は裏目に編む。
4 段め：[裏 2、表 2]を 2 回、裏 4、＊表 2、裏 2、2/2 LPC、2/2 RC、2/2 RPC、裏 2、表 2、裏 4；、＊～；を 8 目残るまでくり返し、[表 2、裏 2]を 2 回。
6 段め：[裏 2、表 2]を 2 回、裏 4、＊表 2、裏 4、2/2 LC を 2 回、裏 4、表 2、裏 4；、＊～；を 8 目残るまでくり返し、[表 2、裏 2]を 2 回。

8 段め：[裏 2、表 2]を 2 回、裏 4、＊表 2、裏 2、2/2 RC を 2 回、2/2 LC、裏 2、表 2、裏 4；、＊～；を 8 目残るまでくり返し、[表 2、裏 2]を 2 回。
10 段め：[裏 2、表 2]を 2 回、裏 4、＊表 2、裏 2、表 2、2/2 RPC、2/2 LPC、表 2、裏 2、表 2、裏 4；、＊～；を 8 目残るまでくり返し、[表 2、裏 2]を 2 回。
12 段め：2/2 RC を 2 回、裏 4、2/2 LC を 2 回、＊裏 4、2/2 RC を 2 回、裏 4、2/2 LC を 2 回；、＊～；を最後までくり返す。
14 段め：表 2、2/2 LC、表 2、裏 4、表 2、2/2 RC、表 2、＊裏 4、表 2、2/2 LC、表 2、裏 4、表 2、2/2 RC、表 2；、＊～；を最後までくり返す。
16 段め：2/2 RPC、2/2 RC、裏 4、2/2 LC、2/2 LPC、裏 4、＊2/2 RPC、2/2 RC、裏 4、2/2 LC、2/2 LPC；、＊～；を最後までくり返す。
18 段め：表 2、裏 2、表 2、2/2 LC、2/2 RC、表 2、裏 2、表 2、＊裏 4、表 2、裏 2、表 2、2/2 LC、2/2 RC、表 2、裏 2、表 2；、＊～；を最後までくり返す。
20 段め：表 2、裏 2、2/2 LPC、2/2 RC、2/2 RPC、裏 2、表 2、＊裏 4、表 2、裏 2、2/2 LPC、2/2 RC、2/2 RPC、裏 2、表 2；、＊～；を最後までくり返す。
22 段め：表 2、裏 4、2/2 LC を 2 回、裏 4、表 2、＊裏 4、表 2、裏 4、2/2 LC を 2 回、裏 4、表 2；、＊～；を最後までくり返す。
24 段め：表 2、裏 2、2/2 RC を 2 回、2/2 LC、裏 2、表 2、＊裏 4、表 2、裏 2、2/2 RC を 2 回、2/2 LC、裏 2、表 2；、＊～；を最後までくり返す。
26 段め：表 2、裏 2、表 2、2/2 RPC、2/2 LPC、表 2、裏 2、表 2、＊裏 4、表 2、裏 2、表 2、2/2 RPC、2/2 LPC、表 2、裏 2、表 2；、＊～；を最後までくり返す。
28 段め：2/2 LC を 2 回、裏 4、2/2 RC を 2 回、＊裏 4、2/2 LC を 2 回、裏 4、2/2 RC を 2 回；、＊～；を最後までくり返す。
30 段め：表 2、2/2 RC、表 2、裏 4、表 2、2/2 LC、表 2、＊裏 4、表 2、2/2 RC、表 2、裏 4、表 2、2/2 LC、表 2；、＊～；を最後までくり返す。
32 段め：2/2 LPC を 2 回、裏 4、2/2 RPC、2/2 RC、＊裏 4、2/2 LC、2/2 LPC、裏 4、2/2 RPC を 2 回；、＊～；を最後までくり返す。
1 ～ 32 段めをくり返す。

31 29 27 25 23 21 19 17 15 13 11 9 7 5 3 1

32 30 28 26 24 22 20 18 16 14 12 10 8 6 4 2

24 目 1 模様

32 段 1 模様

□ 表面で表目、裏面で裏目。 ■ 表面で裏目、裏面で表目。

| くり返し範囲。

2/2 RC（左上 2 目交差）：CN に 2 目移して編み地の後ろにおき、左針から表 2。CN から表 2。
2/2 LC（右上 2 目交差）：CN に 2 目移して編み地の手前におき、左針から表 2。CN から表 2。
2/2 RPC（左上 2 目交差（下側が裏目））：CN に 2 目移して編み地の後ろにおき、左針から表 2。CN から裏 2。
2/2 LPC（右上 2 目交差（下側が裏目））：CN に 2 目移して編み地の手前におき、左針から裏 2。CN から表 2。

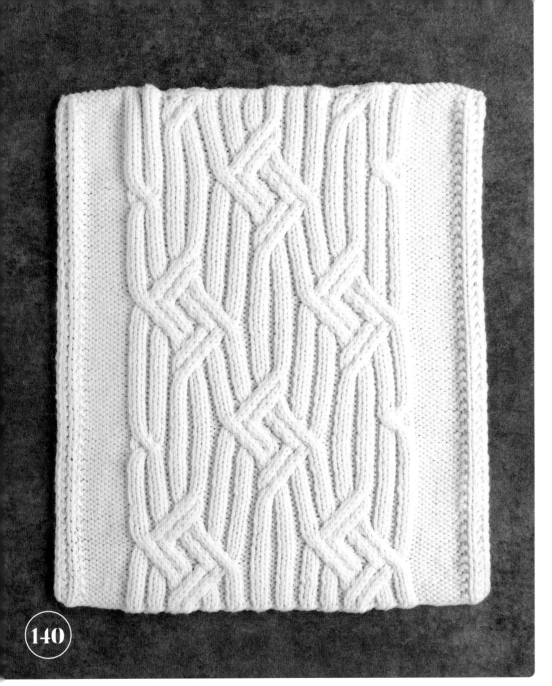

Tilted Cube GROUP 10

ティルティッドキューブ

この模様は、Right Bias Weave（#117）の網目のラインを二重にして長く引き伸ばしています。傾いたキューブ状のモチーフが、2目のリブ編みの背景から浮き出ているようです。

（1模様＝[32の倍数＋22目]×48段）

全体の SSE：33.5目

くり返し範囲の SSE：20目

1 段め（裏面）：[裏 2、表 2] を 2 回、裏 6、*表 2、[裏 2、表 2] を 6 回；、*〜；を 8 目残るまでくり返し、[裏 2、裏 2] を 2 回。

2 段め：[表 2、裏 2] を 2 回、2/2 RC、*[表 2、裏 2] を 7 回、2/2 RC；、*〜；を 10 目残るまでくり返し、表 2、[裏 2、表 2] を 2 回。

3 段めと以降の奇数段（裏面）：表目は表目に、裏目は裏目に編む。

4 段め：表 2、裏 2、2/2 RC を 2 回、*[裏 2、表 2] を 6 回、2/2 RC を 2 回；、*〜；を 8 目残るまでくり返し、[裏 2、表 2] を 2 回。

6 段め：表 2、裏 2、2/2 RC を 2 回、*[表 2、裏 2] を 6 回、2/2 RC を 2 回；、*〜；を 10 目残るまでくり返し、表 2、[裏 2、表 2] を 2 回。

8 段め：表 2、2/2 RC、2/2 RPC、表 2、2/2 LC、*表 2、[裏 2、表 2] を 4 回、2/2 RC、2/2 RPC、表 2、2/2 LC；、*〜；を 6 目残るまでくり返し、表 2、裏 2、表 2。

10 段め：2/2 LC を 2 回、裏 2、2/2 LPC、2/2 LC、*表 2、[裏 2、裏 2] を 3 回、2/2 LC を 2 回、裏 2、2/2 LPC、2/2 LC；、*〜；を 4 目残るまでくり返し、裏 2、表 2。

12 段め：2/2 LPC、2/2 LC、裏 2、2/2 LPC、2/2 LC、*表 2、[裏 2、表 2] を 3 回、2/2 LPC、2/2 LC、裏 2、2/2 LPC、2/2 LC；、*〜；を 2 目残るまでくり返し、表 2。

14 段め：表 2、裏 2、2/2 LC を 2 回、*[表 2、裏 2] を 6 回、2/2 LC を 2 回；、

*〜；を 10 目残るまでくり返し、表 2、[裏 2、表 2] を 2 回。

裏 2、2/2 LC を 2 回、*裏 2、[表 2、裏 2] を 3 回、2/2 LC を 2 回、裏 2、2/2 LC を 2 回、*〜；を最後までくり返す。

16 段め：表 2、裏 2、表 2、2/2 LPC、表 2、2/2 RC、2/2 RPC、*表 2、[裏 2、表 2] を 4 回、2/2 LPC、表 2、2/2 RC、2/2 RPC；、*〜；を 2 目残るまでくり返し、表 2。

18 段め：表 2、[裏 2、表 2] を 2 回、2/2 RC を 2 回、*[裏 2、表 2] を 6 回、2/2 RC を 2 回；、*〜；を 4 目残るまでくり返し、裏 2、表 2。

20 段め：[表 2、裏 2] を 2 回、2/2 RC、2/2 RPC、*[表 2、裏 2] を 6 回、2/2 RC、2/2 RPC；、*〜；を 6 目残るまでくり返し、表 2、裏 2、表 2。

22 段め：表 2、[裏 2、表 2] を 2 回、2/2 RC、*[裏 2、表 2] を 7 回、2/2 RC；、*〜；を 8 目残るまでくり返し、[裏 2、表 2] を 2 回。

24 段め：[表 2、裏 2] を 2 回、2/2 RPC、*表 2、[表 2、裏 2] を 3 回、2/2 RC、裏 2、[表 2、裏 2] を 2 回、2/2 RPC；、*〜；を 10 目残るまでくり返し、表 2、[裏 2、表 2] を 2 回。

26 段め：[表 2、裏 2] を 5 回、*表 2、裏 2、2/2 RC、[表 2、裏 2] を 6 回；、*〜；を 2 目残るまでくり返し、表 2。

28 段め：表 2、[裏 2、表 2] を 5 回、*2/2 RC を 2 回、[裏 2、表 2] を 6 回；、*〜；を最後までくり返す。

30 段め：[表 2、裏 2] を 5 回、*2/2 RC を 2 回、[表 2、裏 2] を 6 回；、*〜；を 2 目残るまでくり返し、表 2。

32 段め：表 2、[裏 2、表 2] を 4 回、*2/2 RC、2/2 RPC、表 2、2/2 LC、表 2、[裏 2、表 2] を 4 回；、*〜；を 4 目残るまでくり返し、2/2 RC。

34 段め：[表 2、裏 2] を 4 回、*2/2 LC を 2 回、裏 2、2/2 LPC、2/2 LC、裏 2、[表 2、裏 2] を 3 回；、*〜；を 6 目残るまでくり返し、2/2 LC、表 2。

36 段め：2/2 LC、表 2、[裏 2、表 2] を 3 回、*2/2 LPC、2/2 LC、裏 2、2/2 LPC、2/2 LC、表 2、[裏 2、表 2] を 3 回；、*〜；を 4 目残るまでくり返し、2/2 LPC。

38 段め：表 2、2/2 LC、裏 2、[表 2、裏 2] を 3 回、*[2/2 LC を 2 回、裏 2] を 2 回、[表 2、裏 2] を 3 回；、*〜；を 2 目残るまでくり返し、表 2。

40 段め：2/2 RPC、表 2、[裏 2、表 2] を 4 回、*2/2 LPC、表 2、2/2 RC、2/2 RPC、表 2、[裏 2、表 2] を 4 回；、*〜；を最後までくり返す。

42 段め：表 2、*[裏 2、表 2] を 6 回、2/2 RC を 2 回；、*〜；を 20 目残るまでくり返し、[裏 2、表 2] を 5 回。

44 段め：*[表 2、裏 2] を 6 回、2/2 RC、2/2 RPC；、*〜；を 22 目残るまでくり返し、[表 2、裏 2] を 5 回、表 2。

46 段め：表 2、[裏 2、表 2] を 5 回、*表 2、裏 2、2/2 RC、[裏 2、表 2] を 6 回；、*〜；を最後までくり返す。

48 段め：表 2、[裏 2、表 2] を 2 回、2/2 RC、*表 2、[裏 2、表 2] を 2 回、2/2 RPC、表 2、[裏 2、表 2] を 3 回、2/2 RC；、*〜；を 8 目残るまでくり返し、[裏 2、表 2] を 2 回。

1 〜 48 段めをくり返す。

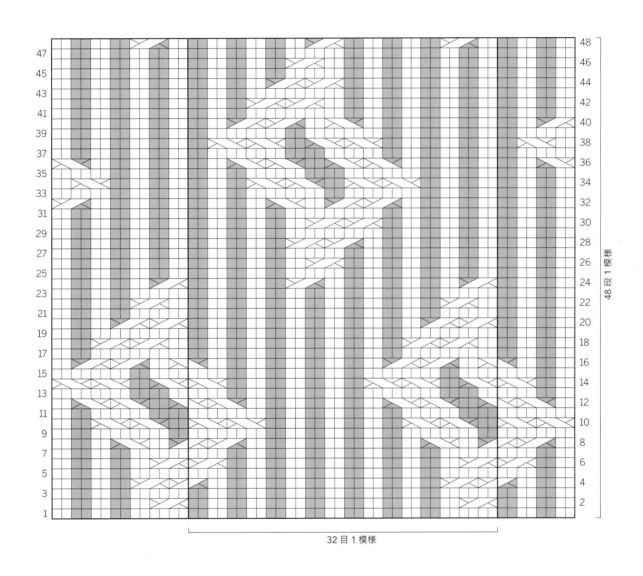

47 45 43 41 39 37 35 33 31 29 27 25 23 21 19 17 15 13 11 9 7 5 3 1

48 46 44 42 40 38 36 34 32 30 28 26 24 22 20 18 16 14 12 10 8 6 4 2

48 段 1 模様

32 目 1 模様

□ 表面で表目、裏面で裏目。

▨ 表面で裏目、裏面で表目。

| くり返し範囲。

2/2 RC(左上 2 目交差): CN に 2 目移して編み地の後ろにおき、左針から表 2。CN から表 2。

2/2 LC(右上 2 目交差): CN に 2 目移して編み地の手前におき、左針から表 2。CN から表 2。

2/2 RPC(左上 2 目交差(下側が裏目)): CN に 2 目移して編み地の後ろにおき、左針から表 2。CN から裏 2。

2/2 LPC(右上 2 目交差(下側が裏目)): CN に 2 目移して編み地の手前におき、左針から裏 2。CN から表 2。

Tilted Cube Grid GROUP 10

ティルティッドキューブグリッド

Tilted Cube (#140) を格子状に配置して、2目と2目のロープやリブ編み、そして Fave モチーフを使ってつなげています。

(1模様＝[22の倍数＋8目]×28段)
全体の SSE：24目
くり返し範囲の SSE：13目

1 段め (裏面)：表 2、裏 4、*[表 2、裏 2] を 4 回、表 2、裏 4；、*〜；を 2 目残るまでくり返し、表 2。

2・3 段めと以降の奇数段 (奇数段は裏面)：表目は表目に、裏目は裏目に編む。

4 段め：裏 2、2/2 LC、*[裏 2、表 2] を 2 回、2/2 RC、裏 2、表 2、裏 2、2/2 LC；、*〜；を 2 目残るまでくり返し、裏 2。

6 段め：裏 2、表 4、*裏 2、表 2、裏 2、2/2 RC、[表 2、裏 2] を 2 回、表 4；、*〜；を 2 目残るまでくり返し、裏 2。

8 段め：裏 2、2/2 LC、*裏 2、表 2、2/2 RC を 2 回、裏 2、表 2、裏 2、2/2 LC；、*〜；を 2 目残るまでくり返し、裏 2。

10 段め：裏 2、表 4、*裏 2、2/2 RC を 2 回、[表 2、裏 2] を 2 回、表 4；、*〜；を 2 目残るまでくり返し、裏 2。

12 段め：裏 2、2/2 LC、*2/2 RC、2/2 RPC、表 2、2/2 LC、裏 2、2/2 LC；、*〜；を 2 目残るまでくり返し、裏 2。

14 段め：2/2 RPC、2/2 LPC、*2/2 LC、裏 2、2/2 LPC、2/2 LC、2/2 RPC、2/2 LPC；、*〜；を最後までくり返す。

16 段め：表 2、裏 4、*2/2 LC を 2 回、裏 2、2/2 LPC、2/2 LC、裏 4；、*〜；を 2 目残るまでくり返し、表 2。

18 段め：2/2 LPC、2/2 RPC、*2/2 LC を 2 回、裏 2、2/2 LC を 2 回、2/2 RPC；、*〜；を最後までくり返す。

20 段め：裏 2、2/2 LC、裏 2、*表 2、2/2 LPC、表 2、2/2 RC、2/2 RPC、2/2 LC、裏 2；、*〜；を最後までくり返す。

22 段め：裏 2、表 4、*[裏 2、表 2] を 2 回、2/2 RC を 2 回、裏 2、表 4；、*〜；を 2 目残るまでくり返し、裏 2。

24 段め：裏 2、2/2 LC、裏 2、表 2、裏 2、2/2 RC、2/2 RPC、表 2、裏 2、2/2 LC、裏 2；、*〜；を最後までくり返す。

26 段め：裏 2、表 4、*[裏 2、表 2] を 2 回、2/2 RC、裏 2、表 2、裏 2、表 4；、*〜；を 2 目残るまでくり返し、裏 2。

28 段め：裏 2、2/2 LC、裏 2、*表 2、裏 2、2/2 RPC、[裏 2、裏 2] を 2 回、2/2 LC、裏 2；、*〜；を最後までくり返す。

1 〜 28 段めをくり返す。

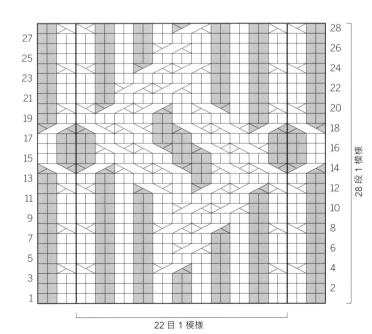

□ 表面で表目、裏面で裏目。

▨ 表面で表目、裏面で表目。

| くり返し範囲。

2/2 RC (左上 2 目交差)：CN に 2 目移して編み地の後ろにおき、左針から表 2。CN から表 2。

2/2 LC (右上 2 目交差)：CN に 2 目移して編み地の手前におき、左針から表 2。CN から表 2。

2/2 RPC (左上 2 目交差 (下側が裏目))：CN に 2 目移して編み地の後ろにおき、左針から表 2。CN から裏 2。

2/2 LPC (右上 2 目交差 (下側が裏目))：CN に 2 目移して編み地の手前におき、左針から裏 2。CN から表 2。

Tilted Argyle　GROUP 11
ティルティッドアーガイル

一見目立たない Hexa Butterfly（#133）の羽の下部の模様をつなぎ合わせ、内側に X 字の模様を入れることでアーガイル模様に似た模様ができます。2 本のコラムは左右対称に配置しているため、編み始め位置が異なります。

（1 模様＝ 50 目× 32 段）
SSE：31 目

1 段め（裏面）：［表 4、裏 2］を 2 回、表 6、裏 2、表 10、裏 2、［表 4、裏 4］を 2 回、表 2。
2 段め：2/2 RC、2/2 LC、2/2 RPC、2/2 LPC、2/2 RC、裏 10、表 2、裏 4、2/2 RPC、裏 4、表 2、裏 4。
3 段めと以降の奇数段（裏面）：表目は表目に、裏目は裏目に編む。
4 段め：表 6、2/2 LC、裏 4、2/2 RPC、表 2、裏 10、表 2、裏 2、2/2 RC、裏 6、表 2、裏 4。
6 段め：2/2 LPC、表 4、2/2 LC、2/2 RPC、裏 2、表 2、裏 10、表 2、2/2 RC、2/2 LC、裏 4、表 2、裏 4。
8 段め：裏 2、2/2 LPC、表 4、2/2 LC、裏 4、表 2、裏 10、2/2 RC、表 6、裏 4、表 2、裏 4。
10 段め：裏 4、2/2 LC、表 6、裏 4、表 2、表 8、2/2 RC、表 4、2/2 RC、裏 4、表 2、裏 4。
12 段め：裏 4、表 2、2/2 LPC、2/2 RPC、裏 4、表 2、裏 6、2/2 RC、表 4、2/2 RPC、2/2 LPC、裏 2、表 2、裏 4。
14 段め：裏 4、表 2、裏 2、2/2 LPC、裏 6、表 2、裏 6、表 6、2/2 RC、裏 4、2/2 LC、表 2、裏 4。

16 段め：裏 4、表 2、裏 4、2/2 LPC、裏 4、表 2、裏 6、[2/2 LPC、2/2 RPC] を 2 回、2/2 LPC、裏 4。
18 段め：裏 4、表 2、裏 6、2/2 LC、裏 2、表 2、裏 8、2/2 LPC、表 4、2/2 LC、裏 4、2/2 LC、裏 2。
20 段め：裏 4、表 2、裏 4、2/2 RC、2/2 LC、表 2、裏 10、2/2 LC、2/2 RPC、2/2 LPC、2/2 RC、2/2 LC。
22 段め：裏 4、表 2、裏 4、表 6、2/2 LC、裏 10、表 2、2/2 LPC、裏 4、2/2 RC、表 6。
24 段め：裏 4、表 2、裏 4、2/2 LC、表 4、2/2 LC、裏 8、表 2、裏 2、2/2 LPC、2/2 RC、表 4、2/2 RPC。
26 段め：裏 4、表 2、裏 2、2/2 RPC、2/2 LPC、表 4、2/2 LC、裏 6、表 2、裏 4、2/2 RC、表 4、2/2 RPC、裏 2。
28 段め：裏 4、表 2、2/2 RPC、裏 4、2/2 LC、表 6、裏 2、裏 4、表 6、2/2 RC、裏 4。
30 段め：裏 4、[2/2 RPC、2/2 LPC] を 2 回、2/2 RPC、裏 6、表 2、裏 4、2/2 LPC、2/2 RPC、表 2、裏 4。
32 段め：裏 2、[2/2 RC、裏 4] を 2 回、2/2 RPC、裏 8、表 2、裏 6、2/2 RPC、裏 2、表 2、裏 4。
1 ～ 32 段めをくり返す。

□ 表面で表目、裏面で裏目。

▨ 表面で裏目、裏面で表目。

2/2 RC（左上 2 目交差）：CN に 2 目移して編み地の後ろにおき、左針から表 2。CN から表 2。

2/2 LC（右上 2 目交差）：CN に 2 目移して編み地の手前におき、左針から表 2。CN から表 2。

2/2 RPC（左上 2 目交差（下側が裏目））：CN に 2 目移して編み地の後ろにおき、左針から表 2。CN から裏 2。

2/2 LPC（右上 2 目交差（下側が裏目））：CN に 2 目移して編み地の手前におき、左針から裏 2。CN から表 2。

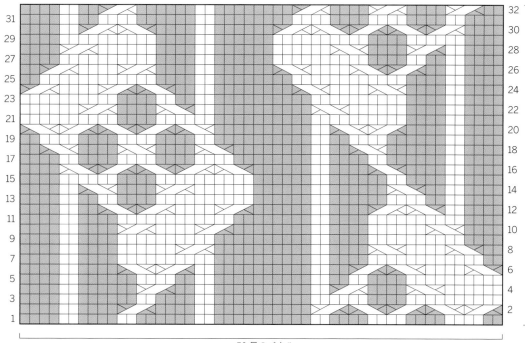

50 目のパネル

32 段 1 模様

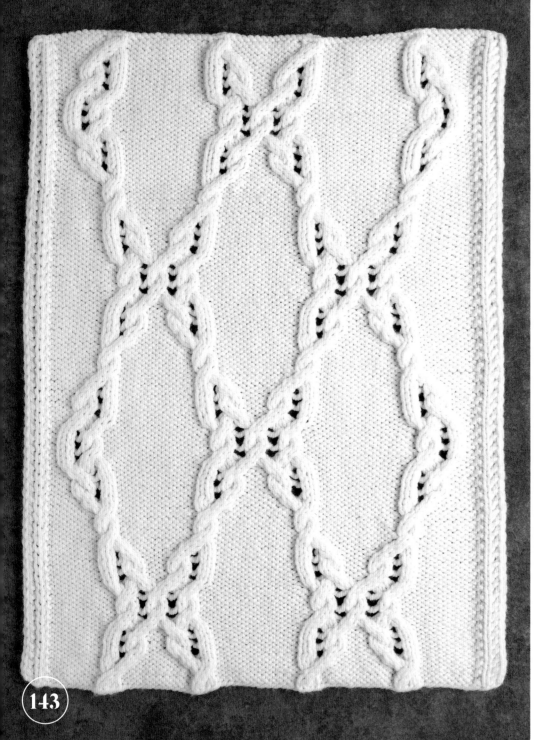

Open Butterfly

オープンバタフライ

GROUP 11

バタフライの輪郭は、2目交差の
ロープとケーブルで描くラインの組
み合わせです。かけ目で透かしを入
れ、ケーブル模様を乱さずに軽やか
で夏らしい雰囲気を出しました。

（1模様＝［32の倍数＋32目］×64段）
全体のSSE：52.5目
くり返し範囲のSSE：26目

1段め(裏面)：表6、裏4、＊表12、裏4；、
＊〜；を6目残るまでくり返し、表6。
2・3段め：表目は表目に、裏目は裏目に
編む。
4段め：＊裏6、2/2 RC、裏6；、＊〜；
を最後までくり返す。
5段め：2段めと同様に編む。
6段め：＊裏6、表2、2/2 LC、裏8、2/2 RC、
表2、裏6；、＊〜；を最後までくり返す。
7段め：＊表6、裏1、裏目の左上2目一
度、かけ目2、裏目の右上2目一度、裏1、
表8、裏1、裏目の左上2目一度、かけ目
2、裏目の右上2目一度、裏1、表6；、
＊〜；を最後までくり返す。
8段め：＊裏6、表2、前段のかけ目2目に
「表1、裏1」、2/2 LC、裏4、2/2 RC、前段
のかけ目2目に「表1、裏1」、表2、裏6；、
＊〜；を最後までくり返す。
9段め：＊表6、裏1、裏目の左上2目一
度、かけ目2、裏目の右上2目一度、裏3、
表4、裏3、裏目の左上2目一度、かけ目
2、裏目の右上2目一度、裏1、表6；、
＊〜；を最後までくり返す。
10段め：＊裏6、表2、前段のかけ目2目
に「表1、裏1」、表4、裏4、表4、前段のか
け目2目に「表1、裏1」、表2、裏6；、
＊〜；を最後までくり返す。
11段め：9段めをくり返す。
12段め：8段めをくり返す。
13段め：＊表6、裏8、表4、裏8、表6；、
＊〜；を最後までくり返す。
14段め：＊裏6、2/2 LPC、表2、2/2 LC、
2/2 RC、表2、2/2 RPC、裏6；、＊〜；
を最後までくり返す。
15段め：＊表8、裏3、裏目の左上2目一
度、かけ2、裏目の右上2目一度、裏2、裏
目の左上2目一度、かけ目2、裏目の右上
2目一度、裏3、表8；、＊〜；を最後まで
くり返す。
16段め：＊裏8、2/2 RC、［前段のかけ
目2目に「表1、裏1」、2/2 RC］を2回、
裏8；、＊〜；を最後までくり返す。
17段め：15段めをくり返す。
18段め：＊裏8、表4、［前段のかけ目2
目に「表1、裏1」、表4］を2回、裏8；、
＊〜；を最後までくり返す。
19・20段め：15・16段めをくり返す。
21段め：＊表8、裏16、表8；、＊〜；を
最後までくり返す。
22段め：＊裏6、2/2 RC、表2、2/2 RPC、
2/2 LPC、表2、2/2 LC、裏6；、＊〜；を
最後までくり返す。

23 段め：9 段めをくり返す。

24 段め：＊裏 6、表 2、前段のかけ目 2 目に「表 1、裏 1」、2/2 RC、裏 4、2/2 LC、前段のかけ目 2 目に「表 1、裏 1」、表 2、裏 6；、＊～；を最後までくり返す。

25・26 段め：9・10 段めをくり返す。

27 段め：9 段めをくり返す。

28 段め：＊裏 6、表 2、前段のかけ目 2 目に「表 1、裏 1」、2/2 RPC、裏 4、2/2 LPC、前段のかけ目 2 目に「表 1、裏 1」、表 2、裏 6；、＊～；を最後までくり返す。

29 段め：＊表 6、裏 6、表 8、裏 6、表 6；、＊～；を最後までくり返す。

30 段め：＊裏 6、表 2、2/2 RPC、裏 8、2/2 LPC、表 2、裏 6；、＊～；を最後までくり返す。

31 段め：＊表 6、裏 4、表 6；、＊～；を最後までくり返す。

32 段め：＊裏 6、2/2 RC、裏 6；、＊～；を最後までくり返す。

33 ～ 35 段め：2 段めと同様に編む。

36 段め：32 段めをくり返す。

37 段め：2 段めと同様に編む。

38 段め：＊裏 4、2/2 RC、表 2、裏 12、表 2、2/2 LC、裏 4；、＊～；を最後までくり返す。

39 段め：＊表 4、裏 1、裏目の左上 2 目一度、かけ目 2、裏目の右上 2 目一度、裏 1、表 12、裏 1、裏目の左上 2 目一度、かけ目 2、裏目の右上 2 目一度、裏 1、表 4；、＊～；を最後までくり返す。

40 段め：＊裏 2、2/2 RC、前段のかけ目 2 目に「表 1、裏 1」、表 2、裏 12、表 2、前段のかけ目 2 目に「表 1、裏 1」、2/2 LC、裏 2；、＊～；を最後までくり返す。

41 段め：＊表 2、裏 3、裏目の左上 2 目一度、かけ目 2、裏目の右上 2 目一度、裏 1、表 12、裏 1、裏目の左上 2 目一度、かけ目 2、裏目の右上 2 目一度、裏 3、表 2；、＊～；を最後までくり返す。

42 段め：＊裏 2、表 4、前段のかけ目 2 目に「表 1、裏 1」、表 2、裏 12、表 2、前段のかけ目 2 目に「表 1、裏 1」、表 4、裏 2；、＊～；を最後までくり返す。

43 段め：41 段めをくり返す。

44 段め：40 段めをくり返す。

45 段め：＊表 2、裏 8、表 12、裏 8、表 2；、＊～；を最後までくり返す。

46 段め：＊2/2 RC、表 2、2/2 RPC、裏 12、2/2 LPC、表 2、2/2 LC；、＊～；を最後までくり返す。

47 段め：＊裏 1、裏目の左上 2 目一度、かけ目 2、裏目の右上 2 目一度、裏 3、表 16、裏 3、裏目の左上 2 目一度、かけ目 2、裏目の右上 2 目一度、裏 1；、＊～；を最後までくり返す。

48 段め：表 2、前段のかけ目 2 目に「表 1、裏 1」、2/2 RC、裏 16、＊2/2 RC、[前段のかけ目 2 目に「表 1、裏 1」]を 2 回、裏 16；、＊～；を 8 目残るまでくり返し、2/2 RC、前段のかけ目 2 目に「表 1、裏 1」、表 2。

49 段め：47 段めをくり返す。

50 段め：＊表 2、前段のかけ目 2 目に「表 1、裏 1」、表 4、裏 16、表 4、前段のかけ目 2 目に「表 1、裏 1」、表 2；、＊～；を最後までくり返す。

51・52 段め：47・48 段めをくり返す。

53 段め：裏 8、表 16、＊裏 16、表 16；、＊～；を 8 目残るまでくり返し、裏 8。

54 段め：＊2/2 LPC、表 2、2/2 LC、裏 12、2/2 RC、表 2、2/2 RPC；、＊～；を最後までくり返す。

55 段め：＊表 2、裏 3、裏目の左上 2 目一度、かけ目 2、裏目の右上 2 目一度、裏 1、表 12、裏 1、裏目の左上 2 目一度、かけ目 2、裏目の右上 2 目一度、裏 3、表 2；、＊～；を最後までくり返す。

56 段め：＊裏 2、2/2 LC、前段のかけ目 2 目に「表 1、裏 1」、表 2、裏 12、表 2、前段のかけ目 2 目に「表 1、裏 1」、2/2 RC、裏 2；、＊～；を最後までくり返す。

57 段め：55 段めをくり返す。

58 段め：42 段めをくり返す。

59 段め：55 段めをくり返す。

60 段め：＊裏 2、2/2 LPC、前段のかけ目 2 目に「表 1、裏 1」、表 2、裏 12、表 2、前段のかけ目 2 目に「表 1、裏 1」、2/2 RPC、裏 2；、＊～；を最後までくり返す。

61 段め：＊表 4、裏 12、表 6、裏 12、表 4；、＊～；を最後までくり返す。

62 段め：＊裏 4、2/2 LPC、表 2、裏 12、表 2、2/2 RPC、裏 4；、＊～；を最後までくり返す。

63 段め：2 段めと同様に編む。

64 段め：裏 6、2/2 RC、＊裏 12、2/2 RC；、＊～；を 6 目残るまでくり返し、裏 6。

1 ～ 64 段めをくり返す。

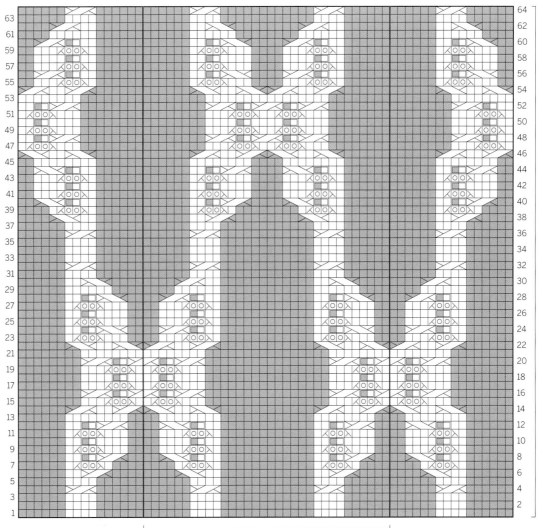

□ 表面で表目、裏面で裏目。

■ 表面で裏目、裏面で表目。

○○ かけ目 2 回。

前段のかけ目 2 目に表 1、裏 1。

表面で左上 2 目一度、裏面で裏目の左上 2 目一度。

表面で右上 2 目一度、裏面で裏目の右上 2 目一度。

｜ くり返し範囲。

2/2 RC（左上 2 目交差）：CN に 2 目移して編み地の後ろにおき、左針から表 2。CN から表 2。

2/2 LC（右上 2 目交差）：CN に 2 目移して編み地の手前におき、左針から表 2。CN から表 2。

2/2 RPC（左上 2 目交差（下側が裏目））：CN に 2 目移して編み地の後ろにおき、左針から表 2。CN から裏 2。

2/2 LPC（右上 2 目交差（下側が裏目））：CN に 2 目移して編み地の手前におき、左針から裏 2。CN から表 2。

64 段 1 模様

32 目 1 模様

Batwing Pullover

バットウィングプルオーバー

SIZES ／サイズ
XS (S、M、L、LL、3L、4L)
※サイズ表記順にバスト寸法
76 (86.5、96.5、106.5、117、
127、137) cm 向き

FINISHED MEASUREMENT ／仕上がり寸法
ヒップ：91 (101、111、121.5、
131.5、141.5、152) cm

YARN ／糸
Quince & Co. の Piper (テキ
サススーパーキッドモヘア
50%・テキサススーパーファ
インメリノ 50%、279m/50
g) Odessa ／ 4 (5、5、6、
6、6、7) カセ

NEEDLE ／針
・5 号 [US 4 (3.5mm)] の
60cm 輪針、80cm 輪針
・2 号 [US 2 (2.75mm)] の
80cm 輪針
・5 号と 2 号のタートルネッ
ク用の針 (種類は編み方に合
わせてお好みで)
※ゲージが合わない場合は必
要に応じて針の号数を変えて
調整しましょう。

NOTIONS ／その他の道具
なわ編み針、ステッチマー
カー (取りはずし可能なもの)

GAUGE ／ゲージ
① 24 目 × 36 段 (10cm 角、
メリヤス編み・5 号針)
②ケーブル模様の 32 目のパ
ネル＝幅 10cm (5 号針)
※ゲージを測る前にスチーム
または水通しをしてブロッキ
ングをしましょう。

STITCH PATTERNS ／模様編み
2 目ゴム編み (4 目の倍数；1
段 1 模様)
※輪に編む場合
全段：＊表 2、裏 2；、＊〜；
を最後までくり返す。

ケーブル模様
Open Butterfly (#143)

PATTERN NOTES ／メモ
このプルオーバーは身頃と袖
を続けてトップダウンに編み
ます。袖は長方形なのでケー
ブル模様に影響するような減
目はありません。

🔗 ケーブル模様を変更する
場合は P.223 参照。

◎パターン中の略語
PM：Place Marker
→マーカーを入れる
SM：Slip Marker
→マーカーを移す

Yoke ／ヨーク

5 号の 60 cm 輪針で 202 目作り、最初と最後を合わせて輪にする。段の始
めは左袖のスタート位置 (前身頃側) になる。
準備段 1 段め：＊裏 2、96 目のケーブル模様、裏 2、PM、表 1、PM；、＊
〜；をもう 1 回編む。
準備段 2 段め (増し目段)：＊裏 2、ケーブル模様、裏 2、SM、かけ目、表 1、
かけ目、SM；、＊〜；をもう 1 回編む。〈206 目になる〉
準備段 3 段め：＊裏 2、ケーブル模様、裏 2、SM、マーカーまで表編み、
SM；、＊〜；をもう 1 回編む。
準備段 4 段め (増し目段)：＊裏 2、ケーブル模様、裏 2、SM、[かけ目、表
1] を 3 回、かけ目、SM；、＊〜；をもう 1 回編む。〈214 目になる〉
準備段 5 段め：準備段 3 段めと同様に編む。

ヨークのシェーピング
※目数が増えていくため様子を見て 80 cm の輪針に持ち替える。
1 段め (増し目段)：＊裏 2、ケーブル模様、裏 2、SM、かけ目、表 1、かけ
目、左上 2 目一度、次のマーカーとの間に 3 目残るまで表編み、右上 2 目一
度、かけ目、表 1、かけ目、SM；、＊〜；をもう 1 回くり返す。〈4 目増〉
2 段め：＊裏 2、ケーブル模様、裏 2、SM、マーカーまで表編み、SM；、＊
〜；をもう 1 回くり返す。
3 段め (増し目段)：＊裏 2、ケーブル模様、裏 2、SM、かけ目、表 1、かけ
目、次のマーカーとの間に 1 目残るまで表編み、かけ目、表 1、かけ目、
SM；、＊〜；をもう 1 回くり返す。〈8 目増〉
4 段め：2 段めをくり返す。

3L、4L サイズのみ
3 段めと 4 段めを －(－、－、－、－、2、8) 回くり返す。

すべてのサイズ
1 〜 4 段めまでを 2 (9、16、22、29、34、33) 回くり返し、そのあと 1
段めと 2 段めを 55 (43、31、22、10、0、0) 回くり返す。全体の目数は
470 (506、542、578、614、650、686) 目、前後身頃は各 135 (153、171、
189、207、225、243) 目、左右袖は各 100 目になる。

前後の身頃を分ける
次段：＊パターン通りに編みながら 100 目伏せ、マーカーをはずす、次の
マーカーまで表編み、SM；、＊〜；をもう 1 回くり返す。残り 270 (306、
342、378、414、450、486) 目。

Body ／身頃

後ろ身頃と前身頃を続けて 1 段表編み。

身頃のシェーピング
1 段め (減し段)：＊表 2、左上 2 目一度、マーカーとの間に 4 目残るまで表
編み、右上 2 目一度、表 2、SM；、＊〜；をもう 1 回くり返す。〈4 目減〉
2 段め：表編み。

XS、S サイズのみ

1 段めと 2 段めを 13 (16、－、－、－、－、－) 回くり返す。残り 214 (238、－、－、－、－、－) 目になる。

M、L、LL、3L、4L サイズのみ

3 段め (減目段)：表 2、左上 3 目一度、マーカーとの間に 5 目残るまで表編み、右上 3 目一度、表 2、SM；、*～；をもう 1 回くり返す。〈8 目減〉

4 段め：表編み。

3L、4L サイズのみ

5 段めと 6 段め：3 段めと 4 段めをくり返す。〈8 目減〉

M、L、LL、3L、4L サイズのみ

－ (－、1～4 段め、1～4 段め、1～4 段め、1～6 段め、1～6 段め) を － (－、2、4、7、4、5) 回くり返し、そのあと 1 段めと 2 段めを － (－、11、8、2、4、2) 回くり返す。残り － (－、262、286、310、334、358) 目になる。

すべてのサイズ

2 号 60 cm 輪針に持ち替える。

次段：表 12 (0、15、12、0、19、12)、[表 9 (9、8、9、9、8、9)、左ねじり増し目] を 22 (26、30、30、34、38、38) 回、表 4 (4、7、4、4、11、4)。236 (264、292、316、344、372、396) 目になる。

2 目ゴム編みを 5cm 編み、5 号針で表目は表目、裏目は裏目を編みながら伏せ止めする。

Finishing ／仕上げ

後ろ襟

表面を見ながら 5 号 60 cm 輪針を使って作り目 (襟ぐり) の右袖中心～後ろ襟中心から 34 目拾い、拾った目の最後から 2 目めに取りはずし可能なマーカーをつける。続けて後ろ襟中心～左袖中心から 34 目拾う。合計 68 目になる。

編み地を返し、裏編みで 1 段編む。

1 段め (表面)：表 1、左上 2 目一度、印をつけた目との間に 2 目残るまで表編み、右上 2 目一度を 2 回、マーカーをはずし編んだ目につけ直す、かけ目 2 回、左上 2 目一度を 2 回、最後に 3 目残るまで表編み、右上 2 目一度、表 1。〈4 目減〉

2 段め (裏面)：裏編みしながら、前段のかけ目 2 目には裏 1、表 1 を編む。

3 段め：表 1、左上 2 目一度を 2 回、印をつけた目との間に 4 目残るまで表編み、右上 2 目一度を 3 回、マーカーをはずし編んだ目につけ直す、かけ目 2 回、左上 2 目一度を 3 回、最後に 5 目残るまで表編み、右上 2 目一度を 2 回、表 1。〈8 目減〉

4 段め：2 段めをくり返す。

5 段め：表 1、左上 2 目一度、印をつけた目との間に 2 目残るまで表編み、右上 2 目一度を 2 回、マーカーをはずし編んだ目につけ直す、かけ目 2 回、左上 2 目一度を 2 回、最後に 3 目残るまで表編み、右上 2 目一度、表 1。〈4 目減〉

6 段め：2 段めをくり返す。

3～6 段めを 3 回くり返す。残り 16 目になる。

19 段め (表面)：[左上 2 目一度を 2 回、右上 2 目一度を 2 回] を 2 回。

20 段め (裏面)：[裏目の右上 2 目一度、裏目の左上 2 目一度] を 2 回。残り 4 目になる。

21 段め：左上 2 目一度を 2 回、右針の 1 目めを 2 目めにかぶせて残った目を止める。

好みの方法でブロッキングする。

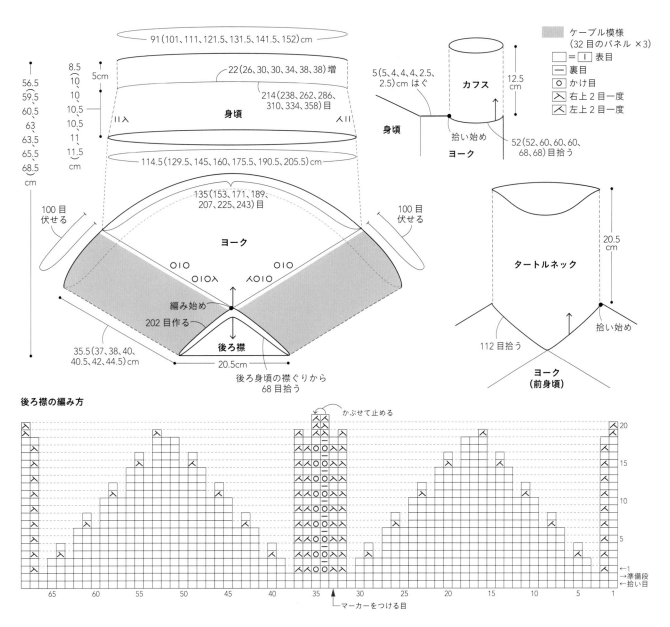

後ろ襟の編み方

カフス

身頃側からヨークの袖下部分を 5 (5、4、4、4、2.5、2.5) cm はぎ合わせ、22 (22、25、25、25、27.5、27.5) cm のあき（袖口）を残しておく。
袖を輪に編む好みの方法で、脇中心から袖口のあきに沿って 52 (52、60、60、60、68、68) 目拾う。輪につなぎ、編み始めに PM。
2 目ゴム編みで 12.5 cm 編む。
伏せ止めの段：表 2、＊左針先を右針先の 2 目に通し、ねじり目を編むように 2 目を一度に編む、表 1；、＊〜；をくり返して 1 目になるまで編み、最後は「表 1」を編まずに目を止める。

タートルネック

表面を見ながら、2 号 40cm 輪針で作り目の左肩から襟ぐりに沿って 112 目拾う。輪に編めるようにつなぎ、編み始めに PM。2 目ゴム編みで 20.5 cm 編む。
伏せ止めの段：表 2、＊左針先を右針先の 2 目に通し、ねじり目を編むように 2 目を一度に編む、表 1；、＊〜；をくり返して 1 目になるまで編み、最後は「表 1」を編まずに目を止める。

🔗 Cable Substitution ／ケーブル模様の置き替え

あらかじめ P.18 の「メリヤス編み換算システム」を読んでおきましょう。

ケーブル模様の選び方

オリジナルのケーブルは SSE78（SSE 26 × 3）で、最大限にスペースを使っています。このため合計 SSE が 78 以下であれば単独のケーブルでも、複数のケーブルの組み合わせ（間にはさむ編み目を含む）でも置き替え可能です。目数が減る場合は両端に裏メリヤス編みを加えて補います。

目数が変わる場合

ケーブルの置き替えにより目数が変わる場合、差分を控えておいて作り目の数に反映させることをお忘れなく。作り目には、2 枚のケーブルパネル分の目数も含まれています。各ケーブルパネルは前中心から後ろ中心までの肩の部分（袖）となり、目数が変わってもメリヤス編みの身頃部分には影響しません。ケーブル部分の目数の変更は肩（袖幅）に反映されるので、前後の身頃を分け、袖分の目を伏せる際の目数を変更してください。袖分の目として伏せるのは、ケーブルパネルとその左右の裏目 2 目ずつです。

Poncho
ポンチョ

FINISHED MEASUREMENT ／仕上がり寸法
身幅：約 96.5 cm
着丈：51 cm

YARN ／糸
Berroco の Indigo（コットン 95%・その他 5%、200m/100g）
#6410 Relaxed ／ 7 カセ

NEEDLE ／針
・8 号 [US 7（4.5mm）] 80cm 輪針
・5 号 または 6 号 [US 5（3.75mm）] の 80cm 輪針
・5 号または 6 号の 40cm 輪針（襟の縁編み用）
・8 号棒針 1 本（棒針で引き抜き止めをする場合）
※ゲージが合わない場合は必要に応じて針の号数を変えて調整しましょう。

NOTIONS ／その他の道具
なわ編み針、ステッチマーカー、ステッチホルダーまたは別糸

GAUGE ／ゲージ
① 20 目 × 27 段（10cm 角、メリヤス編み・8 号針）
②ケーブル A、C の 46 目のパネル＝幅 17cm（8 号針）
③ケーブル B の 6 目のパネル＝幅 2.5cm（8 号針）
※ゲージを測る前にスチームまたは水通しをしてブロッキングをしましょう。

STITCH PATTERNS ／模様編み
2 目ゴム編み（4 目の倍数＋2 目；1 段 1 模様）
1 段め（裏面）：浮き目 2、＊表 2、裏 2；、＊〜；を最後までくり返す。
2 段め：すべり目 2、＊裏 2、表 2；、＊〜；を最後までくり返す。
1 段めと 2 段めをくり返す。

ケーブル模様
A：Left Bias Weave（#116）
B：Small Center Stable（#47）
C：Right Bias Weave（#117）

PATTERN NOTES ／メモ
このポンチョは前後身頃をそれぞれ裾からボトムアップで往復に編み、肩で引き抜きはぎをして、最後に襟の縁編みをします。

🔗 ケーブル模様を変更する場合は P.226 参照。

◎パターン中の略語
PM：Place Marker
→マーカーを入れる
SM：Slip Marker
→マーカーを移す

Front ／前身頃

6 号 80cm 輪針で 234 目作る。
2 目ゴム編みで 5 cm 編み、最後は表面の段を編む。
8 号針に持ち替える。
減目段（裏面）：浮き目 2、表 2、裏 2、表 2、[裏 5、裏目の 2 目一度] を 8 回、PM、表 2、46 目のケーブル C、表 2、6 目のケーブル B、表 2、46 目のケーブル A、表 2、PM、[裏目の 2 目一度、裏 5] を 8 回、[表 2、裏 2] を 2 回。〈218 目になる〉
次段：すべり目 2、裏 2、表 2、裏 2、マーカーまで表編み、SM、裏 2、46 目のケーブル A、裏 2、6 目のケーブル B、裏 2、46 目のケーブル C、裏 2、SM、最後に 8 目残るまで表編み、[裏 2、表 2] を 2 回。
次段：浮き目 2、表 2、裏 2、表 2、マーカーまで裏編み、SM、次のマーカーまでこれまでのパターン通りに編む、SM、残り 8 目まで裏編み、[表 2、裏 2] を 2 回。
編み始めから 43 cm になるまで上記 2 段をくり返して編み、最後は裏面の段を編む。
6 号 80cm 輪針に持ち替える。
減目段（表面）：すべり目 2、裏 2、表 2、裏 2、マーカーまで表編み、SM、[表 2、左上 2 目一度] を 26 回、表 2、SM、残り 8 目まで表編み、[裏 2、表 2] を 2 回。〈192 目になる〉
次段（★）：浮き目 2、表 2、裏 2、表 2、表 79（途中のマーカーははずす）、PM、表 18、PM、残り 8 目まで表編み（途中のマーカーははずす）、[表 2、裏 2] を 2 回。

襟ぐりのシェーピング
次段（表面）：これまでのように両端の 8 目はゴム編み、それ以外の部分はガーター編みでマーカーまで編み、新たに糸をつける。（マーカーをはずしながら）次のマーカーまでの中央部分を 18 目伏せ、最後まで編む。〈左右に 87 目ずつ残る〉
左右の身頃を同時に編み進めながら、左右の襟ぐり側を編むたびに 4 目の伏せ目を 1 回、3 目を 1 回、2 目を 2 回、そのあとは表面を編むたび（2 段ごと）に 1 目の減目を次の手順で 5 回行う。
左襟ぐり端：3 目残るまで表編み、右上 2 目一度、表 1。
右襟ぐり端：表 1、左上 2 目一度、最後まで表編み。
編み終わると、左右に 71 目ずつ残る。
編み始めから 51cm になるまで増減なく編み、最後は裏面の段を編む。
糸を切り、編み目をホルダーまたは別糸に移す。

Back ／後ろ身頃

前身頃と同様に★の段まで編む。ガーター編み部分が 5 cm になるまで増減なく編み、最後は裏面の段を編む。

襟ぐりのシェーピング

次段（表面）: マーカーまで編み、新たに糸をつけて（マーカーをはずしながら）次のマーカーまでの中心部分を18目伏せ、最後まで編む。〈左右に87目ずつ残る〉

左右の身頃を同時に編み進めながら、左右の襟ぐり側を編むたびに4目の伏せ目を4回行う。〈左右に71目ずつ残る〉

編み始めから51cmになるまで増減なく編み、最後は裏面の段を編む。糸は切らずにそのままにしておく。

Finishing／仕上げ

スチームをあて、寸法に合わせてブロッキングする。

外表にして（表面側でとじる）、前後の肩を引き抜きはぎで合わせる。最初の2目は、前身頃側の2目と後ろ身頃側の2目を一度に引き抜く。最後の2目も同様にする。こうすることで編み地の広がりを抑えられる。

襟ぐりの縁編み

表面を見ながら、40cmの輪針を使って左肩中心から襟ぐりに沿って110目拾う（実際の編み地とのバランスがとれていれば、厳密に目数が合っていなくても大丈夫）。

輪に編めるようにつなげ、編み始めにPM。裏編みで3段編む。

すべての目を裏目に編みながら伏せ止めする。

❽ Cable Substitution／ケーブル模様の置き替え

あらかじめP.18の「メリヤス編み換算システム」を読んでおきましょう。

ケーブル模様の選び方

ケーブルAとCは左右対称の模様で、SSEは30です。ケーブルBはSSE5.5ですが、端数は省略して5としてもかまいません。ケーブルBの段数はケーブルA、Cと同じです。ケーブルAとCを段数が違う模様に変更するときは、ケーブルBの交差と交差の間の段数を調整して合わせるのがおすすめです。

最も簡単に模様を変更する方法は、ケーブル部分全体のパネル幅分を（間の裏目分も含めて）そっくり置き替えるというもの。この場合、全体のSSEは69（30+裏2目+5+裏2目+30）です。

オリジナルの作品では、パネルの左右にメリヤス編みが48目ずつあります。ケーブルパネルにオリジナルより幅の広いケーブルを使用する場合は、メリヤス編みからケーブルパネルで増えた目数を引いて調整できます。ポンチョの身幅を同じ寸法に仕上げるなら、SSEは最大165になります。

目数が変わる場合

ケーブルを変更して目数が変わるときには、変更後の作り目数と当初の作り目数の差を書き留めておき、最初の作り目はオリジナル通りに作り、リブ編みのあとで行う減目の回数を調整してケーブルに合わせた目数にしましょう。そして前後身頃の上部まで編み進んだ段階で、オリジナルの目数との差分を襟ぐりと肩に配分します。襟ぐりの縁編みでも微調整が必要となるかもしれません。

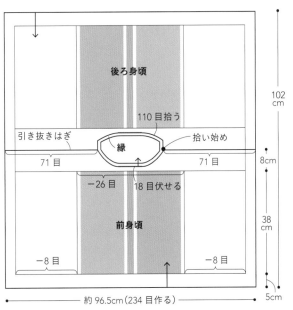

後ろ身頃

102 cm

110目拾う

引き抜きはぎ

縁

拾い始め

71目　　　71目

8cm

−26目　　18目伏せる

前身頃

38 cm

−8目　　　　　−8目

5cm

約96.5cm（234目作る）

ケーブルA（46目のパネル）　　ケーブルC（46目のパネル）
ケーブルB（6目のパネル）

Chunky Cardigan
チャンキーカーディガン

SIZES ／サイズ
XS（S、M、L、LL、3L、4L）
※サイズ表記順にバスト寸法
76（86.5、96.5、106.5、117、
127、137）cm 向き

**FINISHED MEASUREMENT
／仕上がり寸法**
バスト：99（108.5、118.5、
131、139.5、149、159.5）cm
※ボタンを閉めた状態

YARN ／糸
Quince & Co. の Puffin（アメリ
カンウール 100%、102 m/100
g） Audouin ／ 11（12、13、
14、15、16、17）カセ

NEEDLE ／針
・15 号［US 10.5（6.5mm）］
棒針
・11 号［US 5（5.5mm）］棒針
・11 号［US 5（5.5mm）］80cm
輪針（前立てと襟用）
※ゲージが合わない場合は必
要に応じて針の号数を変えて
調整しましょう。

NOTIONS ／その他の道具
ステッチマーカー、ステッチホ
ルダー（別糸）、なわ編み針、直
径 2.5cm のボタン 5 個

GAUGE ／ゲージ
① 13 目 × 18 段（10cm 角、
メリヤス編み・15 号針）
② ケーブル A、B の 16 目の
パネル＝幅 9.5cm（15 号針）
※ゲージを測る前にスチーム
または水通しをしてブロッキ
ングをしましょう。

**STITCH PATTERNS ／
模様編み**
1 目ゴム編み（奇数目；1 段 1
模様）
1 段め（表面）：表 1、＊ 裏 1、
表 1；、＊ 〜；をくり返す。
2 段め：表目は表目に、裏目
は裏目に編む。
2 段めをくり返す。

地模様（4 目；2 段 1 模様）
1 段め（裏面）：表 1、裏 2、表
1。
2 段め：裏編み。
1 段めと 2 段めをくり返す。

ケーブル模様
A：Hexa Paisley（#132）
※オリジナル
B：Hexa Paisley（#132）
※半模様ずれ

PATTERN NOTES ／メモ
このカーディガンは後ろ身
頃、左前身頃、右前身頃を裾か
らそれぞれ往復に編み、袖は
袖口から往復に編みます。身
頃の肩をはぎ、長い輪針で前
立てとショールカラーを往復
に編み、最後に身頃と袖をは
ぎ合わせます。

🔗 ケーブル模様を変更する
場合は、P.221 参照。

◎パターン中の略語
PM：Place Marker
→マーカーを入れる
SM：Slip Marker
→マーカーを移す

Back ／後ろ身頃

11 号針で 79（85、91、99、105、111、117）目作る。
1 目ゴム編みを 7.5cm になるまで編み、最後は裏面の段を編む。
15 号針に持ち替える。
表編みで 1 段編みながら段の真ん中で 1 目減らす。78（84、90、98、104、110、116）目になる。
準備段 1（裏面）：裏 7（10、13、17、20、23、26）、PM、地模様 4 目、16 目のケーブル A、地模様 4 目、16 目のケーブル B、地模様 4 目、16 目のケーブル A、地模様 4 目、PM、最後まで裏編み。
準備段 2：マーカーまで表編み、SM、次のマーカーまでこれまでのパターン通りに編む、SM、最後まで表編み。
編み始めから 19 cm になるまで増減なく編み、最後は裏面の段を編む。

左右脇のシェーピング
減目段（表面）：表 2、左上 2 目一度、最後に 4 目残るまで編み、右上 2 目一度、表 2。〈2 目減〉
「減目段」を 10（10、10、11.5、11.5、11.5、11.5）cm ごとに表面の段で 2 回くり返す。72（78、84、92、98、104、110）目になる。
編み始めから 45.5（45.5、45.5、47、47、47、48.5）cm になるまで増減なく編み、最後は裏面の段を編む。

アームホールのシェーピング
これまでのパターン通りに編みながら、次の 2 段の編み始めで 2（3、4、5、6、7、8）目伏せ、次の 2（2、2、4、4、6、6）段で 2 目ずつ伏せる。64（68、72、74、78、78、82）目になる。
減目段（表面）：表 1、左上 2 目一度、最後に 3 目残るまで編み、右上 2 目一度、表 1。〈2 目減〉
「減目段」を表面の段を編むたび（2 段ごと）に 3（3、3、3、4、3、4）回くり返す。56（60、64、66、68、70、72）目になる。
アームホール丈が 20.5（20.5、21.5、21.5、23、24、25.5）cm になるまで増減なく編み、最後は裏面の段を編む。

肩下がりをつける
次の 4 段の編み始めで 5（6、6、7、7、7、7）目ずつ伏せ、次の 2 段の編み始めでは 6（6、7、6、6、7、7）目伏せる。残りの 24（24、26、26、28、28、30）目を襟分としてホルダーまたは別糸に移す。

Left front ／左前身頃

11 号針で 37（41、43、47、51、53、57）目作る。
1 目ゴム編みで 7.5cm 編み、最後は裏面の段を編む。
15 号針に持ち替える。
1 段表編みしながら 0（1、0、0、1、0、1）目減らす。37（40、43、47、50、53、56）目になる。
準備段 1（裏面）：裏 6、PM、地模様 4 目、16 目のケーブル A、地模様 4 目、PM、最後まで裏編み。
準備段 2：マーカーまで表編み、SM、次のマーカーまでパターン通りに編む、SM、最後まで表編み。

編み始めから 19 cm になるまで増減なく編み、最後は裏面の段を編む。

脇、ネック、アームホールのシェーピング
メモ：脇、ネック、アームホールのシェーピングは並行して編み進めます。このため手順をひと通り読んでから編み始めてください。減目段以外は、これまでのパターン通りに編みます。ネックのシェーピングはアームホールのシェーピングが完了しても続きます。

ⓐ脇の減目
脇の減目段（表面）：表 2、左上 2 目一度、最後までこれまでのパターン通りに編む。〈1 目減〉
これまでのパターン通りに編みながら、「脇の減目段」を 10（10、10、11.5、11.5、11.5、11.5）cm ごとに 2 回、表面の段でくり返す。

ⓑネックの減目
編み始めから 40.5（40.5、40.5、42、40.5、40.5、42）cm になり、裏面の段を編んだら次のようにネックのシェーピングをする。
ネックの減目段（表面）：必要に応じて脇のシェーピングを続けながら、最後に 4 目残るまで編み、右上 2 目一度、表 2。〈1 目減〉
「ネックの減目段」を［6 段ごとに 1 回、4 段ごとに 1 回］を 3（3、3、3、3、4、3）回、そのあとは 4 段ごとに 3（3、4、4、5、3、6）回くり返す。

ⓒアームホールの減目
編み始めから 45.5（45.5、45.5、47、47、47、48.5）cm になり、裏面の段を編んだら表面を編むたびにアームホールのシェーピングをする。
アームホールの減目段①（表面）：ネックのシェーピングを続けながら、アームホール側の端で 2（3、4、5、6、7、8）目伏せる。
アームホールの減目段②（表面）：2 段ごとに 2 目の伏せ目を 1（1、1、2、2、3、3）回。
アームホールの減目段③（表面）：ネックのシェーピングを続けながら、表 1、左上 2 目一度、最後まで編む。〈1 目減〉
「アームホールの減目段③」を表面を編むたびに 3（3、3、3、4、3、4）回。

シェーピングをすべて終えると残り 16（18、19、20、20、21、21）目になる。アームホール丈が 20.5（20.5、21.5、21.5、23、24、25.5）cm になるまで増減なく編み、最後は裏面の段を編む。

肩下がりをつける
アームホール側の端で 2 段ごとに 5（6、6、7、7、7、7）目の伏せ目を 2 回、そのあと 6（6、7、6、6、7、7）目の伏せ目を 1 回。

Right front／右前身頃
11 号針で、37（41、43、47、51、53、57）目作る。
1 目ゴム編みで 7.5cm 編み、最後は裏面の段を編む。
15 号針に持ち替える。
1 段表編みしながら 0（1、0、0、1、0、1）目減らす。残り 37（40、43、47、50、53、56）目になる。
準備段 1（裏面）：裏 7（10、13、17、20、23、26）、PM、地模様 4 目、16 目のケーブル A、地模様 4 目、PM、最後まで裏編み。
準備段 2：マーカーまで表編み、SM、次のマーカーまでこれまでのパターン通りに編む、SM、最後まで表編み。
編み始めから 19 cm になるまで増減なく編み、最後は裏面の段を編む。

脇、ネック、アームホールのシェーピング
メモ：左前身頃とは左右対称に編みます。編み進め方は同様ですが、減目の

位置が異なるので以下ををひと通り読んでから編み始めてください。

ⓐ脇の減目
脇の減目段（表面）：これまでのパターン通りに、最後に 4 目残るまで編み、右上 2 目一度、表 2。〈1 目減〉
「脇の減目段」を 10（10、10、11.5、11.5、11.5、11.5）cm ごとに 2 回、表面の段でくり返す。

ⓑネックの減目
編み始めから 40.5（40.5、40.5、42、40.5、40.5、42）cm になり、裏面の段を編んだら次のようにネックのシェーピングをする。
ネックの減目段（表面）：必要に応じて脇のシェーピングを続けながら、表 2、左上 2 目一度、最後まで編む。〈1 目減〉
「ネックの減目段」を［6 段ごとに 1 回、4 段ごとに 1 回］を 3（3、3、3、3、4、3）回、そのあとは 4 段ごとに 3（3、4、4、5、3、6）回くり返す。

ⓒアームホールの減目
編み始めから 45.5（45.5、45.5、47、47、47、48.5）cm になり、表面の段を編んでから次のようにアームホールのシェーピングをする。
アームホールの減目段①（裏面）：ネックのシェーピングを続けながら、アームホール側の端で 2（3、4、5、6、7、8）目伏せる。
アームホールの減目段②（裏面）：2 段ごとに 2 目の伏せ目を 1（1、1、2、2、3、3）回。
アームホールの減目段③（表面）：ネックのシェーピングを続けながら、最後に 3 目残るまで編み、右上 2 目一度、表 1。〈1 目減〉
「アームホールの減目段③」を表面を編むたびに 3（3、3、3、4、3、4）回。

シェーピングをすべて終えると残り 16（18、19、20、20、21、21）目になる。アームホール丈が 20.5（20.5、21.5、21.5、23、24、25.5）cm になるまで増減なく編み、最後は表面の段を編む。

肩下がりをつける
アームホール側の端で 2 段ごとに 5（6、6、7、7、7、7）目の伏せ目を 2 回、そのあと 6（6、7、6、6、7、7）目の伏せ目を 1 回。

Sleeves／袖
11 号針で 39（39、39、41、41、43、43）目作る。
1 目ゴム編みで 7.5cm 編み、最後は裏面の段を編む。
15 号針に持ち替え、1 段表編みしながら 1 目減らす。残り 38（38、38、40、40、42、42）目になる。
準備段 1（裏面）：裏 7（7、7、8、8、9、9）、PM、地模様 4 目、16 目のケーブル B、地模様 4 目、PM、最後まで裏編み。
準備段 2：マーカーまで編む、SM、次のマーカーまでパターン通りに編む、SM、最後まで表編み。
編み始めから 12.5 cm になるまで編み、最後は裏面を編む。

袖のシェーピング
袖の増し目段（表面）：表 2、右ねじり増し目、最後に 2 目残るまで編み、左ねじり増し目、表 2。〈2 目増〉
「袖の増し目段」を 10（8、6、6、4、4、4）段ごとに 4（4、5、9、2、5、10）回くり返し、そのあと 12（10、8、0、6、6、6）段ごとに 1（2、3、0、8、6、3）回。新たに増した目はメリヤス編みにする。増し目が終わると 50（52、56、60、62、66、70）目になる。
その後は編み始めから 45.5（45.5、47、47、48.5、48.5、49.5）cm になるまで増減なく編み、最後は裏面の段を編む。

Finishing ／仕上げ

好みの方法でブロッキングをして、前後身頃の肩をはぎ合わせる。

前立てと襟

表面を見ながら、80cm 輪針を使って右前身頃の下端からネックの減目開始位置まで 58（58、58、60、58、58、60）目拾う、PM、右肩中心まで 43（43、43、45、45、49、49、51）目拾う、後ろ中心で 1 目拾いながらホルダーに休ませておいた後ろ身頃の 24（24、24、26、26、28、28、30）目を表編み、左前身頃のネックの減目開始位置まで 43（43、43、45、45、49、49、51）目拾う、PM、左前身頃の端に沿って下端まで 58（58、58、60、58、58、60）目拾う。227（227、227、233、237、243、243、253）目になる。
次段（裏面）：裏 1、* 表 1、裏 1：、* 〜；を最後までくり返す。

ショールカラーを編む

引き返し編み 1 段め（表面）：前段のリブ編みを続けながら 2 個のマーカーまで編み、編み地を返す。
引き返し編み 2 段め（裏面）：かけ目、マーカーまで編み、編み地を返す。
引き返し編み 3・4 段め：かけ目、前段のかけ目との間に 1 目残るまで編み、編み地を返す。
引き返し編み 5 〜 22 段め：3 段めと 4 段めを 9 回くり返す。
引き返し編み 23 段め：かけ目、リブ編みを続けて左前身頃の下端まで編む。かけ目は次の目と 2 目一度にする（次の目が表目なら「左上 2 目一度」、裏目なら「裏目の左上 2 目一度」）。
24 段め：リブ編みを続けて右前身頃の下端まで編む。かけ目は次の目と 2 目一度にする（次の目が表目なら「左上 2 目一度」、裏目なら「裏目の左上 2 目一度」）。
25 〜 26 段め：増減なく編む。
27 段め（ボタンホールの段・表面）：3 目編み、かけ目、左上 2 目一度、［11 目編み、かけ目、2 目一度（2 目めが表目なら「左上 2 目一度」、裏目なら「裏目の左上 2 目一度」に編む）］を 4 回、最後まで編む。
28 段め以降：下端で前立ての幅が拾い目から 4.5 cm になるまで編み、15号針ですべての目を伏せる。

袖をつける

身頃の脇をとじ、アームホールに袖をつける。袖はとじ線の厚みを抑えるため、身頃の端目の半目内側にとじ合わせる。

⊗ Cable Substitution ／ケーブル模様の置き替え

あらかじめ P.18 の「メリヤス編み換算システム」を読んでおきましょう。

ケーブル模様の選び方

オリジナルでは、前身頃のケーブルの SSE は 10 です。地模様をそのまま使う場合はケーブルを SSE 10 以下にしておきます。地模様を省く場合は、その分も加えてケーブルを SSE 16 まで広げることができます。
後ろ身頃には、SSE 10 のケーブルを 3 本配置しています。同じサイズ（SSE）のものと入れ替えても、幅の広いケーブルに置き替えてもかまいません。地模様を省く場合は、SSE の合計を 44 以内に納め、パネルの左右に裏目を 1 目入れるようにしてください。

目数が変わる場合

ケーブルの変更によりリブ編み終了時点での必要目数が変わる場合、リブ編みの次の表編みの段で差分を足し引きするのをお忘れなく。差分は全体を通して残るため、肩下がりの目数の調整が必要になる場合もあります。

袖山のシェーピング

これまでのパターン通りに編みながら、次の 2（2、4、6、6、8、10）段の編み始めで 2 目ずつ伏せる。46（48、48、48、50、50、50）目になる。
袖山の減目段（表面）：表 1、左上 2 目一度、最後に 3 目残るまで編み、右上 2 目一度、表 1。〈2 目減〉
「袖山の減目段」を表面の段で 2 段ごとに 2（2、2、3、3、3、3）回、4 段ごとに 3（3、3、3、3、3、2）回、2 段ごとに 3（4、4、2、3、3、4）回編む。28（28、28、30、30、30、30）目になる。
次の 2 段の編み始めで伏せ目を 2 目ずつ、そのあとの次の 2 段の編み始めで伏せ目を 3 目ずつ、次の段で残りの 18（18、18、20、20、20、20）目を伏せる。
同様にしてもう片方の袖も編む。

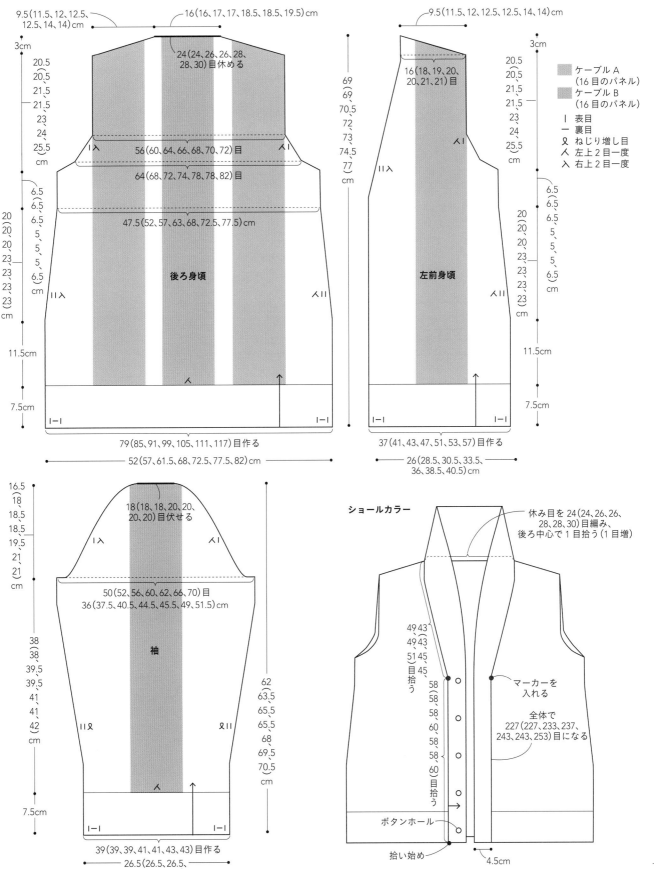

9.5（11.5、12、12.5、12.5、14、14）cm

16（16、17、17、18.5、18.5、19.5）cm

3cm

20.5
20.5
21.5
21.5
23
24
25.5
cm

24（24、26、26、28、30）目休める

6.5
6.5
6.5
5
5
5
6.5
cm

56（60、64、66、68、70、72）目

64（68、72、74、78、78、82）目

47.5（52、57、63、68、72.5、77.5）cm

20
20
20
23
23
23
23
cm

後ろ身頃

11.5cm

7.5cm

I－I   I－I

79（85、91、99、105、111、117）目作る

52（57、61.5、68、72.5、77.5、82）cm

9.5（11.5、12、12.5、12.5、14、14）cm

3cm

20.5
20.5
21.5
21.5
23
24
25.5
cm

16（18、19、20、20、21、21）目

6.5
6.5
6.5
5
5
5
6.5
cm

20
20
20
23
23
23
23
cm

左前身頃

11.5cm

7.5cm

I－I   I－I

37（41、43、47、51、53、57）目作る

26（28.5、30.5、33.5、36、38.5、40.5）cm

ケーブル A
（16 目のパネル）

ケーブル B
（16 目のパネル）

I   表目
一   裏目
又   ねじり増し目
人   左上 2 目一度
入   右上 2 目一度

69
69
70.5
72
73
74.5
77
cm

16.5
18
18.5
18.5
19.5
21
21
cm

18（18、18、20、20、20、20）目伏せる

50（52、56、60、62、66、70）目
36（37.5、40.5、44.5、45.5、49、51.5）cm

38
38
39.5
39.5
41
41
42
cm

袖

62
63.5
65.5
65.5
68
69.5
70.5
cm

7.5cm

I－I   I－I

39（39、39、41、41、43、43）目作る

26.5（26.5、26.5、28.5、28.5、30、30）cm

ショールカラー

休み目を 24（24、26、26、28、28、30）目編み、
後ろ中心で 1 目拾う（1 目増）

49
49
51
目拾う

43
43
45
45

58
58
58
60
58
58
60
目拾う

マーカーを
入れる

全体で
227（227、233、237、243、243、253）目になる

ボタンホール

拾い始め

4.5cm

Chapter 6

Drawing

絵を描くように

この章のケーブル模様は、ケーブルの交差部分の直線や曲線を使い、抽象的な形や代表的なモチーフを組み合わせて作っています。ケーブル模様で描いたラインの内側にはリブ編み、かのこ編み、裏メリヤス編み、透かし編みなどの特徴的な質感の編み地、そして総柄のケーブル模様も用いています。

この章の模様は4つのカテゴリーに分類できます。総柄のBulb（#144）は、（本書内の総柄すべてがそうですが）縦横とも

にどこまでも編み広げることができます。Macramé（#145）とPaisley Shadow（#146）は幅広のパネルで、縦方向に1模様の段数をくり返し編むことはできますが、横方向の目数は固定です。Turnbuckle、Weave & Duck、Meander、Diverge、Fennec（#147～151）は大きくくり返さず、単独で用いる構成にしました。Starburst（#152）はメリヤス編みを背景にして、自由に配置できるモチーフです。

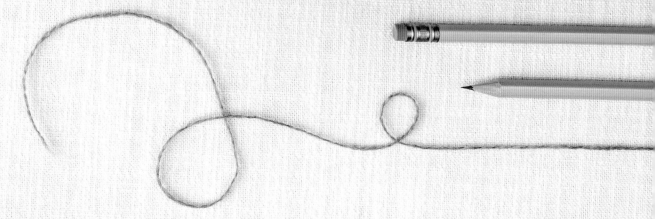

Bulb GROUP 1

バルブ

タマネギか球根のような形状は2目のケーブルラインで描き、その内側に
装飾的な編み目をあしらいました。まるで絵を描くようにデザインしていっ
たモチーフです。自分のアイデアを映し出すために線の本数や装飾は最小限
に抑えました。パネルでは球根型のモチーフを交互に配置しています。
Ogee X (#123)のように、球根型のモチーフの間にリブ編みを数本加える
ことで、ケーブルとメリヤス編みのゲージの違いを解消しています。

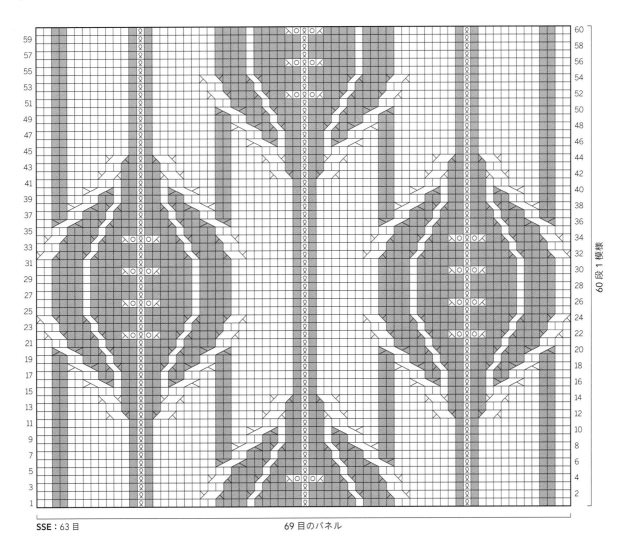

SSE：63目　　　　　　　　　　　　69目のパネル

60段1模様

□ 表面で表目、裏面で裏目。　　　■ 表面で裏目、裏面で表目。

⊠ 表面で表目のねじり目、裏面で裏目のねじり目。

⊠ 表面で左上2目一度、裏面で裏目の左上2目一度。

⊠ 表面で右上2目一度、裏面で裏目の右上2目一度。

⊙ かけ目。

▧ 1/1 RPC（左上交差（下側が裏目））：CN に 1 目移して編み地の
後ろにおき、左針から表 1。CN から裏 1。

◩ 1/1 LPC（右上交差（下側が裏目））：CN に 1 目移して編み地の
手前におき、左針から裏 1。CN から表 1。

◪OR◪ 2/1 RC（左上2目と1目の交差）：CN に 1 目移して編み地の
後ろにおき、左針から表 2。CN から表 1。

◩OR◩ 2/1 LC（右上2目と1目の交差）：CN に 2 目移して編み地の手
前におき、左針から表 1。CN から表 2。

▧ 2/1 RPC（左上2目と1目の交差（下側が裏目））：CN に 1 目移
して編み地の後ろにおき、左針から表 2。CN から裏 1。

◪ 2/1 LPC（右上2目と1目の交差（下側が裏目））：CN に 2 目移
して編み地の手前におき、左針から裏 1。CN から表 2。

◪ 2/2 RC（左上2目交差）：CN に 2 目移して編み地の後ろにお
き、左針から表 2。CN から表 2。

◩ 2/2 LC（右上2目交差）：CN に 2 目移して編み地の手前にお
き、左針から表 2。CN から表 2。

◪OR◪ 2/2 RPC（左上2目交差（下側が裏目））：CN に 2 目移して編み
地の後ろにおき、左針から表 2。CN から裏 2。

◩OR◩ 2/2 LPC（右上2目交差（下側が裏目））：CN に 2 目移して編み
地の手前におき、左針から裏 2。CN から表 2。

Macramé GROUP 2

マクラメ

ケーブル模様の斜線はすべて 2 目と 2 目の
交差。これをリブ編みと組み合わせることで
マクラメのような表情を作り出しています。
下端の 1~6 段めの交差入りのリブ編みは、
自由にくり返して編めます。まったく編まず
に省略して 9 段めから編み始めてもかまい
ません。このパネルの幅は 46 目ですが、段
数は 80 段なのでスカーフやブランケット、
またはスカート（P.263 参照）のように縦に
長いプロジェクトに最適です。セーターに使
う場合は、細めの糸で編み、縦方向に模様を
2 回以上入れることをおすすめします。

□　表面で表目、裏面で裏目。

▨　表面で裏目、裏面で表目。

|　くり返し範囲。

▱▱ OR ▱▱

2/2 RC（左上 2 目交差）：CN に 2 目
移して編み地の後ろにおき、左針から
表 2。CN から表 2。

▱▱ OR ▱▱

2/2 LC（右上 2 目交差）：CN に 2 目移
して編み地の手前におき、左針から表
2。CN から表 2。

▱▱ OR ▱▱

**2/2 RPC（左上 2 目交差（下側が裏
目））**：CN に 2 目移して編み地の後ろ
におき、左針から表 2。CN から裏 2。

▱▱ OR ▱▱

**2/2 LPC（右上 2 目交差（下側が裏
目））**：CN に 2 目移して編み地の手前
におき、左針から裏 2。CN から表 2。

SSE：32 目 　　　46 目のパネル

80 段 1 模様

6 段 1 模様（適目）

Drawing

Paisley
Shadow

ペイズリーシャドー

GROUP 2

シンプルな裏メリヤス編みの背景
に、直線と曲線を組み合わせてゆる
く編んだようなラインを配した模様
です。部分的に線の内側を透かし編
み、かのこ編み、2目かのこ編みな
ど、お好みの編み目に変えて変化を
加えてもよさそうです。ここでは伝
統的なペイズリー模様の尾っぽの先
に、小さなノットを加えています。

□ 表面で表目、裏面で裏目。

▨ 表面で表目、裏面で表目。

◉ **MK（make knot ／ノットを作る）**：
1目に「表目、表目のねじり目、表
目」を編んで3目編み出し、この3
目を左針に戻し、表3、右針にでき
た3目の右側2目を左端の目にか
ぶせて1目に戻す。

 **2/1 RPC（左上2目と1目の交差
（下側が裏目））**：CNに1目移して
編み地の後ろにおき、左針から表
2。CNから裏1。

 **2/1 LPC（右上2目と1目の交差
（下側が裏目））**：CNに2目移して
編み地の手前におき、左針から裏
1。CNから表2。

 **2/2 RPC（左上2目交差（下側が裏
目））**：CNに2目移して編み地の後
ろにおき、左針から表2。CNから
裏2。

OR

 **2/2 LPC（右上2目交差（下側が裏
目））**：CNに2目移して編み地の手
前におき、左針から裏2。CNから
表2。

OR

 **2/1/2 RPC（左上2目交差（間に裏
目1目））**：CNに3目移して編み地
の後ろにおき、左針から表2。CN
の左端の1目を左針に戻して裏1。
CNから表2。

 **2/1/2 LPC（右上2目交差（間に裏
目1目））**：CNに3目移して編み地
の手前におき、左針から表2。CN
の左端の1目を左針に戻して裏1。
CNから表2。

SSE：42目　　　　　53目のパネル

Sinuous Lines

しなやかな曲線

(144)

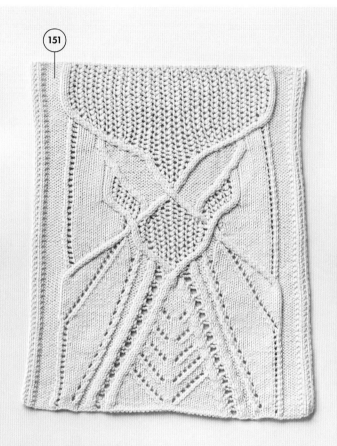

(151)

以下に、2〜3目のラインでしな
やかな曲線を描くためのアドバイ
スをいくつかご紹介します。この
タイプの線を描きたいときは、参
考にしてみてください。

ひとまとまりの編み目は、ほかの
編み目と交差しなければ垂直なラ
インになります。

そのひとまとまりの編み目を、1
目分移動させると垂直線に近い急
傾斜のラインになり、2目分移動
させると傾斜角約45度のライン

になります。3目分以上移動させ
ると傾斜はさらにゆるやかにな
り、水平に近づいていきます。
4目以上移動させると編み目に負
荷がかかり、背景の編み目にギャ
ザーが寄りますが、それを（たと
えば FENNEC [#151] の2目と
4目の交差のように）あえて模様
のデザインに取り入れることもあ
ります。

水平なラインは、ケーブルだけで
描くことはできません。

傾斜の違うケーブルを組み合わせ
ると、（写真の Bulb [#144] や
Fennec [#151] のように）しなや
かな曲線を描くことができます。

Turnbuckle GROUP 3

ターンバックル

メリヤス編みとリブ編みのケーブル模様を組み合わせることで太さの異なるラインを作り、面白い構成に仕上げています。作品に用いるときには、最初の24段と最後の6段はその間の複雑な模様の配置やバランスを確認しながらくり返す回数を調整できます。この模様をデザインしたときにはセーターに用いることを想定し、さまざまなタイプの襟ぐりに応用できるよう上部をシンプルにしました。

147

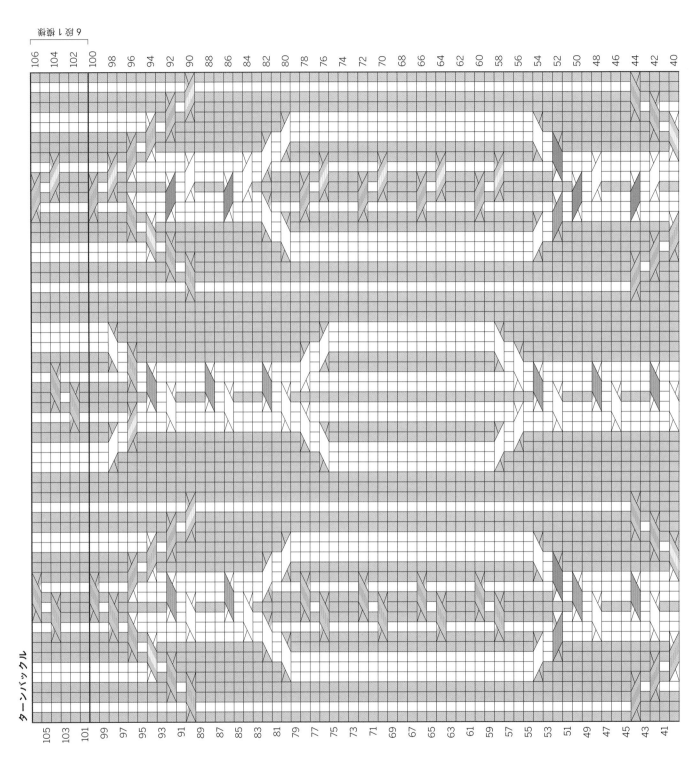

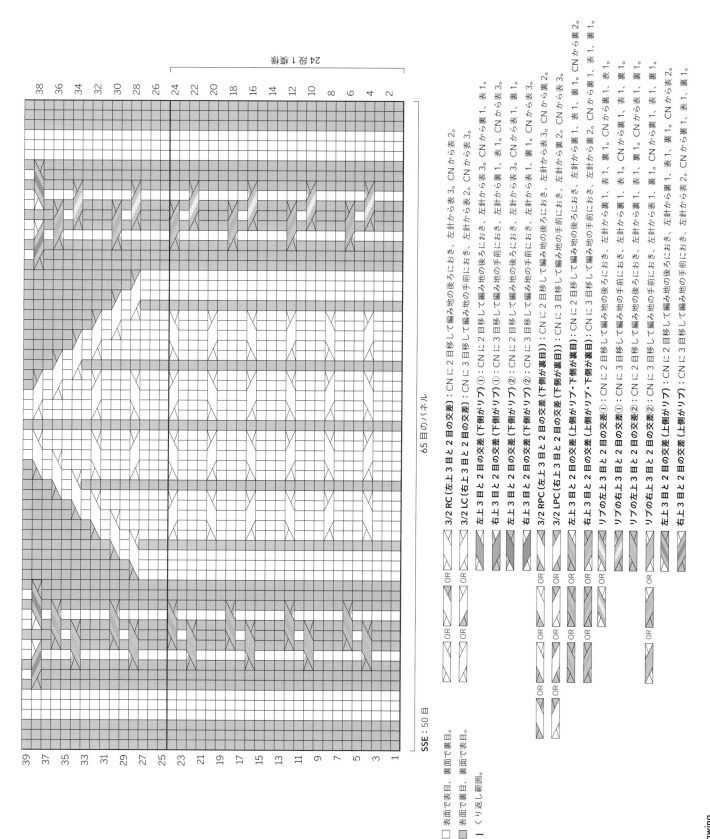

24段1模様

65目のパネル

SSE：50目

□ 表面で表目、裏面で裏目。
▨ 表面で裏目、裏面で表目。
| くり返し範囲。

3/2 RC (左上3目と2目の交差)：CNに2目移して編み地の後ろにおき、左針から表3、CNから表2。
3/2 LC (右上3目と2目の交差)：CNに3目移して編み地の手前におき、左針から表2、CNから表3。

左上3目と2目の交差(下側が裏)①：CNに2目移して編み地の後ろにおき、左針から表3。CNから裏3。
右上3目と2目の交差(下側が裏)①：CNに3目移して編み地の手前におき、左針から裏3。CNから表3。
左上3目と2目の交差(下側が裏)②：CNに2目移して編み地の後ろにおき、左針から表3。CNから裏3。
右上3目と2目の交差(下側が裏)②：CNに3目移して編み地の手前におき、左針から裏3。CNから表3。

3/2 RPC (左上3目と2目の交差(下側が裏目))：CNに2目移して編み地の後ろにおき、左針から表3、CNから裏2。
3/2 LPC (右上3目と2目の交差(下側が裏目))：CNに3目移して編み地の手前におき、左針から裏2、CNから表3。

左上3目と2目の交差(上側が裏・下側が裏目)：CNに2目移して編み地の後ろにおき、左針から裏3、CNから裏2。
右上3目と2目の交差(上側が裏・下側が裏目)：CNに3目移して編み地の手前におき、左針から裏2、CNから裏3。

リプの左上3目と2目の交差①：CNに2目移して編み地の後ろにおき、左針から表1、裏1、表1、CNから裏1、表1。
リプの右上3目と2目の交差①：CNに3目移して編み地の手前におき、左針から裏1、表1、CNから表1、裏1、表1。
リプの左上3目と2目の交差②：CNに2目移して編み地の後ろにおき、左針から表1、裏1、表1、CNから表1、裏1。
リプの右上3目と2目の交差②：CNに3目移して編み地の手前におき、左針から裏1、表1、CNから裏1、表1、裏1。

左上3目と2目の交差(上側がリプ)：CNに2目移して編み地の後ろにおき、左針から表1、裏1、表1、CNから表2。
右上3目と2目の交差(上側がリプ)：CNに3目移して編み地の手前におき、左針から表2、CNから表1、裏1、表1。

Weave & Duck GROUP 3

ウィーブアンドダック

交差を用いて複数の斜線を描くときは、できるだけ同じ角度のラインを均等に配置するよう心がけていますが、今回はベースにした Uneven Weave（#97）の左右にだけ Uneaven Weave に合わせた急な傾斜を配置しました。模様の後半で交差模様がメリヤス編みに入れ替わるところでは、交差模様とメリヤス編みのゲージの差を補うため減目を含む交差を取り入れています。主要部分（10〜74段まで）の位置は、編み始めの 8 段のくり返し回数により調整可能です。

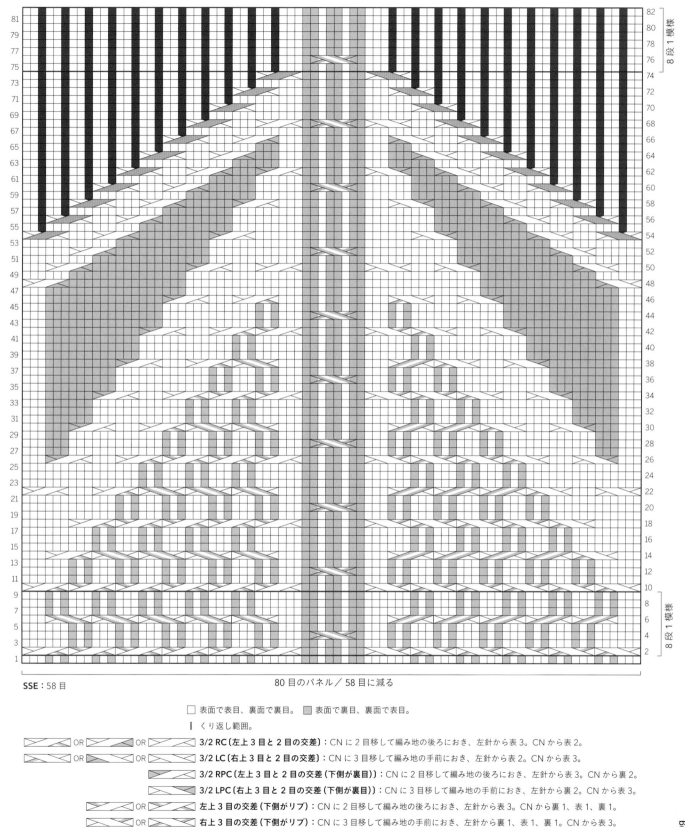

8 段 1 模様

8 段 1 模様

SSE：58 目

80 目のパネル／ 58 目に減る

□ 表面で表目、裏面で裏目。　　■ 表面で裏目、裏面で表目。

| くり返し範囲。

3/2 RC（左上 3 目と 2 目の交差）：CN に 2 目移して編み地の後ろにおき、左針から表 3。CN から表 2。

3/2 LC（右上 3 目と 2 目の交差）：CN に 3 目移して編み地の手前におき、左針から表 2。CN から表 3。

3/2 RPC（左上 3 目と 2 目の交差（下側が裏目））：CN に 2 目移して編み地の後ろにおき、左針から表 3。CN から裏 2。

3/2 LPC（右上 3 目と 2 目の交差（下側が裏目））：CN に 3 目移して編み地の手前におき、左針から裏 2。CN から表 3。

左上 3 目の交差（下側がリブ）：CN に 2 目移して編み地の後ろにおき、左針から表 3。CN から裏 1、表 1、裏 1。

右上 3 目の交差（下側がリブ）：CN に 3 目移して編み地の手前におき、左針から裏 1、表 1、裏 1。CN から表 3。

リブの右上 3 目交差：CN に 3 目移して編み地の手前におき、左針から裏 1、表 1、裏 1。CN から裏 1、表 1、裏 1。

左上 3 目と 2 目の交差（下側で減目）：CN に 2 目移して編み地の後ろにおき、左針から表 3。CN から左上 2 目一度、表 1。

右上 3 目と 2 目の交差（下側で減目）：CN に 3 目移して編み地の手前におき、左針から表 1、左上 2 目一度。CN から表 3。

Mirroring
ミラーリング

(149)

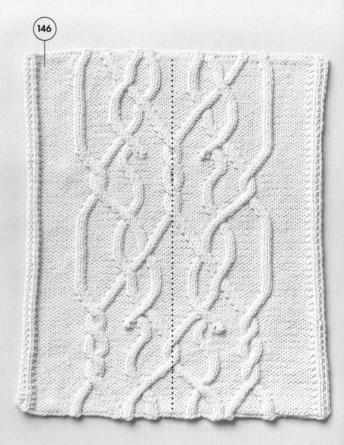

(146)

この章のケーブル模様は、どれも縦軸に対して左右対称に配置しています。

多くは対称の軸としてミラーリングとは関係ない縦方向の細いセクションがあり、(写真の **MEANDER [#149]** や **PAISLEY SHADOW [#146]** のように)そこにケーブル模様が左右から集まっています。ミラーリングは、水平方向にも行うことができます。

どんなケーブルのチャートでも、コンピューターで描いて操作すれば、簡単にミラーリングすることができます。昔ながらの手法で同じことをするなら、コピー機でチャートをフィルムに複写し、それを裏返して改めて紙にコピーして、"ニューバージョン"のチャートを作る必要があります。

Double (Horizontal and Vertical) Mirror / 上下左右に対称なミラーリング

STARBURST (#152) はチャートをコ
ンピューター上で上下左右にミラーリ
ングしてデザインしました。最初に
LEFT BIAS WEAVE (#116) を縦の点
線を軸にして左右対称に、次に横の点
線を軸に上下が対称になるように加工
しています。4分割したパーツをどの
ようにつなぐかを考え、この新しいモ
チーフの長さと横幅を決めるの工程
は、とても楽しいものです。

Drawing

Meander GROUP 4

ミアンダー

Meander の土台となる細いケーブル模様は、V字形の模様に入るまでの6段1模様を自由にくり返すことで長さをアレンジできます。最後の28段もくり返し回数を増やせばパネルの長さを伸ばせます。メリヤス編みの背景から徐々にケーブル模様が広がる部分には交差の一部に増し目を加えた特殊な交差を使い、増し目を加えることでメリヤス編みとケーブル模様のゲージの差を補っています。

(149)

⑮

Diverge GROUP 4

ダイヴァージ

この模様の中心は Double O (#31) のコラムを Fave モチーフ (P.166 参照) で
囲ってつなぎ合わせ、Cruller Chevron (#115) の大きな S 字型のモチーフを使っ
て斜行した構成にしています。このパネルは最後の 24 段のどこで終えてもしっ
くりと落ち着き、24 段を自由にくり返して長さを出すこともできます。

ミアンダー

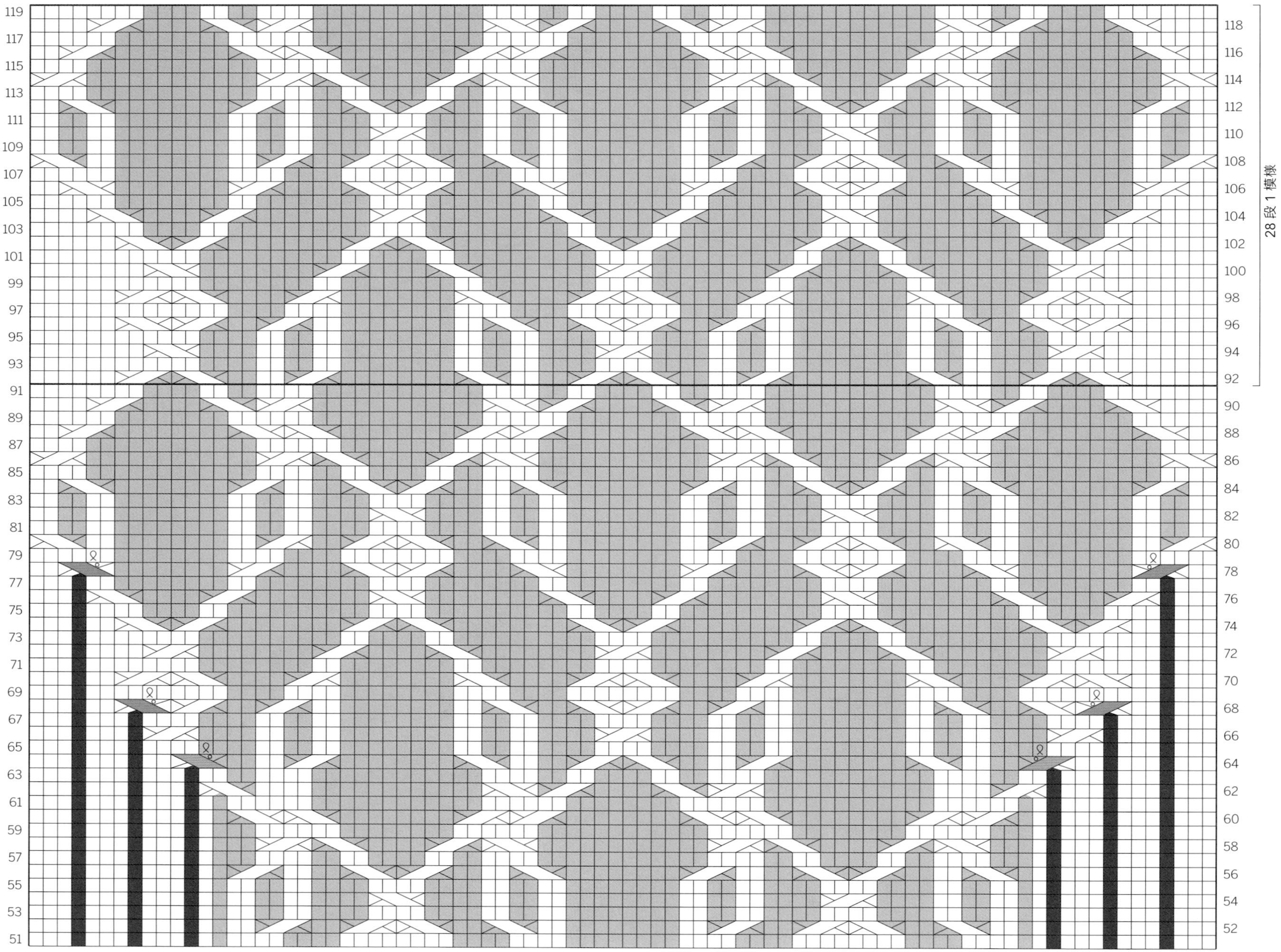

28 段 1 模様

118 116 114 112 110 108 106 104 102 100 98 96 94 92 90 88 86 84 82 80 78 76 74 72 70 68 66 64 62 60 58 56 54 52

119 117 115 113 111 109 107 105 103 101 99 97 95 93 91 89 87 85 83 81 79 77 75 73 71 69 67 65 63 61 59 57 55 53 51

8段1模様

62目のパネル／84目に増える

SSE：60目

表面で表目、裏面で裏目。

表面で裏目、裏面で表目。

表面で表目のねじり目、裏面で裏目のねじり目。

表面で裏目のねじり目、裏面で表目のねじり目。

くり返し範囲。

実際にはない編み目。

2/2 RC (左上2目交差)：CNに2目移して編み地の後ろにおき、左針から表2。CNから表2。

2/2 LC (右上2目交差)：CNに2目を移して編み地の手前におき、左針から表2。CNから表2。

2/2 RPC (左上2目交差（下側が裏目）)：CNに2目移して編み地の後ろにおき、左針から表2。CNから裏2。

2/2 LPC (右上2目交差（下側が裏目）)：CNに2目移して編み地の手前におき、左針から裏2。CNから表2。

左上2目交差（下側でかけ目）①：CNに1目移して編み地の後ろにおき、左針から表2。かけ目、CNから表1。〈1目増〉

右上2目交差（下側でかけ目）①：CNに2目移して編み地の手前におき、左針から表2。かけ目、CNから表2。〈1目増〉

左上2目交差（下側でかけ目）②：CNに1目移して編み地の後ろにおき、左針から表2。かけ目、CNから裏1。〈1目増〉

右上2目交差（下側でかけ目）②：CNに2目移して編み地の手前におき、左針から裏2。かけ目、CNから表2。〈1目増〉

Drawing

251

24 目 1 模様

ダイヴァージ

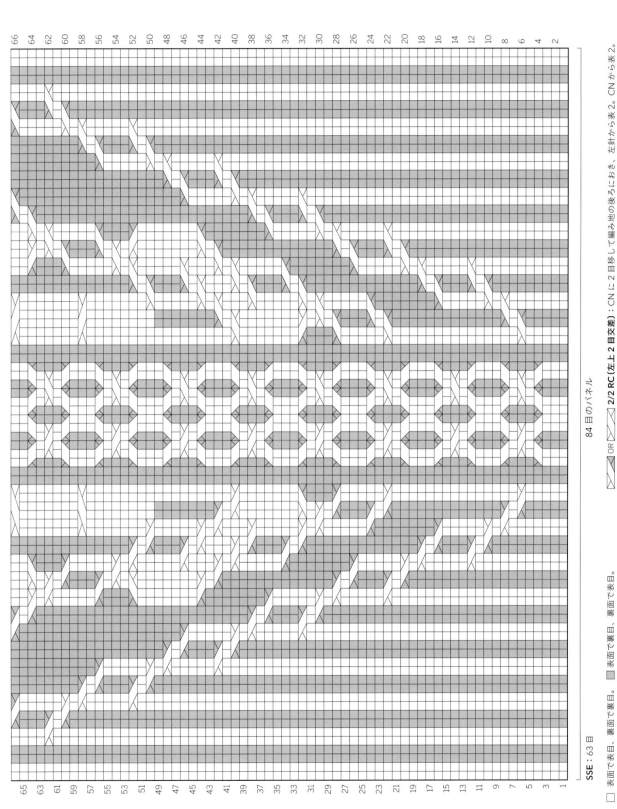

84 目のパネル

SSE：63 目

□ 表面で表目、裏面で裏目。　　▨ 表面で裏目、裏面で表目。

Ｉ くり返し範囲。

2/1 RPC(左上2目と1目の交差(下側が裏目))：CNに1目移して編み地の後ろにおき、左針から表2。CNから裏1。

2/1 LPC(右上2目と1目の交差(下側が裏目))：CNに2目移して編み地の手前におき、左針から裏1。CNから表2。

2/2 RC(左上2目交差)：CNに2目移して編み地の後ろにおき、左針から表2。CNから表2。

2/2 LC(右上2目交差)：CNに2目を移して編み地の手前におき、左針から表2。CNから表2。

2/2 RPC(左上2目交差(下側が裏目))：CNに2目移して編み地の後ろにおき、左針から表2。CNから裏2。

2/2 LPC(右上2目交差(下側が裏目))：CNに2目移して編み地の手前におき、左針から裏2。CNから表2。

3/3 RC(左上3目交差)：CNに3目移して編み地の後ろにおき、左針から表3。CNから表3。

3/3 LC(右上3目交差)：CNに3目移して編み地の手前におき、左針から表3。CNから表3。

Drawing

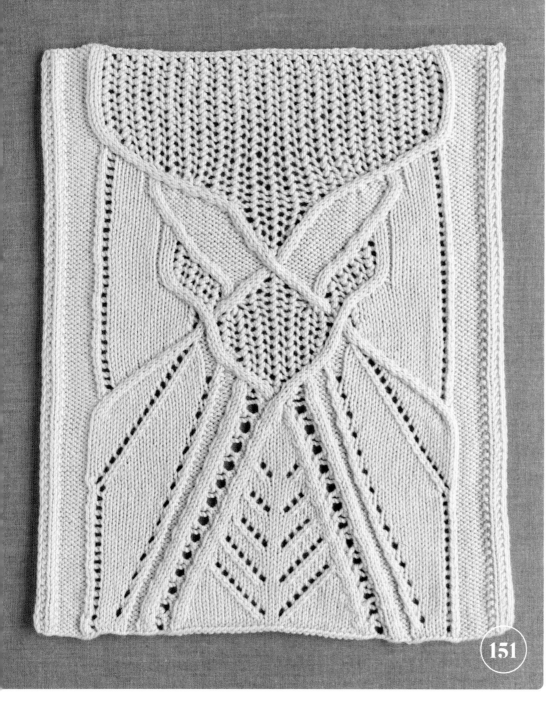

⑮

RT〔変わり左上交差〕：左上2目一
度を編むが左針は抜かず、右針を1
目めに手前から入れて表目を編み、
左針から編み目をはずす。

LT〔右上交差〕：左針の2目めに編
み地の後ろから右針を入れて表目
を編み、続けて1目めを表目に編
む。2目を左針からはずす。

2/1 RPC〔左上2目と1目の交差
（下側が裏目）〕：CNに1目移して
編み地の後ろにおき、左針から表
2。CNから裏1。

2/1 LPC〔右上2目と1目の交差
（下側が裏目）〕：CNに2目移して
編み地の手前におき、左針から裏
1。CNから表2。

2/2 RC〔左上2目交差〕：CNに2
目移して編み地の後ろにおき、左針
から表2。CNから表2。

2/2 LC〔右上2目交差〕：CNに2
目移して編み地の手前におき、左針
から表2。CNから表2。

2/2 RPC〔左上2目交差（下側が裏
目）〕：CNに2目移して編み地の後
ろにおき、左針から表2。CNから
裏2。

2/2 LPC〔右上2目交差（下側が裏
目）〕：CNに2目移して編み地の手
前におき、左針から裏2。CNから
表2。

左上2目交差（下側でかけ目と減
目）：CNに2目移して編み地の後
ろにおき、左針から表2。かけ目、
CNから裏目の左上2目一度。

右上2目交差（下側でかけ目と減
目）：CNに2目移して編み地の手
前におき、かけ目、左針から裏目の
左上2目一度。CNから表2。

左上2目交差（下側でかけ目）：CN
に1目移して編み地の後ろにおき、
左針から表2。かけ目、CNから裏
1。〈1目増〉

右上2目交差（下側でかけ目）：CN
に2目移して編み地の手前におき、
左針から裏1、かけ目。CNから表
2。〈1目増〉

Fennec GROUP 4

フェネック

Fennecはオープンワークによる
ラインと透かし編みをふんだんに用い
ることで、夏らしいデザインにした
模様です。直線からすべらかな曲線
に移行し、襟ぐりを素敵に飾る優雅
な曲線で仕上げています。模様が完
成してから、しなやかなラインが
フェネックキツネに見えることに気
がつきました。

□ 表面で表目、裏面で裏目。
▨ 表面で裏目、裏面で表目。
▨ 表面で表目のねじり目、裏面で表目
のねじり目。
◎ かけ目。
◎◎ かけ目2回。
▥ 前段のかけ目に裏1、表1。
▨ 表面で左上2目一度、裏面で裏目
の左上2目一度。
▧ 表面で右上2目一度、裏面で裏目
の右上2目一度。
▨ 表面で裏目の左上2目一度、裏面
で左上2目一度。
■ 実際にはない編み目。

Knitted Cable Sourcebook

254

 OR  OR

左上 2 目と 1 目の交差（下側で減目）：CN に 2 目移して編み地の後ろにおき、左針から表 2。CN から裏目の左上 2 目一度。〈1 目減〉

 OR OR

右上 2 目と 1 目の交差（下側で減目）：CN に 2 目移して編み地の手前におき、左針から裏目の左上 2 目一度。CN から表 2。〈1 目減〉

2/2/2 RPC（左上 2 目交差（間に裏目 2 目））：CN に 4 目移して編み地の後ろにおき、左針から表 2。CN の左端の 2 目を左針に戻して裏 2。CN から表 2。

2/2/2 LPC（右上 2 目交差（間に裏目 2 目））：CN に 4 目移して編み地の手前におき、左針から表 2。CN の左端の 2 目を左針に戻して裏 2。CN から表 2。

OR
OR

左上 2 目交差（下側で減目）：CN に 4 目移して編み地の後ろにおき、左針から表 2。CN から［かけ目、裏目の左上 2 目一度］を 2 回。

OR
OR

右上 2 目交差（下側で減目）：CN に 2 目移して編み地の手前におき、左針から［かけ目、裏目の左上 2 目一度］を 2 回。CN から表 2。

 OR

左上 2 目交差（下側で裏目の減目）：CN に 4 目移して編み地の後ろにおき、左針から表 2。CN から裏目の左上 2 目一度を 2 回。〈2 目減〉

 OR

右上 2 目交差（下側で裏目の減目）：CN に 2 目移して編み地の手前におき、左針から裏目の左上 2 目一度を 2 回。CN から表 2。〈2 目減〉

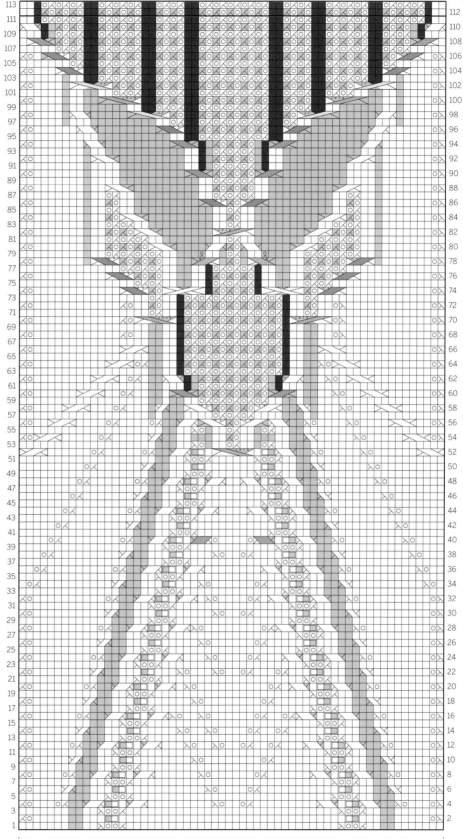

2 段 1 模様

SSE：54 目

60 目のパネル／ 46 に減る

Drawing

255

Starburst GROUP 5

スターバースト

ウエスタンデザインのサドルブランケットでも見かける大柄の模様
は、Left Bias Weave（#116）から派生したモチーフです。単独で1
模様だけをセーターの前身頃に配置することも、ブランケットのよう
な広い面積の数か所に散らして配置することもできます。

SSE：52 目　　　　　　　　　　52 目のパネル／78 目に増える

□ 表面で表目、裏面で裏目。

▨ 表面で裏目、裏面で表目。

▨ 表面で表目のねじり目、裏面で裏目の
ねじり目。

▨ 表面で裏目のねじり目、裏面で表目の
ねじり目。

■ 実際にはない編み目。

OR　**2/2 RC（左上 2 目交差）**：CN に 2 目
移して編み地の後ろにおき、左針から
表 2。CN から表 2。

OR　**2/2 LC（右上 2 目交差）**：CN に 2 目移
して編み地の手前におき、左針から表
2。CN から表 2。

OR　**2/2 RPC（左上 2 目交差（下側が裏
目））**：CN に 2 目移して編み地の後ろ
におき、左針から表 2。CN から裏 2。

OR　**2/2 LPC（右上 2 目交差（下側が裏
目））**：CN に 2 目移して編み地の手前
におき、左針から裏 2。CN から表 2。

左上 2 目交差（下側でかけ目・表目）：CN に 1 目移して編み地の後ろにお
き、左針から表 2。かけ目、CN から表 1。〈1 目増〉

右上 2 目交差（下側で表目・かけ目）①：CN に 2 目移して編み地の手前にお
き、左針から表 1、かけ目。CN から表 2。〈1 目増〉

左上 2 目交差（下側でかけ目・裏目）：CN に 1 目移して編み地の後ろにお
き、左針から表 2。かけ目、CN から裏 1。〈1 目増〉

右上 2 目交差（下側で裏目・かけ目）：CN に 2 目移して編み地の手前にお
き、左針から裏 1、かけ目。CN から表 2。〈1 目増〉

OR　**左上 2 目と 1 目の交差（下側で減目）**：CN に 2 目移して編み地の後ろにお
き、左針から表 2。CN から左上 2 目一度。〈1 目減〉

OR　**右上 2 目と 1 目の交差（下側で減目）**：CN に 2 目移して編み地の手前にお
き、左針から左上 2 目一度。CN から表 2。〈1 目減〉

2/2/2 LC（右上 2 目交差（間に表目 2 目））：CN に 4 目移して編み地の手前
におき、左針から表 2。CN の左端の 2 目を左針に戻して表 2。CN から表 2。

OR　**2/2/2 LPC（右上 2 目交差（間に裏目 2 目））**：CN に 4 目移して編み地の手前
におき、左針から表 2。CN の左端の 2 目を左針に戻して表 2。CN から裏 2。

Flared Pullover
フレアープルオーバー

SIZES ／サイズ
XS (S、M、L、LL、3L、4L)
※サイズ表記順にバスト寸法
76 (86.5、96.5、106.5、117、
127、137) cm 向き

**FINISHED MEASUREMENT
／仕上がり寸法**
バスト：84 (94、104、114、
124、135、145) cm

YARN ／糸
Jagger Spun の Lamb DK(メ
リノ 100%、102 m/100 g)
Pewter ／ 6 (7、7、8、9、9、
10) 玉

NEEDLE ／針
・10 号針 [US 8 (5 mm)] 棒針
・6 号 [US 6 (4 mm)] 棒針
・6 号 [US 6(4mm)]40cm 輪
針
※ゲージが合わない場合は必
要に応じて針の号数を変えて
調整しましょう。

NOTIONS ／その他の道具
ステッチマーカー（取りはず
し可能なもの）、なわ編み針

GAUGE ／ゲージ
① 20 目 × 28 段 (10cm 角、
メリヤス編み・10 号針)
②ケーブル A の 12 目のパネ
ル＝幅 5cm (10 号針)
③ケーブル B の 53 目のパネ
ル＝幅 21.5 cm (10 号針)
※ゲージを測る前にスチーム
または水通しをしてブロッキ
ングをしましょう。

STITCH PATTERNS ／
ケーブル模様：
A：Stable Braid (#54)
B：Paisley Shadow (#146)

PATTERN NOTES ／メモ
このプルオーバーは、後ろ身
頃の下側部分だけ横編みで
す。横編みしながら上側部分
を編む位置にマーカーをつけ
ておき、下側を編み上げたら
マーカーとマーカーの間から
拾い目をして上側を編みま
す。前身頃と左右の袖はそれ
ぞれボトムアップに編み、前
身頃の脇は後ろ身頃の下側の
上辺（脇ではないのがポイン
トです）ととじ合わせます。

🎔 ケーブル模様を変更する
場合は P.262 参照。

◎パターン中の略語
PM：Place Marker
→マーカーを入れる
SM：Slip Marker
→マーカーを移す

Lower Back ／後ろ身頃（下）

6 号針で 70 (70、74、74、78、78、78) 目作る。

メモ：以下「浮き目」とある箇所では、糸を編み地の手前におき、次の目に裏目を編むように針先を入れて右針に移してください。

1 段め（準備段・裏面）：浮き目 2、表 1、裏 1、表 1、＊表 2、裏 2；、＊〜；を残り 5 目までくり返し、表 2、裏 3。

2 段め：表 3、裏 2、＊表 2、裏 2；、＊〜；を残り 5 目までくり返し、表 5。

1 段めと 2 段めをあと 11 回編み、1 段めだけもう 1 回編む。

10 号針に持ち替える。

次段（表面）：表 3、裏 2、[表 10 (10、9、9、9、8、8)、左上 2 目一度] を 5 (5、6、6、6、7、7) 回、最後まで表編み。65 (65、68、68、72、71、71) 目になる。

次段：浮き目 2、表 1、裏 1、表 1、残り 5 目まで裏編み、表 2、裏 3。

次段：表 3、裏 2、最後まで表編み。

編み始めから 32 (32、33、33、34.5、34.5、35.5) cm になるまで編む。

表面の段の 1 目めに取りはずし可能なマーカーをつける（ここが右袖下の脇中心になる）。

マーカーから増減なく 42 (47、52、57、62、67.5、72.5) cm 編む。

表面の段の 1 目めにふたつめのマーカーをつける（ここが左袖下の脇中心になる）。

ふたつめのマーカーから増減なく 24 (24、25、25、26.5、26.5、27.5) cm 編み、最後は裏面の段を編む。

6 号針に持ち替える。

次段（表面）：表 3、裏 2、[表 11 (11、10、10、10、9、9)、左ねじり増し目] を 5 (5、6、6、6、7、7) 回、最後まで表編み。70 (70、74、74、78、78、78) 目になる。

1 段め（裏面）：浮き目 2、表 1、裏 1、表 1、＊表 2、裏 2；、＊〜；を残り 5 目までくり返し、表 2、裏 3。

2 段め：表 3、裏 2、＊表 2、裏 2；、＊〜；を残り 5 目までくり返し、表 5。

1 段めと 2 段めをあと 11 回編み、1 段めだけもう 1 回編む。

すべての目を表目は表目、裏目は裏目を編みながら伏せる。

Upper Back ／後ろ身頃（上）

後ろ身頃の下半分の表面を見ながら、10 号針で右側の長辺の 2 個のマーカーの間から 82 (93、102、112、123、133、143) 目拾う。マーカーはそのままつけておく。

1 段め：裏編み。

2・3 段め：メリヤス編みを続けながら、編み始めで 2 (3、5、7、6、8、10) 目ずつ伏せる。

4・5 段め：メリヤス編みを続けながら、編み始めで 2 (2、2、4、6、8、8) 目ずつ伏せる。74 (83、88、90、99、101、107) 目になる。

減目段（表面）：表 1、左上 2 目一度、最後に 3 目残るまで表編み、右上 2 目一度、表 1。〈2 目減〉

「減目段」を表面の段を編むたび（2 段ごと）に 1 (3、3、2、3、4、6) 回、そのあと 4 段ごとに 2 (4、4、3、4、3、3) 回編む。66 (67、72、78、83、

85、87) 目になる。

アームホール丈が 11.5 (11.5、12、12.5、14、14、15) cm になるまで増減なく編み、最後は裏面の段を編む。

次はガーター編みでアームホール丈が 18.5 (19、20.5、21、21.5、23、24) cm になるまで増減なく編み、最後は裏面の段を編む。

中央の 14 (15、16、18、19、21、23) 目をはさんでふたつマーカーをつける。

襟ぐりと肩のシェーピング

次段 (表面)：6 (6、6、6、8、8、8) 目伏せ、マーカーまで表編み、マーカーをはずし、ふたつめの糸玉から糸をつけて次のマーカーまでの目を伏せ、マーカーをはずし、あとは最後まで表編み。

次段からはガーター編みで左右の肩部分を同時に編みながら、肩と襟ぐりのシェーピングを並行して行う。

次段：6 (6、6、6、8、8、8) 目伏せ、左肩の端まで表編み。右肩の最初で 5 目伏せ、端まで表編み。

次の 3 段：最初に 5 (5、6、7、7、7、7) 目伏せ、端まで表編み。反対側の肩の最初で 5 目伏せ、端まで表編み (3 段めで右肩は終了)。

次段：左肩に残った 5 (5、6、7、7、7、7) 目を伏せる。

前身頃

6 号針で 72 (72、88、88、104、104、112) 目作る。

1 段め (裏面)：裏 1、＊表 2、裏 2；、＊〜；を残り 3 目までくり返し、表 2、裏 1。

2 段め：表 1、＊裏 2、表 2；、＊〜；を残り 3 目までくり返し、裏 2、表 1。

3・4 段め：1 段めと 2 段めをくり返す。

5 段め：1 段めをくり返す。

両端から 1 (1、9、9、17、17、21) 目めにマーカーをつける。

6 段め (増し目段)：マーカーまで表編み、右ねじり増し目、SM、次のマーカーまで編み、SM、右ねじり増し目、最後まで表編み。〈2 目増〉

7 段め：マーカーまで裏編み、SM、次のマーカーまで編み、SM、最後まで裏編み。

8 段め：マーカーまで表編み、SM、次のマーカーまで編み、SM、最後まで表編み。

9・10 段め：7 段めと 8 段めをくり返す。

11 段め：7 段めをくり返す。

12 段め：6 段めをくり返す。

7 段め〜 12 段めを 2 回くり返し、7 段めをもう一度編む。80 (80、96、96、112、112、120) 目になる。

10 号針に持ち替える。

次段 (表面)：マーカーまで表編み、SM、表 3、[表 4、左ねじり増し目] を 15 回、表 7、SM、最後まで表編み。95 (95、111、111、127、127、135) 目になる。マーカーとマーカーの間は 85 目。

準備段 1：マーカーまで裏編み、SM、表 2、ケーブル A を編む (12 目)、表 2、ケーブル B を編む (53 目)、表 2、ケーブル A を編む (12 目)、表 2、SM、最後まで裏編み。

脇の増し目段 (表面)：マーカーまで表編み、右ねじり増し目、SM、裏 2、ケーブル A を編む、裏 2、ケーブル B を編む、裏 2、ケーブル A を編む、裏 2、SM、左ねじり増し目、最後まで表編み。〈2 目増〉

増し目段を 16 (6、10、4、8、4、4) 段ごとに 3 (8、4、4、7、8、9) 回、そのあと 0 (0、12、6、0、6、6) 段ごとに 0 (0、1、6、0、4、4) 回行う。

増し目段以外は前段のパターンを続けて編み、増えた目はメリヤス編み。

増し目が終わると 103 (113、123、133、143、153、163) 目になり、左右のマーカーの外側は各 9 (14、19、24、29、34、39) 目ずつとなる。

編み始めから 32 (32、33、33、34.5、34.5、35.5) cm になるまで増減な

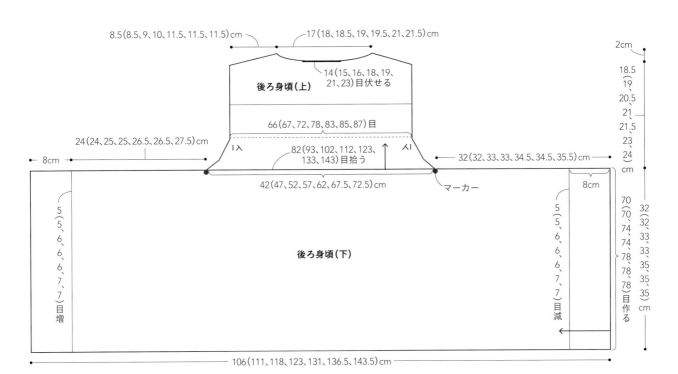

8.5(8.5、9、10、11.5、11.5、11.5)cm   17(18、18.5、19、19.5、21、21.5)cm   2cm

後ろ身頃(上)

14(15、16、18、19、21、23)目伏せる

18.5(19、20.5、21、21.5、23、24)cm

66(67、72、78、83、85、87)目

24(24、25、25、26.5、26.5、27.5)cm

82(93、102、112、123、133、143)目拾う

32(32、33、33、34.5、34.5、35.5)cm

8cm

8cm

42(47、52、57、62、67.5、72.5)cm

マーカー

5(5、6、6、6、6、7、7)目増

後ろ身頃(下)

5(5、6、6、6、6、7、7)目減

70(70、74、74、78、78、78)目作る

32(32、33、33、35、35、35)cm

106(111、118、123、131、136.5、143.5)cm

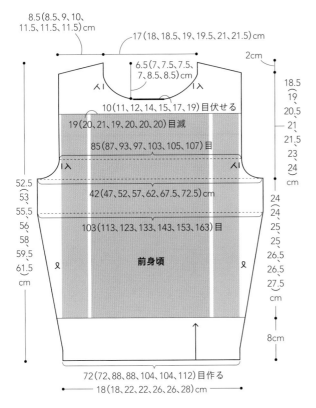

8.5(8.5、9、10、11.5、11.5、11.5)cm

17(18、18.5、19、19.5、21、21.5)cm   2cm

6.5(7、7.5、7.5、7、8.5、8.5)cm

10(11、12、14、15、17、19)目伏せる

19(20、21、19、20、20、20)目減

85(87、93、97、103、105、107)目

18.5(19、20.5、21、21.5、23、24)cm

42(47、52、57、62、67.5、72.5)cm

103(113、123、133、143、153、163)目

24(24、25、25、26.5、26.5、27.5)cm

52.5、53、55.5、56、58、59.5、61.5)cm

前身頃

8cm

72(72、88、88、104、104、112)目作る

18(18、22、22、26、26、28)cm

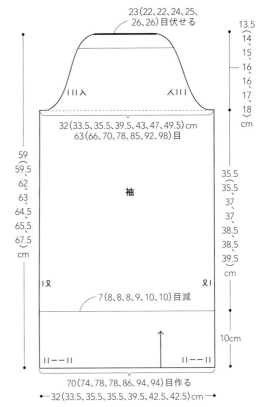

23(22、22、24、25、26、26)目伏せる

13.5(14、15、16、16、17、18)cm

32(33.5、35.5、39.5、43、47、49.5)cm
63(66、70、78、85、92、98)目

袖

59、59.5、62、63、64.5、65.5、67.5)cm

35.5、35.5、37、37、38.5、38.5、39.5)cm

7(8、8、8、9、10、10)目減

10cm

70(74、78、78、86、94、94)目作る

32(33.5、35.5、35.5、39.5、42.5、42.5)cm

※XS、S、Mは袖下の増し目なし。L、LL、3L、4Lは
袖下の増し目により袖上部の横幅が袖口より広くなります。

襟ぐりの縁編み

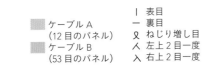

96(100、104、108、112、116、120)目拾う

2.5cm

前身頃   拾い始め

ケーブルA
(12目のパネル)

ケーブルB
(53目のパネル)

Ⅰ 表目
一 裏目
Ⅺ ねじり増し目
人 左上2目一度
Ⅹ 右上2目一度

Drawing

261

く編み、最後は裏面の段を編む。

アームホールのシェーピング

次の 2 段の編み始めで 2（3、5、6、7、8、10）目ずつ伏せ、その次の 2（2、2、4、6、8、8）段の編み始めで 2 目ずつ伏せる。95（103、109、113、117、121、127）目になる。

減目段（表面）：表 1、左上 2 目一度、最後に 3 目残るまで編み、右上 2 目一度、表 1。〈2 目減〉

「減目段」を表面の段を編むたび（2 段ごと）に 0（3、3、3、2、3、5）回、そのあと 4 段ごとに 4 回、最後の 1、2 回は必要に応じてマーカーをはずしながら編む。85（87、93、97、103、105、107）目になる。

最初と最後の 1 目は袖つけ用にメリヤス編みにして、アームホール丈が 11.5（11.5、12、12.5、14、14、15）cm になるまで編み、最後は裏面の段を編みながら残りのマーカーをはずす。

次段（表面）：表 4（2、4、0、0、1、2）、［表 2（2、2、3、3、3、3）、左上 2 目一度］を 19（20、21、19、20、20、20）回、最後まで表編み。66（67、72、78、83、85、87）目になる。

ガーター編みに切り替え、増減なくアームホール丈が 14（14、15、15.5、16.5、16.5、17.5）cm になるまで編み、最後は裏面の段を編む。

中央の 10（11、12、14、15、17、19）目をはさんでふたつマーカーをつける。

ネックのシェーピング

次段（表面）：マーカーまで表編み、ふたつめの糸玉から糸をつけて次のマーカーまで中央の目を伏せ、あとは最後まで表編み。

次段からはガーター編みを続けながら左右の肩部分を同時に編む。

次の 7 段：襟ぐり側の編み始めで、最初の 2 段で 4 目ずつ、次の 2 段で 3 目ずつ、その次の 2 段で 2 目ずつ伏せる。目数は左右それぞれ 19（19、21、23、25、25、25）目になる。最後に 1 段増減なく編む。

減目段（表面）：左襟ぐりでは、最後に 3 目残るまで表編み、右上 2 目一度、表 1。右襟ぐりでは、表 1、左上 2 目一度、最後まで表編み。両襟端で 1 目ずつ減る。

「減目段」を表側の段で 2 回くり返す。16（16、18、20、22、22、22）目になる。

アームホール丈が 18.5（19、20.5、21、21.5、23、24）cm になるまで編み、最後は裏面の段を編む。

肩下がりをつける

アームホール側から編む段の最初で左右それぞれ 6（6、6、6、8、8、8）目伏せ、その次に 5（5、6、7、7、7、7）目の伏せ目を 2 回ずつ行う。

袖

6 号針で 70（74、78、78、86、94、94）目作る。

1 段め（裏面）：裏 2、＊表 2、裏 2；、＊〜；を最後までくり返す。
2 段め：表 2、＊裏 2、表 2；、＊〜；を最後までくり返す。
増減なく 10cm 編み、最後は裏面の段を編む。
10 号針に持ち替える。

次段（表面）：表 4（2、4、4、4、4、4）、［表 6、左上 2 目一度］を 7（8、8、8、9、10、10）回編み、あとは最後まで表編み。63（66、70、70、77、84、84）目になる。

袖のシェーピング（L、LL、3L、4L サイズのみ）

1 段裏編み。

増し目段（表面）：表 1、右ねじり増し目、最後に 1 目残るまで表編み、左ねじり増し目、表 1。〈2 目増〉

「増し目段」を −（−、−、28、30、30、16）段ごとに −（−、−、3、3、3、6）回くり返し、増えた目はメリヤス編み。−（−、−、78、85、92、

98）目になる。

すべてのサイズ

編み始めからの長さが 45.5（45.5、47、47、48.5、48.5、49.5）cm になるまで増減なく編み、最後は裏面の段を編む。

袖山のシェーピング

次の 2 段の編み始めで 2（3、5、7、6、8、10）目ずつ伏せ、そのあとは次の 2（2、2、2、4、6、6）段の編み始めで 2 目ずつ伏せる。55（56、56、60、65、64、66）目になる。

減目段（表面）：表 3、左上 2 目一度、最後に 5 目残るまで表編み、右上 2 目一度、表 3。〈2 目減〉

「減目段」を表面の段を編むたびに 2（3、2、2、5、4、5）回、そのあと 4 段ごとに 4（4、6、6、3、4、4）回、さらに表面を編むたび（2 段ごと）に 3（3、2、3、5、4、4）回編み、最後は表面の段を編む。35（34、34、36、37、38、38）目になる。

1 段表編み（ここからガーター編みになる）。
「減目段」を 1 回編む。33（32、32、34、35、36、36）目になる。
1 段表編み。

ガーター編みを続けながら、次の 2 段の編み始めで 2 目ずつ伏せ、その次の 2 段の編み始めでは 3 目ずつ伏せる。
残りの 23（22、22、24、25、26、26）目を伏せる。

Finishing ／仕上げ

好みの方法でブロッキングし、前後身頃の肩をはぎ合わせる。

襟ぐりの縁編み

表面を見ながら、輪針で左肩から襟ぐりに沿って 96（100、104、108、112、116、120）目拾う。編み始めにマーカーを入れて輪につなげる。

次段：＊表 2、裏 2；、＊〜；を最後までくり返す。
幅が 2.5 cm になるまで編み、表目は表目、裏目は裏目を編みながらすべての目を伏せる。

袖下と身頃の脇をとじ、袖をつける

左右袖の袖下をとじる。前身頃の脇下は左右それぞれ後ろ身頃（下）のマーカーに合わせ、前身頃の脇と後ろ身頃（下）の上辺をとじ合わせる。左右のアームホールにそれぞれ袖をとじ合わせる。

⸓ Cable Substitution ／ケーブル模様の置き替え

あらかじめ P.18 の「メリヤス編み換算システム」を読んでおきましょう。

ケーブル模様の選び方

この作品のケーブルパネルの SSE は合計 65 です（ケーブル A ＝各 9.5、ケーブル B ＝ 42、各ケーブルの間に裏目 2 目）。ケーブル部分の SSE 合計が 65 以内なら置き替え可能です。差分が生じた場合は、ケーブルパネルの左右にメリヤス編みまたは裏メリヤス編みを入れて調整します。

目数が変わる場合

裾のリブ編みの目数は変えず、差分は前身頃のリブ編み直後の増し目をする段で調整します。増減した差分は、後ろ身頃の目数に合うよう、脇やアームホールの増減目回数を調整して解消する必要があるかもしれません。

Skirt
スカート

SIZES ／サイズ
XS (S、M、L、LL、3L)
※サイズ表記順にヒップ寸法
76 (86.5、96.5、106.5、117、
127) cm 向き

FINISHED MEASUREMENT ／仕上がり寸法
ローウエスト：65 (78、87、
98.5、107.5、117) cm
スカート丈：66 (66、68.5、
68.5、71、71) cm

YARN ／糸
Valley Yarns の Northfield (メリノウール 70%・ベビーアルパカ 20%・シルク 10%、113 m/50 g) Medium Gray ／ 9 (10、12、13、14、15) 玉

NEEDLE ／針
・5 号 [US 4 (3.5 mm)] の 80cm 輪針と 60cm 輪針
・6 号 [US 6 (4 mm)] の 80cm 輪針と 60cm 輪針
※ゲージが合わない場合は必要に応じて針の号数を変えて調整しましょう。

NOTIONS ／その他の道具
ステッチマーカー、なわ編み針

GAUGE ／ゲージ
① 22 目 × 32 段 (10cm 角、メリヤス編み・6 号針)
② 25 目 × 32 段 (10cm 角、2 目ゴム編み・6 号針)
③ ケーブル模様の 46 目のパネル＝幅 16cm (6 号針)
※ゲージを測る前にスチームまたは水通しをしてブロッキングをしましょう。

STITCH PATTERNS ／模様編み
※輪編みの場合
2 目ゴム編み (4 目の倍数；1 段 1 模様)
全段：* 表 2、裏 2；、* 〜；を最後までくり返す。

ケーブル模様
Macramé (#145)

PATTERN NOTES ／メモ
このスカートは裾側からボトムアップで輪に編みます。長い輪針で編み始め、目数が減り、編みづらくなってきたら短い輪針に替えます。

🔗 ケーブル模様を変更する場合は P.264 参照。

◎パターン中の略語
PM：Place Marker
→マーカーを入れる
SM：Slip Marker
→マーカーを移す

---

5 号 80cm 輪針で 352 (384、416、448、480、512) 目作る。
編み目がねじれないように輪に編むように整え、段の始めに PM。
1 段め：* 裏 2、[表 2、裏 2] を 32 (36、40、44、48、52) 回、PM、ケーブルを編む (46 目)；、PM、* 〜；をもう 1 回。
前段と同様に編みながら、ケーブル模様部分が 1 〜 6 段め 1 回、1 〜 11 段め 1 回になるまで編む。
6 号 80 cm 輪針に持ち替える。
次段：* 裏 2、[表 2、裏 2] を 10 (10、11、11、12、13) 回、PM、[表 3 (5、6、8、9、10)、左上 2 目一度] を 8 回、表 6、PM、[裏 2、表 2] を 10 (10、11、11、12、13) 回、裏 2、SM、ケーブルを編む (ここから模様の 12 段め以降を編む)、SM；、* 〜；をもう 1 回。336 (368、400、432、464、496) 目になる。
次の 2 段：* マーカーまでゴム編みの続きを編む、SM、マーカーまで表編み、SM、マーカーまでゴム編みの続きを編む、SM、マーカーまでケーブルの続きを編む、SM；、* 〜；をもう 1 回。

スカートのシェーピング
メモ：目数が減っていくため、必要に応じて 6 号の 60cm 輪針に持ち替えてください。
減目段①：これまでのように編みながら、* 裏 2、表 1、右上 2 目一度、マーカーまで編む、SM、マーカーまで表編み、SM、次のマーカーとの間に 5 目残るまで編む、左上 2 目一度、表 1、裏 2、SM、次のマーカーまで編む、SM；、* 〜；をもう 1 回。〈4 目減〉
「減目段①」を 4 (3、3、3、3、3) 段ごとに 2 (37、38、36、36、30) 回、そのあと 3 (0、2、2、2、2) 段ごとに 35 (0、3、5、9、19) 回くり返す。
メリヤス編み部分が 42 (58、66、82、90、98) 目ずつ、ケーブルパネルの両端に裏目 2 目ずつ、合計 184 (216、232、264、280、296) 目になる。
次段：* 裏 2、表 2、マーカーをはずす、次のマーカーまで表編み、マーカーをはずす、表 2、裏 2、SM、次のマーカーまで編む、SM；、* 〜；をもう 1 回。
次段：* 裏 2、次のマーカーとの間に 2 目残るまで表編み、裏 2、SM、次のマーカーまで編む、SM；、* 〜；をもう 1 回。
前段を 4 回くり返す。
減目段②：* 裏 2、表 1、右上 2 目一度、次のマーカーとの間に 5 目残るまで編む、左上 2 目一度、表 1、裏 2、SM、次のマーカーまで編む、SM；、* 〜；をもう 1 回。〈4 目減〉
「減目段②」を 7 (6、7、5、6、7) 段ごとに 4 (5、4、6、5、4) 回くり返す。164 (192、212、236、256、276) 目になる。メリヤス編みの部分は 32 (46、56、68、78、88) 目ずつ。
作り目からの長さが 58.5 (58.5、61、61、63.5、63.5) cm になるまで増減なく編み、最後はケーブル模様の奇数段を編む。
5 号 60 cm 輪針に持ち替える。
次段：* [表 3 (3、4、6、8、11)、左上 2 目一度] を 8 (9、8、7、6、5) 回、表 1 (3、5、3、4、4)；、* 〜；を 4 回くり返す。132 (156、180、208、232、256) 目になる。

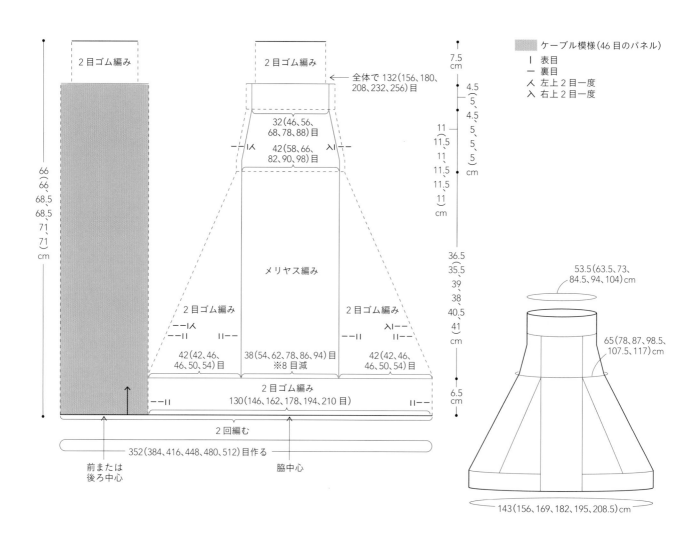

2目ゴム編みで 7.5 cm 編む。

伏せ目の段：表 2、* 左針先を右針先の 2 目に入れ、表目のねじり目を編むようにもう一度編む、表 1；、残り 1 目になるまで * 〜；をくり返す。最後の表 1 は編まずに糸を引き抜いて止める。

Finishing ／仕上げ

スチームをあてるか水通しをして、寸法に合わせてブロッキングする。

🔗 Cable Substitution ／ケーブル模様の置き替え

あらかじめ P.18 の「メリヤス編み換算システム」を読んでおきましょう。

ケーブル模様の選び方

◎簡単に置き替える方法

ケーブルパネルの幅は変えずにパネル全体を置き替えます（パネルの左右端の裏目 2 目はそのままにしておく）。置き替えるケーブルパネルの SSE は合計で 32 になるようにしてください。

◎上級者向けの調整方法

ケーブルパネルの幅を広げたい場合は、ケーブルパネルの左右にあるメリ

ヤス編み部分の目から補う方法があります。仕上がりの表情を大きく変えないようにするには、補う目数を 6 目ずつまでに抑えるとよいです。7 目以上補うことも可能ですが、最後の減目の段を編み終えた時点でメリヤス編み部分が 30 目未満にならないようにしましょう。

目数が変わる場合

◎簡単な置き換え方法の場合

ケーブル部分の目数が変わる場合は変更前後の目数の差分を書き留めておき、作り目にも足し引きするのを忘れないようにしましょう。

◎上級者向けの調整方法の場合

メリヤス編み部分からケーブルに目を補う場合、最後に残るメリヤス編み部分を 30 目以上にするには、メリヤス編み部分の裾で 2 目ゴム編みを何目編む必要があるか、計算しておく必要があります。リブ編みを落ち着かせるために、メリヤス編みの 15% 増し程度にしたいところなので、そのバランスも考慮してください。さらに作り目をリブ編みに必要な「4 目の倍数＋2 目」に調整する必要があるかもしれません。作り目数はケーブルパネル 2 模様分、2 目ゴム編みのゴデット（ケーブルパネルの左右にある三角形のリブ編み部分）の下部分、そしてメリヤス編みにつながるリブ編み部分の合計となります。

Fitted Pullover
フィットプルオーバー

SIZES ／サイズ
XS（S、M、L、LL、3L、4L）
※サイズ表記順にバスト寸法
バ ス ト：76（86.5、96.5、
106.5、117、127、137）cm

**FINISHED MEASUREMENT
／仕上がり寸法**
バスト：90（100、112、122、
132、144、154）cm

YARN ／糸
Zealana の Kiwi Fingering
Weight（ファインニュージーラ
ンドメリノ 40%・オーガニック
コットン 30%・ブラッシュテー
ルポッサム 30%、123 m/40 g）
#16 Storm Blue ／ 7（8、9、10、
12、13、14）玉

NEEDLE ／針
・5 号［US 4（3.5 mm）］棒針
・2 号［US 2（2.75mm）］棒針
・2 号［US2（2.75mm）］40cm
輪針（襟の縁編み用）
※ゲージが合わない場合は必
要に応じて針の号数を変えて
調整しましょう。

NOTIONS ／その他の道具
ステッチマーカー、なわ編み
針

GAUGE ／ゲージ
① 23 目 × 34 段（10cm 角、
メリヤス編み・5 号針）
②ケーブル模様の 60 目のパ
ネル＝幅 23.5 cm（5 号針）
※ゲージを測る前にスチーム
または水通しをしてブロッキ
ングをしましょう。

**STITCH PATTERNS ／
模様編み**
ねじりゴム編み（偶数目；1
段 1 模様）
※輪編みの場合
全段：＊裏 1、表目のねじり
目；、＊〜；をくり返す。

ねじりゴム編み（偶数目；2
段 1 模様）
※往復編みの場合
1 段め（表面）：＊裏 1、表目
のねじり目；、＊〜；をくり
返す。
2 段め（裏面）：＊裏目のねじ
り目 1、表 1；、＊〜；をくり
返す。
1 段めと 2 段めをくり返す。

ケーブル模様
Fennec（#151）

PATTERN NOTES ／メモ
Fennec は、1 模様の目数が
途中で変動します。前身頃の
シェーピング部分では、1 段
分の目数ではなく、チャート
部分を示すマーカーの外側の
目数を記しています。

🔗 ケーブル模様を変更する
場合は P.269 参照。

◎パターン中の略語
PM：Place Marker
→マーカーを入れる
SM：Slip Marker
→マーカーを移す

Back ／後ろ身頃

2 号針で 84（96、108、120、132、144、156）目作る。
ねじりゴム編みを 7 cm 編み、5 号針に持ち替える。
準備段 1（表面）：表 16（22、28、34、40、46、52）、裏 2、表 2、裏 5、
［裏目のねじり増し目、裏 11］を 3 回、裏目のねじり増し目、裏 6、表 2、
裏 2、最後まで表編み。88（100、112、124、136、148、160）目になる。
準備段 2：裏 16（22、28、34、40、46、52）、表 2、裏 2、表 48、裏 2、
表 2、最後まで裏編み。
増減なく 2.5cm 編み、最後は裏面の段を編む。

脇のシェーピング
増し目段（表面）：表 3、右ねじり増し目、最後に 3 目残るまで編み、左ね
じり増し目、表 3。〈2 目増〉
「増し目段」を 8 段ごとに 6 回編む。102（114、126、138、150、162、
174）目になる。
編み始めから 28（28、29、30.5、32、32.5、33）cm になるまで編み、最
後は裏面の段を編む。

アームホールのシェーピング
次の 2 段の編み始めで 3（4、5、7、9、11、13）目ずつ伏せ、その次の 2
（2、2、2、2、4、6）段では 3 目ずつ、そしてその次の 2（4、6、6、8、
6、8）段では 2 目ずつ伏せる。86（92、98、106、110、116、114）目に
なる。
減目段（表面）：表 3、左上 2 目一度、最後に 5 目残るまで編み、右上 2 目
一度、表 3。〈2 目減〉
「減目段」を表面の段を編むたび（2 段ごと）に 2（3、3、5、3、7、3）回、
そのあとは 4 段ごとに 3（4、4、3、4、2、3）回編む。74（76、82、88、
94、96、100）目になる。
アームホール丈が 16.5（18、19、20.5、21.5、23、24）cm になるまで増
減なく編み、最後は裏面の段を編む。中央の 20（22、24、24、26、28、
30）目をはさんでふたつマーカーをつける。

肩下がりと襟ぐりのシェーピング
次段（表面）：5（5、7、8、8、8、9）目伏せ、マーカーまで編む、ふたつ
めの糸玉から糸をつけ次のマーカーまでの中央の目を伏せ、最後まで編む。
次段からは左右の肩部分を編みながら、肩と襟ぐりのシェーピングを行う。
次段：5（5、7、8、8、8、9）目伏せ、左肩の端まで表編み。右肩の最初で
5 目伏せ、端まで表編み。
次の 3 段：最初に 6（6、6、7、8、8、8）目伏せ、端まで表編み。反対側
の肩の最初で 5 目伏せ、端まで表編み（3 段めで右肩は終了）。
次段：左肩に残った 6（6、6、7、8、8、8）目を伏せる。

Front ／前身頃

2 号針で 84（96、108、120、132、144、156）目作る。
ねじりゴム編みを 7 cm 編み、5 号針に持ち替える。
準備段 1（裏面）：表 16（22、28、34、40、46、52）、裏 2、［表 4、左ね
じり増し目］を 12 回、裏 2、最後まで表編み。96（108、120、132、144、
156、168）目になる。

準備段 2：裏 16 (22、28、34、40、46、52)、表 2、PM、ケーブル模様を編む (60 目)、PM、表 2、最後まで裏編み。
増減なく 2.5 cm 編み、最後は裏面の段を編む。

脇のシェーピング
増し目段 (表面)：表 3、右ねじり増し目、最後に 3 目残るまで編み、左ねじり増し目、表 3。〈2 目増〉
「増し目段」を 8 段ごとに 6 回くり返す。左右のマーカーの外側が 25 (31、37、43、49、55、61) 目ずつになる。
編み始めから 28 (28、29、30.5、32、32.5、33) cm になるまで増減なく編み、最後は裏面の段を編む。

アームホールのシェーピング
次の 2 段の編み始めで 3 (4、5、7、9、11、13) 目ずつ伏せ、その次の 2 (2、2、2、2、4、6) 段の編み始めで 3 目ずつ、そしてその次の 2 (4、6、6、8、6、8) 段の編み始めで 2 目ずつ伏せる。左右端のマーカーの外側の目数は 17 (20、23、27、29、32、31) 目になる。
減目段 (表面)：表 3、左上 2 目一度、最後に 5 目残るまで編み、右上 2 目一度、表 3。〈2 目減る〉
「減目段」を表面の段を編むたび (2 段ごと) に 2 (3、3、5、3、7、3) 回、そのあと 4 段ごとに 3 (4、4、3、4、2、3) 回編む。左右端のマーカーの外側の目数は 11 (12、15、18、21、22、24) 目ずつになる。
アームホール丈が約 11.5 (11.5、12.5、13、14、14、15) cm になるまで増減なく編み、最後は裏面の段を編む。
ケーブル模様の 108 段めを編んだあとは 68 (70、76、82、88、90、94) 目になる。中央の 10 (12、14、14、16、18、20) 目をはさんでふたつマーカーをつける。

ネックのシェーピング
次段 (表面)：マーカーまで編み、ふたつめの糸玉から糸をつけ、次のマーカーまでの中央部分の目を伏せ、最後まで編む。
左右を並行して編みながら、次の 2 段で襟ぐり側の端を 6 目ずつ伏せる。同様にあと 2 段編む。左右肩部分は 17 (17、19、22、24、24、25) 目ずつになる。
アームホール丈が 16.5 (18、19、20.5、21.5、23、24) cm になるまで増減なく編み、最後に裏面の段を編む。

肩下がりをつける
次の 2 段は左右の袖ぐり側で 5 (5、7、8、8、8、9) 目ずつ伏せ、その次の 4 段は左右の袖ぐり側で 6 (6、6、7、8、8、8) 目ずつ伏せる。

Sleeve ／袖

2 号針で 58 (60、64、68、70、74、78) 目作る。
ねじりゴム編みを 7cm 編み、5 号針に持ち替える。
表面の段からメリヤス編みを増減なく 2.5cm 編み、最後は裏面の段を編む。

袖のシェーピング
増し目段 (表面)：表 3、右ねじり増し目、最後の 3 目まで表編み、左ねじり増し目、表 3。〈2 目増〉
「増し目段」を 10 (8、8、6、4、4、4) 段ごとに 4 (5、6、6、4、13、14) 回、そのあと 0 (0、0、8、6、0、0) 段ごとに 0 (0、0、2、6、0、0) 回編む。68 (72、78、86、92、102、108) 目になる。
編み始めから 30.5 (30.5、33、33.5、33.5、34.5、35) cm になるまで増減なく編み、最後は裏面の段を編む。

袖山のシェーピング
次の 2 段の編み始めで 2 (3、4、6、8、10、12) 目伏せ、その次の 2 (4、4、4、4、6、6) 段で 2 目ずつ伏せる。60 (58、62、66、68、70、72) 目になる。
減目段 (表面)：表 3、左上 2 目一度、最後に 5 目残るまで編み、右上 2 目一度、表 3。〈2 目減る〉
「減目段」を表面の段を編むたび (2 段ごと) に 4 (2、3、4、4、4、4) 回、そのあと 4 段ごとに 4 (7、7、7、8、8、9) 回、そして表面の段を編むたび (2 段ごと) に 5 (3、4、4、4、5、5) 回編む。32 (32、32、34、34、34、34) 目になる。
次の 4 段の編み始めで 2 目ずつ伏せ、その次の 2 段の編みはじめで 3 目ずつ伏せる。
1 段裏編み。
残りの 18 (18、18、20、20、20、20) を伏せる。

Finishing ／仕上げ

好みの方法でブロッキングしたあと、前後身頃の肩をはぎ合わせる。

襟ぐりの縁編み
表面を見ながら、2 号輪針で左肩から襟ぐりに沿って 102 (106、112、112、118、122、128) 目拾う。輪に編めるようにつなげ、段の始めにマーカーを入れる。
ねじりゴム編みで 2.5 cm 編む。
表目は表目、裏目は裏目を編みながらすべての目を伏せる。
身頃に袖をとじ合わせ、脇下と袖下をとじる。

後ろ身頃（左上図）

7.5（7.5、8.5、9.5、11、11、11）cm
18（18.5、19.5、19.5、20.5、21、22）cm
2cm
16.5 / 18 / 19 / 20.5 / 21.5 / 23 / 24 cm
20（22、24、24、26、28、30）目伏せる
46.5 / 47.5 / 50 / 52.5 / 55 / 57 / 59 cm
74（76、82、88、94、96、100）目
21 / 21 / 22 / 23.5 / 25 / 25.5 / 26 cm
45（50、56、61、66、72、77）cm
102（114、126、138、150、162、174）目
後ろ身頃
4目増
7cm
84（96、108、120、132、144、156）目作る
38.5（44.5、49.5、54.5、60.5、65.5、70.5）cm

前身頃（右上図）

7.5（7.5、8.5、9.5、11、11、11）cm
18（18.5、19.5、19.5、20.5、21、22）cm
17（17、19、22、24、24、25）目
7（8.5、8.5、9.5、9.5、11、11）cm
10（12、14、14、16、18、20）目伏せる
11.5 / 11.5 / 12.5 / 13 / 14 / 14 / 15 cm
11（12、15、18、21、22、24）目
45（50、56、61、66、72、77）cm
前身頃
25（31、37、43、49、55、61）目
12目増
84（96、108、120、132、144、156）目作る
38.5（44.5、49.5、54.5、60.5、65.5、70.5）cm

袖（左下図）

18（18、18、20、20、20、20）目伏せる
14 / 15 / 16.5 / 17 / 18.5 / 19.5 / 21 cm
44.5 / 45.5 / 49.5 / 50.5 / 52 / 54 / 56 cm
30（32、34.5、38、40.5、45、47.5）cm
23.5 / 23.5 cm
68（72、78、86、92、102、108）目
袖
26 / 26.5 / 26.5 / 26.5 / 27.5 / 28 cm
7cm

58（60、64、68、70、74、78）目作る
25.5（26.5、28.5、30、31、32.5、34.5）cm

襟ぐりの縁編み

102（106、112、112、118、122、128）目拾う
2.5cm
前身頃
拾い始め

■ ケーブルA（60目のパネル）
l 表目
♀ ねじり増し目
人 左上2目一度
入 右上2目一度

✂ Cable Substitution ／ケーブル模様の置き替え

あらかじめ P.18 の「メリヤス編み換算システム」を読んでおきましょう。

ケーブル模様の選び方

オリジナルのケーブルの SSE は合計 54 です。ケーブルの幅は、アームホールのシェーピングに影響しない範囲で左右のメリヤス編み部分から補えば、サイズにより 20（22、28、34、40、42、46）SSE 追加できます。

目数が変わる場合

差分の目数は、裾のリブ編み直後に行う準備段の増し目で調整し、以降も全体を通して差分を調整します。Fennec は模様中でのゲージの変化を減目で調整している模様で、編み終わりの目数は編み始めより少なくなっています。最初と最後の目数が同じ模様に置き替える場合は、編み終わり側の目数の差分を襟ぐりと肩に配分してください。襟ぐりの縁編みでも微調整が必要となるかもしれません。Fennec と似た特色をもつ模様には、Starburst（#152）や Weave & Duck（#148）があります。

目数が変わらない模様を使用する場合のために、以下にケーブルパネルが Fennec のスタート時と同じ 60 目の場合の前襟ぐりのシェーピング方法を紹介します（襟ぐりと肩の目数は調整する必要があるかもしれません）。

ケーブルパネルが 60 目の場合の一般的な前襟ぐりのシェーピング

中央の 14（16、19、19、20、22、25）目をはさんでマーカーをつける。
次段（表面）： マーカーまで編む、ふたつめの糸玉から糸をつけて次のマーカーまでの中央部分の目を伏せ、最後まで編む。
左右を同時に編み進めながら、次の 2 段は襟ぐり側の端で 6 目ずつ伏せ、その次の 2 段で 4 目ずつ、その次の 2 段で 3 目ずつ、その次の 2 段で 2 目ずつ伏せる。あとは肩下がりの直前まで増減なく編む。

Afghan

アフガン

FINISHED MEASUREMENT
／仕上がり寸法
幅：約 152.5 cm
長さ：127.5 cm

YARN ／糸
Brooklyn Tweed の Shelter
（ターギーコロンビアウール
100%、128 m/50 g）Foothills
／ 17 カセ
メモ：フリンジにほぼ 1 カセ
使用しています。

NEEDLE ／針
・10 号［US 8（5mm）］100cm
以上の棒針
・11 号［US 9（5.5mm）］棒針
（伏せ止め用）
※ゲージが合わない場合は必
要に応じて針の号数を変えて
調整しましょう。

NOTIONS ／その他の道具
なわ編み針、ステッチマー
カー（取りはずし可能なも
の）、かぎ針 8/0 号［US H-8
（5mm）］※フリンジ用

GAUGE ／ゲージ
① 16 目 × 24 段（10cm 角、
メリヤス編み・10 号針）
②ケーブル模様の 78 目のパ
ネル＝幅29cm（40 段め）
※ゲージを測る前にスチーム
または水通しをしてブロッキ
ングをしましょう。

**STITCH PATTERNS ／
模様編み**
ケーブル模様
Starburst（#152）

⑧ ケーブル模様を変更する
場合は P.271 参照。

◎パターン中の略語
PM：Place Marker
→マーカーを入れる

Afghan ／アフガン

1 段め (作り目)：指でかける作り目で 252 目作る。

リブ編み風のガーター編み
2 段め (表面)：裏編み。1目めに表面の印として取りはずし可能なマーカーをつける。
3 ～ 30 段め：＊裏編みで1段、表編みで2段、裏編みで1段編む；、＊～；をさらに6回。
31 段め (裏面)：裏編み。
32 段め：表編み。
33 段め：表 10、最後の 10 目まで裏編み、最後まで表編み。
34 段め：裏 10、最後の 10 目まで表編み、最後まで裏編み。
35 ～ 50 段め：31 ～ 34 段めを4回くり返す。

セクション A
1 段め (裏面)：最初の 10 目は前段までの模様の続きを編み、裏 30、PM、ケーブル模様を編む (52 目)、PM、裏 68、PM、ケーブル模様を編む (52 目)、PM、最後に 10 目残るまで裏編み、最後の 10 目は前段までの模様の続きを編む。
2 ～ 70 段め：ケーブル模様の 70 段めを編み終えるまで、最初と最後の 10 目とケーブル模様を前段までのように編み、それ以外の目はメリヤス編みで編む (ケーブル模様の 71 段めは編まずに表面の段で終わる)。

セクション B
1 段め (裏面)：最初の 10 目は前段までの模様の続きを編み、裏 90、PM、ケーブル模様を編む (52 目)、PM、最後に 10 目残るまで裏編み、最後の 10 目は前段までの模様の続きを編む。
2 ～ 70 段め：ケーブル模様の 70 段めを編み終えるまで、最初と最後の 10 目とケーブル模様を前段までのように編み、それ以外の目はメリヤス編みで編む (ケーブル模様の 71 段めは編まずに表面で終わる)。

次の 70 段：セクション A をもう一度編む。
次の 20 段：最初と最後の 10 目を前段までのように模様編み、それ以外の目はメリヤス編み。

リブ編み風のガーター編み
次の 28 段：＊表編みで1段、裏編みで2段、裏編みで1段編む；、＊～；をさらに6回。

次段：表編み。
伏せ止め段：すべての目を裏目を編みながら伏せる。端がつれないように必要に応じて太めの針で伏せる。

Finishing ／仕上げ

好みの方法でブロッキングする。

フリンジ
表面から見た編み地の左右の端の、表メリヤス部分 (リブ編み風ガーター編みの表メリヤス編みの筋) に1本ずつ、次のようにしてつける。
① 23 cm に切った糸を3本引きそろえて、半分に折る。
②編み地の裏面を見ながら、かぎ針を端の裏目2目の間に入れ、3本を折ってできたループを針先にかけて裏面に引き出し、糸端側をループに通してしっかり引き締める。
③束ねた糸6本のうち3本を時計回りにしっかり撚る。撚った3本をそのままの状態で持ちながら、残りの3本は反時計回りに撚る。
④撚った束2本をからみ合わせ、先で結び目を作る。
⑤フリンジをすべてつけたら、先端を丁寧に切りそろえる。

✀ Cable Substitution ／ケーブル模様の置き替え

あらかじめ P.18 の「メリヤス編み換算システム」を読んでおきましょう。

ケーブル模様の選び方
ケーブル模様を置き替える、またはメリヤス編みにするなど、アレンジできる範囲の SSE は 232 です。最初の 30 段めを編み終えたら、置き替えるケーブル模様や間のメリヤス編み、裏メリヤス編みを組み合わせながら、最初と最後の 10 目は同じように (セクション A のように) 編みます。

目数が変わる場合
オリジナル作品で使用しているケーブルは、本書の模様のなかでもめずらしく、最初と最後がメリヤス編みの模様です。目数の違う模様に置き替える場合は、ケーブル模様を編み始める前の段でその模様に必要な目数に増やします。そしてセクション A ～ B ～ A の 210 段の代わりにアレンジした編み地を約 210 段 (89 cm) 程度編み、最後は裏面の段を編みます。次の表面の段を表編みで1段編みながら減目をして、元の合計 252 目に戻します。そのまま 20 段編み、最後にリブ編み風のガーター編みを編みます。

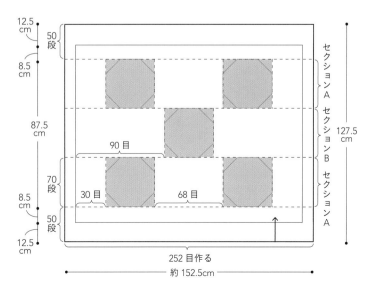

▨ ケーブル模様
(52 目のパネル)

12.5 cm
50 段
8.5 cm
87.5 cm
70 段
8.5 cm
50 段
12.5 cm

90 目
30 目
68 目
252 目作る
約 152.5cm

セクションA
セクションA
セクションB
セクションA
127.5 cm

SSE 早見表

◎本書に収録されている模様を SSE で分類した一覧表です。模様の置き替えを検討する際などの目安にしてください。

◎目数の欄に赤字で記載した数字は、倍数の最小単位です。このタイプの模様は赤字の目数を何倍にするかにより、横方向へ模様を拡張することができます。

SSE	番号	名称	1模様 目数	1模様 段数
5	02	Cable Center 3/3	6	8
	03	Rib Twist 3/3	6	8
	04	Mini Twist 3/3	6	8
	05	Broken Mini Twist 3/3	6	16
	06	Purl Center 2-Step	6	6
	07	Eyelet 2-Step	6	6
5.5	01	Basic 3/3 Rope	6	8
	47	Small Center Stable	6	26
6	27	Double Zigzag	9	16
	28	Zigzag Atop Twists	9	16
6.5	110	To & Fro Fave ※10目のコラム	10	20
	111	Incline Fave ※10目のコラム	10	20
7	08	Basic 4/4 Rope	8	12
	09	Rib 4/4	8	12
	10	Reverse Rib 4/4	8	12
	12	Basic Flat Braid	8	8
	13	Purl Center Flat Braid	8	8
	14	Open Flat Braid	8	8
	15	Basic Globe	8	16
	16	Lace Globe	8	18
	17	Globe Braid	8	28
	20	Ladder 2-Step	8	12
	19	Large Purl Center 2-Step	9	10
	23	Basic 3/3/3 Braid	9	8
	24	Rib 3/3/3	9	8
	25	3/3/3 Mix	9	24
	26	Knot 3/3/3	9	44
	22	Twist 3-Step	10	24
	30	4-Step Swing	10	44
7.5	137	X Knot Evolution (左端)	12	14
8	11	Lace 4/4	8	16
	18	Large 2-Step	9	10
	29	Basic 4-Step	10	6
	137	X Knot Evolution (中央)	12	20
8.5	21	Garter Fill 3-Step	10	12
	49	Garter Center Stable	10	16
	48	Expanded 4/4	11	14
	50	Lace Center Stable	16	14
9	97	Uneven Weave	6 + 9	8
	31	Double O	12	16
	33	Fancy Double O	12	50
	34	2/2 Over 2/2	12	16
	35	Broken X 2/2	12	24
	55	Twist Stable Braid	12	16
	61	Stable Twist	12	16
	60	Stable Lace	14	16
	128	Hexa Grid ※16目のパネル	16	32
9.5	32	Open Double O	12	8
	54	Stable Braid	12	16
10	44	Contrast Horseshoe	13	8
	45	Horseshoe Mix	13	16
	58	Double Twist Braid	13	32

SSE	番号	名称	1模様 目数	1模様 段数
10	52	Seed Ridge Horseshoe	15	8
	94	O Knot Singles ※16目のコラム	16	20
	130	Hexa Bead ※16目のコラム	16	28
	132	Hexa Paisley	16	80
10.5	101	Twist Share Lattice	10 + 6	8
11	99	Rib Share Lattice	10 + 6	20
	56	Rib Braid	16	16
	134	Moss X	16	24
	137	X Knot Evolution (右端)	16	36
12	53	Seed Ridge Expansion	15	32
	103	Perforated Rib Share	10 + 6	12
	100	Distant Share Lattice	14 + 8	12
12.5	36	Rib Mega	18	24
	37	Slip Mega	18	24
	38	Seed Mega	18	24
	39	Lace Mega	18	24
	40	Braid Mega	18	24
	42	Garter Fill Big Braid	18	16
	75	Rope & Lasso	18	24
	128	Hexa Grid	18 + 2	32
13.5	74	Medallion	16	24
	43	Horseshoe Combo	17	8
	41	Big Braid	18	16
	46	Rib Triplet Horseshoe	18	24
14	98	Center Lattice	10 + 8	12
14.5	88	Herringbone Lattice	12 + 8	8
	70	Share Center Drop	13 + 7	16
	104	1/1 Diamonds	16 + 6	16
	105	1/1 Diamond Twist	16 + 6	16
	106	1/1 Diamond Fancy	16 + 6	34
15	57	Mega Rib Braid	22	16
	77	Twist 1/1 Travel Share	22	16
	110	To & Fro Fave	12 + 10	20
	59	Rope Braid	22	24
16	65	2/2 Share	22	16
	66	Eyelet 2/2 Share	22	16
	76	1/1 Travel Share	22	16
	78	Fancy 1/1 Travel Share	22	34
	79	Rib Fantasy	27	40
16.5	67	Rope 2/2 Share	22	16
17	62	Twist Center Lattice	14 + 12	12
	80	Duel Rib Diamond	29	24
18	51	Big O Sampler	24	54
	82	Elaborate Rib & Rope	26	40
19	64	Snug Lattice	10 + 19	8
	92	Knot Lattice	16 + 12	16
20	91	Linked	12 + 16	20
	102	Cross Wave Rib	12 + 20	14
	138	X Knot Curve	16 + 16	24
	109	Dolled-Up Separates	20 + 12	16
	68	Drop Center 2/2 Share	24	24
	81	Rib & Rope	26	24
	94	O Knot Singles	32 + 16	20
21	69	1/1 Share Drop	25	12

SSE	番号	名称	1模様 目数	1模様 段数
22.5	127	Diamond Stretch	10 + 20	30
	136	Knots	24 + 10	24
	139	Rib X Knot	24 + 20	32
23.5	133	Hexa Butterfly	25	46
	71	2/2 Share Extend	32	16
	84	Rib Mock Mega	36	38
	85	Twist Mock Mega	36	38
	95	O Knot Ogee	36	40
24	141	Tilted Cube Grid	22 + 8	28
	122	Free Ogee	24	46
25	63	Stretch Twist Lattice	18 + 16	24
	83	Seed Rib Half Drop	24 + 10	28
	86	Rib Braid Combo	42	12
	87	Twist Braid Combo	42	12
26	131	Hexa Frieze	15 + 14	70
	135	Wobble X	20 + 20	48
	90	Swing Diamonds	34 + 1	68
	115	Cruller Chevron	38	40
27	93	O Knot Lattice	20 + 20	20
	108	Dolled-Up Share	20 + 22	16
28	96	Ribbon Weave	16 + 23	32
	107	Medallion Expansion	24 + 16	24
29	129	Hexa Compact	24 + 16	24
	72	Chevron Share Tight	44	16
	73	Chevron Share Loose	44	24
30	112	Fusion	24 + 22	20
	130	Hexa Bead	32 + 16	28
	118	Crosshatch Bias	45	28
	119	Crosshatch Weave	45	32
	116	Left Bias Weave	46	26
	117	Right Bias Weave	46	26
	123	Ogee X	46	64
31	113	Rib Blossom	46	40
	142	Tilted Argyle	50	32
32	111	Incline Fave	24 + 22	20
	145	Macramé	46	80
32.5	126	Encase Diamond	50	44
33	124	Open Medallion	33	34
	114	Weeping Blossom	42	40
33.5	140	Tilted Cube	32 + 22	48
34	120	Alternate Taffy	20 + 30	28
	89	Herringbone Composition	44	40
35	125	Twist Argyle	44 + 8	40
41	121	Roofline	28 + 32	36
42	146	Paisley Shadow	53	100
50	147	Turnbuckle	65	106
52	152	Starburst	52	71
52.5	143	Open Butterfly	32 + 32	64
54	151	Fennec	60	113
58	148	Weave & Duck	80	82
60	149	Meander	62	119
63	144	Bulb	69	60
	150	Diverge	84	143

Acknowledgements

謝辞

この本は長年の積み重ねと、数えきれないほどのご縁の賜物としてできあがりました。

まずは、アーティストとしての人生を歩む勇敢な手本を示してくれた両親に感謝します。すぐれたハウツーイラストレーターであり、陶芸家でもある母の Phoebe Adams Gaughan は、よい糸、よい布を愛する心を私にも授けてくれました。そして私に縫いものと、気長に指示や手順に従うことを教えてくれました。フラストレーションで涙する私に、機転を利かせて『Knitting Without Tears』を買ってくれたのも彼女でした。そして今も最高の応援団長でいてくれます。ありがとう。

そして父 Jack Gaughan は、彼が手がける SF のイラストや装丁により、私の芸術的な水準を引き上げてくれました。彼のインクや絵具さばきの自在さは多くの人に称賛されていました。何時間もアトリエでクラシック音楽を聴きながら仕事する姿を見せてくれ、よちよち歩きの頃から、さまざまな創作活動を共に体験させてもらったことに感謝します。

ほかにも幼少期から、大切な人たちに計り知れないほどの知恵を分けてもらいました。祖母の Susan Reiber Adams からはクロッシェと刺繍の手ほどきを受け、完成度の高い仕上がりへのこだわりを植えつけられました。友人の Grace Judson は、あの運命の夏の日に編み物を教えてくれました。

編み物界の偉人たちの名著からは多くの学びを得ました。Elizabeth Zimmermann の著書『Knitting Without Tears』はわかりやすくニットデザインを解説してくれ、私のキャリアの礎となっています。Barbara Walker の『Treasury of Knitting Patterns』シリーズからは、模様編みについて多くを学びました。

さらに大人への第一歩を踏み出した頃、新たに出会った友人や同僚たちにも恵まれました。彼らにも感謝でいっぱいです。

Margery Winter は 20 年来の友人であると同時に、私のメンターでもあり、いつも背中を押してくれる存在です。枠にとらわれず、広い視野をもつことを教えてくれました。

Milo Winter は幾度となく夕食をともにしながら、編み物談義につき合ってくれたことにとくに感謝しています。

かけ出しの頃、寛大にも多くの関係者と引き合わせてくれた Deborah Newton には、以来長年に渡る友情に感謝しています。

私が今に至るまでの成長には、長い間仕事を通じてご一緒した多くの方々のお力添えも欠かせませんでした。

なかでも John Maxim は 1990 年代に私が編んだスワッチを持って街中を歩き回ってくれました。彼の強引なまでのセールスマン精神のおかげで、私は芸術的創造力が盛んな時期に新しい模様の創作に専念することができました。そして Barbara Khouri は 20 年間以上に渡り、私のパターンライティングとサイジングを担ってくれています。私のデザイナーとしての考え方を誰よりもよく理解し、よき友であり続けてくれています。

私のキャリアを通して、多くのニッターの方々に糸メーカーからの依頼や雑誌掲載用の作品やスワッチで編んでもらいました。多くの方々とはその後も親しくつき合っています。Warren と Caroline Wheelock は、Berroco 社のチームで 9 年間ともに切磋琢磨して私を成長させてくれた仲間です。

本書を出版するにあたって直接ご尽力いただいたみなさんにも、厚くお礼申し上げます。以下はスワッチやセーターをコツコツと編み、正確な編み方を記載できるように的確な質問をしてくださった方々です。Elke Probst、Donna Yacino、Martha Wissing、Lynn Marlow、Pat McMullen、Nancy Brown、Sarah Gray。あなたたちなしにこの本は実現しませんでした！

Sue McCain は本書のテクニカル編集をひとりで担い、多種多様な編み目や交差に対応したモダンですっきりとした見やすい交差模様の記号を作り出してくれました。彼女のうらやましいまでの忍耐、執拗さそして知力のおかげでこの本が生まれました。

Therese Cheynoweth には、細部に及ぶ鋭い注意力で本書中の手順をすべて検証してもらいました。

Melanie Falick は私のビジョンを追求させてくれると同時に、必要に応じて実践的に行動する編集長です。私の文章の真意を保ちながら、磨きをかけてくれました。そして私の可能性を信じてくれたことに感謝しています。

グラフィックデザイナーの Mary Jane Callister は、すべての要素をレイアウトし、美しく使いやすい 1 冊にまとめ上げてくれました。

Jared Flood には素晴らしい写真だけでなく、友情とその情熱に対して感謝します。

そして最後に、あふれる愛情で私を支えてくれる夫であるだけでなく、惜しみなく時間とエネルギーを注いでくれる John Ranta に心から感謝します。彼の庭仕事や養鶏、毎週の買い出し、そして日々の手料理のおかげで十分な食事をとることができ、彼の家作りによって温かく身を守ることができています。彼の存在があるからこそ、私は大切にしてもらい幸せを感じながらすごせています。

著者紹介

ノラ・ゴーン　Norah Gaughan
1961年、アメリカ・ニューヨーク生まれのニットデザイナー。ブラウン大学で生化学とアートを学んだのち、ニットデザイナーに。80年代からアメリカの主要な編み物雑誌、ハンドメイド雑誌でデザインを発表してきたほか、大手糸メーカーのデザインディレクターも務めた。近年はブルックリン・ツイードのデザインチームのメンバーとしての活動に加え、個人でもデザイナー、指導者として活躍。さらに2020年には老舗編み物雑誌『Vogue Knitting』の編集長に就任した。『Norah Gaughan:40 Timeless Knits』など、著書多数。本書では、作家が40年近くに渡って取り組んできたケーブル編みのデザインとノウハウを惜しみなく披露している。

翻訳者紹介

西村知子　Tomoko Nishimura
ニットデザイナー、翻訳家。日本手芸協会手編み師範。京都市生まれ。ニューヨークですごした幼少時代、祖母や母の影響で編み物に興味を持つ。学生時代から手編みのオリジナル作品を手がけるように。社会人になってからは通訳・翻訳を仕事とする一方で編み物の研鑽も重ね、やがてその両方を活かした編み物の仕事がライフワークとなる。現在は英文パターンを用いたワークショップや講座、編み物関連の通訳や翻訳、オリジナルデザインの提案など、幅広く活躍している。

日本語版制作スタッフ

翻訳　西村知子
編集　笠井良子（小学館CODEX）

ノラ・ゴーンの
ケーブル編みソースブック

Norah Gaughan's Knitted Cable Sourcebook

2021年9月13日　初版第1刷発行

著者　　　ノラ・ゴーン
写真　　　ジャレッド・フラッド
発行人　　川島雅史
発行所　　株式会社　小学館
　　　　　〒101-8001　東京都千代田区一ツ橋2-3-1
　　　　　電話：編集 03-3230-5585　　販売 03-5281-3555

印刷・製本　株式会社シナノパブリッシングプレス

販売　　　中山智子
宣伝　　　井本一郎

©2021 by Norah Gaughan
Printed in Japan ISBN 978-4-09-307006-5